GESTÃO DE CRISES E COMUNICAÇÃO

O GEN | Grupo Editorial Nacional – maior plataforma editorial brasileira no segmento científico, técnico e profissional – publica conteúdos nas áreas de ciências sociais aplicadas, exatas, humanas, jurídicas e da saúde, além de prover serviços direcionados à educação continuada e à preparação para concursos.

As editoras que integram o GEN, das mais respeitadas no mercado editorial, construíram catálogos inigualáveis, com obras decisivas para a formação acadêmica e o aperfeiçoamento de várias gerações de profissionais e estudantes, tendo se tornado sinônimo de qualidade e seriedade.

A missão do GEN e dos núcleos de conteúdo que o compõem é prover a melhor informação científica e distribuí-la de maneira flexível e conveniente, a preços justos, gerando benefícios e servindo a autores, docentes, livreiros, funcionários, colaboradores e acionistas.

Nosso comportamento ético incondicional e nossa responsabilidade social e ambiental são reforçados pela natureza educacional de nossa atividade e dão sustentabilidade ao crescimento contínuo e à rentabilidade do grupo.

JOÃO JOSÉ FORNI

GESTÃO DE CRISES E COMUNICAÇÃO

O que gestores e profissionais de Comunicação precisam saber para enfrentar crises corporativas

3ª edição

gen | atlas

- O autor deste livro e a editora empenharam seus melhores esforços para assegurar que as informações e os procedimentos apresentados no texto estejam em acordo com os padrões aceitos à época da publicação, e *todos os dados foram atualizados pelo autor até a data de fechamento do livro.* Entretanto, tendo em conta a evolução das ciências, as atualizações legislativas, as mudanças regulamentares governamentais e o constante fluxo de novas informações sobre os temas que constam do livro, recomendamos enfaticamente que os leitores consultem sempre outras fontes fidedignas, de modo a se certificarem de que as informações contidas no texto estão corretas e de que não houve alterações nas recomendações ou na legislação regulamentadora.

- Data do fechamento do livro: 16/08/2019

- O autor e a editora se empenharam para citar adequadamente e dar o devido crédito a todos os detentores de direitos autorais de qualquer material utilizado neste livro, dispondo-se a possíveis acertos posteriores caso, inadvertida e involuntariamente, a identificação de algum deles tenha sido omitida.

- **Atendimento ao cliente:** (11) 5080-0751 | faleconosco@grupogen.com.br

- Direitos exclusivos para a língua portuguesa
  Copyright © 2019, 2025 (4ª impressão) by
  Editora Atlas Ltda.
  Uma editora integrante do GEN | Grupo Editorial Nacional

- Travessa do Ouvidor, 11
  Rio de Janeiro – RJ – 20040-040
  www.grupogen.com.br

- Reservados todos os direitos. É proibida a duplicação ou reprodução deste volume, no todo ou em parte, em quaisquer formas ou por quaisquer meios (eletrônico, mecânico, gravação, fotocópia, distribuição pela Internet ou outros), sem permissão, por escrito, da Editora Atlas Ltda.

- Capa: Marcelo Brandão

- Editoração eletrônica: LBA Design

- Ficha catalográfica

F83g
3.ed.

Forni, João José
Gestão de crises e comunicação: o que gestores e profissionais de comunicação precisam saber para enfrentar crises corporativas / João José Forni. – 3. ed. – [4ª Reimpr.]. – São Paulo: Atlas, 2025.

ISBN 978-85-97-02223-0

1. Administração de crises. 2. Comunicação na organização. 3. Solução de problemas. I. Título.

19-58994 CDD-658.4056
CDU-005.59

Meri Gleice Rodrigues de Souza – Bibliotecária CRB-7/6439

Para
Luca, Mateus e Nicolas, o futuro;
José Ricardo e João Paulo, o presente;
Nazareth, que sabe muito administrar crises;
e Sedalina Ferreira Forni (*in memoriam*)

"Rogo a Deus como se esperasse tudo d'ELE, mas trabalho como se esperasse tudo de mim."
Santo Tomás de Aquino.

SOBRE O AUTOR

JOÃO JOSÉ FORNI é formado em Letras e Jornalismo. Mestre em Comunicação pela Universidade de Brasília (UnB). Possui MBA em Gestão Estratégica pela Universidade de São Paulo (USP). Foi Gerente de Comunicação do Banco do Brasil por cerca de 20 anos; Superintendente de Comunicação e Diretor Comercial da Infraero. É consultor de Comunicação, professor de pós-graduação em Comunicação Pública e Comunicação das Organizações e instrutor de *media training*. Autor de inúmeros artigos, entrevistas e capítulos de livros sobre Comunicação e Gestão de Crises.

PREFÁCIO

UMA OBRA NECESSÁRIA

Em 1963, o matemático norte-americano Edward Lorenz definiu o chamado "efeito borboleta" para explicar fenômenos meteorológicos. Dizia, então, que o bater das asas de uma simples borboleta na primavera do sul pode influenciar o curso natural das coisas e provocar um tufão no outono do norte.

Batizado de *teoria do caos*, o questionamento de Lorenz disseminou-se para outras áreas do conhecimento humano e, não por acaso, chegou à gestão de comunicação de corporações e governos. Nesse caso, o "efeito borboleta" escancara o fato de que pequenas variações em mínimas partes do sistema podem se amplificar, afetando o todo – para o bem ou para o mal.

É bater uma asa, gerar um tufão e colocar a perder todo um trabalho de construção de imagem, que se acreditava bem fundamentado, mas que, em geral, se revela fragmentado, equivocado, ultrapassado. Com o agravante de que a reputação é, no mínimo, abalada, e sempre ameaçada.

Ou bater uma asa, gerar um tufão e, a partir de um consistente trabalho de prevenção e gestão de crise, implantar mudanças e promover transformações. Com a vantagem de se utilizar a comunicação como ferramenta estratégica para reduzir eventuais impactos negativos sobre a imagem e a reputação, alcançando todos os múltiplos públicos de interesse.

Bem conduzido, alinhado com as hierarquias de postulados corporativos (missão, visão, valores), o "efeito borboleta" de Lorenz legitima o discurso institucional, respeita a estratégia de negócios e fortalece a imagem e a reputação. Malconduzido, traz à tona as mazelas de organizações e governos, as posturas não éticas e as tentativas de esconder mais do que esclarecer.

Apesar do trabalho sério de alguns estudiosos, como este bem-vindo livro do professor João José Forni, ainda há, em pleno século XXI, um sem-número de empresas despreparadas para enfrentar até o mais ameno dos "tufões".

Sem cultura de prevenção, sem mecanismos de monitoramento e sem normas de gestão de crises, sem uma ampla política de comunicação, essas empresas sequer têm consciência da vulnerabilidade de seus ativos intangíveis (valor da marca, imagem e reputação, interação com os *stakeholders*, entre outros). Na mira de funcionários descontentes, ambientalistas, consumidores e demais públicos, um bater de asas pode ter consequências desastrosas. E pensar que basta o comprometimento da cúpula de uma organização para a implantação de uma política de gestão de crises que garanta à Comunicação a enorme importância que lhe cabe no processo.

Nesse sentido, posso dizer que tive sorte ao trabalhar para empresas como a Autolatina, a Volkswagen e o Santander. Pude ajudar a desenvolver e dispor de políticas de prevenção e gestão de crises, subsidiadas por pesquisas, *benchmarking* de concorrentes e auditorias de Comunicação, mas, sobretudo, respaldadas em atributos como profissionalismo, espírito crítico, respeito à diversidade e à divergência, à ética e à transparência.

Preparados que estávamos para enfrentar situações adversas, nunca temi que o bater das asas da borboleta pudesse transformar-se em um tufão de trágicas consequências. Vale lembrar, aqui, um episódio ocorrido na então Autolatina, *holding* que reuniu Volkswagen e Ford entre 1987 e 1994. Em abril de 1987, durante a vigência do Plano Cruzado e do controle de preços, o então ministro da Fazenda, Dilson Funaro, assinara um protocolo que dava à indústria automobilística o direito de reajustar seus preços de acordo com a elevação dos custos de produção do setor. Em contrapartida, as empresas se comprometiam a aumentar seus investimentos no País.

Eram tempos de inflação, mas o ministro Bresser Pereira, que sucedeu a Funaro, não reconheceu o documento. A "briga" entre Autolatina e Ministério da Fazenda começou em novembro de 1987, quando a empresa entrou no Tribunal Federal de Recursos com mandado de segurança em defesa do protocolo de Funaro.

Mas o trabalho de comunicação tinha sido desencadeado muito antes disso, pouco depois da posse de Bresser e de sua negativa de reconhecer o acordo. (É preciso reforçar que estávamos em 1987. Não havia internet, não havia *sites*, não havia *blogs*, e a comunicação resumia-se a jornais, tevês e rádios.) O trabalho de comunicação tinha dois objetivos: mostrar que a empresa praticava preços justos, de acordo com seus custos de produção; e provar que o protocolo tinha o valor jurídico de um contrato e que ir à Justiça era a única saída para a Autolatina defender seus direitos.

O grande segredo foi informar os principais jornais e revistas do País, de maneira detalhada e com documentos internos, sobre a real situação da indústria automobilística, que acumulava prejuízos com o controle de preços. Esse material incluía dados econômicos, levantamentos estatísticos e pareceres de juristas.

A Autolatina começou a ganhar a briga, com uma liminar do Tribunal Federal de Recursos a um mandado de segurança, que o governo tentou (e não conseguiu) cassar no Supremo Tribunal Federal (STF). Com isso, a empresa pôde reajustar os preços de seus carros fora do controle arbitrário do Ministério da Fazenda.

No mesmo dia em que a Autolatina recorreu ao STF, a equipe sob minha direção desencadeou uma verdadeira operação de guerra. Senadores e deputados federais, deputados estaduais, governadores, prefeitos e vereadores das cidades nas quais Volkswagen e Ford tinham fábricas receberam – todos, na mesma hora – uma carta assinada pelo presidente da *holding*, explicando as razões que levaram a empresa à Justiça.

Diante do expressivo apoio dos meios de comunicação e da opinião pública, o Ministério negociou com o setor um acordo extrajudicial. Esta foi a primeira vez em que uma multinacional "brigou" com o governo federal – e ganhou –, o que transformou a direção de Comunicação Corporativa da Autolatina em vice-presidência, reunindo Recursos Humanos, Assuntos Corporativos e Jurídicos.

Há crises e crises, tufões e tufões.

Além de ter uma política de prevenção de crises, com mecanismos de monitoramento, uma empresa precisa estar preparada para enfrentar os mais diferentes cenários adversos. Algumas vezes, por exemplo, e por motivos estritamente estratégicos, a comunicação com a imprensa não é *high* nem *low profile* – é *no profile*.

À frente da Comunicação na Volkswagen, vivi, há alguns anos, uma situação desse tipo, quando o prefeito de uma das cidades onde a montadora tem fábrica iniciou, via imprensa, uma sistemática campanha de ataques à empresa. Responder aos ataques equivaleria a estimular o confronto, certamente, o que o prefeito esperava. Optamos pelo silêncio absoluto junto à imprensa, ao mesmo tempo em que iniciamos um amplo programa de *goodwill* com os demais *stakeholders* locais.

O diretor da fábrica visitou entidades e associações empresariais, locais, veículos de comunicação e formadores de opinião, além de convidar as lideranças da cidade para conhecer a fábrica e sua inovadora linha de produção. Resultado: não houve tufão. Na ausência de contra-ataque, a polêmica gerada pelo prefeito esvaziou-se sozinha. Mal comparando, é como se deparar com uma enorme onda no mar – se insistirmos em enfrentá-la, a força das águas nos arrastará como bonecos e ficaremos, no mínimo, com um desagradável gosto salgado na boca. Ao contrário, se submergirmos na hora certa, nada acontecerá. Em Comunicação, passada a onda, é chegado o momento de agir.

Por fim, permito-me lançar mão de uma informação que o professor Forni apresenta neste seu indispensável livro para administradores e profissionais de Comunicação: 61% das crises ocorrem porque riscos potenciais e pequenos sinais de alerta são ignorados. Se a crise é democrática e todos (corporações e governos) são passíveis de enfrentá-la, isso significa que, aos despreparados, está reservado o peso dos tufões provocados pelo bater das asas da borboleta.

Miguel Jorge
Jornalista, foi redator-chefe de *O Estado de S. Paulo* (1977-1987),
vice-presidente de Assuntos Corporativos, Recursos Humanos e
Assuntos Legais da Volkswagen do Brasil e do Banco Santander (1987-2002),
e ministro de Desenvolvimento, Indústria e Comércio Exterior (2007-2010).
É sócio-proprietário da consultoria Barral M. Jorge Consultores Associados.

APRESENTAÇÃO

Os empresários americanos costumam dizer que as crises empresariais são tão inevitáveis como a morte ou os impostos. Pode haver um pouco de exagero. Mas, dessa crença, podemos tirar duas conclusões: realmente não há saída e, um dia, fatalmente iremos enfrentar uma crise grave. Deveríamos, pelo menos, aperfeiçoar as estratégias de prevenção. Evitariam um mal maior ao negócio e às pessoas, eventualmente atingidas pela crise. Ou, aos mais céticos, restaria tocar o negócio e esperar a crise. Se um dia chegar, só então se pensará em como a organização irá reagir.

Os jornais, os noticiários das rádios e os programas de televisão diariamente fazem a crônica dos acontecimentos. Não há sequer um dia sem que muitos desses fatos possam ser classificados como crises, qualquer o sentido dado à palavra. Durante o auge da crise econômica, o principal jornal de economia do Brasil registrou, apenas numa edição, quase 20 chamadas de notícias com a palavra "crise". A seca no Nordeste, as revoltas nos países árabes, o drama do paciente no hospital, o acidente com produtos tóxicos agressivos ao meio ambiente e às populações. Mas pode ser também a falta de controle que leva o empresário a descobrir um rombo no balanço da empresa. Fraudes passadas despercebidas às auditorias. Ou o governo que não conseguiu conter greves, transformadas em confrontos e disputas políticas.

De repente, um cliente, cansado de reclamar para pedir o conserto de um eletrodoméstico, resolve apelar para a nova forma de protesto: põe o objeto na frente de casa, grava um vídeo e joga nas redes sociais. Impossível ter o controle do estrago. Com milhares de visualizações, esse protesto isolado ameaça a poderosa marca, sem gastar um tostão. O boca a boca, hoje, toma ares de crises de imagem, quando migra para a internet.

Como se vê, as crises, provocadas por fenômenos naturais, imperícia ou mau atendimento, não relevam ninguém. Saber gerenciá-las deixou de ser tema restrito às grandes corporações, como acontecia no passado. A loja de varejo, a casa de *shows* do interior, a escola, o clube de futebol, o hospital correm o risco de provocar uma tragédia, comprometer pessoas e até desaparecer, se não ficarem atentos aos detalhes, ao pequeno problema que ameaça o negócio e a segurança das pessoas. Uma grande multinacional atrai a ira e a rejeição dos clientes, ao não conseguir explicar por que os fornecedores utilizam práticas de exploração da mão de obra ou agressivas à natureza, em algum lugar remoto e pobre da aldeia global.

Mas não basta tentar driblar a crise apenas sob a ótica da operação. Na sociedade da informação, as decisões são tomadas por percepções. As versões correntes de uma crise podem ser até mais nocivas do que o problema principal. Qual a percepção da opinião pública sobre o fato negativo que pegou a empresa desprevenida no fim de semana? Nesse momento, a mídia e os consumidores são implacáveis. Não perdoam os erros. Será muito difícil a reputação sair preservada. Nem competentes consultorias resolverão, se a gestão for reativa, baseada em práticas voltadas mais para minimizar, enganar, do que para esclarecer, corrigir e reparar o problema.

Eventos negativos ocorridos com grandes corporações, nas décadas de 1970 e 1980, estimularam estudos e pesquisas sobre gerenciamento de crises e comunicação. Foram decisivos desastres ou erros envolvendo multinacionais do petróleo, aviação, siderurgia, mineração, bebidas, remédios, energia nuclear e indústria espacial, entre outras, todos considerados hoje *cases* emblemáticos para entender a dinâmica das crises.

Os erros ou acertos na condução dessas crises estimularam empresários, relações--públicas e especialistas em Comunicação a criar uma densa bibliografia sobre o tema. O assunto migrou para as universidades. Institucionalizou-se nos treinamentos corporativos. Mas a abordagem ainda causa certo desconforto. Por que governos, empresas e executivos continuam cometendo erros graves que se caracterizam como crises?

O desconforto vem da conotação negativa suscitada pela palavra "crise" no ambiente empresarial. Os erros têm várias origens: ganância, autossuficiência, mão de obra despreparada, fraudes, comportamento inadequado ou incompetência dos executivos, avaliações malfeitas ou falta de transparência. A maioria dos gestores pensa "não irá acontecer comigo". Outros julgam estar preparados. Mas as crises podem ser maiores do que a arrogância das pessoas e das instituições.

Este livro foi concebido a partir de tal viés. A princípio, pensamos abordar basicamente a vertente da Comunicação. Mas seria um trabalho parcial. Cobriria apenas uma face da moeda. Um bom trabalho de Comunicação sozinho não significa que irá resolver a crise. A história evidencia uma concentração de problemas principalmente no nível da gestão.

Este trabalho busca ser mais do que um manual de gestão de crises ou de comunicação. Ele mostra de maneira didática o caminho para se preparar e fazer as coisas certas em momentos de instabilidade, ou até mesmo de um choque na empresa. Executivos, autoridades públicas, empresários, gerentes, profissionais de agências de comunicação e gestores de governo encontrarão dicas para entender, evitar ou driblar as crises. Não são conteúdos estranhos ao ambiente das organizações. Não se trata aqui de teses ou suposições. Nem é um tratado sobre catástrofes ou crises mal resolvidas. Falamos dos dilemas ou práticas presentes no dia a dia de qualquer gestor.

Cada parte da obra constitui um painel independente, como se fosse um livro temático. Em linhas gerais, presumimos, o leitor deveria, primeiro, entender a origem, características e tipos de crise, além de se debruçar sobre o valor da reputação e a prevenção, variáveis importantíssimas para entender o passo seguinte: o processo de gestão de crises. Sem conhecerem a importância da gestão de riscos, os executivos não poderão fazer uma boa gestão de crises. Essa parte pode ser considerada a essência do projeto do livro.

A densidade teórica das quatro primeiras partes contextualiza os leitores, principalmente os menos familiarizados, com a gênese das crises. A Comunicação dá suporte a tudo isso. A parte V, se não é a mais importante, desponta como provocadora. Muitos executivos chegam a confundi-la com a própria crise. Ninguém foge da mídia, quando as coisas vão bem. Administradores experientes de todo o mundo vacilam quando precisam se comunicar, na hora da crise. Essa competência tornou-se mais importante ainda num mundo que se move em função das redes sociais – por isso a ênfase dedicada à comunicação.

A última parte aborda o admirável mundo novo das novas tecnologias. Também são pedras no sapato dos executivos. Elas mudam a forma de fazer administração de crise: velocidade e conteúdos, permeando todo esse processo, tanto por meio dos *tablets* e celulares quanto das redes sociais, *blogs* e outras novidades. O leitor também poderá conhecer e aprender com cerca de 50 *cases* de crise, citados ou analisados neste trabalho.

O conteúdo deste livro reflete anos de enfrentamento de crises corporativas, principalmente na área pública, além do acompanhamento de inúmeras crises empresariais, no Brasil e no exterior. Acompanhá-las se tornou uma tarefa obrigatória e instigante, em grande parte por causa do lançamento, em 2007, de uma página na internet (www.comunicacaoecrise.com), especializada em comunicação e gestão de crises. Todo esse trabalho tem sido testado na prática, por meio da atividade de consultoria de crises corporativas. Em parte, o livro é o desfecho natural dessa experiência desafiadora.

Ele se completa com as opiniões, experiências e questionamentos dos alunos de pós-graduação e de centenas de ouvintes e participantes de palestras, *workshops* e cursos de *Media Training* e de *Gestão de Crises*, realizados por todo o Brasil. As dúvidas suscitadas por esse público certamente representam um ativo valioso deste trabalho.

O material produzido hoje sobre gestão de crises, no mundo, sobretudo o associado às redes sociais e novas tecnologias, supera em muito a capacidade de acompanhá-las e processá-las. Se não existe uma receita pronta para ser aplicada como modelo-padrão nas crises, procuramos buscar pelo menos o consenso de caminhos para se errar menos, buscar soluções e mitigar os efeitos nocivos das crises, principalmente quando há vítimas. Na medida do possível, tentei consigná-los neste livro.

Um registro especial das organizações públicas e privadas, que, nos últimos 20 anos, confiaram no meu trabalho em palestras, cursos, treinamentos de *media training*, entrevistas, mediação de seminários e painéis. Um portfólio composto hoje por mais de 120 instituições, empresas, órgãos públicos, agências de comunicação e universidades. Cada encontro desses, aliado às perguntas e aos debates, sempre encarei como uma provocação e um incentivo.

Devo muito também aos colegas da área de Comunicação, Jorge Duarte e Omar Barreto, pelas discussões, paciência e inestimável colaboração de ler e comentar os originais. Aos jornalistas Francisco Viana e Silvana Ribeiro, pela colaboração em atualizar a 3ª edição. Aos irmãos João Paulo e José Ricardo Forni, pelas sugestões e análises sob o prisma da Administração, da Economia e da Política. As observações e críticas construtivas desses profissionais foram de grande valia para corrigir, atualizar e amenizar eventuais falhas.

Um agradecimento especial ao jornalista Miguel Jorge, pela disposição de colaborar com o prefácio sobre experiências de gestão de crises. Sua longa carreira em Jornalismo, Comunicação Corporativa e Gestão e Atividade Pública certamente enriquece e diferencia o conteúdo deste trabalho.

Brasília, 2019.

João José Forni

SUMÁRIO

PARTE I — CONCEITO, ORIGEM E TIPOS DE CRISE 1

1 UMA TENTATIVA DE DEFINIR CRISE 3
   O efeito surpresa 5
   Afinal, o que é crise? 6
   Crise e emergência 8
   Ameaças e prevenções 9
   Tópicos-chave 11

2 CARACTERÍSTICAS E ORIGEM DAS CRISES 13
   Origem das crises 16
   De onde vêm as crises 20
   Sinais de alerta 23
   Como as crises começam 25
   Tópicos-chave 27

3 TIPOS DE CRISE 29
   Uma tentativa de classificar as crises 29
   Tópicos-chave 32

PARTE II — REPUTAÇÃO E IMAGEM EM TEMPOS DE CRISE 33

4 UM ATIVO MUITO FRÁGIL 35
   Percepções constroem imagens 36
   Reputação em risco na área pública 41
   Reputação e gestão 41
   Tópicos-chave 43

5 CONSEQUÊNCIAS DAS CRISES   47
Couraça de proteção   48
O preço alto da crise   48
Descolamento moral   50
Tópicos-chave   51

PARTE III – PREVENÇÃO É O NOME DO JOGO   55

6 TUDO COMEÇA NA PREVENÇÃO   57
Tópicos-chave   61

7 OS CAMINHOS DA PREVENÇÃO   63
Informação e análise   63
Riscos e vulnerabilidades   64
Mecanismos de defesa   66
Planos de emergência   67
Os culpados de Fukushima   68
O custo da omissão   69
Estratégia administrativa e de Comunicação   69
Treinamento e simulações de crise   74
Tópicos-chave   77

8 GESTÃO DE RISCO   79
A cultura da vigilância   79
Compliance com legislação   81
Problemas de governança   82
A sintonia fina do risco   83
Comunicação de risco   87
Auditoria de vulnerabilidades   89
O que levar em conta   90
Adesão dos empregados   92
Emergência para pequenas empresas   92
Tópicos-chave   94

PARTE IV – O PROCESSO DE GESTÃO DE CRISES   95

9 UM PLANO SIMPLES E FLEXÍVEL   97
Gestão de crises também se planeja   99
A negação da crise   101
Razões para um plano de crises   103
Pânico e *stress* não batem com crise   105
Como construir o plano de crises   106
Roteiro para o plano de crises   107
Tópicos-chave   109

10 O PAPEL DO LÍDER NAS CRISES   111
   O líder forte preparado para o risco   113
   Quem comanda a gestão da crise   115
   A falta de um líder   116
   A crise reduz a confiança   117
   Os bons conselheiros   118
   Tópicos-chave   120

11 COMITÊ DE CRISE   121
   Quem faz parte do comitê   122
   Funções do comitê de crise   125
   Um time para jogar junto   126
   Tópicos-chave   127

12 COMO TRATAR A QUESTÃO JURÍDICA   129
   Cuidados na hora da resposta   130
   Comunicação e área jurídica   131
   O porta-voz errado   132
   Tópicos-chave   133

PARTE V — COMUNICAÇÃO DE CRISE E RELAÇÕES COM A MÍDIA   135

13 POR QUE A MÍDIA GOSTA DE CRISE   137
   A era da visibilidade   138
   A gênese de uma crise em Comunicação   139
   O time da Comunicação   143
   Tópicos-chave   144

14 COMO RESPONDER A TEMAS NEGATIVOS   145
   Quando há vítimas   148
   As pessoas primeiro   150
   Nota paga não explica a crise   151
   Tópicos-chave   153

15 PLANO DE COMUNICAÇÃO DE CRISE   155
   Quando falar com a mídia   157
   A batalha da Comunicação   158
   Comunicação com o público interno   160
   Perguntas inevitáveis na crise   160
   Importância do *timing*   161
   Tópicos-chave   164

16 COMO CONSTRUIR MENSAGENS-CHAVE   167
   A mensagem certa   171

Sua excelência, o fato 173
Para quem vai a mensagem 173
Tópicos-chave 175

17 ENTREVISTAS E RESPOSTAS DE CRISE 177
O risco da crise sem resposta 178
Fuja do "nada a declarar" 182
A dinâmica das entrevistas 183
É proibido levar documentos confidenciais 186
Os segredos do *off* 186
Informação ruim não tem dono 187
O poder de convencimento 188
Tópicos-chave 189

18 *MEDIA TRAINING* 191
Por que *media training crisis* 192
Tópicos-chave 195

19 O PAPEL DO PORTA-VOZ 197
A crise precisa de um rosto 198
Consultor e assessor não são porta-vozes 199
Tópicos-chave 200

PARTE VI — A SOCIEDADE VIGIADA 201

20 OS DESAFIOS DA INTERNET 203
A internet mudou tudo 204
A internet a favor da empresa 206
Notícia em tempo real 207
A insegurança da falta de informação 208
Tópicos-chave 209

21 A INDÚSTRIA DO VAZAMENTO E OS LIMITES DA PRIVACIDADE 211
Sempre há uma câmera 211
República dos dossiês 212
O fim dos segredos 213
A síndrome do *Big Brother* 217
A crise chega por *e-mail* 218
Tópicos-chave 220

22 O PAPEL DAS REDES SOCIAIS NA CRISE 221
Admirável mundo novo 223
Um meio, não um fim 224

Treinamento e vigilância   227
Tópicos-chave   228

23 HACKERS E INVASÕES   231
Como se proteger   234
Segurança física   235
Estratégia de *backup* de dados   235
Eterna vigilância   235
Política de senhas   236
A confiança do cliente   236
Como agir em crises de chantagem   237
Tópicos-chave   238

24 A ERA DAS FAKE NEWS E DA PÓS-VERDADE   241
O século das *fake news*   242
A força das *fake news*   242
É possível educar, para evitar *fake news*   243
Mentir deliberadamente   244
Antijornalismo   245
Para além das *fake news*   246
A era da pós-verdade ou a morte da verdade   246
A pós-verdade não mete medo   247
Pós-verdade é verdade   248
Tópicos-chave   249

AS CRISES NOSSAS DE CADA DIA   251

APÊNDICES – INSTRUMENTOS DE GERENCIAMENTO DE CRISES   253
APÊNDICE 1   Manual de gerenciamento de crises   255

APÊNDICE 2   Notas e comunicados de crises   259

APÊNDICE 3   Cronograma de respostas; *checklist* de crises e guia de mensagens-chave   265

APÊNDICE 4   Filmografia sobre Comunicação e situações de gestão de crises   267

REFERÊNCIAS   269

ÍNDICE REMISSIVO   275

ÍNDICE REMISSIVO DAS ORGANIZAÇÕES CITADAS   283

SUMÁRIO DOS *CASES* DE CRISE

1. Como a Jet Blue escapou da neve   9

2. O sequestro do executivo   11

3. Tylenol: um *case* clássico de crise   14

4. O gás venenoso na noite de Bhopal   15

5. Museu Nacional: uma crise no limite da irresponsabilidade   27

6. A reputação salvou a Toyota   44

7. As denúncias contra a Igreja Católica   52

8. Costa Concordia – quando o líder foge da crise   58

9. Não adianta chorar sobre o Toddynho derramado   66

10. Santa Maria – a crise da irresponsabilidade   70

11. O longo caminho da recuperação da Petrobras   73

12. Air France 447 – falta de preparo para situação de crise   86

13. O pouso improvável   101

14. A Vale no pior momento de sua história   109

15. Crise, o grande momento do líder   114

16. WTC – a ousadia do verdadeiro líder   124

17. A derrapada ética da Volkswagen   133

18. O Exxon Valdez afundou no petróleo e na Comunicação   140

19. O histórico desmentido do *Correio Braziliense*   151

20. Incêndio sepulta sonhos de dez famílias   154

21. Atentado no metrô de Londres   163

22. O colapso do Galaxy 7 ameaçou reputação da Samsung   164

23. Como a BP quase afundou no Golfo do México   170

24. Como a United jogou a imagem pelos ares   179

25. Three Mile Island – como não se comunicar   189

26. A fraude no concurso e a resposta rápida   200

27. Chapecoense: viagem fatal num avião pirata   216

28. *Bullying* – o grito de socorro vem das redes   226

29. As escolas como alvos de psicopatas   229

30. Chantagem na tevê – o *case* David Letterman   238

Apêndice

Estrutura do manual de gerenciamento de crises   256

Modelo de nota de um acidente   260

Modelo de nota à imprensa   260

Comunicado da Air France, no acidente com o voo *AF 447* – nº 1   260

Nota da Petrobras – 27/10/2014
Conheça nossas providências relacionadas à Operação Lava Jato   261

1º Comunicado sobre o acidente com o MH17, da Malaysia Airlines – 18/07/2014   262

7º Comunicado da Vale – 25/01/2019
Esclarecimentos sobre a Barragem I da Mina de Córrego do Feijão   262

1º Comunicado da empresa Costa Cruzeiros, no naufrágio do navio Costa Concordia – 14/02/2012   263

Comunicado divulgado pelo Flamengo, dois dias depois do incêndio no Centro de Treinamento (CT) Ninho do Urubu – 10/02/2019   264

OBS.: Os *cases* de crises corporativas citados ou analisados neste livro basearam-se em notícias publicadas na imprensa e na bibliografia utilizada.

Parte I

CONCEITO, ORIGEM E TIPOS DE CRISE

1
UMA TENTATIVA DE DEFINIR CRISE

Falar de crises pode levar ao entendimento de que abordaremos neste livro fatos negativos. Talvez como falar da morte. Embora tenhamos a compreensão de que a morte é inevitável e um risco permanente, evitamos discutir esse assunto. Muitas organizações fazem o mesmo com as crises. Indesejadas e ameaçadoras, as crises provocam medo e insegurança. Porque elas significam uma quebra da normalidade, uma ruptura com aquilo que estava indo tão bem, para usar o sentido latino da palavra.

Crises também significam mudanças para melhor ou pior. Todos os dias, as corporações, os governantes, as pessoas enfrentam inúmeros problemas. Incidentes operacionais, pessoais, questões de mercado, dificuldades financeiras... Problemas com fornecedores, clientes, acionistas, empregados, patrões... Enfim, não há como viver, governar ou estar no mercado, numa disputa cada vez mais feroz, e não ter problemas.

Crise é um pouco diferente. Tudo parece normal. De repente, surge um problema de tal magnitude para interromper a normalidade das atividades. Desvia o foco, consome energia. Provoca comoção, desestabilização, prejuízos. Atrapalha a rotina diária. Chama a atenção de todos, inclusive da mídia. Pense no dia 11 de setembro de 2001, em Nova York. Oito horas da manhã, tudo normal no *World Trade Center* (WTC). Muita gente se preparando para trabalhar. E rememore o que aconteceu a partir das 8 horas e 46 minutos daquele dia no mesmo local. É o fim do mundo? Depende.

Vamos começar analisando três eventos. O primeiro aconteceu em 2007. A empresa aérea americana Jet Blue foi surpreendida, em pleno feriado do *St. Valentine's Day* (Dia dos Namorados, nos EUA), por uma tempestade de neve no Aeroporto JFK, em Nova York (*Case* 1). Milhares de passageiros ficaram retidos por até seis horas dentro dos aviões da empresa e outros tantos nas salas de embarque do aeroporto. O transtorno causou uma crise em cadeia para a Jet Blue.

Um segundo episódio. Um empregado simpatizante de certo partido político resolve fazer um agrado aos chefes e correligionários; para isso, viola o sigilo bancário de um cliente. A violação acaba revelando depósitos surpreendentes, acima da possibilidade econômica daquele cliente, adversário político do partido. A informação vaza. Além de não ser competência de um bancário investigar a vida dos clientes do banco, a violação constitui crime grave. O banco acaba envolvido numa grande enrascada para explicar como as informações foram parar na imprensa. Pode parecer ficção, mas é uma crise plausível e presente na lista dos riscos a que se sujeitam empresas obrigadas a manter informações sob sigilo. A história não é muito diferente do que aconteceu no Brasil com um grande banco.

Terceiro episódio. Em janeiro de 2011, a região serrana do Rio de Janeiro sofreu o pior desastre natural da história do país: mais de 918 mortes, 166 desaparecidos, 7 mil pessoas desabrigadas. Só em Nova Friburgo, foram mais de 400 mortes. Na madrugada de 14 de janeiro, temporais e enxurrada atingiram vários municípios, levando de roldão casas, carros, pontes, ruas, infraestrutura rural e urbana, sem que as pessoas tivessem tempo de serem socorridas. No ano anterior, o Estado do Rio já havia sido atingido por tragédias, em Angra dos Reis e em Niterói. O deslizamento do morro do Bumba causou mais de 100 mortes. O desastre do Rio expôs falhas graves de prevenção de crises e mostrou como, em um ano, nada havia sido feito para minimizar catástrofes dessa magnitude.

O que os três episódios têm em comum? Todos possuem ingredientes, sob diferentes ângulos, do que se convencionou chamar de crises. A palavra *crise* traz implícita a conotação negativa. Mas chegou para ficar no discurso e na prática empresarial. Até certo ponto, foi vulgarizada. Comete-se até o exagero de definir qualquer problema enfrentado por empresas, governos ou mesmo pessoas, em particular, como uma crise. Mas não é bem assim. Existe um consenso de que crise é uma ruptura significativa com a normalidade, um fato negativo que estimula uma cobertura extensiva da mídia e exige pronta ação dos agentes responsáveis pelo fato negativo. Extrapola o controle, muitas vezes, e pode afetar o negócio, a segurança, a reputação e mesmo a vida das pessoas.

Crise é um conceito sem significado preciso. Muitas vezes, o entendimento é até vago. Um desastre natural, por exemplo, pode não ser uma crise. Tem potencial para isso, mas num segundo estágio, caso não seja bem administrado, principalmente em relação ao público afetado pelo evento. A forma como as consequências desse desastre serão administradas determinará se ele irá se transformar numa crise ou não. E até em que dimensões ele afetará a imagem das autoridades envolvidas no desastre. Foi o caso do Rio de Janeiro, onde desastres naturais fazem parte do ciclo climático dos verões do estado. Uma triste rotina que se repete há décadas.

Um acontecimento negativo por si só, portanto, não necessariamente significa uma crise. Problemas diários, e são inúmeros, enfrentados pelas organizações, em sua maioria não podem se chamar crises. Quantos eventos difíceis as empresas gerenciam no dia a dia? E nós nem ficamos sabendo. Existem situações-limite, verdadeiras ameaças – a antessala da crise, poderíamos chamar. Mas nem sempre se caracterizam como crises, porque tiveram uma intervenção competente.

Foi o que aconteceu, pelo menos, no caso da Jet Blue. Sem que a empresa tivesse culpa, os passageiros ficaram ilhados no aeroporto, uma das piores crises para uma empresa aérea. Sabiamente, ela não tentou transferir o problema para terceiros. Assumiu a crise e, por meio de ações proativas e criativas, tentou amenizar o prejuízo dos clientes, dando toda a assistência e oferecendo até compensações financeiras aos passageiros. Mesmo assim, não há como deixar de caracterizar o episódio como uma crise.

Crises não são os altos e baixos de um negócio. São acontecimentos mais graves. Mas podem surgir de fatos triviais: uma pequena nota no jornal, indevidamente explicada ou esquecida. Ou do descaso de empregados com a segurança de instalações ou de produtos. Pode nascer de fraudes não descobertas pelos sistemas de auditoria. Ou de ex-empregados que vazam dados ou arquivos reservados para prejudicar a empresa ou tirar vantagens financeiras.

Pode ser até um *post* na rede social, com aqueles segredos tão bem guardados, mas suficientes para causar um rebuliço na gestão. Por trás de grande parte das crises, há quase sempre um escorregão administrativo, o cochilo de um executivo, falta de treinamento, descuido com normas de segurança ou ação deliberada de cometer um ato ilícito. Nesse caso, o segundo episódio é emblemático. Um empregado comete um crime para agradar os superiores ou fazer média com o partido. O preço a ser pago pelo crime não foi levado em conta.

O EFEITO SURPRESA

Ao contrário do que o senso comum admite, são poucas as crises decorrentes de eventos surpreendentes. Há uma corrente entre os gestores de crises preconizando a dificuldade de administrá-las, porque, em geral, chegariam de surpresa. Essa é uma premissa bastante controvertida entre os analistas de gestão de crises. Na quase totalidade dos casos, não há o efeito surpresa. Somente acidentes relacionados com a natureza, os chamados "atos de Deus", se caracterizariam como crises inesperadas.

Alguns autores de livros sobre futurologia e mesmo sobre *crisis management* discordariam do parágrafo anterior. Não estamos falando aqui das crises econômicas e políticas, como as duas grandes guerras, nem da Quebra da Bolsa de Nova York, em 1929. Ou da Revolução Russa, nem do fim da União Soviética. Mas de eventos corporativos, alguns com consequências terríveis, como o atentado ao World Trade Center, o vazamento de Chernobyl, o naufrágio do Titanic ou até mesmo eventuais inundações ou incêndios, como os ocorridos em 2018 na Califórnia e em Portugal.

Como veremos adiante, até problemas climáticos podem hoje ser previstos, o que minimiza as consequências geradoras das crises. Não dá, por exemplo, para caracterizar nenhum dos três *cases* citados no início do capítulo como crises surpreendentes, nem mesmo a da tempestade de neve que afetou o setor aéreo. Havia previsão da Meteorologia de nevascas naquele dia, e temporais acontecem. Analisando com mais cuidado, perceberemos nessa crise problemas de gestão das autoridades do aeroporto e do controle aéreo, que acabaram provocando crises em cadeia para os passageiros e todo o sistema aéreo.

Crises, então, poderiam ser evitadas? Chuvas e deslizamentos no verão do Rio de Janeiro são históricos. Em anos anteriores, ocorreram tragédias com dezenas de mortes. Quando aconteceu a enxurrada de 2011, ficou evidente a falta de ações preventivas do governo para minimizar a tragédia. Como culpar a Mãe Natureza? As autoridades prometeram medidas de prevenção e não cumpriram; mesmo com zonas de risco, não houve ações para reduzir a possibilidade de uma tragédia. Havia sinais, nos anos anteriores, não levados em conta. Na época da tragédia, no Rio, sequer sistemas de alerta ou aviso para a população existiam, em zonas de risco.

Para o especialista em Gestão de Crises e professor do Chartered Institute for Public Relations (CIPR), de Londres, Inglaterra, Jonathan Boddy,[1] as crises não são repentinas: *"Haverá sempre essas crises que são totalmente inesperadas e têm um grande impacto dramático, mas para a maioria das empresas o retrospecto mostra que, em muitas crises, não faltaram oportunidades de impedir que elas acontecessem".*

Para o especialista britânico, nos negócios, em que o lucro é um fator-chave, há sempre a tentação de subestimar o risco, a fim de dar melhor retorno para os acionistas ou até mesmo para dar lucro. Muitas vezes, a falta de investimento em treinamento, planejamento de crise, saúde e segurança é constatada numa avaliação posterior ao incidente. A terceirização da responsabilidade na área de operações está efetivamente colocando a gestão da própria reputação nas mãos de uma outra organização.

Segundo Boddy, há alguns anos, no Reino Unido, ocorreu um verão muito seco. O abastecimento de água em algumas áreas quase se esgotou, e a crise foi a incapacidade de as empresas de água abastecerem os consumidores. Ficou evidente, diante da crise, que as pessoas responsáveis pelo suprimento haviam presumido que a água estaria sempre lá e elas falharam em planejar e investir na perspectiva de longos períodos sem chuva. Quanto mais seca aconteceu, mais a incapacidade de planejar e investir ficou evidente. Não dá para aceitar que essa crise foi surpreendente, como tantas outras envolvendo fenômenos naturais.

AFINAL, O QUE É CRISE?

A crise quase sempre representa também um passivo de imagem, um arranhão na reputação. Esse passivo significa uma mancha na imagem das empresas, dos governos ou das pessoas. Dependendo da dimensão, mesmo em crises bem gerenciadas, o impacto negativo pode ser tão forte que afeta definitivamente a reputação. Existem, portanto, inúmeras variáveis para ajudar a entender o significado de crise. Concentremo-nos em conceitos relativos às crises corporativas.

Jonathan Bernstein, um dos mais conceituados gestores de crises dos Estados Unidos, define crise como *"qualquer situação que ameaça ou pode ameaçar a integridade de pessoas ou propriedades, seriamente interromper um negócio, arranhar reputações ou impactar negativamente o valor de mercado".*[2]

Ian Mitroff, autor de *Managing crises before they happen* (2001), tem uma definição mais direta: *"uma crise é um evento que afeta ou tem o potencial de afetar uma organização inteira"*. Para ele, crise é algo negativo que *"não pode ser completamente contido dentro das paredes de uma organização"*; mas admite que, apesar de nem todas as crises serem previstas, todas podem ser administradas nos limites do humanamente possível. Segundo Mitroff, *"lamentavelmente, não é possível dar uma definição geral e precisa de crise, assim como não é possível prever com certeza absoluta como uma crise vai ocorrer, quando ocorrerá e por quê"* (MITROFF, 2001, p. 34-35).

---

[1] Entrevista ao autor, em março de 2011.
[2] Disponível em: http://www.bernsteincrisismanagement.com. Acesso em: 25 jun. 2019.

Apesar de muitas definições de crise, a maioria dos conceitos converge para alguns princípios padrões. A Universidade de Louisville, nos Estados Unidos, nas diretrizes de gerenciamento de crises, tem uma definição simples: *"uma perturbação ou desordem nas atividades da universidade que resulte em grande cobertura de notícias e escrutínio público, e que tenha o potencial de causar um extenso dano nas relações públicas"*.[3] Quando a universidade fala em "dano nas Relações Públicas" acerta numa das maiores preocupações das corporações afetadas pela crise: a repercussão. O que irão falar sobre nós agora? Como veremos mais adiante, essa é apenas parte do problema numa crise.

O Institute for Crisis Management (ICM), dos Estados Unidos, conceitua crise como *"uma ruptura significativa nos negócios que estimula uma extensa cobertura dos meios de comunicação"*. Novamente, o entendimento do ICM insere outro fator perturbador da crise: a presença da mídia, o interesse da imprensa e da opinião pública por fatos negativos.

Há alguns pressupostos gerais para qualificar uma situação ocorrida na organização como possível crise: acontecimento não planejado; repentino; envolve muitas pessoas; causa confusão, quando não pânico; ameaçador; emotivo; desperta o interesse público; gera más notícias; necessita de imediata atenção; espalha-se com facilidade; produz informações desencontradas; fora de controle; extraordinário; cria tensão e gera curiosidade, interesse.

Como diz um dos primeiros autores a sistematizarem o estudo de gerenciamento de crises, trata-se de *"um momento instável ou estado de coisas no qual uma mudança decisiva é iminente"* (FINK, 2002, p. 15). Por vezes, podemos confundir crises com acontecimentos dramáticos ou traumáticos. Não necessariamente. A crise exibe duas características muito definidas: ameaça e pressão do tempo.

Para outros estudiosos do tema, *"uma crise significa que a ordem normal num sistema é desestabilizada, o que cria considerável incerteza e requer rápida intervenção"* (COOMBS; HOLLADAY, 2010, p. 514). O conceito grego de *krisis* remete a um momento de decisão, de separação. De uma perspectiva organizacional e comunicacional, a crise coloca a posição simbólica e o valor da organização sob séria ameaça. Por isso, requer uma intervenção rápida. Quando se fala em "intervenção", cabe à diretoria da empresa assumir o gerenciamento da crise.

Em resumo, entendemos crise como uma ruptura na normalidade da organização; uma ameaça real ao negócio, à reputação e ao futuro de uma corporação ou de um governo. Em geral, as crises frustram as expectativas dos *stakeholders* e têm um efeito deletério perverso, por exigir energia para gerenciá-las, que poderia ser empregada para obter resultados e não para apagar incêndios. Além disso, criam um clima de insegurança, despertando o apetite da mídia e a pressão dos concorrentes ou dos adversários políticos. Em essência, crises não são acontecimentos simples e fáceis de lidar.

Outro aspecto a considerar na definição de crise é a percepção negativa dos *stakeholders* para um acontecimento passível de se transformar numa crise. Essa percepção acaba agravando o problema e, geralmente, não importa o que ocorrer, funcionaria como o sinal amarelo para mobilizar a organização. Seria um sinal iminente de crise, do ponto de vista do *stakeholder*.

---

[3] Disponível em: http://php.louisville.edu/advancement/ocm/crisis_comm. Acesso em: 25 jun. 2019.

Tivemos um exemplo no Brasil, em 2018, quando a pressão dos caminhoneiros, que entraram em greve em todo o País, de certo modo afetou o governo, que, durante mais de uma semana, perdeu o controle das rodovias. Além da crise em si, pelas várias reivindicações dos caminhoneiros, a paralisação, por afetar um setor-chave do País, acabou gerando crises em cadeia, por falta de combustível e gás – indo do hospital ao transporte aéreo.

A percepção de que o incidente negativo irá acontecer ou aconteceu desperta os *stakeholders*. Essa associação de comportamentos ou ações negativas é um perigo para a reputação das corporações. Quando as organizações não respondem aos anseios dos *stakeholders* internos e externos, frustram as expectativas. Minam a confiança depositada por eles. Quando a corporação está alinhada com as expectativas, cria uma legitimação. As ações são apoiadas pelos *stakeholders*. As crises provocam a quebra desse encanto, principalmente as que decorrem de erros ou deslizes dos gestores. Nesse caso, os *stakeholders* questionam as corporações e chegam a desafiar o direito de elas existirem (COOMBS; HOLLADAY, 2010, p. 638).

CRISE E EMERGÊNCIA

Por vezes, os termos *crise* e *emergência* são utilizados no mesmo sentido. Mas não significam a mesma coisa. Uma emergência envolve interrupção súbita das operações normais, causada por falha, acidente técnico, aumento inesperado da demanda, revolta de empregados ou, até mesmo, desastres naturais. Algumas instituições lidam com emergências por causas indiretas, como parte das atividades. O surto de uma doença, por exemplo, com alta perspectiva de morbidade, pode levar o sistema de saúde da cidade ou do estado a uma emergência. Ele precisa vacinar rapidamente um número de pessoas acima das previsões habituais. Essa emergência não significa necessariamente a ocorrência de uma crise.

> *Quando falamos de "situações de emergência", estamos nos referindo a momentos de exceção, fora do comum, que pedem uma decisão que não se encaixa na cadeia de comandos usual. Já "crise" é um questionamento sobre os valores de uma empresa, sua segurança e funcionamento, ou mesmo sobre a necessidade de sua existência* (VIANA et al., 2008, p. 181).

Crises têm potencial de gravidade diferente. Enquanto as emergências geralmente interrompem as operações de forma recuperável, a crise interrompe o sistema ou interfere nas atividades normais, comprometendo os negócios e, em casos mais graves, a sobrevivência da organização. A emergência, em geral, é contornável. A crise tem tendência a aumentar de intensidade, levando a uma pressão da mídia ou dos órgãos de fiscalização, grupos ativistas ou políticos.

Um incidente no pátio de operações ou no chão de fábrica, rapidamente contornável, não significa crise. É um fato cotidiano que faz parte da gestão. As crises incomodam, porque têm esse poder de causar ruptura na atividade e de interferir na vida da corporação. Pode-se até admitir a emergência com ingredientes indutores da crise. Há, pois, um momento decisivo em que emergências ou incidentes podem se transformar em crise. É o *turning point* para o melhor ou o pior. O momento quando a mais alta qualidade da tomada de decisão é essencial. Nessa fase, provavelmente, está o ponto em que muitas organizações falham.

1. Como a Jet Blue escapou da neve

Em 2007, a empresa aérea americana Jet Blue foi surpreendida por uma tempestade de neve no Aeroporto JFK, em Nova York. Era véspera do feriado do St. Valentine's Day (Dia dos Namorados, nos Estados Unidos), 13 de fevereiro. Apesar dos alertas, o aeroporto autorizou as empresas embarcarem os passageiros. Mas a decolagem não foi liberada, porque as condições de voo não melhoraram. Com a tempestade e a quantidade de voos retidos, os passageiros da Jet Blue permaneceram, em alguns casos, até 11 horas dentro das aeronaves, antes de voltar ao desembarque. Dos 156 voos da Jet Blue, daquele aeroporto, só 13 partiram. Com isso, milhares de passageiros da empresa, em pleno feriado, ficaram retidos, muitos dentro dos aviões e no saguão do aeroporto.

Pior ainda: a retenção em Nova York afetou centenas de voos da empresa pelo país, além de causar transtornos também no sistema de reservas. Um verdadeiro caos. A empresa precisou de, pelo menos, sete dias para normalizar todos os voos e as acomodações dos passageiros. Foi uma das maiores crises do sistema aéreo americano, depois do 11 de setembro de 2001.

Para uma empresa aérea, num feriado, só um acidente podia ser pior. Apesar de a companhia não ser diretamente culpada pela crise, que afetou a vida de milhares de pessoas, ela assumiu plenamente o problema. Não jogou a culpa na tempestade, nem no aeroporto. O presidente da Jet Blue, David Neeleman, acompanhou todo o problema de perto, recebendo informes on-line. *Toda a empresa no país foi mobilizada para resolver essa crise. Pilotos e atendentes que estavam de folga se dispuseram a substituir os colegas por causa do estouro dos horários de trabalho.*

O CEO fez uma desculpa pública aos cerca de 130 mil clientes afetados pelos atrasos, cancelamentos e postergações de voos. Ele ofereceu todas as facilidades aos passageiros para troca de passagens e várias compensações, de bilhetes grátis até indenizações de mil dólares para quem tivesse sido vítima de overbooking ou tivesse perdido compromissos por causa do atraso. Uma semana depois, Neeleman fez ampla divulgação da Carta dos Direitos dos Passageiros, um sucesso de Marketing, que virou case *de estudos em escolas de Administração e Marketing. A empresa soube transformar uma crise grave em excelente oportunidade de mostrar ao mercado como deve se comportar uma corporação que reconhece a importância dos clientes para o negócio.*

AMEAÇAS E PREVENÇÕES

Uma barragem tem sério risco de se romper e inundar alguns bairros de Manaus. A empresa concessionária da barragem enfrenta uma crise? Ainda não. Ameaças não se caracterizam como crises. Atuar nessa fase pode ser uma forma de evitá-las. Geralmente, a crise surge de um estado-limite ignorado ou minimizado. Ela alcança uma escala de intensidade que o dicionário chama de o "ponto de inflexão do melhor ou pior". Ou seja, aquele momento em que ainda se pode evitar a crise ou ser engolido por ela. Na fórmula clássica do ciclo da crise, este estágio em que existe um risco de acidente, estamos na fase de preparação para a eventualidade do problema.

Há uma corrente que admite as crises como eventos violentos e dolorosos. Não haveria crise sem sofrimento. Embora não seja uma característica implícita nas crises, há relação muito próxima entre crises mal administradas e esses "eventos dolorosos", porque o preço da má gestão de crise pode ser muito elevado. Se a organização, apesar da crise, consegue conduzir o fato negativo, seguindo os preceitos básicos de gestão de crises, ameniza o impacto. Pode até ser, ao contrário, uma oportunidade de crescimento, afirmação e aprendizagem.

Steven Fink, autor do clássico *Crisis management: planning for the inevitable*, um dos primeiros especialistas a criar uma teoria sobre o gerenciamento de crises, recomenda: evite descobrir dois dias antes de processar a folha de pagamento que você não tem caixa para cumprir os compromissos. Ele chama de situações prodrômicas, termo médico para definir os sinais que aparecem antes da doença. Ainda não é a crise, mas esse sintoma alerta que o mal passa a ser iminente. Depois, viria a fase aguda, o ponto do não retorno, onde o dano ocorre (FINK, 2002, p. 17).

Três condições devem ser consideradas necessárias para uma crise existir: ameaça severa; alto nível de incerteza; e urgente necessidade de ação. Por isso, é bom ter cautela com o uso indiscriminado de "crise" para qualquer problema surgido na rotina das corporações. Não se pode banalizar, o que deve ser levado muito a sério pela empresa. A palavra crise deve ser usada para uma conjunção de circunstâncias indesejáveis, com alto poder de divulgação negativa e capazes de causar danos de qualquer espécie (DRENNAN; MCCONNELL, 2007, p. 16).

Também existem outros fatores contribuindo para deturpar o conceito de crise. Qualquer evento negativo exposto ao escrutínio público, não importa a natureza ou a intensidade, acaba vulgarmente caracterizado como crise. Hoje, pela velocidade da informação e diversificação dos meios de divulgação, não existe fato negativo imune ao domínio público. Às vezes, um evento simples, mas perigoso, pode realmente ser sinal de crise. Mas depende de como ele cai no mundo *on-line* e como vai ser tratado.

As crises também podem surgir em circunstâncias, muitas vezes, totalmente alheias à participação da corporação. A sociedade interconectada desencadeia crises fora do controle da organização. Nem por isso deveriam ser ignoradas nos planos de prevenção. Muito ao contrário. Não se trata aqui de crises surpreendentes, mas provocadas por terceiros. O sequestro de um executivo, que pode passar longo tempo sem ser descoberto; a instalação repentina de um concorrente, na mesma cidade, batendo em cheio no ramo de negócio da corporação; a proibição de um produto, básico na matéria-prima da empresa; uma inundação, um incêndio ou uma explosão afetando partes vitais da organização. Ou até mesmo o vazamento na internet de uma gravação, com cenas privadas do diretor, do sócio ou de uma autoridade do governo.

Tópicos-chave

- ✓ Crise é uma ruptura com a normalidade e sempre implica ameaça ao negócio, à reputação e ao futuro de uma organização ou pessoas.
- ✓ Acontecimentos negativos não representam por si só uma crise. Mas a forma como eles serão administrados pode se transformar em crise.
- ✓ Crises não têm um conceito preciso. Mas têm o poder de desestabilizar as organizações e os governos.
- ✓ As crises têm o potencial de afetar a organização inteira; desperdiçam energias que poderiam estar concentradas no negócio.
- ✓ Emergências não são crises. Se descontroladas, podem, sim, se transformar em crises graves.

2. O sequestro do executivo

Em 11 de dezembro de 2001, o publicitário Washington Olivetto, dono da agência de publicidade W/Brasil, foi sequestrado por um grupo de chilenos, argentinos e colombianos (com a comprovada conivência de brasileiros), participantes da luta armada em seus países. O publicitário foi monitorado durante dez meses pelo grupo, sem qualquer suspeita da ameaça. Ele ficou 53 dias dentro de um cômodo pouco maior que o interior de um guarda-roupas, com 1 m de largura por 2,30 m de comprimento e 2,40 m de altura, até ser libertado em 2 de fevereiro de 2002.

O grupo, conforme se comprovou na apuração, tinha apenas interesse financeiro no sequestro, não político. Chegou a exigir 18 milhões de dólares de resgate. Mas o sequestro foi descoberto pela Polícia de São Paulo, após monitorar os movimentos da quadrilha. Olivetto ficou, portanto, 53 dias incomunicável. Como uma empresa privada, centrada na pessoa de um executivo, consegue agir durante 53 dias, diante da perspectiva do desaparecimento do proprietário? As empresas, em geral, têm planos de prevenção de crise, com sucessão ou alternativas de comando previstas para situações de crise semelhantes?

2
CARACTERÍSTICAS E ORIGEM DAS CRISES

Executivos experientes percebem com certa facilidade quando eventos negativos ameaçam a reputação das organizações. Ainda assim, muitas vezes minimizam ocorrências, incidentes ou formas de comportamento, por desinformação, arrogância ou falta de controle. Se, realmente, querem conduzir a organização dentro de padrões de ética e responsabilidade, sabem quando algo vai dar errado. Estão, portanto, mais preparados para evitar crises.

Imaginar a própria organização imune à crise é um delírio. Uma pesquisa conduzida com executivos americanos constatou: a possibilidade de eles terem uma crise nos negócios era tão inevitável quanto pagar impostos ou morrer. O fato de vivermos numa era de transparência, em que o público não se satisfaz com explicações frágeis, significa a impossibilidade de alguma organização se esconder no caso de uma crise grave.

Mitroff (2001, p. 60) admite que, se comparadas com desastres naturais, sobre os quais temos pouco ou nenhum controle, as crises, em sua maioria, resultam de causas provocadas pelo homem, pela ação imprópria, por erros, inação ou desleixo das pessoas, dos empregados ou dos executivos. Esses erros provocam acidentes, destruição, morte e prejuízos financeiros. Como as falhas humanas poderiam ser prevenidas e evitadas, exatamente por esse motivo, o público atingido se sente vítima inocente nessas crises. Não raramente, além dos danos à sociedade e dos estragos à reputação, comprometem o futuro.

Viana (2001, p. 167) identifica algumas características nas crises das empresas:

> O elemento surpresa. A falta de hábito de lidar com a mídia. A carência de informações. A forma como seus impactos se propagam. A incomum curiosidade da mídia. A mobilização da opinião pública e dos governantes. E, o que é pior, a perda de controle das iniciativas.

Cerca de 80% das crises ocorrem por erros de gestão ou envolvimento de empregados. Somente 20% teriam origem em outras causas. Esses dados emergem de mais de 15 anos de pesquisa do Institute for Crisis Management (ICM), dos Estados Unidos. O levantamento anual e consolidado contempla as grandes crises divulgadas pela mídia em todo o mundo. E são muitas. Desde 1900, pelo menos 40 grandes crises industriais ocorreram pelo mundo, com milhares de mortos.

O levantamento do ICM é a dura realidade apresentada todos os dias pela mídia. Como exemplo, vamos lembrar algumas crises ocorridas nos últimos anos, que ocuparam a mídia internacional: no Brasil, o acidente com o rompimento da barragem da Vale, em Brumadinho (MG), com centenas de mortos (*Case* 14); as denúncias de exploração de trabalhadores por parte da Foxconn, fabricante chinesa de produtos para empresas como Apple e Intel; e o megavazamento, no Golfo do México, após a explosão de plataforma de petróleo da multinacional britânica British Petroleum, nos Estados Unidos (*Case* 23). Há algo comum por trás dessas crises, embora de dimensões diferentes?

Basicamente, erros de gestão. Podemos até considerar outras variáveis. Mas falhas primárias de gestão, acrescidas de arrogância, autossuficiência e avaliação errada do risco. Em geral, aos erros de gestão somam-se problemas de comunicação, falta de transparência. Um ranço de poeira empurrada para baixo do tapete, combinado com falta de treinamento e de compromisso com os clientes e a sociedade. Problemas de gestão aparecem como variável constante em grande parte das crises corporativas.

As crises se caracterizam também pelo grau de exposição negativa imposto à organização. Como se trata de acontecimentos com grande potencial de afetar a reputação, as vendas, a produtividade e até o *market share*, eles despertam o interesse dos *stakeholders*, principalmente de três segmentos, decisivos para a imagem da corporação: acionistas, mídia e empregados. Colocam a organização sob os holofotes e sob o escrutínio de um público extremamente crítico.

As crises normalmente ocorrem em várias fases. Na primeira, há sinais que precedem o acontecimento negativo. Uma greve de grandes proporções ou uma revolta de empregados não começam da noite para o dia. Serviços de inteligência ou auditorias competentes detectam esses sinais. É o período de alerta (preparação), quando as primeiras ações para evitá-las deveriam ser tomadas. Trata-se de um momento decisivo para agir.

Uma crise também não é apenas um momento em determinado evento. Ela dura algum tempo: nasce, se desenvolve e termina. Há também a polêmica da previsibilidade e do controle. A crise seria um evento incontrolável? Depende. O conhecido *case* das cápsulas envenenadas do Tylenol, que atingiu a Johnson & Johnson em 1982 (*Case* 3), seria um evento imprevisto ou improvável e controlável, enquanto o terrível desastre da Union Carbide, em Bhopal, na Índia, em 1984 (*Case* 4), seria previsível, mas incontrolável.

3. Tylenol: um case clássico de crise

A crise da Johnson & Johnson ocorreu em 1982, quando cápsulas do comprimido Tylenol foram envenenadas com cianeto, nas prateleiras, e acabaram sendo compradas por consumidores. Sete pessoas morreram após consumirem o comprimido nos Estados Unidos. Como a empresa administrou essa grave crise? Divulgou o ataque amplamente, porque tinha a convicção de não ser resultado de erro industrial. Solicitou aos consumidores evitarem comprar o produto, ou seja, foi transparente.

> Recolheu todo o estoque dos comprimidos, cerca de 31 milhões. Ofereceu aos consumidores opção de troca e, rapidamente, repôs os estoques com cápsulas à prova de fraude, dando descontos para quem voltasse ao produto. Não economizou em amplas campanhas publicitárias e de esclarecimento.
>
> Ao agir rapidamente e com responsabilidade, fazendo recall dos produtos ameaçados, a empresa colocou o bem-estar dos seus clientes acima dos interesses lucrativos da companhia. Com isso, preservou a marca do produto e manteve a credibilidade da empresa, que não teve a reputação afetada. Esse é considerado até hoje um dos cases emblemáticos de como conduzir bem uma crise.

A segunda fase (resposta) é o desencadear da crise. Exige reação imediata, liderança decidida e proatividade, porque necessita de comando, de atitudes ousadas, de ações. Essa fase tem desdobramentos. É um momento decisivo. Os especialistas chamam-no de *the turning point*. O ponto no qual a crise precisa ser neutralizada, debelada ou se agrava em intensidade. Sobressai nessa fase a diferença entre conseguir conter e prolongar a crise.

Por último, o pós-crise (recuperação). Hora de refletir e aprender. Pode ser uma fase demorada, muitas vezes difícil. Avalia-se, apuram-se responsabilidades, aplicam-se penalidades, conserta-se o que saiu errado, traçam-se estratégias futuras para evitar a repetição. E tenta-se minimizar o passivo. É uma fase importantíssima, mas menosprezada pelas organizações. Não adianta passar a mão na cabeça e fazer de conta que não houve nada. A área pública, em geral, peca nesse particular. Quando não deixa impune, não apura, não corrige, demora a tomar decisões. A impunidade e o esquecimento são a porta aberta para repetição da crise.

Nos próximos capítulos, veremos como contornar essas fases, com informações sobre risco, sobre como evitar ou neutralizar os eventos transformados em crises graves. O fato de existirem crises inevitáveis, segundo um senso comum, não significa a organização aceitar passivamente, deixar a crise conduzi-la e admitir que perdeu a batalha.

4. O gás venenoso na noite de Bhopal

> Em dezembro de 1984, ocorreu um vazamento de gás de uma fábrica de pesticidas da Union Carbide, na pobre cidade de Bhopal, na Índia. Foram 42 toneladas de metil isocianato (conhecido como MIC). Uma chuva ou nuvem de pó químico, altamente letal, expôs os 500 mil habitantes da cidade, provocando a morte de 3 mil pessoas nos primeiros dias e contaminando milhares de outras, com sequelas definitivas. Esses números nunca foram confirmados. Foi o maior acidente químico da história, pelo menos até Chernobyl. O acidente obteve repercussão internacional. A empresa, com sede nos Estados Unidos, de início tentou jogar para os administradores indianos a responsabilidade. Mas não "colou". A gravidade do acidente provocou danos quase definitivos na imagem da Union Carbide. Ela foi comprada pela Dow Chemical, em 1999.
>
> A empresa tinha sistemas de prevenção de crise e uma boa imagem na Índia, mas o erro cometido foi fatal para a corporação, principalmente quando os efeitos foram

> *letais à população. Ela tentou administrar a crise, porém, pela dimensão e por ações políticas da própria Índia, não conseguiu superá-la. O governo local, além de processar a empresa, emperrou vários acordos, que ainda se arrastam na Justiça internacional. O passivo da empresa e a pressão internacional impossibilitaram sua sobrevivência. Por mais preparada que estivesse, dificilmente imaginou um cenário tão complicado. Num primeiro acordo, a empresa pagou 470 milhões de dólares ao governo da Índia, para indenizar as vítimas, que até hoje sofrem de vários tipos de doenças provocadas pelo gás liberado. Calcula-se que, em 30 anos, cerca de 25 a 30 mil pessoas tenham morrido na região, em decorrência do acidente.*

ORIGEM DAS CRISES

Há algumas ideias formadas de que as crises são inevitáveis e as organizações ou governos nada poderiam fazer, a não ser aceitar a realidade. Alguns pesquisadores acreditam que a crise corporativa seria inevitável. Segundo Mitroff, Shrivastava e Udwadia (1987, p. 291), *"não se pergunta se um desastre grave irá atingir qualquer organização, mas, sim, quando, como, de que forma ele chegará, quem e como muitos serão afetados".*

Nassim Taleb, decano de Ciências da Incerteza da Universidade de Massachusetts e autor de livros sobre o tema, defende que as grandes crises, apesar dos sinais, não podem ser previstas na sua exata dimensão. Ele chama de "cisnes negros" aquelas descobertas ou fatos que ninguém previu, incluindo, por exemplo, o atentado ao *World Trade Center*, as guerras e as epidemias. As previsões, segundo ele, estão sempre dentro dos padrões ou do que ele chama de "platonificação". O que sai do padrão ninguém prevê, apesar de o senso comum acreditar, após a ocorrência do evento, que ele poderia ter sido previsto.

> *Acho escandaloso que, apesar do histórico empírico, continuemos a projetar o futuro como se fôssemos bons nisso, usando ferramentas e métodos que excluem eventos raros. Previsões são firmemente institucionalizadas em nosso mundo. Temos uma queda por aqueles que nos ajudam a navegar pela incerteza, sejam eles adivinhos, acadêmicos (chatos) "bem publicados" ou servidores civis utilizando matemática fajuta* (TALEB, 2008, p. 181-182).

Taleb diz que *"as conquistas na capacidade de se modelar (e de prever) o mundo podem ter sido diminuídas pelo aumento em sua complexidade – implicando um papel cada vez maior para o imprevisto"*. Para o autor, por mais que nos espelhemos nas crises ocorridas em corporações similares, o risco de termos uma crise inédita ainda é muito grande. Ele lembra os exemplos da guerra do Líbano, da Primeira Guerra Mundial e do conflito no Vietnã. Nenhuma previsão sobre a duração desses conflitos se confirmou. Alguns pensavam que a Primeira Guerra seria um "passeio" de poucos meses. Durou quatro anos. Esse despreparo de governos e organizações para eventos de crises de grande porte, como os atentados, têm aumentado o número de mortos e a gravidade desses ataques. O atentado ocorrido em Nice, França, em 2016, que deixou 86 mortos e 450 feridos, é o tipo de evento que poderia não ser previsto, mas evitado. Como um caminhão-baú entra em alta velocidade numa rua lotada de pessoas, que assistiam a uma festa? A cena de policiais, seguindo o caminhão em alta velocidade, que atropelava pessoas, é quase inacreditável. Por qualquer aspecto que analisemos, houve uma grande falha de segurança nesse atentado.

Por mais interessantes que sejam as teses de Taleb, as empresas devem estar preparadas para lidar com o imponderável. As instituições pesadas, fechadas para o público, pouco afeitas à comunicação, sempre lidarão mal com o imponderável e, por isso, estarão mais despreparadas. Estar preparada pode ser desenvolver uma certa resiliência, uma capacidade de se adaptar às circunstâncias. Certamente, isso facilitaria o processo de gestão e explicaria por que tantas instituições conseguem resistir às crises.

Diante da controvérsia sobre previsibilidade, surpresa, incerteza, as organizações deveriam relaxar e admitir como inevitável, hoje ou amanhã, uma crise grave? E não faria diferença estar vigilante? Inevitável não significa imprevisível. As pesquisas sobre gerenciamento de crises e a prática têm mostrado que a inevitabilidade da crise é, até certo ponto, um mito. Mas as crises, admite-se, seriam um momento em que a eficiência das estruturas de Relações Públicas da organização seria testada sob circunstâncias extremas. Isso, sim. Mais cedo ou mais tarde, não importa o tamanho da corporação, ela teria que passar por esse rubicão.

Vários institutos de pesquisa em gerenciamento de crises, ao mapearem os principais eventos, constataram uma concentração da maioria das crises graves em três grandes grupos: danos à reputação, marca ou produtos; percepção de má gestão ou de comportamento inadequado dos executivos; e problemas causados por grupos de interesse ou ativistas.

As pesquisas apontam a maioria das crises expostas na mídia como decorrentes de problemas de gestão ou relacionados aos empregados. Quanto aos empregados, compreendem toda a cadeia da mão de obra das corporações: funcionários e dependentes, terceirizados, sindicatos, aposentados, ex-empregados ou ex-diretores.

Na prática, essa maioria, superior a 80% das crises corporativas do mundo, com base nos eventos ocorridos em 2018, segundo classificação do ICM, inclui má gestão ou administração ineficiente (26%); crises relacionadas à discriminação (18%); crimes de colarinho branco (11%); consumerismo/ativismo (5,7%); catástrofes (4,5%); e ciber crime (4,5%). Se analisarmos cada uma dessas crises, veremos no cerne de sua origem decisões erradas, falta de controle ou de um plano de contingência; análise equivocada de cenário; e erros de administração fatais para desencadear o fato negativo. Muitas decorrem de atos decididos sob pressão, até mesmo política, sem a devida avaliação, ou por descuido, incompetência ou interesse pessoal, corporativo ou político do executivo ou de toda a diretoria. Não raramente, são atos isolados que afetam toda a organização.

Vejamos uma grande crise ocorrida não faz muito tempo. Usina de Fukushima, no Japão: uma crise possível de evitar ou inevitável, pela força e pela incapacidade de prever uma tragédia nessa dimensão? Vale lembrar que o Japão é um dos países mais preparados em técnicas de gestão de crises, principalmente nas relacionadas a desastres naturais. Especialistas detectaram erros básicos no gerenciamento dos riscos da usina nuclear. Construída há mais de 30 anos, no seu plano de contingência, naturalmente, foi considerada a hipótese de terremoto e *tsunami*.

O que aconteceu, então? Cálculos dos projetistas imaginaram barreiras de apenas 4 m para conter as ondas do mar. O *tsunami* ocorrido em março de 2011 produziu ondas de 11 m de altura, passando facilmente pelas barreiras e invadindo a usina. Ou seja, o cenário de crise foi subestimado. E não foi por falta de aviso. Técnicos declararam ter alertado a falta de atualização da planta de Fukushima em relatórios produzidos anos antes. Assim como no Rio de Janeiro, a natureza não pode levar a culpa pela grave crise que atingiu o Japão.

Em julho de 2012, foram divulgados dois relatórios independentes sobre o que aconteceu em Fukushima (ver p. 68-69). E eles não foram condescendentes com os administradores da usina. Por trás dessa tragédia, sabe-se hoje, aconteceram falhas graves de gestão. Os estudos sobre gestão de crises estão cada vez mais centralizados em analisar a gênese das crises. Por que pequenas e médias empresas, como também megacorporações, cometem erros tão primários, que redundam em crises graves, como aconteceu com a Tokyo Electric Power (Tepco), em Fukushima?

As empresas talvez não tenham tempo para parar e pensar, cada vez mais pressionadas no afã de gerar resultados. Por isso, a gestão de crises ainda não foi incorporada aos planos de contingência, muitas vezes centrados nos fatos negativos mais comuns, para os quais a empresa já tem mecanismos de contenção. Fukushima é apenas um exemplo de triste memória.

Mas isso acontece apenas com grandes corporações econômicas ou governos? De onde vêm as crises? Uma pequena escola, no interior do país, se não tiver cuidados mínimos de prevenção, também corre riscos. Das consequências do *bullying* à pedofilia, à manipulação de notas e aos acidentes fatais com estudantes até violência contra professores ou alunos, como tem acontecido no Brasil. Ou da queda do aluno do brinquedo malconservado ou do descuido da piscina descoberta, que permitiu à criança cair e morrer. Se alguém achar que a morte de uma criança, na piscina da escola, é uma fatalidade, como escolas teimam em alegar, quando precisam se explicar, veja essa estatística: a cada mês, seis crianças de até 14 anos morrem afogadas em piscinas no Brasil, em média. Alguém tem dúvidas de que é uma crise passível de ser evitada?

Viana et al. (2008, p. 77) dizem que as crises nascem de sucessões de erros que vão se entrelaçando uns aos outros e acabam por se tornar parte do cotidiano como se fossem acertos.

> *Isso porque, em última análise, as crises fazem parte de uma cultura de transgressão. São emblemas de uma violência cotidiana e que, como um vírus, tende a contaminar os negócios, quando as palavras deixam de ter correspondência com a realidade e se transformam em meros emblemas despojados de significado.*

Ocorrências negativas fazem parte da dinâmica das organizações. Tanto podem surgir em decorrência de catástrofes ou acidentes involuntários, fruto de erro humano, má administração, conchavos políticos, represálias ou outros interesses, quanto de desdobramentos triviais da gestão, como falta de fiscalização ou controle e até mesmo de boicote, proporcionado por pessoas muito próximas da organização.

O jornalista francês Yves Mamou (1992, p. 103) inclui a imprensa como agravante das crises, pela capacidade de tornar público evento muitas vezes restrito ao interior da organização. A publicidade da crise, a exposição negativa na mídia acabam por agravá-la. Para Mamou, *"cada vez que um documento não destinado à publicação chega às mãos de um jornalista, sua publicação responde a uma necessidade: servir aos interesses de quem, na sombra, tomou a decisão de organizar o vazamento"*.

A afirmação do autor francês pode dar a ideia de que por trás das crises há sempre um mentor maniqueísta, inclinado a expor inexoravelmente a organização. Isso também não é verdade. O interesse da mídia por crises, como veremos adiante, tem a ver com a natureza do trabalho jornalístico e ao fato de que as corporações fazem parte do nosso dia a dia. O que acontece nelas diz respeito a muitos públicos.

Por que uma nota na coluna de grande circulação pode desencadear uma crise? É outra fonte muito utilizada para desestabilizar organizações, principalmente no Brasil, onde o colunismo virou quase uma instituição nacional. Vazados por interesses os mais variados, muitos segredos corporativos, que as empresas não gostariam de divulgar, vêm à tona plantados por desafetos ou até mesmo por membros da própria corporação. Não explicadas, essas notas viram pauta, esmiúçam dados sigilosos e em pouco tempo desencadeiam tempestades. Cabe à organização interferir nesse processo e não ficar esperando para ver no que "vai dar".

Mas as coisas podem piorar. Hoje, com o Jornalismo *on-line* e o potencial de *blogs*, redes sociais, celulares e câmeras de vídeo, divulgar notícia não é mais exclusividade dos meios de comunicação. A empresa não consegue mais controlar as informações, e a mídia chega atrasada. Qualquer pessoa pode ser produtora de conteúdo. Se uma organização não for rápida, a versão que passa a circular, nos primeiros momentos da crise, é a desses pseudojornalistas. Pela proximidade do fato, a opinião pública acaba dando muita credibilidade à notícia. A mídia, na maior parte das vezes, endossa essas versões. Esse tema será mais bem explorado na Parte VI – *A sociedade vigiada*.

O consumidor é outra fonte de crise para as empresas. As centrais de atendimento e a pressão das autoridades fiscalizadoras representam hoje potenciais focos de problemas. Se o atendimento ao consumidor for desdenhado, pouco profissional, como tem acontecido até agora no Brasil, muitas empresas continuarão enfrentando crises graves. Não é raro os Procons ou agências reguladoras proibirem venda de produtos, no Brasil, ou fecharem pontos de venda ou *sites* de compra, por violações do Código de Defesa do Consumidor ou não cumprimento do contrato de venda. O maior número de queixas se registra contra empresas de telefonia, de TV a cabo, planos de saúde, cartões de crédito e até seguros. Apesar de a legislação ter mudado, ainda existem empresas brasileiras que não se acostumaram a respeitar o consumidor.

Finalmente, por que as crises corporativas acontecem? Porque as empresas cometem erros. Mas elas não estão de certo modo preparadas com planos estratégicos, seminários, consultorias e auditorias para fazer a coisa certa? Infelizmente, as organizações, como as pessoas, tomam decisões estúpidas ou não tomam decisões. Na busca pelo lucro, pela conquista de clientes e na disputa às vezes selvagem pelo mercado, as empresas passam do ponto e, depois, quando chega a crise, são enquadradas na Lei. Decisões irresponsáveis geram crises. E a mídia não perdoa, comprometendo a imagem de muitas empresas. Se não quer que publique, não faça. Ou, como diz o jornalista Ezra Klein, do *Washington Post*: "o que pode dar errado vai dar."

DE ONDE VÊM AS CRISES

Já vimos, ao analisar a origem e os efeitos das crises, as diversas possibilidades de ocorrência de fatos negativos que podem impactar a imagem da organização. Ao investigarmos os tipos de crise, elegemos situações que, na prática, têm correspondido às crises mais frequentes das corporações. Mas onde se originam as crises? Como elas surgem?

Há uma corrente tradicional de teóricos de *crisis management* que ainda defende a tese da surpresa como característica das crises. Não se chegou a um consenso sobre a imprevisibilidade das crises. Durante muito tempo, sustentou-se a surpresa como componente da crise. Daí a dificuldade de criar estratégias para preveni-la e, em consequência, administrá-la. A surpresa funcionava até certo ponto como um álibi para não se ter planos de crises ou ignorá-las.

Em alguns casos, raros, pode realmente uma crise surpreender. Mas, se nos detivermos sobre os *cases* emblemáticos de crise, ou as grandes crises ocorridas nos últimos 10 ou 20 anos, veremos que a surpresa não é uma característica constante e decisiva. Com base na experiência de 20 anos acompanhando crises corporativas e de governos, podemos afirmar com convicção que as crises que não decorrem de eventos climáticos violentos raramente chegam de surpresa. Dados já corroboram essa conclusão. O ICM cataloga as principais crises corporativas do mundo, ano a ano.

No último relatório,[1] com dados consolidados entre 2008 e 2018, 32% das crises teriam um grau de surpresa (*sudden crisis*). Do total, 68% das crises ocorreram porque riscos potenciais e pequenos sinais de alerta foram ignorados (*smoldering crisis*). As corporações e os governos desdenham desses sinais. Não há um alarme que dispare ante a aproximação de uma crise. As corporações devem criar os próprios alarmes.

Jonathan Bernstein, um dos principais especialistas em gerenciamento de crises dos Estados Unidos, é taxativo:

> *Na minha opinião e experiência, 95% das crises são previsíveis. Isso é certo: quando eu me aprofundei nas crises que ocorreram com meus clientes nos últimos 25 anos, crises sobre as quais eu tenho suficiente informação para chegar a conclusões bem fundamentadas, as bandeiras vermelhas da pré-crise estavam quase sempre presentes – e eram ignoradas.*[2]

As organizações ignoram, desprezam esses sinais, e se acreditam surpreendidas. Um entendimento equivocado, portanto.

Mas qual a origem das crises? De onde pode surgir um fato negativo para impactar negativamente o negócio e transformar a vida do empresário ou do governante num verdadeiro inferno? Políticos, governos, autoridades públicas gostam de atribuir as próprias crises a conspirações maquiavélicas, orquestradas nos bastidores ou nos porões das repartições ou corporações contra eles. Seriam maquinações de adversários políticos, com estratégias para detonar a imagem pública na mídia.

---

[1] Disponível em: https://crisisconsultant.com/icm-annual-crisis-report. Acesso em: 21 jul. 2019.
[2] Disponível em: http://www.bernsteincrisismanagement.com/newsletter/crisis-manager-090702.html. Acesso em: 25 jun. 2019.

No Brasil, não podemos dizer que essa prática inexiste. Não raramente, aparecem dossiês verdadeiros ou falsos entregues a jornalistas para queimar a imagem e comprometer o exercício do cargo de alguma autoridade pública. Em alguns casos raros, realmente os fatos se comprovam, e o denunciado acaba perdendo o cargo. Existe aquela reação inicial, promessa de entrar na Justiça, mais uma satisfação para a mídia, para desafogar a pressão. Passados alguns dias, se os fatos são incontestáveis, o denunciado acaba caindo. Mas, em geral, as crises não começam assim.

O historiador escocês Niall Ferguson, ex-professor da Universidade Harvard, declarou em 2009, a propósito da crise econômica detonada no ano anterior: *"Está muito claro que a crise financeira foi causada por um grosseiro erro de administração pelas pessoas que geriam os bancos. E o fato de que muitos deles continuam a comandá-los é profundamente irritante."* [3]

Mais adiante, o indiano Nayana Chanda, que dirige o centro de publicações sobre globalização da Universidade Yale, afirmou: *"a crise econômica mundial é resultado da má gestão estatal e não da globalização"*.[4] O que isso tem a ver com crises corporativas? Na essência, a causa é a mesma.

> *A crise de 2008 e a estagnação atual, enfrentada principalmente pelos Estados Unidos e por parte da Europa, serviram para lembrar o que acontece quando os governantes cometem erros catastróficos. A causa da recessão está na má gestão de políticos chineses, europeus e americanos.*[5]

A declaração é de Kevin Kaiser, professor de administração e economista do Insead, uma das escolas de negócios mais prestigiadas do mundo.

Após anos concentrados em analisar crises corporativas e de governos, inclusive de outros países, acabamos confirmando a premissa de que a maioria das crises vem de erros de gestão e de falhas na administração. São decisões tomadas sob pressão, sem avaliações precisas e completas, ou decisões meramente políticas, sem respaldo técnico. Outras, sob a perspectiva do Marketing, mas sem uma análise criteriosa das consequências, no futuro. Isso vale tanto para uma grande multinacional, como a Foxconn chinesa, quanto para uma boate no Rio Grande do Sul (*Case* 10). Como serve para empresa aérea, escola, mineradora, autarquia ou banco, não importa a natureza do negócio.

Vejamos o caso do Instituto Butantan, tradicional centro de pesquisa de São Paulo. Em maio de 2009, o Instituto sofreu um incêndio que destruiu a maior parte do acervo de pesquisa e de espécies de ofídios, colecionados ao longo de quase 100 anos. Na época, especulou-se que o incêndio poderia ter sido causado por curto-circuito. Um acidente, como se costuma classificar. Em 2010, o Ministério Público do Estado de São Paulo, após quase um ano de investigação, concluiu: o incêndio foi criminoso. Alguém pôs fogo no Butantan? Não. A promotora Eliana Passarelli considerou a ocorrência de "negligência e imperícia" no acidente. "Os responsáveis não respeitaram os princípios mais básicos de segurança", afirmou a promotora. Vários funcionários e a diretoria foram responsabilizados por "incêndio culposo". Ou seja, erros graves de gestão. Foram

---

[3] *Folha de S. Paulo*, 13 jul. 2009.
[4] *Folha de S. Paulo*, 8 jul. 2011.
[5] Entrevista à revista *Veja*, n. 2.299, 12 dez. 2012.

deixados de lado procedimentos de prevenção de incêndio, que redundaram numa grave crise, com impactos, inclusive, na reputação dos dirigentes – sem falar nos prejuízos financeiros e culturais para o governo de São Paulo e para o país.

Em 2018, o incêndio devastador do Museu Nacional do Rio de Janeiro (*Case* 5) expôs também uma falha grave de gestão, quando destruiu o prédio e quase todo o acervo daquela casa de cultura. Como foi comprovado meses depois, o incêndio começou num curto-circuito no auditório do Museu. E era conhecido o estado precário das instalações do Museu. Como defender que foi uma crise de surpresa?

Em 2018, ocorreu em Suzano (SP) o segundo grande atentado a uma escola no Brasil. O primeiro foi em 2010, no Rio de Janeiro, quando um psicopata entrou na Escola Tasso da Silveira, bairro do Realengo, com um revólver, e abriu fogo em várias salas de aula, matando 12 alunos adolescentes e ferindo 20, muitos gravemente. No caso de Suzano (*Case* 29), foram dez mortos, sendo seis alunos, duas funcionárias e os dois atiradores. Houve outros atentados, mas nenhum com essa ousadia e essa facilidade. No Brasil, não havia registro dessa prática, tão comum nos Estados Unidos e hoje um problema de segurança nacional naquele país. Podemos atribuir essa crise grave para a educação, a escola, a cidade a vários fatores. E até admitir o componente surpresa no inusitado do ataque. Nos dois casos do Brasil, foram ex-alunos das escolas que teriam sofrido algum tipo de constrangimento (*bullying*).

Mesmo nesses casos surpreendentes dos ataques, já é possível mapear, e até certo ponto prever, para permitir a adoção de mecanismos de prevenção, como mostra um estudo do serviço secreto americano. Preocupado com a onda de ataques a escolas e universidades, com alto índice de homicídios, o governo dos EUA encomendou esse trabalho. Ele aponta que nos 66 ataques em escolas ocorridos no mundo, entre 1966 e 2011, 87% dos atiradores sofriam *bullying* e foram movidos por desejo de vingança; 76% eram adolescentes com acesso fácil a armas; e 70% dos casos foram nos EUA. Ou seja, há vários indicativos que possibilitam às escolas adotarem mecanismos de prevenção para reduzi-los

Apesar de todos esses dados, o atentado ocorrido em dezembro de 2012 na Escola Sandy Hook, em Newtown, Connecticut (EUA), quando morreram 20 crianças e seis adultos, mostra como as instituições têm dificuldade de preveni-los. A preocupação inicial da mídia foi saber como o assassino obteve as armas. Mas, em seguida, a mídia começou a questionar quem era o assassino, que tratamento ele fazia e que drogas utilizava. Todos esses dados trabalhados por um setor de inteligência reduziriam ou eliminariam o índice de surpresa, permitindo às escolas vigiar, prevenir e até reprimir os ataques. Elas poderiam saber de onde vem essa crise endêmica dos EUA.

Não existe um padrão único das crises que atingem organizações ou personalidades. Tanto pode ser o descuido de enviar uma foto em trajes sumários para uma namorada, como aconteceu em 2011 com Anthony Weiner, deputado americano do Partido Democrata pelo Estado de Nova York, quanto à realização de uma festa numa casa sem a devida checagem, como aconteceu com a multinacional alemã Adidas, no Rio de Janeiro, em 2009. No caso do deputado americano, a foto enviada à namorada foi parar no *Facebook* e gerou um escândalo nacional que o constrangeu até a renúncia do mandato. Como se a crise pessoal não fosse suficiente, a renúncia propiciou nova eleição, e o Partido Democrata perdeu a cadeira do estado de Nova York, que detinha havia 40 anos.

A Adidas, ao fazer uma festa numa casa alugada, no Rio de Janeiro, teria sido surpreendida, segundo versão apresentada à imprensa, por fotos postadas no *blog* de um jornalista carioca, com imagens que lembravam símbolos nazistas, nos azulejos da piscina e mesmo em quadros nas paredes da casa. Resultado: precisou se explicar. Os dois casos claramente foram problemas evitáveis, com potencial para redundar em crises de dimensões diferentes, mas crises. Como se vê, é mais fácil a crise ter origem em cochilo, descuido mesmo, uma certa autossuficiência, relaxamento na segurança ou até na ingenuidade ou na inexperiência, no caso do deputado, do que ter sido provocada por ação de terceiros.

SINAIS DE ALERTA

Pode ser uma despretensiosa ou sutil nota plantada em coluna de grande circulação ou o comentário ferino do âncora de TV. Tanto pode vir de um adversário político quanto do concorrente ou candidato ao cargo na empresa. Mas o risco é ainda maior ao ter vindo de alguém de dentro da própria organização. Sócios, diretores ou empregados descontentes. Calcula-se que 80% das crises provêm de pessoas próximas ou ligadas à organização.

As crises também podem ser fruto de vazamentos, intencionais ou não, de dados e informações, algumas reservadas, de erro de funcionário, como tem acontecido até mesmo com descuidos nas redes sociais, hoje uma fonte cada vez mais perigosa de crises. Denúncias de ex-empregados ou consumidores insatisfeitos. Ou de testemunhos suspeitos de pessoas "prejudicadas" ou cujos interesses foram contrariados. A origem pode ser inesperada e, em certos casos, surpreendente. O que não pode é a organização achar-se imune ou preservada desses fatos negativos.

Muitas crises são silenciosas. Demoram a aparecer. Talvez sejam as mais perigosas. Empregados durante muito tempo desviam recursos; prédios ou equipamentos se deterioram, enfraquece a estrutura e ninguém percebe. Sequestros, atentados ou assaltos são planejados com muita antecedência. Vazamento de dados ocorrem, durante anos, e demoram a ser descobertos. Embora as organizações envolvidas sempre achem argumentos para se defender, quase sempre houve algum descuido nas ações de prevenção, ou a auditoria de vulnerabilidades não detectou os sinais.

Outras crises são mais ostensivas. Ou pelo menos o risco é iminente e previsível. Os setores atualmente mais vulneráveis são os da mineração, de petróleo, siderurgia e transportes. As minas provocam crises recorrentes, com desabamentos, rompimento de barragens, soterramentos, destruição do meio ambiente, mortes. É um negócio de alto risco, sendo revisto ou fechado em muitos países. O passivo nessa atividade é muito elevado.

Existem crises que atingem a imagem da organização por tabela. É o caso de jogadores de futebol envolvidos em crimes ou outros desvios graves. Não há como o fato deixar de rebater na imagem do clube a que pertencem. Ou de executivos com nomes muito vinculados à empresa. Algumas biografias se confundem com a história da organização; ou são de fundadores, donos. Nesses casos, crises pessoais acabam chamuscando a imagem da organização.

Em geral, marcas fortes ou empresas com muita credibilidade, sabendo conduzir a crise dentro dos padrões recomendados, preservam-se de fatos negativos envolvendo empregados ou executivos. É o caso, principalmente, de corporações multinacionais com produtos e marcas consolidados e consagrados no mercado.

Marcas fortes, antiguidade ou cacife econômico não garantem imunidade. Pelo contrário, são alvos mais visados nas crises. O mais antigo banco suíço, Wegelin & Co., fundado em 1741, fechou após denúncia de ter ajudado a promover evasão fiscal de 1,2 bilhão de dólares e esconder dinheiro em contas na Suíça. Talvez tenha ido longe demais. Os outros continuam no mercado. Há também uma hipótese de que as crises graves impactam mais as marcas fortes, porque dariam mais visibilidade na mídia. O risco à reputação seria maior. Em contrapartida, são as empresas mais preparadas para enfrentar crises.

Os especialistas recomendam: *"Fique atento às bandeiras vermelhas"*. Muitas crises são potencializadas pelo risco da organização. Escolas e hospitais, por exemplo, enfrentam crises diárias, umas maiores, outras despercebidas pela opinião pública. Mesmo assim, instituições como essas se envolvem em crises triviais, passíveis de evitar com um bom trabalho de prevenção. Vale lembrar que as crises estão se tornando piores e mais frequentes do que no passado. Uma escola na década de 1950 ou 1960 era quase uma ilha de tranquilidade. Hoje, é um potencial alvo de maníacos.

Há também um consenso entre os estudiosos de gestão de crises de que a forma como as crises afetam a marca teria a ver com o sentimento do público em relação à organização ou à própria marca. Indústrias de petróleo, químicas, siderúrgicas, fabricantes de armas, de bebidas alcoólicas ou empresas de tabaco não podem esperar numa crise terem a simpatia do público para o seu negócio (DEZENHALL; WEBER, 2011, p. 19).

Há áreas nas empresas mais propícias a crises do que outras? Drennan e McConnell (2007, p. 51) admitem que as crises ocorrem por causa de falha ou erro em um ou mais dos seguintes elementos: comportamento humano (erro humano), tecnologia, sistemas de administração (falhas de gestão, talvez o item mais comum) e comportamento da sociedade ou do governo. Os autores são enfáticos em afirmar que *"quase todas as crises protagonizam elementos de erros humanos"*. Se formos olhar a maioria das crises corporativas, principalmente aquelas que resultaram em grandes tragédias, veremos o fator humano presente. Nesse caso, identificam-se dois erros básicos: o deslize ou o lapso, com diferenças sutis entre eles, *"onde a ação intencionada não ocorre conforme o plano; e erros, onde o plano é inadequado para atingir os objetivos"*.

O problema do erro humano é que ele pode surgir em muitos disfarces diferentes e de uma variedade de causas, o que o torna muito difícil de prever e controlar. Mas os autores chamam a atenção para um aspecto muito interessante, quando falam em erros: *"erros são percebidos como sintomas de condições latentes que existem no sistema como um todo, mais do que mero resultado de inadequações humanas individuais"* (DRENNAN; MCCONNELL, 2007, p. 52).

As pesquisas sobre a origem das crises passam pelos mais variados campos do conhecimento, até mesmo pela teoria do caos. Pesquisadores americanos acreditam que as crises nascem por meio de uma série de eventos pequenos e interligados. Normalmente, um número de incidentes separados e relacionados causam as crises. Como evitar? Esse é o grande desafio.

COMO AS CRISES COMEÇAM

Negar a possibilidade de uma crise parece ser uma das razões pelas quais as corporações não se preparam para crises graves. Os executivos viveriam num estado de negação. Uma crise pode atingir todo tipo de organização – campanhas políticas, as 100 maiores empresas da revista *Fortune*, organizações sem fins lucrativos, alianças globais, consultórios médicos, restaurantes, supermercados, tudo mais. Dada a facilidade e a rapidez com que os comentários negativos podem aparecer *on-line*, o *core business* de sua empresa é valioso demais para se arriscar a pensar que crises não acontecerão com você.

Algumas crises são evidentes. Executivos experientes conseguem prever, perceber sinais na organização. Muitos são avisados por diretores, gerentes de que algo pode dar problema. Alguns se acham autossuficientes e desdenham desses avisos. Outros exercem uma administração tão centralizada, que os gerentes e assessores temem alertá-los sobre algo errado. Quando esses executivos se dão conta, a empresa trombou num *iceberg*. O segredo da boa administração está em desenvolver mecanismos capazes de detectar esses sinais, com uma gestão aberta ao diálogo. Em entrevista concedida em 2009 ao autor, publicada no *site* www.comunicacaoecrise.com, perguntado sobre qual o maior erro das empresas na gestão de crises, o consultor Jonathan Bernstein, dos EUA, não teve dúvida em responder: *"Falhas na completa preparação para a crise – vulnerabilidade na avaliação, no planejamento e no treinamento, nas simulações e na repetição regular deste processo."* Ou seja, no seu entendimento, as empresas não dão atenção à possibilidade de crises.

Quais as recomendações dos especialistas para os sinais de alerta de situações que podem redundar em crises? A auditoria de vulnerabilidades ou a equipe designada para esse fim na organização deve prestar atenção às fontes tradicionais de crise: desastres naturais; falhas no sistema de tecnologia, que podem trazer transtornos graves e interromper até mesmo a produção e o negócio; ciberataques, ameaças de greve; invasões de prédios; possibilidade de desabastecimento de algum produto fundamental para a empresa; graves alterações no mercado relacionado ao negócio da organização.

Uma boa equipe de auditoria ou de segurança da informação pode detectar com mais facilidade essas crises. E aquelas pequenas crises, às vezes despercebidas? É possível detectá-las? Essas talvez sejam as mais perigosas. Em Brasília, foi descoberta em 2011 uma fraude milionária em um Tribunal. Uma funcionária de terceiro escalão foi acusada de desvio de aproximadamente R$ 5,5 milhões. Posteriormente, a Polícia Federal e o Tribunal descobriram que o desvio era maior: ascendia a R$ 18 milhões. A fraude em mais de 100 processos foi fruto de desvios de indenizações judiciais que deveriam ser pagas pelo Tribunal a empresas e trabalhadores.

Como foi possível uma empregada, sem cargo de chefia, desviar essa quantia sem que os serviços de auditoria, o chefe imediato ou os controles internos tivessem descoberto? Se num Tribunal da área do Judiciário, onde se supõe os controles devam ser os mais rigorosos possíveis, para não escapar nada, acontece um desvio desses, o que não pode acontecer numa pequena ou média empresa?

A crise também pode vir pela mídia. Grandes corporações podem ser surpreendidas pela notícia de que uma fazenda pertencente à empresa usa trabalho escravo ou que uma filial, na região mais remota do Brasil, despeja resíduos tóxicos poluentes no principal rio da cidade. A imprensa descobre primeiro. Nesse caso, a guerra da comunicação pode até ser empatada, mas dificilmente será ganha. O melhor é não ter essas surpresas. E por trás disso a palavra é *controle*.

Quando o sinal amarelo começa a piscar? Desconfie de ostentações de riqueza por parte de quem não tem como provar o enriquecimento. Empregados novos, com desempenho acima da média da empresa, precisam ser supervisionados para ver se não estão atropelando os princípios éticos na relação com os clientes; funcionários públicos que adquirem bens acima das possibilidades de seus salários. Impressiona como os chefes, tanto de empresas privadas quanto públicas, ficam abismados quando as auditorias descobrem o montante desviado e os sinais de riqueza de determinados funcionários.

"O demônio está nos detalhes", diz o adágio popular. Uma peça defeituosa em embarcação, avião, ônibus pode ser fatal para um acidente de proporções incalculáveis. Empresas de negócios com risco alto devem estar atentas aos detalhes; vale lembrar que foi uma pequena peça da engrenagem que derrubou a espaçonave *Challenger*, em 1986. Os detalhes podem estar nas pequenas peças, mas também nas pessoas muitas vezes insuspeitas.

Em 2015, o mundo foi surpreendido pelo acidente da empresa Germanwings (subsidiária *low cost* da Lufthansa), quando um Airbus A320, que saiu de Barcelona com destino a Dusseldorf, na Alemanha, mergulhou nos Alpes matando 150 pessoas entre passageiros e tripulantes. Para surpresa, a investigação conclui que o copiloto, que tinha problemas de saúde mental, deliberadamente jogou o avião nas montanhas, tendo se fechado na cabine e impedido que o piloto entrasse, durante a viagem. Como prevenir um desastre dessa natureza?

É bom lembrar que as grandes crises geralmente têm um começo bem discreto. Alerta aos sinais de perigo de crises iminentes. É preferível ser classificado como profeta do apocalipse, como pessimista, melhor ainda, realista, do que ser surpreendido por crises não detectadas a tempo. Desconfie sempre de assessores ou porta-vozes de cenários cor-de-rosa. Eles não gostam de incomodar o chefe. Serão os primeiros a correr, na hora da crise, como aconteceu com a tripulação do navio de cruzeiros *Costa Concordia*, em 2012, que adernou nas costas da Itália e matou 32 pessoas (*Case* 8).

Não é preciso muita *expertise* em gestão de crises para perceber como as crises começam e o resultado delas. Às vezes, ficam ali incubadas durante dez anos. Basta ver o que aconteceu em São Paulo com o parque Hopi Hari, em fevereiro de 2012, quando uma garota de 14 anos foi arremessada de uma das atrações do parque, ao utilizar uma cadeira sem trava de segurança, desativada havia dez anos. Como um parque de diversões mantém uma cadeira defeituosa, durante dez anos, num brinquedo de alto risco?

Grandes empresas também escorregam. A americana United Airlines se viu diante de uma grave crise em 2017, por um detalhe surrealista nas normas para resolver o *overbooking* (*Case* 24). Ela forçou um passageiro, um médico de 69 anos, a sair do avião, antes da decolagem para Chicago, após sorteio para liberar dois lugares de que necessitava para a tripulação. A forma como procedeu à retirada do passageiro, arrastado e gritando, gravado por inúmeros celulares, queimou a imagem da empresa, na mesma hora, *on-line*. Além do impacto na reputação, a empresa certamente teve grande prejuízo financeiro. Essa é a típica crise provocada pela própria empresa. Apenas um dos vídeos postados no YouTube teve mais de 5 milhões de *page views*.

Essa crise poderia ser prevista? Sim. Um gestor atento poderia ter analisado com mais cuidado a política de negociação do *overbooking* da companhia. E evitado uma crise grave que certamente deu um grande prejuízo à empresa.

Tópicos-chave

- ✓ A maior parte das crises provém de erros de gestão e de problemas relacionados com a administração e os empregados.
- ✓ As centrais de atendimento e a pressão das autoridades fiscalizadoras representam hoje potenciais focos de problemas, que na maior parte dos casos se transformam em crises.
- ✓ A quase totalidade das crises dá sinais de que irá acontecer. Basta ficar atento a determinados sinais de alerta.
- ✓ O maior erro das organizações na gestão de crises é a falha completa na preparação, na avaliação, no planejamento e treinamento para situações de crise.

5. Museu Nacional: uma crise no limite da irresponsabilidade

Um acervo de mais de 20 milhões de peças históricas, entre fósseis, múmias e documentos, se converteu em cinzas, em setembro de 2018, quando um incêndio destruiu cerca de 90% dos itens catalogados e todo o prédio do Museu Nacional do Rio de Janeiro. O incêndio deixou um prejuízo cultural inestimável, pois, além de destruir a maior parte dos tesouros históricos da instituição, impactou a produção científica dentro e fora do Brasil. E, pior, patrimônio que jamais poderá ser reposto.

O incêndio foi mais uma crise anunciada em razão da falta de gestão de risco e do descaso na manutenção da estrutura física do Museu. O prédio não tinha alarme de incêndio, nem seguro para as instalações e o acervo; e muito menos alvará do Corpo de Bombeiros para funcionar. Como um prédio público, que guardava aquele tesouro histórico, frequentado por milhares de pessoas, funcionava sem mecanismos de gestão de riscos e sequer alvará?

Apesar de o orçamento anual da Universidade Federal do Rio de Janeiro (UFRJ), entidade que administrava o Museu, ser de R$ 4 bilhões, os valores repassados a ele mal davam para as despesas de custeio. A instituição contava, por exemplo, com um orçamento de menos de R$ 14 mil mensais para sua manutenção. Registros revelam que desde 2004 o Museu solicitava mais recursos para manutenção. Em junho de 2018, a imprensa mostrou a existência de goteiras, infiltrações e problemas nas instalações elétricas da instituição.

Oito meses após o incêndio, o que se sabia foi comprovado. Investigações da Polícia Federal concluíram que o incêndio foi provocado por diversas "gambiarras" no circuito elétrico. O fogo começou em um dos aparelhos de ar-condicionado do auditório do Museu, localizado no térreo do prédio. Se houvesse mecanismo de prevenção ali, o fogo seria contido e não teria destruído o Museu. Essa crise deixa evidentes os erros de gestão e o desleixo com o patrimônio de todos os brasileiros. Nem a falta de recursos pode ser um álibi para livrar a responsabilidade dos gestores. Eles deviam ter denunciado o estado precário do prédio e a falta de instrumentos de prevenção de acidentes, como o acontecido.

3
TIPOS DE CRISE

UMA TENTATIVA DE CLASSIFICAR AS CRISES

Não há como mapear todas as possibilidades de crise. Como tipificar as possíveis crises que organizações privadas ou públicas podem enfrentar, num mundo tão complexo quanto o das corporações privadas e o da área pública? Optamos por eleger um rol de crises com base em três critérios:

a) Levantamento das principais crises corporativas e de maior impacto, de 2010 a 2019, divulgadas pela mídia brasileira, com os desdobramentos, agrupadas por áreas.

b) Inclusão nesses grupos de alguns tipos de crises sugeridas pelos autores Viana (2001, p. 181), Ogrizek e Guillery (1999, p. 12), Boddy (2009, p. 5), Mitroff, (2001, p. 34-35), Dezenhall e Weber (2011, p. 16) e *Managing crisis*[1] (2008, p. 49).

c) Crises corporativas vivenciadas, durante anos, na vida profissional e as analisadas, nos últimos anos, no *site* www.comunicacaoecrise.com.

Longe de querer esgotar esse tema, a relação permite um inventário de eventos negativos com potencial de afetar a reputação das empresas ou órgãos públicos. Incluímos também alguns tipos de crise mais recorrentes, ocorridas em instituições multinacionais.

a) **Direitos do consumidor**: desrespeito aos direitos do consumidor; mau atendimento, deficiências no *call center*, falhas na entrega de mercadorias de *sites on-line*; contaminação acidental ou culposa de produtos; problemas na embalagem, origem da matéria-prima ou dos produtos; defeitos nos produtos; contaminação alimentar; roubos realizados por clientes; boicote a produtos ou serviços; falta de clareza nas regras do negócio; interrupção de serviços essenciais: energia, água, telefone; envenenamento ou contaminação por produto tóxico em alimentos; falsificação de peso ou fórmula de produtos; chantagem com produtos; *recall*.

---

[1] *Managing crisis*. Expert solutions to everyday challenges. Boston: Harvard Business Press, 2008.

b) **Ética empresarial**: utilização de trabalho infantil ou escravo; processo industrial inadequado; importação irregular; sonegação de impostos, lavagem de dinheiro; corrupção, tráfico de influência, uso da máquina pública; fraudes e roubos internos; transporte pirata; cartel; desvios de dinheiro público; uso de "laranjas"; chantagens e sabotagens; cartelização; superfaturamento em obras; vazamento de informação confidencial; informação falsa; suborno; enganar os clientes com requisitos que o produto não tem; pirataria e adulteração de dados ou produtos.

c) **Meio ambiente**: acidentes ambientais; acidentes industriais; boicote de grupos ativistas; desmatamento; contaminação ou degradação do meio ambiente; ocupação irregular do solo; vazamento de produtos tóxicos ou agressivos à natureza, como petróleo ou derivados; contaminação de empregados por produtos tóxicos; carvoarias, com utilização de madeira clandestina e mão de obra infantil; rompimento de barragens ou adutoras; depósitos irregulares de resíduos sólidos; despejo de lixo em lugar irregular; comprometimento do solo, por obras não autorizadas ou com violações à lei.

d) **Relações trabalhistas ou de pessoal**: acidentes de trabalho com mortos ou feridos graves; greves, passeatas e invasões; programa de demissões; ameaça de perda de executivos ou de administradores intermediários; morte de executivos; não pagamento de direitos trabalhistas; terceirização indevida ou proibida; sabotagem industrial; assédios de todo tipo (de raça, moral, sexual, de gênero); sucessão, com conflitos de familiares ou herdeiros; elevação do índice de acidentes ou vandalismo, com funcionários; violência no trabalho por parte de funcionários ou clientes; surto de doença que atinja os empregados; acidente com transporte de empregados; acidente com empregado em missão da empresa; escândalo em instalações dos empregados; acidentes em instalações da empresa, com envolvimento de empregados; envolvimento de empregado(s) em crime grave.

e) **Catástrofes naturais**: granizo; enchentes; deslizamento de encostas; incêndios; secas prolongadas; terremotos; tornados; *tsunamis*; erupção de vulcão; erosão do solo; rompimento de barragens (por desastre natural); ressacas; raios; avalanches; todas com comprometimento de outros serviços essenciais.

f) **Segurança pública**: violência nas ruas ou estabelecimentos públicos, nas grandes cidades; violência no trânsito; acidentes com transportes públicos; chantagem; greve da Polícia ou outras áreas da segurança; manifestações, com violência, de funcionários da área de segurança, como bombeiros, policiais, agentes penitenciários etc.; violência policial; fuga ou revolta de presos; corrupção policial; envolvimento de autoridades com quadrilhas ou policiais corruptos; tomada de reféns; tiroteio dentro das instalações; assaltos a estabelecimentos públicos, com ou sem reféns; falta de fiscalização em eventos públicos: *shows*, competições esportivas; manifestações etc.

g) **Poder público**: crise no Judiciário: acusações contra juízes; morosidade; crise no Legislativo, com acusações contra parlamentares; envolvimento de autoridades em denúncias de corrupção, uso da máquina pública; nepotismo; uso da máquina pública para interesses privados; salários acima do teto constitucional; contratação de mão de obra irregular; uso da máquina pública para favorecimento pessoal ou de terceiros; epidemias ou surto incontrolável de doenças contagiosas; uso de bens públicos para interesses privados/eleições.

h) **Danos patrimoniais**: causados por desastres naturais; incêndios; atos de terrorismo ou atentados a instalações; desabamentos; explosões; invasões ou depredação intencional; depredação pela população, ativistas ou marginais; concorrência predatória; mudanças nas leis que afetem o negócio; sabotagem; perda de plantas, equipamentos e material de suprimento, exclusivos da organização; interrupção brusca da produção da empresa.

i) **Controle financeiro**: prejuízo em balanços; colapso no preço das ações; perda rápida do valor de mercado; perda de crédito; endividamento ou inadimplência elevada, com repercussão no atendimento; inadimplência, com comprometimento do interesse dos credores; sonegação de impostos; demissão em massa; venda de ativos; crises nas relações com acionistas ou cotistas; perda de contratos; escândalos financeiros; queda brusca do faturamento/produtividade; interferências legais ou quebra do mercado; contabilidade ilegal; denúncia de uso dos recursos para propinas.

j) **Contencioso jurídico**: processos legais contra a empresa; possibilidade de concordata; falência; possibilidade de fechamento da empresa ou de parte dela; venda de ativos; ações para ocupação de instalação da empresa; ocupação de instalações por grupos ativistas; ação na Justiça que comprometa a higidez financeira da empresa.

k) **Imagem**: sério dano à imagem ou à reputação da companhia ou do governo; problemas de identidade corporativa: uso indevido da marca da empresa ou de produtos; adulteração da marca; difamação, calúnia e boatos não comprovados; crises malconduzidas; ações da empresa consideradas politicamente incorretas, como discriminação, trabalho escravo ou exploração da mão de obra.

l) **Tecnologia**: invasão do *site* ou dos sistemas da organização; queda do sistema; pane geral; vazamento de dados sigilosos; falta de *backup* dos dados; incêndio ou risco de incêndio no centro de tecnologia da informação; falhas tecnológicas ou de segurança nos sistemas eletrônicos; grampos irregulares; uso indevido de imagens gravadas; ataques terroristas às instalações, com perda de documentos ou dados; perda de dados sigilosos de clientes ou fornecedores; uso de produtos piratas na planta tecnológica.

m) **Serviços públicos**: apagão elétrico ou desabastecimento de água; falha na coleta de lixo; falta de controle do trânsito ou da segurança, por catástrofes naturais; falta de obras de saneamento, acarretando danos à população; caos na saúde: hospitais, prontos-socorros etc.; falhas ou fraudes em concursos públicos; falha na segurança; falta de planos alternativos ou de solução, no caso de greves.

n) **Pendências regulatórias**: multas ou passivos com o erário público.

o) **Crises de gestão**: perda de executivos-chave para o mercado; sequestro (executivos, funcionários ou familiares); disputas de herdeiros; crises de administração; sucessão; pagamento de suborno para obter favores do poder público.

p) **Ambiente político**: disputas eleitorais; disputas por cargos; uso da máquina pública em proveito próprio ou de terceiros; conflitos internos ou externos; denúncias contra a família.

Alguns autores conceituam crises como "graves" e "leves". Crises graves são acidentes industriais, desastres naturais, atos terroristas ou assemelhados. Quando eventos negativos são graves, jornalistas e opinião pública pressionam por um pronunciamento oficial da organização. Há um escrutínio mais rigoroso da sociedade sobre o governo ou empresas. A crise grave demanda mais tempo e mais ação da diretoria e da equipe de crise e, geralmente, deixa sequelas. Essas crises normalmente têm duração maior e elevado custo.

Crises leves podem ocorrer em reestruturações organizacionais, fusões, aquisições, programas de demissão voluntária, lançamento de produto que não deu certo ou atos negativos internos, que a organização consegue resolver e administrar, internamente, de modo satisfatório. Nesses casos, os próprios executivos da organização usualmente anunciam tais crises à opinião pública, se julgarem conveniente. Crises leves são facilmente esquecidas e pouco demandam do *board* da empresa. São administráveis num nível inferior. E os prejuízos são mínimos.

Na área pública, Drennan e McConnell (2007, p. 147) elegem alguns cenários que podem gerar crises: danos à vida ou à propriedade; colapso crítico na infraestrutura (eletricidade, água, gás, telecomunicações); falha em políticas-chave (distribuição de vacinas, assistência a populações carentes); destruição de ativos ou perda grave de receita; danos à reputação do governo ou de organizações do setor público; danos à legitimidade de setores do governo ou à política organizacional; investigação pessoal de personalidades públicas, com danos à credibilidade e possível dano à carreira (caso de autoridades demitidas e investigadas por denúncias).

Notícias aparentemente positivas também podem gerar crises. No ano 2000, a Petrobras encomendou e aprovou um estudo de mudança da marca para Petrobrax. O anúncio foi feito em carta do presidente aos empregados e seria lançado com ampla campanha publicitária. Embora tivesse justificativas mercadológicas bastante sólidas, com base na internacionalização da empresa, tão logo o anúncio foi feito, houve reação muito forte dos sindicatos, de partidos da oposição e outros formadores de opinião. Além de condenar os gastos resultantes da alteração, eles viam nessa mudança uma ação com vista em privatização da empresa. Um fato que teve a intenção de ser positivo, preparado com muita antecedência, acabou gerando uma crise para a empresa. A diretoria voltou atrás.

Tópicos-chave

- ✓ Crises graves são as que merecem mais atenção dos jornalistas e da opinião pública e demandam um pronunciamento oficial da organização. Têm escrutínio mais rigoroso da sociedade e demandam mais tempo para solução.
- ✓ Notícias positivas também podem gerar crises. Quando a estratégia de lançamento de um produto, por exemplo, pode dar errado ou o mercado não aceita determinada decisão.
- ✓ É impossível mapear todos os tipos de crise de uma organização. Entretanto, há empresas e setores da organização mais propícios a determinados tipos de crise.

PARTE II

REPUTAÇÃO E IMAGEM EM TEMPOS DE CRISE

4
UM ATIVO MUITO FRÁGIL

Por que situações passíveis de ocorrência de crises significam dor de cabeça para organizações, celebridades, políticos e governos? Porque crises representam quase sempre ameaça à reputação.

Grande parte das crises, inevitavelmente, causa danos à reputação, compromete o nome e os produtos da empresa, desgasta a imagem de autoridades, políticos e celebridades. Compromete a avaliação de governos e governantes. Daí o receio de, primeiro, se deparar com uma crise. Depois, da forma como a situação será tratada pela organização, pela mídia e pelos *stakeholders*.

Mas por que reputação passou a ser um ativo importante? Reputação tem a ver com expectativas da sociedade em relação a pessoas ou organizações. Por princípio, não se deveria esperar de alguém, no exercício de cargo público, utilizá-lo para comportamento inadequado. O que se espera de uma empresa, no relacionamento com os clientes? Tratamento ético, respeitoso; um produto de qualidade; serviço correto; rápido; atendimento cordial e dentro das normas estabelecidas no contrato de serviço. Respeito, acima de tudo.

Campanhas mercadológicas dispendiosas, investimentos em lojas e ações de Marketing pouco adiantam, se a reputação da organização vive abalada por fatos negativos. Boa reputação é ativo construído ao longo dos anos. E as crises sempre representam ameaça constante a esse precioso e frágil capital intangível.

Reputação se constrói ao longo da vida, pela forma de agir dentro de princípios éticos e em respeito à coisa pública. É ativo difícil de mensurar, mas que os contribuintes acreditam deveria constituir o capital simbólico das autoridades, empresas e dos governos. Por que o consumidor decide comprar determinado produto, preterindo o concorrente? Vários fatores contribuem para essa decisão, mas seguramente a reputação da empresa, da marca e do produto é decisiva nessa hora.

Segundo Luiz Carlos Iasbeck, doutor em Comunicação e especialista em Semiótica,

> *é bastante comum, na prática mercadológica, associar a imagem de um produto, de uma marca ou de uma empresa ao conjunto das opiniões que um determinado público – normalmente o público-alvo –, expressa em pesquisas de caráter quantitativo e qualitativo* (IASBECK, 2007, p. 91).

Quando nos referimos à "imagem", diz o autor, falamos de produto dinâmico da elaboração mental (imaginação) de quem mantém com o objeto de sua percepção e experiência uma relação comunicativa. Seria uma "impressão". Ao optar pelo termo "reputação", os pesquisadores

> *não estão apenas substituindo terminologicamente a mesma ideia, mas alterando substancialmente significados que fazem muita diferença: enquanto a "imagem", como vimos, se forma na mente do receptor com base em estímulos mais densamente povoados por sensações e qualidades, a reputação é formada por juízos de caráter lógico e alicerçada em argumentos, opiniões e até mesmo convicções, crenças consolidadas* (Idem, ibidem).

A imagem das organizações na mente dos seus diversos públicos (e também na mente daqueles que a integram) tende a ser fugaz, efêmera, vulnerável a alterações de toda ordem (humores, condições do tempo, ambientes e contextos, relações extratextuais etc.). Reputação tem características mais de perenidade, de imagem consolidada. Pode-se mexer com a imagem num dia, para o bem ou para o mal, mas a reputação se constrói ao longo da existência (IASBECK, 2007, p. 86-89).

Um trabalho importante dos profissionais de comunicação é sensibilizar os executivos sobre o desgaste de imagem da organização numa crise grave. Aferição de imagem, para muitos administradores, soa como algo intangível e ininteligível, difícil de medir e entender. Em razão disso, eles só se impressionam com o impacto na reputação quando os efeitos da crise aparecem nos resultados da empresa, principalmente num mercado em que passar credibilidade, muitas vezes, pode ser mais importante do que vender produtos.

Pela formação acadêmica e utilitária de muitos gestores, eles têm olhos para os gráficos do mercado. Só quando o efeito da crise atinge os resultados, as vendas caem, os clientes se afastam, os acionistas cobram. Aí eles percebem o prejuízo de fatos negativos malconduzidos. Pesquisas mostram relação direta entre a boa imagem da organização e a cotação das ações no mercado. Em média, ativos intangíveis representam cerca de dois terços do valor de mercado das empresas. E é por aí que a comunicação pode começar a sensibilizar os administradores. Em 28 de janeiro de 2019, três dias após o rompimento da barragem de Brumadinho (MG), o valor de mercado da mineradora Vale (*Case* 14) despencou R$ 72 bilhões. O valor das ações estava caindo 24%. O impacto do acidente na reputação da companhia é direto, e os números não conseguem dissimular o mau humor do mercado.

PERCEPÇÕES CONSTROEM IMAGENS

Hoje, as decisões cada vez mais são tomadas em função de percepções. Qual a percepção do público em relação à organização? A percepção equivocada ou distorcida precisa ser trabalhada para ser modificada. Como fica a percepção durante um processo desgastante de crise? Irá depender da maneira como a organização irá administrá-la. Pode ser a pior possível. Ou, paradoxalmente, pode até trazer um ganho de imagem, se demonstrou competência no processo.

As pessoas comuns, mesmo sem conhecer o mercado, têm muita capacidade de fazer julgamentos de comportamentos corporativos, principalmente em acontecimentos com grande divulgação. Isso pode valer tanto para uma multinacional quanto para um supermercado da esquina. É importante saber que nas crises, na maioria das vezes, as percepções são mais importantes do que os fatos. Além disso, a percepção pública é formada pela emoção, não pela razão.

Segundo o *Reputation Institute*, os atos dos *stakeholders* são baseados em sentimentos. Para criar sentimentos positivos, organizações têm que ser relevantes para os *stakeholders* e se engajar com eles nos assuntos com os quais eles se preocupam. O processo ativo de criar uma forte reputação é chamado de *reputing* (sem tradução no português). O ato de ter boa reputação significa ter ações e comunicação que tornem você relevante para seus *stakeholders*. O *reputing* alinha identidade (o que a companhia é), comunicação (o que a companhia diz) e ações (o que a companhia faz). *Reputing* é um processo desenhado para construir e reforçar relações confiáveis entre a empresa e seus *stakeholders*.[1]

Como se administra a imagem de uma companhia aérea, quando a Agência Nacional de Aviação Civil (Anac), reguladora do transporte aéreo brasileiro, anuncia que os pousos dos aviões dessa empresa são de alto risco? Isso aconteceu em setembro de 2012.[2] A agência mandou também afastar diretores da empresa. Por isso, órgãos de fiscalização, agências reguladoras, autoridades de modo geral devem tomar cuidado com declarações à mídia, porque o estrago na reputação de uma empresa pode ser definitivo. Você voaria numa empresa com alertas da agência reguladora de que os pousos dessa companhia são arriscados? Esse alerta implica uma reação imediata da empresa para neutralizar as possíveis ameaças à reputação.

Crise semelhante está enfrentando a gigante americana Boeing. Após a queda de dois aviões novos 737 MAX 8, um na Indonésia, em 2018, e outro na Etiópia, em 2019, que resultaram na morte de 346 pessoas, as autoridades e os técnicos levantaram suspeitas sobre possível defeito nas aeronaves, que impediria os pilotos de os manterem nivelados em determinadas situações. Os comandos não obedeciam. Resultado: todos os aviões 737 MAX em operação no mundo tiveram que permanecer no solo, até que a Boeing conseguisse demonstrar que o avião é seguro. Um enorme prejuízo financeiro e para a imagem e reputação da fabricante de aviões.

Existem *rankings* internacionais de reputação e confiabilidade que são elaborados por meio de pesquisa de imagem com clientes e mercado. As empresas que se destacam nesse item são geralmente organizações modelo em todas as variáveis que compõem os requisitos de uma boa reputação. É isso que o *stakeholder* espera de uma marca.

> *Empresas e autoridades muito simplesmente têm que ter um capital de confiabilidade antes da crise de forma a serem ouvidas durante a crise. Um exemplo sempre citado é da empresa sueca IKEA. De acordo com pesquisas, goza de um alto nível de confiabilidade entre os suecos. Quando foi divulgado, em 2012, que seu fundador, Ingvar Kamprad, havia sido membro da Nacional Socialista, organização*

---

[1] Disponível em: http://www.reputationinstitute.com. Acesso em: 25 jun. 2019.
[2] Anac investiga Trip Linhas Aéreas por suspeita de pousos irregulares. *Portal G1*, 24 set. 2012. Disponível em: http://g1.globo.com/sp/campinas-regiao/noticia/2012/09/anac-investiga-trip-linhas-aereas--por-suspeita-de-aterrisagens-irregulares.html. Acesso em: 25 jun. 2019.

> nazista durante os anos 1940 a 1950, ele escreveu uma carta manuscrita com desculpas que foram divulgadas na mídia. Consultores muitas vezes exaltam a importância de assumir e se desculpar rapidamente, e esta manobra tática é muitas vezes usada. Entretanto, o sucesso das desculpas de Kamprad pode ser interpretado como resultado do fato de que ele e a IKEA já gozavam de um capital extremamente sólido de confiabilidade, que garante a interpretação das pessoas (COOMBS; HOLLADAY, 2010, p. 517).

O exemplo ilustra como é fácil associar a criativa confiabilidade diária dos comunicadores com a gestão operacional das crises. É durante a crise que as organizações são recompensadas pela qualidade do capital de confiabilidade adquirido antes da crise.

Portanto, uma ameaça à reputação, em razão de denúncias ou comportamento inadequado, tenha ou não procedência, pode quebrar essa expectativa. A reputação da indústria de cruzeiros marítimos, por exemplo, foi seriamente abalada com os acidentes relacionados à empresa Costa Cruzeiros, no início de 2012. Não foi apenas a empresa que perdeu. Por extensão, todo o mercado de cruzeiros marítimos foi atingido.

Se as percepções têm essa importância, o trabalho da comunicação toma uma dimensão extraordinária, quando se trata de preservar, fortalecer e defender a reputação nos momentos negativos. A maneira como as organizações agem, dentro dos princípios de responsabilidade social e de respeito aos *stakeholders*, associada a um bom trabalho de Comunicação, pode servir para reforçar a imagem.

Em passado recente, a explosão de um tanque ou a poluição de um rio, provocadas por imperícia ou desleixo, eram vistas como um problema financeiro. O mundo mudou. A consciência ecológica floresceu junto com a geração que hoje não mais aceita passivamente agressões à natureza. Aqueles dois incidentes hoje não são mais problemas financeiros, mas uma questão moral, de responsabilidade social. A consciência social tornou-se, portanto, um diferencial no negócio. E na imagem.

Por que a reputação das organizações desperta tanto o apetite da mídia? Vigiar as empresas e autoridades, em qualquer lugar do mundo, acaba sendo um dos esportes favoritos da imprensa. A nova mídia sofisticou o escrutínio público. Não é preciso um ato suspeito ser publicado na mídia tradicional para se tornar visível. Novas formas de Jornalismo, produzido até mesmo pelo cidadão comum, disseminadas pelas redes sociais, acabam expondo comportamentos e ações antes acessíveis a uma pequena parcela de público. Provavelmente, nos últimos meses cada um de nós recebeu algum vídeo expondo negativamente uma empresa: o segurança que tratou mal o cliente ou, como aconteceu no Supermercado EXTRA, no Rio de Janeiro, no início de 2019, que matou um cliente, após aplicar uma "gravata". São cenas gravadas e que em poucos minutos estão invadindo os *smartphones* e causando estrago na reputação.

Outro fator que contribui para esse escrutínio: o cidadão está mais consciente politicamente, de olho no comportamento dos detentores de cargos públicos. "*Cada vez mais a mídia se torna a arena decisiva em que as relações entre políticos e não profissionais do campo político mais amplo são criadas, sustentadas e, ocasionalmente, destruídas*", diz o professor da Universidade de Cambridge John B. Thompson, autor de *O escândalo político* (2002, p. 139).

"Os escândalos não necessariamente destroem a reputação e enfraquecem a confiança, mas eles têm a capacidade de fazer isso", diz Thompson. Mas, dada a visibilidade de quem aceita entrar na arena política, "*a reputação é um recurso muito frágil, que pode ser fácil e totalmente destruído*" (THOMPSON, 2002, p. 296-298).

Naturalmente, pela própria característica da sociedade atual, muito mais vigilante, as notícias negativas adquirem visibilidade muito maior. Executivos e governantes queixam-se de que a mídia só se interessa pelos fatos negativos. Quem está no mercado deveria se acostumar. O diferente, os deslizes, os erros das organizações e dos governantes tornam-se acontecimentos midiáticos. Principalmente aqueles que causam transtornos graves, prejuízo e até mortes.

Em alguns países de cultura mais puritana, como os Estados Unidos, escândalos sexuais envolvendo políticos amiúde se transformam em crises políticas. Em 2012, o diretor da CIA (Agência Central de Inteligência americana), general David Petraeus, pediu demissão após vazar seu relacionamento amoroso, fora do casamento, com a jornalista e biógrafa Paula Broadwell. O fato gerou uma crise privada, naturalmente, mas afetou também a credibilidade da CIA e até do governo Obama, porque Petraeus era um general condecorado, com uma biografia impecável. E a oposição não gostou da maneira como o episódio foi conduzido pelo governo americano.

As empresas e as pessoas públicas usam a mídia, e agora as redes sociais, para construir um estoque daquilo que o sociólogo Pierre Bourdieu (1989) chamou de "capital simbólico" diante do público, do eleitorado, pelo contínuo gerenciamento da visibilidade e da forma como são apresentadas à sociedade. Visibilidade negativa, por comportamentos mal explicados, transforma essa exposição em desgaste mercadológico e político. Às vezes, fatal. Mal administrada uma crise de imagem, será muito difícil revertê-la. Em muitos casos, como aconteceu com empresas como a construtora Encol, Dow Chemical, Transbrasil, o jornal britânico *News of the World*, a corretora Merrill Lynch, esse arranhão pode ser fatal. Adeus, imagem pública. *Bye bye,* credibilidade.

A reputação também tem estreita relação com os resultados financeiros. Pesquisas recentes mostram a importância de avaliar os riscos e ameaças à marca, especialmente durante as crises, com o objetivo de preservar o valor de mercado das organizações. Pesquisa conduzida nos EUA, com mais de 1.100 executivos, pela consultoria Deloitte revelou que apenas 24% das empresas medem e avaliam formalmente o valor da marca.

Além disso, 22% achavam que informação negativa sobre a marca seria, possivelmente, apenas mostrada em mídias sociais como *Twitter, Facebook* ou *YouTube*. Ou seja, minimizavam o impacto dessas informações. O custo da má administração de uma crise, portanto, pode ser vultoso.

Já vimos que os ativos intangíveis pesam no valor de mercado das empresas. Em pesquisa com 269 executivos, conduzida pela Economist Intelligence Unit (EIU), unidade de pesquisa da revista *The Economist*, o risco à reputação emergiu como a mais significante ameaça ao negócio, numa mostra de 13 categorias de risco. Os respondentes também sentem que o risco à reputação de suas empresas cresceu de maneira significativa nos últimos cinco anos.[3] E o que eles entendem como risco à reputação?

---

[3] Disponível em: https://databreachinsurancequote.com/wp-content/uploads/2014/10/Reputation-Risks.pdf. Acesso em: 21 jul. 2019.

É um impacto corrente e futuro nos ganhos e no capital da empresa, em razão de uma opinião pública negativa. Crises, portanto, são sérias ameaças à reputação empresarial.

"Os riscos ligados à reputação – que está entre os ativos mais valiosos de uma empresa – estão aumentando de forma constante. Em um mundo hiperconectado como o de hoje, a informação (seja positiva ou negativa) se propaga em velocidade não mais controlada." Assim, o *Directors' Alert 2018 Linkages to Success*, da Deloitte, destaca a importância do *board* (Conselho), junto com a Alta Administração, na gestão de riscos de marca e reputação. *"A melhor forma de envolvê-los é conscientizá-los de que a agenda estratégica da empresa pode ser diretamente impactada por negligências na gestão dos riscos que afetam a reputação"*, admite Gustavo Lucena, sócio-líder de Risco Regulatório da Deloitte.

Para termos uma ideia do impacto de uma crise grave na reputação e do consequente peso no valor de mercado de uma grande organização, vejamos o que aconteceu com a British Petroleum. Logo após a explosão em um poço de petróleo do Golfo do México, em abril de 2010, a gigante multinacional perdeu US$ 18 bilhões em valor, em apenas um dia (*Case* 23). Logo a seguir, diante da alta exposição do vazamento na mídia e da repercussão internacional negativa, a perda de valor de mercado chegou a US$ 30 bilhões. Charles Fombrun (1996, p. 92) chama esse ativo de *capital reputacional*. Seria uma margem que a empresa valorizou nas ações, pelo capital acumulado da reputação no mercado. Na era da visibilidade midiática, as organizações e autoridades públicas querem ter o máximo de exposição. Mas, como diz o professor Thompson (2002), isso pode ser uma armadilha. Quanto mais visíveis se tornam as pessoas públicas – e as empresas –, mais vulneráveis também ficam. Mais interesse da mídia, da opinião pública, da sociedade. Quanto mais você se expõe, mais olhares para julgar seu comportamento. E as crises são uma ameaça para esse ativo.

É mais ou menos o que acontece com as celebridades. Lamentam a falta de privacidade e a facilidade como se veem envolvidas em escândalos. Em contraposição, vivem procurando exposição pública. Um jogador de futebol famoso, quando some da mídia, acaba frustrado. Então, busca maneiras de voltar a ser manchete. Facilmente pode ser nas páginas de escândalos.

> *Quanto mais sua organização afeta a vida dos outros, quanto mais poder ela tem, quanto mais bem conhecida ela é, e talvez mais importante ainda, quanto mais ela domina o espaço, mais provavelmente ela se torna o sujeito de numerosos blogs. E mais provavelmente ela é o alvo de um ataque intencional e malicioso à reputação* (BARON, 2002).

Essa necessidade de visibilidade também representa um risco para as assessorias de comunicação. À primeira vista, não parece fácil o trabalho de quem cuida da imagem e da reputação de pessoas com alta visibilidade, quando a imprensa e a sociedade têm olhos e ouvidos sempre atentos e antenados para detonar reputações expostas publicamente. Compete à área de comunicação fazer esse equilíbrio entre exposição excessiva e *low profile*. Autoridades e celebridades, constantemente sob os holofotes, são sempre alvos preferenciais dos olhos vigilantes da mídia. Se por um lado pode ser bom para o ego e para a carreira, há sempre o eterno risco de uma terrível escorregada que já queimou muitas biografias.

REPUTAÇÃO EM RISCO NA ÁREA PÚBLICA

Como trabalhar para manter ou melhorar a boa imagem de ministérios, autarquias ou estatais sob o holofote permanente da mídia? Como agem os profissionais de comunicação para preservar a reputação de autoridades, hoje nas páginas políticas ou econômicas, amanhã muito perto das manchetes policiais?

Haveria certa prevenção do mercado em relação aos que aceitam lidar com esse ativo intangível, frágil e, muitas vezes, já arranhado, no setor público? Talvez. Mais no passado do que hoje. Uma prevenção até certo ponto injusta. Ou seria certo preconceito, principalmente em relação a profissionais que assessoram políticos em cargos públicos? Não é uma opinião consensual no mercado brasileiro. Pelo contrário.

A partir da exigência de concurso público para assessorias de comunicação no serviço público e pela necessidade de um perfil mais profissional desses servidores, melhorou muito o nível do pessoal da Comunicação que trabalha no governo. Eles entendem que, nos casos de denúncia, a preocupação das assessorias deve ser explicar o problema e não defender a reputação da autoridade. Eles evitam se envolver em disputas pessoais ou políticas, porque isso estaria fora da função das assessorias. Foi um grande avanço.

Nos *media trainings* para a área pública, temos recomendado que, se os assessores de órgãos públicos não têm uma resposta pronta para dar, eles devem evitar polemizar com a mídia. Acabam se acostumando a conviver com problemas políticos e conseguem separar a defesa do órgão em que trabalham da defesa de pessoas indicadas pelo governo. As agências de Comunicação que prestam serviços ao governo e setoristas que cobrem o dia a dia da área pública observam cada vez mais um compromisso institucional dos assessores, e isso parece ser consenso entre os gestores de Comunicação que constroem uma carreira no serviço público. A defesa da reputação da instituição não pode se confundir com a defesa de reputações ameaçadas de autoridades.

REPUTAÇÃO E GESTÃO

Uma pesquisa realizada pelo Weber Shandwick e pela Economy Intelligence Unit[4] revelou que 67% dos executivos no mundo inteiro estão com medo de que a reputação de suas empresas esteja em risco. Eles consideram que a sabotagem de funcionários e o vazamento de informações internas foram muito facilitados pelo crescente uso da internet. Na pesquisa, a preocupação com a imagem da organização é um dos principais tópicos da agenda dos executivos. Sessenta por cento deles disseram que a reputação de suas companhias é, hoje, rigorosamente virtual, e as comunicações digitais trouxeram desafios para que se protejam. Por conta disso, eles planejam criar políticas mais rigorosas nos próximos anos.

Apesar da preocupação, a maioria dos líderes empresariais não mantém muito contato *on-line* com seus funcionários, e a maior fonte de vazamento de informações internas,

---

[4] Disponível em: https://tiinside.com.br/tiinside/06/02/2009/para-executivos-reputacao-das-empresas-corre-mais-riscos-com-a-web. Acesso em: 20 jul. 2019.

que responde por 41% dos casos, são as críticas feitas pelos funcionários à empresa. A pesquisa ainda mostra que, enquanto dois terços dos executivos têm conhecimento de que seus empregados estão falando mal de suas empresas na internet, apenas um terço tem consciência do que se fala sobre a companhia na rede. Além disso, a maioria dos empresários que conhece a imagem da empresa na *web* são aqueles que não ocupam cargos de presidente. Apenas 21% dos presidentes de corporações no mundo sabem o que os funcionários estão falando sobre a empresa em salas de bate-papo, redes sociais e *sites* de compartilhamento de vídeo.

A analista Leslie Gaines-Ross, chefe de estratégia de reputação da Weber Shandwick, considera que

> *o desconhecimento dos líderes sobre o fato de seus funcionários irem para a internet reclamar de seus chefes e salários, vazando informações internas, é o fator de ameaça mais perigoso para a reputação de uma empresa.*
>
> *Ela afirma, ainda, que riscos que não existiam há cerca de dez anos são agora uma importante fonte de preocupação. "Através de e-mails internos que vazam, ou blogs, qualquer um que tenha alguma coisa a dizer passa a ter voz." Talvez por isso, o exemplo do CEO da Jet Blue, David Neeleman, na crise grave da empresa, em fevereiro de 2007, seja lembrado até hoje. A empresa não precisou divulgar a crise. Celulares se encarregaram de inseri-la na mídia. Mas aí entra a diferença de uma empresa ágil e criativa em reagir à crise. A Jet Blue foi rápida. O contrito CEO divulgou um pedido de desculpas público na TV, em vídeo no YouTube e na primeira página dos jornais, além do site da empresa. Suas palavras tocaram os passageiros (Case 1).*

Mas até que ponto a reputação de grandes empresas, com milhares de acionistas, empregados e clientes, depende da ação proativa dos executivos? Ou a crise vem como uma onda em que nem o mais preparado CEO teria condições de se segurar? Vejamos o que aconteceu a três empresas de primeira grandeza em 2010, no auge da crise econômica: a montadora Toyota, a gigante da energia BP e um ícone de Wall Street, o Goldman Sachs. Elas puseram a perder algumas das mais preciosas reputações da Terra, segundo análise de Peter S. Goodman para o *The New York Times*.[5]

"*Foram verdadeiras implosões de reputação*", disse Howard Rubenstein, o experiente *chairman* da Rubenstein Communication, empresa de Relações Públicas que representa o *New York Yankees* e a *News Corporation*. "*Nos três casos, as empresas se viram sob ataque por causa das próprias características que eram centrais para as suas identidades corporativas e marcas globais fortes.*" Para Goodman e especialistas ouvidos durante o calvário das três gigantes, conforme a sabedoria convencional, as empresas pioraram seus problemas ao descumprir o protocolo: quando a notícia é ruim, divulgue-a imediatamente, sob pena de cair na espiral mortal da perda de credibilidade.

---

[5] "In case of emergency: what not to do". Disponível em: https://www.nytimes.com/2010/08/22/business/22crisis.html. Acesso em: 25 jun. 2019.

Segundo Goodman, na opinião de consultorias de crises pagas para assessorar em momentos difíceis, a Toyota, a BP e o Goldman exacerbaram seus problemas ao se negarem a confessar imediatamente, pondo a culpa em terceiros ou assumindo posturas de contraposição à opinião pública, ao governo e à imprensa.

"Empresas que tipicamente lidam bem com a crises, dessas você nunca ouve falar", diz James Donnelly, vice-presidente sênior de gerenciamento de crises da Ketchum, também citado no artigo de Goodman. Ou seja, os *cases* de crises bem solucionados são difíceis de estudar e descobrir, porque são aqueles de que nós não temos notícia. São reputações intocadas, defendidas com estratégias corretas. Aquelas em que o papel do CEO foi decisivo para a tomada de atitude.

Os executivos das três gigantes poderia ter evitado as crises que em graus diferentes mancharam a reputação das três empresas, em 2010? Para o estrategista de Comunicação Eric Dezenhall, autor, junto com John Weber, de *Damage control: the essential lessons of crisis management*, as estratégias-padrão são inúteis quando os fatos são suficientemente desagradáveis. Quando os fatos são terríveis, argumenta ele, o melhor conserto em termos de Relações Públicas pode ser absorver o golpe e voltar ao trabalho. *"Duas coisas às quais é muito difícil sobreviver são hipocrisia e ridículo"*, diz Dezenhall. *"O objetivo não é fazer com que as pessoas não odeiem as empresas. É fazer com que odeiem menos."*[6] A reputação transita sob esse fio tênue entre o amor e o ódio. Se por um descuido ou incompetência a corporação escorregou, vai levar anos para ela recuperar o ativo que perdeu por estratégias erradas.

Judith Hoffman (2011, p. 201) pergunta:

> *Como um CEO erra? Quando não faz a coisa certa. Em muitas situações na vida, há maneiras certas e erradas de fazer as coisas. Não importa se você é um executivo/gerente de uma grande corporação, um padre, um administrador de uma casa de saúde, ou um pequeno comerciante, há certos imperativos éticos e morais.*

Tópicos-chave

- ✓ Boa reputação é ativo construído ao longo dos anos. E as crises sempre representam uma ameaça constante a esse precioso e frágil capital.
- ✓ É durante as crises que as organizações são recompensadas pela qualidade do capital de confiabilidade adquirido antes da crise.
- ✓ Quanto mais visíveis se tornam as pessoas públicas – e as empresas –, mais vulneráveis também ficam. Mais interesse da mídia, da opinião pública, da sociedade.
- ✓ Os profissionais de Comunicação das áreas políticas e públicas aprenderam a conviver com os problemas e sabem separar a reputação dos órgãos que representam das reputações pessoais.

---

[6] Crisis Communications of Recent Corporate PR Gaffes: "In case of emergency, what not to do". Disponível em: https://cosida.com/news/2010/8/23/GEN_2833.aspx?path=general. Acesso em: 21 jul. 2019.

6. A reputação salvou a Toyota

A japonesa Toyota teve uma crise grave em 2010, exatamente no momento em que havia se tornado a maior montadora do mundo, superando a GM. Teria o foco da liderança permitido um relaxamento da qualidade da Toyota? Em 2009, foram denunciados nos EUA, principalmente, problemas com pedais de carros Toyota. Os motoristas alegavam que os carros não freavam e o pedal do acelerador ficava preso. Após várias queixas, o alarme nacional veio com um acidente em uma SUV, quando uma família de quatro pessoas morreu, após ter ligado para a Polícia dizendo não conseguir frear o veículo. A Polícia não conseguiu evitar o acidente; o carro capotou e todos morreram.

Notificada, a empresa sempre se negou a admitir as falhas nos pedais. No Japão, a direção demorou a se pronunciar. E, nos EUA, a crise recrudesceu. Mesmo após o recrudescimento da crise, a empresa levou duas semanas para anunciar a criação de um comitê de crise. O problema, limitado a alguns carros, começou a ser denunciado com outros modelos e apareceu em outros países. A empresa sempre negou problemas mecânicos, mas admitiu que a fornecedora dos pedais de freio teria concordado em fazer alguns ajustes.

Ao se permitir sumir durante o processo mais agudo da crise, o presidente da empresa liberou também os demais executivos para se esconderem. Adotou assim o low profile. Ao invés de prestar esclarecimentos para os diversos públicos da empresa, preferiu o silêncio, demonstrando, no mínimo, desrespeito aos clientes, provocando insegurança nos acionistas e dúvidas no mercado.

O presidente depois pediu desculpas públicas. Executivos chegaram a chorar durante entrevista na tevê. "Peço desculpas do fundo do meu coração pelas preocupações que nós temos dado a tantos clientes." Após indicar o diretor da Toyota nos EUA, para atender pedidos de esclarecimentos da comissão de investigação do Congresso americano, o presidente da Toyota foi obrigado a comparecer pessoalmente para prestar informações.

A Toyota precisou fazer o recall de mais de 10 milhões de veículos pelo mundo, ao custo de US$ 2 bilhões. Engenheiros da indústria automobilística e especialistas de imagem asseguram que a Toyota não tinha outra alternativa, a não ser dar explicações públicas, se não quisesse que a crise se agravasse. A Toyota contrariou as mais elementares normas de gestão de crises que recomendam ações decisivas nas primeiras horas de um evento negativo.

As vendas em 2010 caíram 16% nos EUA, mas a montadora não teve grandes perdas no Japão, nem em outros países. Os fatos negativos alcançaram uma visibilidade impressionante na mídia tradicional e nas redes sociais. Embora a Toyota tenha cometido erros, a reputação da montadora, calcada na solidez e credibilidade da marca, além da tradição de produtos de qualidade, amenizou a crise como um todo.

Mesmo assim, o sentimento do presidente e as lágrimas do diretor nada adiantaram para a Toyota. Houve uma crise grave de imagem. Eric Dezenhall, CEO da Dezenhall Research e autor do livro Damage control: the essential lessons of crisis management, criticou, em entrevista à National Public Radio (NPR), canal público de rádio, as decla-

rações do presidente da Toyota, principalmente o "profundamente sentido". "Executivos necessitam transmitir que estão realmente sentidos e devem ser transparentes, mas não às custas de uma questão legal. É um clichê ridículo admitir que bastaria você confessar que errou, para o problema desaparecer. Eu não vejo evidência de que isto seja verdade." Não importa se você é frio e reservado, o que os consumidores querem é ter o problema resolvido.

Em 2011, foi publicado o livro A crise da Toyota: como a Toyota enfrentou o desafio dos recalls e da recessão para ressurgir mais forte *(LIKER; OGDEN, 2012), no qual os autores tentam desconstruir a tese de culpa da Toyota sobre essa crise. Eles, após exaustiva explanação técnica, tentam demonstrar que os motoristas não souberam utilizar devidamente os pedais dos carros. O livro poderá até servir para reconsiderar muita coisa do que autoridades, técnicos e a mídia disseram sobre a empresa, na época. Mas não apagará o desgaste que a marca sofreu em 2010.*

5
CONSEQUÊNCIAS DAS CRISES

A primeira consequência das crises, principalmente as mal administradas, é uma alta exposição negativa na imprensa. A mídia não apenas gosta, como tem a obrigação de cobrir esse tipo de acontecimento. Se a organização não tiver uma explicação imediata, clara e convincente, começa a exposição desgastante e negativa. Quando não existe uma versão imediata para a crise, a mídia ou a opinião pública não esperam. Passam a dar a própria versão. Muito provavelmente, não vai ser favorável aos envolvidos na crise.

A relação com a mídia será analisada com mais profundidade na Parte V. Entretanto, é bom ter presente que a mídia pode ser um agravante da crise. Nesse particular, administrar a comunicação de crise é um dos principais fatores para o sucesso ou o fracasso de uma organização em situações de crise.

Outra consequência é a cobrança do público interno. Os empregados são muito sensíveis a qualquer fato ou notícia sobre a própria organização. A comunicação interna é apenas um dos vetores de informação. Outros meios externos podem ser mais eficientes. Hoje, com a facilidade de acesso à notícia, pelo Jornalismo *on-line* e as redes sociais, não há como manter uma crise sob sigilo ou com versões frágeis.

As crises afetam os empregados pela relação direta com o emprego, o futuro e as expectativas de vida. Qualquer mudança, significando ameaça à sobrevivência da organização, de modo geral, ou à manutenção do emprego, de modo particular, afeta a autoestima dos empregados e o clima interno da organização. Em geral, eles não gostam de que a mídia fale mal da empresa. É fator desmotivador. Empregado desmotivado não produz. Isso tem também o efeito de contaminar o ambiente, afetando as relações internas e a confiança na administração. As crises geram também insegurança em gestores, gerência média e fornecedores.

Resultado: os empregados passam a ser *stakeholders* prioritários na comunicação de crise. Qualquer informação sobre a crise precisa, na mesma hora ou até antes, ser repassada ao público interno. Ele não pode ficar sabendo pela mídia as providências adotadas pela empresa para debelar a crise. O empregado se sente prestigiado ao perceber a importância a ele atribuída. O público interno é também um dos principais formadores de opinião sobre a organização, se não o principal.

COURAÇA DE PROTEÇÃO

Atendidos os empregados, é preciso cuidar do negócio. As crises corporativas podem afetar os resultados da organização. Principalmente se a crise tiver relação com a ética, se afetar o meio ambiente ou envolver desvios financeiros, comprometimento do produto ou fraudes. Os clientes e fornecedores fogem. Aqueles, porque não gostariam de ter relação com uma empresa sem compromisso social. Estes, porque não querem ter o nome associado a organizações estigmatizadas pelo mercado.

Cuidar do negócio, portanto, passa a ser prioritário durante uma crise. O que as organizações com bom gerenciamento de crise fazem? Procuram segregar a condução da crise da gestão do negócio. Por isso, o principal executivo deve ter um envolvimento relativo com a crise, dependendo da extensão do problema que afetou a empresa. Quando o CEO se envolve demais, assume o comando da crise, ocupando todo o seu tempo para debelar o incêndio, quem vai administrar a empresa? Na maior parte dos casos, as organizações continuam operando, apesar das crises. A tentativa é encarar a crise como um acontecimento fortuito, negativo, lamentável, parte da vida das organizações, mas que não pode afetar o principal: os resultados, o negócio.

Ao abordar o processo de gestão de crises, principalmente ao falarmos sobre liderança, daremos mais detalhes sobre o papel do gestor. Jeffrey R. Caponigro (2000, p. 17), relações-públicas e especialista americano em gestão de crises, recomenda criar uma "couraça de proteção" do negócio nos momentos de crise. Todo o processo da boa administração giraria em torno dessa "couraça", sem afetar o *core business* da organização. Naturalmente, isso dependerá muito do principal gestor e de quem ele designará para gerenciar a crise.

O PREÇO ALTO DA CRISE

Crises têm potencial para produzir consequências perniciosas para os negócios e para as pessoas. Entre os principais campos afetados pelas crises, destacam-se, segundo Drennan e McConnell (2007, p. 22): custos humanos – perda de vidas, feridos, traumas familiares –; custos críticos de infraestrutura; custos políticos; custos econômicos – perda de faturamento, de mercado, de empregos –; custos político-simbólicos – danos à legitimidade organizacional/governamental, danos à direção estratégico-política –; custos pessoais – possíveis investigações, danos à reputação e perda de empregabilidade.

Para se ter uma ideia de como a imagem de um executivo é desgastada pela crise, um *headhunter* que seleciona executivos brasileiros para trabalhar no exterior admitiu ao jornal *Valor Econômico* que a quantidade de notícias ruins sobre o Brasil e de corrupção nas companhias tem influenciado negativamente a imagem dos executivos do país, quando concorrem com os estrangeiros, apesar de serem preferidos por empresas no exterior.[1]

É verdade que a maioria das organizações sobrevive à crise. Mas a que preço? Quanto mais a crise atrapalhar as organizações ou setores dos governos, ou quanto mais

---

[1] Executivos do Brasil vão para o fim da fila. *Valor Econômico*, 18 abr. 2019. Disponível em: https://www.valor.com.br/carreira/6216849/executivos-brasileiros-vao-para-o-fim-da-lista. Acesso em: 25 jun. 2019.

tempo ela demandar dos principais gestores, menos produtividade, menos efetividade no negócio, menos decisões.

No início do governo Dilma Rousseff, em 2011, a presidente se defrontou com seguidas crises de gestão. Quase todo mês, a imprensa começava a divulgar denúncias, que levavam ministros à demissão. Foram seis afastados, apenas em seis meses de 2011. Na época, especulava-se se a presidente teria tempo para governar, diante da avalanche de crises envolvendo membros do governo, até porque as crises consomem muita energia do administrador. Energia, diga-se de passagem, perdida, desperdiçada. O sucesso do bom governante, do administrador da empresa, é saber conviver com as crises, sem deixar de tocar o barco para a frente.

Barack Obama, nos Estados Unidos, também herdou um passivo difícil. Ele passou quase todo o primeiro mandato administrando crises. Depois de se eleger de forma consagradora, em 2008, a lua de mel com o povo americano, o Congresso e os formadores de opinião acabou no primeiro ano. Ele mal conseguia se equilibrar perto de 50% de aprovação durante quase todo o primeiro mandato, porque teve extrema dificuldade de contornar as crises econômicas e políticas que atrapalharam a administração. Convivendo com uma maioria republicana no Senado, as crises pontuais foram agravadas pela crise política.

Outro efeito perverso, além de atrapalhar a boa gestão, principalmente quando a crise atinge governos ou empresas públicas, é a exploração política. Há disputas internas por espaços e pressão da oposição. Reputação significa poder. E na disputa de poder, se a reputação de alguém é ameaçada ou atingida, os desafetos políticos aproveitam para ocupar espaço. Essas disputas agravam as crises, porque a mídia é pautada, documentos sigilosos são vazados. Um cenário ruim, que poderá ficar pior.

Se a crise não é debelada rapidamente, o tempo contribui para agravá-la. Em geral, os governos são lentos e incompetentes para gerenciar crises, pela própria natureza burocrática das instituições públicas. Mexer com pessoas nos governos torna-se uma tarefa difícil. E não há como administrar crises sem quebrar os cristais. Principalmente quando se trata de reputação pessoal.

Em 2018, o governo Temer ficou de certo modo refém dos caminhoneiros, que resolveram entrar em greve contra o preço do frete e do *diesel*, apoiados pelas associações de proprietários. Foi um dos maiores movimentos de protesto dos últimos anos no Brasil, que durante mais de uma semana parou diversos setores da economia brasileira, afetando dos transportes ao abastecimento. O governo teve que ceder, aceitando a pressão para resolver o impasse.

Pequenos acidentes têm também potencial para gerar grandes crises. Em 2012, o acidente de um avião cargueiro MD-11 da empresa Centurion, no aeroporto de Viracopos, foi um exemplo de como a falta de gerenciamento rápido e eficaz provoca crises em série. O transtorno seria simples, se analisado apenas sob o prisma da empresa dona do avião. O pneu do cargueiro estourou durante o pouso, no aeroporto, e o pesado avião ficou lá, estatelado na pista, sem poder se locomover. Milhares de pessoas ficaram reféns do problema.

O efeito cascata desse pequeno incidente, com um avião de quase 70 toneladas, na pista do aeroporto de Viracopos, foi o cancelamento de centenas de voos, principalmente de uma empresa aérea cuja base operacional fica em Campinas, onde se localiza o aeroporto. A obstrução causou o cancelamento de 507 voos no país, 470 deles dessa empresa. O prejuízo estimado em 48 horas de paralisação foi R$ 20 milhões. No episódio, ficou evidente a falta de prevenção de crise. A empresa e a Infraero (Empresa Brasileira de Infraestrutura Aeroportuária) precisaram de 48 horas para desimpedir a pista. Chamamos esse transtorno na vida de milhares de pessoas e de empresas de efeito perverso da crise.

DESCOLAMENTO MORAL

Alguns autores chamam de descolamento moral quando pessoas ou organizações passam imunes à crise. Segundo os especialistas nesse tema, a história recente está repleta de gente de certa posição – atores, atletas e políticos – que sobreviveram aos escândalos e até prosperaram depois deles.

Segundo artigo publicado no *site Universia-Knowledge@Wharton*,[2] em monografia, Americus Reed, professor de Marketing da Wharton, e dois estudantes de doutorado da mesma universidade *"analisam o papel do 'descolamento moral', isto é, situação em que o consumidor separa a moralidade de outras considerações – e o modo pelo qual essas empresas, marcas e figuras conhecidas são julgadas no tribunal da opinião pública"*.

Os autores chamam a atenção para o caso de Bill Clinton,

> *acusado duas vezes de comportamento impróprio pela Câmara dos Representantes dos EUA por ter mentido sob juramento e por obstruir a Justiça no caso do relacionamento que manteve com uma estagiária da Casa Branca, o que não o impediu de terminar seu mandato de presidente com 66% de aprovação, o maior índice já registrado por um presidente desde a Segunda Guerra Mundial.*

O artigo cita também o caso da apresentadora americana Martha Stewart, condenada à prisão em 2004, por posse de informações privilegiadas numa transação financeira. Embora as ações de sua empresa tenham caído cerca de 23%, na ocasião em que foi condenada, elas triplicaram de valor ao final daquele ano. E o caso do jogador de golfe Tiger Woods, em dezembro de 2009. *"O prodígio do golfe, que cultivava uma imagem impecável, havia confessado que fora infiel à esposa num episódio confuso que custou a Woods, na época o atleta mais bem pago do mundo, a perda de milhões de dólares em contratos de publicidade."* Passado o abalo inicial, o prestígio do jogador diminuiu, mais por seu desempenho do que pela crise. Apesar de alguns contratos de patrocínio terem sido rompidos, pelo capital reputacional acumulado no passado, o abalo não foi suficiente para comprometer a imagem do jogador.

No Brasil, temos o caso emblemático do ex-presidente Lula da Silva. Atacado pela oposição, após o escândalo do "mensalão",[3] em 2005, um ano antes da eleição, não

---

[2] Disponível em http://www.knowledgeatwharton.com.br/article/descolamento-moral-como-o-consumidor--justifica-seu-apoio-a-uma-marca-comprometida-moralmente. Acesso em: 25 jun. 2019.

[3] No Brasil, foi batizado de escândalo do "mensalão" um esquema denunciado pelo deputado Roberto Jefferson, em 2005, em que deputados da base aliada receberiam dinheiro de membros do partido

foram poucos os jornalistas que deram a carreira de Lula como terminada. Esperavam apenas o momento. Lula não apenas conseguiu sair incólume e pouco chamuscado do escândalo, como se elegeu para um segundo mandato de presidente.

O fenômeno Lula tem sido estudado por sociólogos, comunicadores e cientistas sociais. É explicado pela proximidade do ex-presidente com as massas e a facilidade de comunicação. Todo o peso da grande mídia não foi suficiente para desgastar Lula. De certa maneira, personalidades como Lula, Bill Clinton e Tiger Woods, pelo prestígio obtido, adquiriram uma espécie de couraça contra os ataques da mídia. Ou seja, houve um descolamento moral das notícias negativas.

A Igreja Católica foi outra instituição que enfrentou uma grave crise, nos últimos anos, com as acusações de pedofilia (*Case 7*).[4] As denúncias tiveram consequências nefastas para a Igreja. Provocaram a suspensão de muitos religiosos e a condenação por parte da opinião pública, principalmente católicos, pela maneira como a Igreja se portou durante os episódios de abusos. Mas as pesquisas não indicam uma perda significativa de fiéis por causa dessa crise. A redução no número de católicos é fenômeno social que ocorre desde a década de 1970 em todo o mundo, atribuída a muitas outras causas, até mesmo ao crescimento das igrejas evangélicas. A crise, muito mal administrada, realmente arranhou a imagem da Igreja e dos religiosos, tanto na Europa quanto nas Américas, mas não chegou a atingir fortemente a reputação secular da instituição.

Tópicos-chave

- ✓ Quando não existe uma versão imediata para a crise, a mídia ou a opinião pública não esperam. Passam a dar a própria versão. Muito provavelmente, não será favorável aos envolvidos na crise.
- ✓ As crises afetam os empregados pela relação direta com o emprego, o futuro e as expectativas de vida.
- ✓ Para não agravar as consequências deletérias das crises, as empresas precisam segregar o negócio da gestão da crise. As crises não podem afetar o *core business* da organização.
- ✓ Se a crise não é debelada rapidamente, o tempo contribui para agravá-la. Em geral, os governos são lentos e incompetentes para gerenciar crises, pela própria natureza burocrática das instituições públicas.
- ✓ As crises, quando mal administradas, têm o poder de provocar efeitos perversos na administração pública, no resultado das empresas e na vida das pessoas.

---

do governo para votar favoravelmente em projetos de interesse desse mesmo governo. Foi a maior crise política do primeiro governo Lula da Silva (2003/2006). O escândalo resultou na condenação, pelo Supremo Tribunal Federal (STF), da maioria dos acusados, em ação movida pelo Ministério Público, denominada Ação Penal 470.

[4] Para entender a gravidade da crise da Igreja Católica, há vários filmes que abordam o tema, um deles – *Spotlight: segredos revelados* (2016) – até ganhou o Oscar. No entanto, um dos documentários mais chocantes é a série *The keepers*, em sete episódios, disponível na Netflix até 2019.

7. As denúncias contra a Igreja Católica

A Igreja Católica talvez seja das instituições com mais crises na história. Mas sua reputação e sua credibilidade se sustentam pelo capital reputacional acumulado ao longo dos séculos. Entretanto, em 2010, a Igreja foi abalada por uma crise que arranhou seriamente a reputação. A denúncia, em vários países, com ênfase para Estados Unidos e Irlanda, de abusos sexuais contra menores, por padres e pessoas ligadas à Igreja, veio à tona após pressões das vítimas por indenizações e pela própria sociedade, que cobrou da Igreja punição e explicações.

Ao analisar a Igreja Católica como uma organização ou uma empresa, constatamos vários pecados na gestão dessa crise. E os erros da Igreja servem como aprendizado para crises nas corporações. Primeiramente, ela não enfrentou o problema, imediatamente, quando apareceu. A Igreja não tem tradição de trabalhar com transparência. Daí a dificuldade, anos antes, quando apareceram denúncias nos Estados Unidos, de fazer uma gestão aberta. Quando a denúncia aparece, as organizações têm uma janela de oportunidades para enfrentá-la e fazer as coisas direito. Admitir a denúncia, punir e afastar os culpados e tentar reparar o problema com as vítimas, não só no aspecto moral como também no financeiro: esse seria o caminho natural.

Ela deveria ter se desculpado lá, em 2002, quando começaram as denúncias nos Estados Unidos. Na Irlanda, descobriu-se depois que, entre 1975 e 2004, milhares de crianças e jovens sofreram abusos. A Igreja não só se omitiu, como transferiu os abusadores, permitindo que em outros lugares eles continuassem a cometer o mesmo delito. A omissão teve o propósito de abafar o escândalo e preservar um desgaste maior da imagem da instituição. Os padres continuaram a ter contatos com jovens, com a única restrição de mudar de cidade. Tapou-se o sol com peneira. Esse ato de cumplicidade e corporativismo comprometeu a imagem da Igreja. O relatório feito na Irlanda, pelas autoridades, critica a Igreja Católica por ter priorizado a preservação da própria imagem, a fim de evitar um escândalo, e não a proteção das vítimas e a punição dos culpados. Os padres acusados não sofreram as penas da lei, como deveriam. Quando uma crise é abafada, ela não acaba. É como uma válvula de pressão. Um dia irá estourar.

Foi o que aconteceu em 2010. A Igreja foi bombardeada por todos os lados, e o Papa Bento XVI teve que se manifestar publicamente sobre os abusos. Se a Igreja tivesse tomado uma atitude dura nos EUA, em 2002, provavelmente dali para frente os abusos teriam cessado e a crise não teria atingido o estágio atual. Como disse Steve Hayworth, diretor de Relações Públicas da CNN: "O povo esquecerá um escorregão, um erro, mas não esquecerá um encobrimento do delito." O Vaticano sempre foi alertado sobre os delitos. Outro erro foi a falha em não tomar iniciativa de mostrar consideração, respeito e "compassion" (ver nota de rodapé no Capítulo 17) para com as vítimas. Foi preciso que elas se unissem. As organizações, nas crises, devem cuidar e se preocupar com aqueles que foram atingidos pelo efeito da crise, seja ele físico, emocional, econômico ou psicológico. Vítimas precisam desse sentimento de solidariedade e apoio, muito mais do que compaixão.

Esse sentimento ameniza até as consequências legais, em muitos casos. A Igreja demorou a pedir desculpas com medo de ações judiciais. Seria uma admissão de culpa. Teólogos, especialistas em crises de imagem e autoridades admitem que a Igreja passou "uma sensação de traição" para as vítimas. Autoridades eclesiásticas iam à mídia, sempre que denúncias apareciam, não para se desculpar, mas para se defender das acusações. Erro básico, nas crises.

Outro tropeço foi a recusa em assumir responsabilidades e consertar os erros que aconteceram. No caso, padres e superiores foram culpados pela opinião pública, porque uns cometeram o delito, outros se omitiram nas providências. Não houve por parte da Igreja ações inibitórias contra os atos criminosos, apesar das milhares de denúncias ao longo dos anos. É como se houvesse um manto cobrindo os delitos e a Igreja segurasse esse manto, para não desnudá-los. A forma de lidar com os abusos, denunciados por ex-alunos, jornalistas e até por outros religiosos, expôs a vulnerabilidade da Igreja em lidar com suas próprias mazelas. Com isso, ela perdeu a batalha do escrutínio público, porque não teve humildade para reconhecer o erro.

Que os deslizes da gestão dessa crise sirvam não só para a Igreja, mas também para outras instituições. Não há por que a Igreja ter pruridos para abrir a caixa-preta, contar a verdade e ir atrás de quem cometeu delitos. As organizações, incluídos governos, corporações, igrejas, empresas ou qualquer tipo de entidade, não podem compactuar com a impunidade, quando alguém escorrega. Tentar encobrir culpados ou a verdade, numa crise, além de prolongá-la, ameaça o futuro da organização e de seus dirigentes.

A partir do Papa Francisco, a apuração e punição dos acusados de pedofilia, na Igreja Católica, tomou outra dimensão. Talvez tenha sido a batalha perdida por Bento XVI, pela reação do grupo conservador da Igreja, responsável também por sua renúncia, fato inédito na Igreja em 700 anos. Francisco apertou o cerco a padres, bispos e cardeais acusados de cometer os delitos ou acobertá-los. O que dá a essa crise um novo patamar. O de cada vez mais se fazer Justiça e levar os acusados ainda vivos a responderem criminalmente.

Parte III

PREVENÇÃO É O NOME DO JOGO

6
TUDO COMEÇA NA PREVENÇÃO

Especialistas em gestão de crises são unânimes em afirmar que a prevenção e o treinamento para tais situações devem integrar os planos de contingência das corporações. A prevenção é um dos pilares do que se convencionou chamar de gestão de riscos. O objetivo da boa gestão de riscos é evitar que a crise aconteça; mas, se ela ocorrer, assumir o controle da situação para minimizar o potencial de dano causado ao negócio e à reputação da organização.

O plano de contingência deve não apenas conter o elenco das ações preventivas, mas considerar também o treinamento da equipe de crise e dos empregados para situações de emergência. Não é difícil encontrar exemplos em que a falta de treinamento provocou ou agravou uma situação-problema, tendo como desfecho uma crise grave.

Há dois casos emblemáticos sobre crises graves que decorreram da falta de treinamento. O acidente com o navio de cruzeiro marítimo Costa Concordia no litoral italiano, em janeiro de 2012, é típico dessa falha (*Case* 8). O navio naufragou com 4 mil passageiros e tripulantes, causando a morte de 32 pessoas, por um erro da tripulação e o despreparo para situações críticas. Em documentário divulgado no canal de TV National Geographic, feito um mês após a tragédia, um tripulante declarou não ter recebido treinamento para naufrágios. E cenas gravadas por celulares durante o tumulto, antes do tombamento do navio, demonstram a confusão e o pânico de tripulantes, sem entender sequer o que os passageiros falavam. Crise muito semelhante aconteceu na Coreia do Sul, com um *ferryboat* transportando 476 estudantes e professores numa excursão à ilha de Jeju, em abril de 2014. Deslocamento da carga pesada fez o navio adernar e, por instruções erradas passadas pela despreparada tripulação, dezenas de estudantes ficaram presos nas cabines e morreram. Foram 304 mortes e nove pessoas que nunca foram encontradas. O navio não chegou a afundar, mas a demora no resgate pela guarda costeira da Coreia agravou a tragédia. O mais grave nesse acidente é que a causa do naufrágio foi excesso de peso e deslocamento da carga. Esse navio viajou mais de 100 vezes com a mesma irregularidade.

A prevenção pode ter diversas etapas e categorias. Um hospital com procedimentos rigorosos e supervisionados de asseio e desinfecção para médicos e enfermeiros está fazendo prevenção de um tipo de crise: a contaminação hospitalar, uma das causas endêmicas desse negócio. Se esse hospital mantém sistema de segurança treinado e qualificado, previne outros tipos de crise: triagem de pacientes errada, invasão, roubos, atentados, medicação errada, sequestros, inclusive de bebês. E se, ainda assim, tem um rigoroso sistema de controle de qualidade nos laboratórios de análises clínicas, para evitar troca ou erros em exames, garantindo confiabilidade e segurança, também previne um terceiro tipo de crise. Como se vê, são múltiplas as áreas de prevenção de uma organização.

Por muito tempo, falar em gestão de crises era entendido como a reação da organização à ocorrência de uma situação limite, numa atitude reativa. O tornado chegou, o navio afundou, o avião está desaparecido, vamos aplicar os preceitos do manual de crise. Que procedimentos adotar? Naturalmente, saber o que fazer nessa hora é muito importante. Mas há um equívoco quanto ao momento dessa ação. A prevenção não é uma fase isolada no processo de gestão de riscos e de crises. Ela é parte desse mecanismo ou processo, que gira junto, compreendendo a prevenção, a preparação, a crise propriamente dita, seguida da resposta à crise (na ação e na comunicação) e da última fase, da recuperação ou pós-crise.

Quando a organização cria planos de prevenção e de preparação de crise, inclusive com simulações, trabalha a primeira fase da gestão, de preparação. Tenta evitar, assim, que a crise chegue. Alguns especialistas elegem essa fase como a mais importante do processo. A administração de crises, portanto, não é atividade isolada, na hora da crise.

Em resumo, há três níveis básicos ou processos interligados que compõem a gestão de crises: *a gestão de risco*, compreendendo prevenção, auditoria de crise, planos de crise, preparação, treinamento ou simulações de crise; *a gestão da comunicação de crise*, que perpassa todas as fases, parte do processo de gestão, até porque a comunicação representa a resposta da organização à opinião pública frente ao evento negativo; *a gestão da crise* propriamente dita, que compreende a resposta rápida, a reação da organização e o apoio aos atingidos pela crise. Nesta fase, sobressai quem realmente se preparou para eventos negativos; ela compreende, além das ações de reparação, a fase de recuperação ou pós-crise.

8. Costa Concordia – quando o líder foge da crise

O naufrágio do navio de cruzeiros marítimos Costa Concordia, em janeiro de 2012, no litoral italiano, próximo à Ilha de Giglio, mostrou aquilo que jamais pode faltar nas crises: comando, treinamento, coordenação das ações. Houve falha do comandante e da tripulação ao navegar próximo à costa, em rota de risco. E, logo após, uma sucessão de falhas graves na administração do acidente: falta de clareza nos avisos e de transparência com o ocorrido; a evacuação; e o socorro aos 4.234 passageiros e tripulantes foram confusos e demorados. Enfim, uma sucessão de erros.

O navio de 17 andares adernou, após bater em uma rocha, e os passageiros foram iludidos pelos avisos da tripulação, que, durante uma hora, teimava em dizer que nada havia acontecido e que todos ficassem calmos. A embarcação já estava inclinada quando veio a ordem de "abandonar o navio".

Foi um "salve-se quem puder". Os tripulantes, sem treinamento, conforme confessaram, também procuravam fugir do navio em meio ao caos. O comandante saiu do navio antes que todos os passageiros fossem resgatados, o que constitui falha gravíssima no código de navegação. Ele foi acusado de negligência. Ficou famoso o pito que ele levou do comandante da Capitania de Portos da ilha, quando foi procurado por telefone e falou que estava fora do navio. "Vada a bordo, schettino"!, gritava o comandante, determinando sua volta a bordo. É um dos diálogos mais surrealistas já registrados on-line, ao vivo durante uma crise grave.

Entre as falhas, sob o aspecto de gestão de crises, estão o tempo de evacuação, que não deveria ser mais de 20 minutos, se tudo funcionasse a contento; tripulantes que falassem as línguas de todos os passageiros para dar os comandos; falta de preparo para situações de pânico; ausência de comando; e falta de prevenção de um naufrágio, pelos erros cometidos. Nem o comandante nem a tripulação mostraram preparo para situações de emergência. Resultado: 32 mortos.

Segundo depoimentos de viajantes, a tripulação pareceu tão ou mais em pânico do que os passageiros. Despreparada, colocou colete salva-vidas antes dos passageiros, que, atônitos e desinformados, perguntavam aos tripulantes por que eles estavam de coletes se a situação estava sob controle, como eles mesmos anunciavam nos alto-falantes. Esse é um case de crise que beira o ridículo, se não fosse tremendamente trágico e triste.

Figura 6.1 – O processo de gestão de crises.

Quando a crise chega, costuma-se questionar se o fato negativo poderia ter sido evitado. Na maioria dos casos, sim. Se a organização tivesse sistemas de alerta, sinais ou alarmes, provavelmente teria evitado. Fazer prevenção é mapear os principais fatos negativos, as ameaças à organização, por mais surpreendentes que pareçam. Bernstein

(2011) define essa fase como o exame das atividades operacionais da empresa sob cenários-base de ameaça, com vista em detectar e consertar as fraquezas operacionais e de comunicação. Para isso, existem exercícios capazes de acender a luz amarela na sala de controle da empresa.

Quais as cinco ou dez piores coisas que podem acontecer com a organização? Quais as cinco piores crises que o governo irá enfrentar este ano? O gestor desprevenido e desligado não quer nem imaginar esse tipo de exercício. Outros, mais otimistas, não acreditam que possa acontecer. Há um exagero. Imaginam: um fato extremamente negativo como esse jamais vai acontecer aqui. Todos estão errados. Resposta insegura a uma das perguntas pode ser o sinal de uma vulnerabilidade extremamente perigosa para a organização.

Nada como o folclore popular aplicado à prevenção de crise: uma empresa despreparada é como um porco-espinho expondo sua barriga. Afirmações como "acontece", "nunca acontecerá aqui" ou "nós sabemos o que fazer" são jargões que entram para a coleção de empresas que se deram mal na hora da crise (COHN, 2000, p. 13).

Como se evidencia uma organização despreparada para a crise? Robin Cohn, autora de *The PR crisis bible* (2000, p. 13), lembra o caso de um hospital de Boston, orgulhoso de estar preparado para qualquer emergência. Uma triagem perfeita, com treinamento contínuo. Um dia, um trem da empresa ferroviária Amtrak descarrilou e os feridos foram levados para o hospital. O acidente se transformou num caos. Repórteres bloquearam a entrada do prédio; outros caminhavam entre os pacientes feridos, espalhados pelo chão. Um repórter de TV, com a câmera, flagrou um médico apavorado na sala de emergência. Resultado: o hospital parecia totalmente fora de controle e incompetente para resolver aquela emergência. A atenção toda se voltou para o atendimento do hospital e não para o descarrilamento. Como diz Cohn, "*o hospital tinha pensado em tudo, exceto uma coisa: um acidente é notícia*".

É melhor investir nessa preparação. Organizações ou governos com gerenciamento de risco eficiente superam melhor os momentos difíceis. O empresário e professor da Harvard Business School Norman Augustine (2009) diz que "*as crises mal gerenciadas geralmente obtêm maior atenção da mídia, e não ouvimos muito sobre as crises que foram prevenidas*". A propósito, por que há poucas informações sobre crises bem administradas? Porque a mídia não se ocupou delas.

Bom exemplo é o famoso *bug* do milênio. Durante anos, as organizações se prepararam para uma terrível crise que aconteceria na passagem para o ano 2000, quando todos os computadores teriam um *bug*. Relógios digitais, computadores, centros de processamento de dados poderiam parar à zero hora do ano 2000. Anos antes, formaram-se grupos de trabalho com a missão de se preparar para aquela fatídica data. A diretoria do Banco do Brasil criou um grupo de trabalho para prevenir o *bug*, pelo menos, três anos antes. Parecia o mundo à espera do apocalipse ou de uma iminente guerra nuclear.

Foi a crise que não houve. Por quê? Em grande parte, por causa dos mecanismos de prevenção. Houve exagero? Maximizou-se essa crise? Não. O que foi feito para o *bug* do milênio deveria ser um modelo para outros tipos de crise, admitem os especialistas em gestão de crises.

A prevenção, portanto, é o primeiro passo para bem administrar uma crise. Mas, para fazer prevenção, alguns requisitos são fundamentais. Não há como prevenir crises se os empregados e os públicos que interagem com a organização não conhecem as ameaças. Diagnosticar as ameaças, os pontos vulneráveis e criar sistemas de defesa e de resposta integram a política de prevenção. O consultor de PR americano Rene A. Henry, autor de *Communicating in a crisis: a guide for management*, aconselha os caminhos que uma organização precisa percorrer para prevenir crises, rapidamente resolver ou enfrentar a crise, como um desafio, e criar uma oportunidade positiva (HENRY, 2008). O primeiro e básico passo dessa trajetória é: "Antecipe-se e tenha um plano de crise."

Ele recomenda antecipar-se a toda possibilidade de crise, respondendo a perguntas como "O que faríamos se determinado incidente ou cenário acontecesse nesta organização?". A consequência dessa preparação é organizar uma equipe de gestão de crise e comunicação, criando um plano detalhado para se comunicar, e estar numa posição de controlar a mensagem para a mídia e os demais públicos.[1]

Tópicos-chave

- ✓ O objetivo da boa gestão de riscos é assumir o controle da situação para minimizar o potencial de dano causado por uma crise ao negócio e à reputação da organização.
- ✓ A prevenção não é uma etapa isolada do processo de gestão de crises. Prevenção, preparação, operação, comunicação, pós-crise são todas as fases que, no conjunto, compõem o processo de gestão de crises.
- ✓ Organizações ou governos com gerenciamento de risco eficiente superam melhor os momentos difíceis.
- ✓ Não há como prevenir crises se os empregados e os públicos que interagem com a organização não conhecem as ameaças.

---

[1] Disponível em: https://cuttingedgepr.com/free-articles/issues-and-crises/prevent-situations-becoming--crises. Acesso em: 22 jul. 2019.

7
OS CAMINHOS DA PREVENÇÃO

INFORMAÇÃO E ANÁLISE

O que uma organização precisa para montar um sistema de prevenção? Informação e análise; um bom sistema de segurança e de estratégia da informação. Se há risco de um *megablackout* na estação de abastecimento de energia, na região, devem existir sistemas de alerta para a população ser avisada e se preparar para a emergência. Para isso, uma empresa fornecedora de energia, por exemplo, precisa de dados atualizados; sistema de informação azeitado, que municie as áreas envolvidas na prevenção para disparar o alarme. Toda a organização trabalha com esse tema no radar.

Na gestão de crises, uma das coisas mais importantes é fazer um diagnóstico. Como curar ou minimizar o problema da doença, se não a conhecemos? E não adianta ficar preocupado somente com a repercussão na imprensa. Por vezes, o mercado confunde gerenciar o problema ou a crise com o controle da comunicação. São variáveis diferentes, mas indissociáveis. Não há como administrá-las isoladamente e ter sucesso na gestão da crise.

Quando se fala em informação de crise, o ideal seria toda média ou grande cidade ou região ter centros de operações semelhantes aos do Rio de Janeiro, de Madri ou Nova York. Esses centros, com objetivos parecidos, mas conduzidos com suas peculiaridades, monitoram, com bastante eficácia e praticamente em *real time*, o que acontece na cidade e possa representar crises: chuvas, com alagamentos; engarrafamentos, acidentes, atentados, assaltos, sequestros, desabamentos, incêndios. Infelizmente, no Brasil a maioria das grandes cidades não dispõe desse monitoramento. O mínimo que as organizações deveriam ter é uma azeitada máquina de informação para não se surpreenderem, quando fatos negativos – que podem se transformar em crises – acontecem.

No Rio de Janeiro, após as tragédias de 2010 e 2011, foram implantados sistemas de alerta sobre enxurradas ou desabamentos de encostas que possam colocar a população em risco. Esse sistema, se funcionasse adequadamente, poderia minimizar e até evitar tragédias como as acontecidas. Mesmo assim, no início de 2019 a cidade do Rio e algumas da Baixada Fluminense enfrentaram, pelo menos, duas situações em que elas viraram um caos, com alagamentos, queda de árvores, desabamento de encostas, causando várias mortes. Ter um centro de controle pode ser muito bom, mas não é suficiente para evitar catástrofes, quando outros serviços não funcionam articulados e os recursos são mal direcionados.

No Brasil, nos últimos anos, quase virou rotina alunos invadirem reitorias ou instalações estratégicas das universidades. Do mesmo modo, movimentos populares e grupos ativistas têm um calendário anual de invasões de fazendas e prédios públicos ou de protestos em ruas ou rodovias, sempre reivindicando alguma coisa. Não se questiona aqui o direito de reivindicar de modo pacífico e ordeiro. Se a universidade ou qualquer outra organização tiverem um serviço eficiente de informação, poderão prever, com relativa antecedência, a ocorrência das invasões, que acabam gerando crises graves.

Nesse caso, as instituições estariam preparadas, até mesmo com porta-voz. Evitariam, como é comum acontecer, confrontos com a Polícia ou ataques dos movimentos radicais, com desgaste e prejuízos para ambas as partes, mas principalmente para as pessoas que dependem do serviço e para os próprios governos. Geralmente, são invasões transformadas em crises, pelos desdobramentos provocados, com prejuízos, tanto financeiros quanto ao atendimento da população.

Informação também implica dados da organização para serem utilizados na explicação da crise. Um banco de dados atualizado facilita o trabalho da comunicação. Mas é preciso, pois, a informação estar atualizada e disponível. E que haja pessoas preparadas para analisar e processar esses dados, municiando a diretoria com rapidez e confiabilidade. Se acontece um problema sério com as ambulâncias do Samu, por exemplo, o município deve estar preparado para informar quantas ambulâncias estão à disposição ou indisponíveis e o que está sendo feito para recompor os serviços.

Imprescindível também, nos momentos de crise, um bom serviço de *clipping*, impresso ou eletrônico. Tudo o que for publicado na mídia ou nas redes sociais deve ser catalogado na primeira hora do dia, se possível de madrugada, analisado e pronto para ser debatido no comitê de crise no início da manhã. Não é possível administrar crise sem saber tudo o que se fala sobre a organização, inclusive no exterior.

RISCOS E VULNERABILIDADES

O desdobramento de um eficiente sistema de informação é o levantamento dos riscos e vulnerabilidades da organização. Não há como entender um empresário alheio aos riscos potenciais da organização, que possam redundar em crise. Mas não basta conhecer. Ele deverá saber o que fazer, caso a situação negativa se torne aguda e se transforme em crise.

Um exercício desafiador para os dirigentes e gestores é submeter, nas reuniões estratégicas, um questionário com perguntas-chave: *quais as três piores crises que poderiam acontecer com nossa organização? Quais as piores crises que poderíamos enfrentar nos próximos meses? Para quais estamos preparados? Para quais não estamos preparados? E por quê?*

Exemplo: em evento para empresários de um sindicato de construção, abordamos o problema da sucessão nas empresas. Sucessão não é um tema fácil de administrar.

Um empresário presente, dono de uma construtora de nível médio, reconheceu nunca ter pensado na possibilidade de acontecer algo com ele e a empresa ficar sem comando. Ele se acostumou a centralizar tudo, trabalhando 15 horas por dia. O que poderia acontecer? Não estamos nem falando do risco, nunca descartável, de morte. Poderia ser doença grave, sequestro, como aconteceu com o empresário Washington Olivetto em 2002 (*Case* 2). Ou com o jornalista Ivandel Godinho Junior, dono da agência de comunicação In Press, sequestrado e morto em outubro de 2003, em São Paulo.

O que constatou o empresário da construção, no exercício? Ele não tinha substituto. Centralizava tudo. Nem a família conhecia todos os detalhes administrativos da construtora. Ficou até certo ponto chocado por não ter levado esse aspecto em conta, mergulhado na rotina do dia a dia. A empresa estava correndo sério risco, diante da possibilidade, sempre plausível, de acontecer algo com o titular.

Quando falamos em prevenção, devemos ficar atentos porque as crises de imagem, reverberadas na comunicação, têm um padrão. Em muitas delas, há como prevenir e preparar a reação da empresa, porque obedecem a sequências muito similares. A premissa do planejamento e da prevenção, portanto, não é tão difícil e se constitui em base da boa administração de crises.

Os líderes, muitas vezes, falham em perceber sintomas de crises. Além da perspicácia, deveriam aprender a reconhecer os sinais de alerta. Para Bill George (2009), professor de Administração da Harvard Business School, ao não estarem atentos, os líderes culpam eventos externos e coisas fora do seu controle pela crise. Muitos se comportam como se as crises viessem por acaso, como ato de Deus, um furacão ou uma inundação, por exemplo. Mas a realidade costuma ser diferente.

Nos governos ou órgãos públicos, é muito comum atribuir as causas das crises a terceiros. À oposição, que ataca o governo e não colabora. Ao desafeto político ou ao concorrente, que alimentam notícias negativas na imprensa. Os governos não gostam de assumir responsabilidades sozinhos nas crises.

Para Anne Mulcahy, ex-CEO da Xerox, *"muitas crises parecem acontecer durante a noite, mas elas têm longas raízes, como dez ou 15 anos como fonte dos problemas reais que redundam em crise"*. Esse alerta foi muito lembrado quando estourou a crise econômica do setor imobiliário, de bancos e megaempresas, a partir de 2008. A maioria dos empresários foi incapaz de ver a ponta do *iceberg* aparecendo muito tempo antes. Mas os alertas estavam lá.

Essa situação foi muito bem retratada em dois documentários sobre a atual crise econômica que valem a pena ser vistos, para melhor entender os gatilhos das crises: *Inside job* (*Trabalho interno*, no Brasil), de 2011, e *To big to fail* (2011); e dois filmes: *Free fall* (2009) e *Margin call* (2010). Alguns depoimentos do documentário *Inside job*, por exemplo, são chocantes. Mostram como os executivos do mercado financeiro sabiam que estavam fazendo as coisas erradas e, mesmo assim, acabaram levando o sistema financeiro a uma crise, com desdobramentos internacionais e consequências nefastas a toda a economia mundial.

Os alertas de prevenção valem para grandes multinacionais e para pequenas empresas. Uma delas, a seguradora americana AIG. Diante da crise, o Tesouro americano foi forçado a assumir 80% das ações, com um aporte de 173 bilhões de dólares, para preservar o sistema. O perigo ronda também a pequena lanchonete que serve sanduíche. Se não cuidar da fonte de aquisição, manipulação e preservação dos alimentos, corre o risco de ser apontada pelos clientes como fonte de contaminação e doenças. Basta alguém passar mal com o sanduíche. E aí está uma séria ameaça à sobrevivência da filial ou da própria empresa.

Apenas para lembrar, a indústria de alimentos, no Brasil e no exterior, é responsável por grande parte das crises corporativas dos últimos anos. Quem lida com esse tipo de negócio deve ficar atento e aprimorar os mecanismos de prevenção. Não pode ter um minuto de cochilo.

9. Não adianta chorar sobre o Toddynho derramado

Em setembro de 2011, a PepsiCo, fabricante do achocolatado Toddynho, não soube conduzir uma crise com o produto. Cerca de 40 pessoas notificaram ter sentido queimaduras e irritação na mucosa da boca, cólicas e náuseas, em 15 cidades do Rio Grande do Sul, após consumir o produto. Entre elas, muitas crianças. A Vigilância de Saúde do estado resolveu recolher todos os lotes do achocolatado. Oficialmente, somente 13 dias após a denúncia a PepsiCo admitiu falhas no processo produtivo em sua fábrica de Guarulhos (SP). Embalagens do Toddynho foram envasadas com produtos de limpeza, em vez do achocolatado. O produto de limpeza, à base de água e detergente, estava com pH 13,3 – alcalino, similar ao da soda cáustica. As análises feitas em embalagens recolhidas no Rio Grande do Sul confirmaram um pH impróprio para consumo humano.

O porta-voz, que só se pronunciou forçado pela repercussão do incidente, alegou que o Toddynho consumido "pode conter soda cáustica", quando a empresa sabia exatamente a mistura contaminada das embalagens do produto. O diretor de unidade de negócios só deu entrevista ao saber que o jornal Folha de S. Paulo *tinha ouvido de um funcionário da fábrica que o erro decorreu de um dispositivo com defeito. A empresa errou o timing para se pronunciar, deixando para a mídia assumir a comunicação da crise. Para completar a série de erros na gestão dessa crise, a PepsiCo deixou para as autoridades do Rio Grande do Sul e de São Paulo a iniciativa da defesa pública das vítimas. Esqueceu que, nas crises, quando há vítimas, em primeiro lugar vêm as pessoas. Depois se cuida do resto.*

MECANISMOS DE DEFESA

Já vimos como as crises, em sua maioria, podem ser previstas. Se previstas, podem ser evitadas. Os mecanismos de defesa, portanto, podem ser acionados. Muitas crises perpassam pela mídia ou pela própria empresa. Prevenir, pois, implica ficar atento aos sinais. Se a quase totalidade das crises pode ser prevista, elas não surgem do nada. Estima-se que dois terços das crises do mundo poderiam ser evitadas. Imaginemos a economia de energia e de recursos, se as organizações e os governos tivessem mecanismos sérios de prevenção e de controle de risco para evitar determinadas crises. Mais importante ainda: quantas vidas seriam poupadas se as empresas levassem a sério, rigorosamente, medidas de prevenção?

Prevenção não é um gasto inútil. Pelo contrário, representa investimento. O planejamento prévio pode ser a diferença entre o lucro e o prejuízo de uma organização, na hora da crise. Há uma tendência de as corporações conservadoras trabalharem reativamente. Essa prática errada vai da área operacional à comunicação. A organização deixa a crise conduzi-la, em vez do contrário. Quando o problema estoura, todo mundo começa a correr e tentar salvar o que for possível.

Muitas vezes, esse improviso custa caro. Mais ou menos como no incêndio na favela. Todos sabem do risco, inclusive as autoridades. Não há qualquer programa de prevenção de incêndio. Só resta aguardar o próximo e tentar apagar o fogo. Depois, vêm as entrevistas evasivas. E medidas paliativas para minimizar o desastre.

As crises deixam sinais. Para isso, as empresas devem saber seguir os rastros e estar preparadas. Governos, principalmente, não escutam os sinais enviados pela sociedade, até que a crise se instale. Exemplo disso são as greves, seguidas de invasões, provocações e até mortes, de policiais e bombeiros, ocorridas, isoladamente, em vários estados brasileiros. Impossível que essas crises transformadas em ameaças à população, como aconteceu na Bahia em fevereiro de 2012 e no Espírito Santo em 2017, não estivessem em ebulição. No caso do Espírito Santo, calcula-se que houve 219 mortes durante o período de paralisação. Como aconteceu? Faltou estratégia para perceber. Os governos, em geral, reconhecem que são surpreendidos por movimentos dessa gravidade.

Qual seria a maneira prática de conhecer as vulnerabilidades? Um dos caminhos mais efetivos para antecipar possíveis crises na organização é a *Auditoria de Vulnerabilidades*. Uma inspeção periódica que diagnostica, avalia e relaciona os potenciais riscos. Se a organização não conhece, não faz esse levantamento, pode ser surpreendida por crises banais, fáceis de administrar. A auditoria pode ser feita por pessoas do quadro da empresa ou por consultores externos. Ela se constitui de vários estágios, do mais simples ao mais complexo. É muito comum se fazer auditoria contábil, financeira. Mas é preciso entender que grande parte das crises não ocorre na área de finanças.

PLANOS DE EMERGÊNCIA

Muitas cidades, organizações públicas e privadas têm planos de emergência ou contingência para catástrofes. Basicamente, esses planos são feitos para: reunir informações a fim de analisar as ameaças; compartilhar informações; colaborar e integrar as informações com todas as áreas do governo, indústria, comércio, escolas, organizações não lucrativas e residências; coordenar e liberar alertas e avisos de emergência; planejar e executar evacuações; e desenvolver e implementar programas de educação pública (COOMBS; HOLLADAY, 2010, p. 246).

Naturalmente, esses planos só funcionam se todos estiverem alinhados, voltados para o mesmo objetivo, e sem querelas ou interferências políticas ou econômicas. Tal ocorre em países com tradição em catástrofes, como na Ásia, nos Estados Unidos e algumas nações da Europa; e com elevado nível de cultura da prevenção, o que, convenhamos, os países latinos, especificamente o Brasil, não têm. Nós não temos a cultura da prevenção. Cultivamos a cultura da improvisação. Basta analisar o que aconteceu por ocasião dos incêndios do Museu Nacional, no Rio de Janeiro (*Case* 5), e do Centro de Treinamento do Flamengo, também no Rio (*Case* 20), em 2018 e 2019 respectivamente, assim como no acidente da Chapecoense (*Case* 27).

Mas por que países considerados modelos em prevenção de crises também falham, como aconteceu com o Japão em 2011, durante a tríplice catástrofe que atingiu o país? Porque houve falhas graves de prevenção. Vejamos.

OS CULPADOS DE FUKUSHIMA

Quem disse que desastres naturais são inevitáveis e muito difíceis de prever? A tragédia do Japão, ocorrida em março de 2011, poderia ser prevista e evitada? Quanto ao acidente na usina nuclear de Fukushima, sim, a julgar pelos relatórios feitos por entidades independentes, divulgados em julho de 2012.

Um dos relatórios considerou que a Tokyo Electric Power (Tepco), administradora da central nuclear de Fukushima, e o governo do Japão *"ignoraram os riscos e confiaram demasiado nas medidas de segurança da planta nuclear para fazer frente a um* tsunami *como o que provocou o acidente de março de 2011"*.

Segundo o documento de 450 páginas do comitê criado pelo governo para investigar a catástrofe de Fukushima, a empresa tinha uma capacidade "fraca" para responder a uma crise como a que ocorreu, porque seus empregados não haviam sido treinados:

> *A empresa e os órgãos reguladores estavam demasiado confiantes e consideraram que acontecimentos piores do que os incluídos em suas estimativas não sucederiam, e não foram conscientes de que as medidas para evitar o pior dos cenários apresentavam muitas falhas.*

"*Os dois, o governo e as empresas, devem estabelecer uma nova filosofia sobre a prevenção de desastres naturais, independentemente da probabilidade de que eles ocorram*", concluiu o relatório. O documento com as conclusões finais do comitê foi publicado 18 dias após outro informe, assinado por um painel de especialistas convocado pelo Parlamento do Japão, considerando também que o desastre "poderia ter sido evitado" se as autoridades reguladoras e a empresa Tepco tivessem adotado as normas de segurança internacionais.

O relatório do Parlamento foi considerado "demolidor" para a atuação do governo e da Tepco nessa crise. O documento chegou a afirmar que a empresa responsável pela usina de Fukushima *"manipulou seu relacionamento próximo com os reguladores para deixar os agentes fora da regulação"*. E detalha como os reguladores intencionalmente interromperam ou retardaram tentativas da Tepco de cumprir códigos de segurança. "*Como é possível que o acidente de Fukushima tenha ocorrido em um país de tradição e excelência em tecnologia como o Japão?*", pergunta o relatório.

Também denuncia a Tepco por ter usado o *tsunami* como bode expiatório, alegando que um grande *tsunami* foi um evento inteiramente previsível, cujo impacto potencial foi ignorado no interesse de lucros potenciais. Como se isso não fosse suficiente, o relatório também critica a gestão da crise pelo governo japonês, afirmando que a intromissão do gabinete do primeiro-ministro foi diretamente responsável por acrescentar ainda mais confusão ao âmbito da crise.

O relatório sobre os erros na tragédia foi muito duro para os responsáveis. Os órgãos reguladores estariam empenhados em manter intacto o mito de segurança nuclear, antes do acidente. O documento salienta que a Agência de Segurança Nuclear se opôs firmemente em 2006 a implementar um plano para reforçar a preparação ante um possível desastre nuclear, por temor de que a população fosse se assustar e colocar em dúvida a segurança das instalações atômicas do Japão. Pecou por omissão, portanto.

O CUSTO DA OMISSÃO

A tragédia do Japão já se tornou o desastre natural mais caro da história. Avalia-se que os gastos totais passaram de 350 bilhões de dólares. Só o acidente na usina de Fukushima obrigou o país a paralisar 52 usinas nucleares, com um custo industrial e operacional incalculável. Quatro usinas tiveram que ser reabertas posteriormente, apesar da pressão popular contrária, pela falta de energia suficiente para dar conta do consumo.

Não bastasse isso, o custo social com deslocamento e instalação de milhares de famílias, mais o isolamento de uma área de 30 km, ao redor da planta, causam enormes prejuízos à agricultura, à indústria e ao comércio locais. O relatório também culpa o governo. Considera que as autoridades poderiam ter reduzido a exposição às emissões radioativas das pessoas que viviam nas proximidades de Fukushima, se tivessem utilizado eficazmente um sistema informatizado de alerta para prever a propagação dos elementos de contaminação. Isso só foi feito após o acidente na usina nuclear.

A tragédia do Japão deixará marcas por muitos anos, principalmente nas 100 mil famílias que tiveram de abandonar as residências e cidades em razão da onda radioativa. Mas a crise está longe de acabar. O documento de 450 páginas determina ao Estado aprofundar as investigações sobre o acidente, porque muitos pontos ainda não foram esclarecidos.

Lições a tirar dessa crise: o país sempre considerado o mais preparado para acidentes naturais falhou no momento crucial. Talvez pela autoconfiança. Por mais que os especialistas em gestão de crises indiquem a prevenção como ponto capital em qualquer programa de gestão, o descuido grave dos dirigentes da empresa Tepco, somado à falta de fiscalização, e os erros de gerenciamento do próprio governo deixarão marcas na economia e na população japonesa por muitos anos.

Alguns desastres naturais podem ser difíceis de prever. Mas, quando agora fica evidente a sucessão de falhas apontadas por dois relatórios independentes, podemos inferir que a falha humana, relaxando nos procedimentos de segurança e não levando em conta mecanismos e alertas para evitar a extensão da catástrofe, contribuiu bastante para essa dimensão.

ESTRATÉGIA ADMINISTRATIVA E DE COMUNICAÇÃO

A empresa precisa estar organizada e disposta a criar mecanismos de prevenção de crise. Prevenir uma crise demonstra responsabilidade social para com os *stakeholders*. Uma casa de diversões, onde se aglomeram pessoas, deve ter um plano muito bem coordenado e eficaz de prevenção de crises. Grandes tragédias, de consequências imprevisíveis e fatais, acontecem com grandes aglomerados de pessoas (*Case* 10).

O plano de gerenciamento de crises deve fazer parte do rol de providências a serem conferidas na hora de organizar um evento, principalmente se envolve grande número de pessoas. Não adianta checar apenas os extintores de incêndio, os acessos e a roleta. Há uma confusão no mercado entre prevenção de acidentes e prevenção de crises. Um incêndio pode ser uma crise grave, mas é apenas uma das inúmeras possibilidades de crise no rol de ameaças das corporações. Basta fazer um pequeno exercício e analisar as últimas crises de que você tomou conhecimento. Quantas foram incêndios?

A tragédia ocorrida em Santa Maria (RS), em janeiro de 2013, quando morreram 242 pessoas na boate Kiss, a maioria jovens, é um exemplo de como mecanismos de prevenção foram desprezados, com resultados catastróficos (*Case* 10). Nessa hora, não adianta culpar somente os empresários. O poder público, os governos municipal e estadual, o Corpo de Bombeiros, a Polícia, o Ministério Público – todos têm uma parcela de culpa em tragédias desse tipo, porque falharam na fiscalização. Isso ficou evidente, tanto no incêndio do Museu Nacional, com extensões elétricas malfeitas no ar refrigerado, que causaram o desastre, quanto no CT do Flamengo. As duas unidades não tinham alvará dos Bombeiros e licença da Prefeitura do Rio.

Grandes organizações incorporam procedimentos de prevenção à sua rotina. Para Luciane Lucas (2007, p. 58),

> *como os alicerces de uma construção, que só mostram seu estado de ruína quando as paredes já ameaçam desmoronar, também as situações de crise começam a se desenhar bem antes – embora se costume ignorá-las – nas pequenas negligências cotidianas, que minam silenciosamente a condição de resposta das empresas e ameaçam, a longo prazo, sua reputação.*

Embora comunicação de crise seja um tema a ser abordado adiante, com mais profundidade, é bom lembrar que nada acontece na empresa sem uma boa comunicação. De nada adiantam mecanismos de prevenção no papel, um belo manual de crise, se a diretoria, a gerência média, os empregados, terceirizados ou fornecedores, no que lhes compete, desconhecem as principais diretrizes desse plano de crise. Ele deveria ser como um guia, repassado periodicamente para estar "quente" na memória da empresa em todos os momentos. Vale para a recepcionista, como para o vigia noturno do prédio. Interessa à secretária ou ao diretor de pessoal.

10. Santa Maria – a crise da irresponsabilidade

Em janeiro de 2013, ocorreu uma das maiores tragédias brasileiras em número de vítimas fatais. Incêndio na boate Kiss, em Santa Maria (RS), provocou a morte de 242 pessoas, a maioria jovens. Foi o segundo incêndio mais grave da história do país. A tragédia ocorreu por uma sucessão de erros e atos irresponsáveis, da atuação dos empresários da boate ao conjunto musical que se apresentava, quando soltou fogos dentro da boate, provocando rapidamente um incêndio. A propagação rápida da fumaça tóxica foi responsável pela morte da maioria das vítimas.

A lista de irregularidades nessa crise é extensa. A casa noturna não tinha saídas de emergência; estava com o alvará vencido; tinha apenas uma saída, mesmo assim obstruída por cavaletes de ferro; não tinha plano de emergência de evacuação rápida; os seguranças não eram treinados; e, no tumulto, os jovens que não conseguiram sair da boate morreram. Nessa cadeia de irresponsabilidades, naturalmente, a Prefeitura de Santa Maria, o Corpo de Bombeiros, a fiscalização municipal e estadual, todos tiveram grandes parcelas de culpa, junto com os empresários que armaram uma verdadeira arapuca para os jovens. A boate funcionava havia três anos e quase tudo lá era irregular. Especialistas consideraram o Plano de Combate a Incêndio da boate uma "fraude técnica".

Como explicar uma casa noturna funcionar, há três anos, e ninguém denunciar ou impedir o funcionamento, por não ter saídas de emergência? Quem aprovou a planta desse prédio, sem qualquer possibilidade de escape numa tragédia? Como explicar uma lotação superior a mil pessoas, no dia da tragédia, quando a capacidade máxima da boate seria para 690? Nesse caso, uma crise prevista sob qualquer ângulo que se examine. Uma tragédia ocorrida por motivos banais, facilmente passíveis de evitar. Mas de consequências terríveis.

Sobre comunicação, os empresários levaram quatro dias para se pronunciar e o fizeram por meio do advogado, numa nota em que se defendem, naturalmente. O delegado da Polícia Civil falou demais. Todos os dias, concedia entrevistas e pareceu gostar dos minutos de glória, um perigo para porta-vozes inexperientes. Para não dizer que tudo foi errado, ressaltam-se como positivas a postura da presidente Dilma Rousseff, rapidamente visitando os parentes; a entrevista do governador do Rio Grande do Sul, sem minimizar a tragédia; e a rapidez na liberação dos corpos, evitando o prolongamento do sofrimento dos parentes. Mas, sob todos os aspectos, uma crise grave e cheia de erros.

Em 2019, seis anos após a tragédia, os quatro réus acusados pela morte de 242 pessoas não foram julgados. Da lista de 28 responsabilizados – 16 deles indiciados – pela Polícia Civil, apenas quatro ainda podem ser condenados. Para os parentes das vítimas, uma sensação de impunidade, talvez a maior culpada pela série de acidentes com mortes ocorridos no Brasil, sem que ninguém seja condenado.

O Health Forum da Organização das Nações Unidas (ONU), quando trata das crises em organizações públicas, recomenda: "*Quando um problema grave ocorre (saúde, segurança, educação), os agentes públicos têm que estar preparados não somente para fazer, mas também para o que dizer.*" Ou seja, não basta cuidar da parte operacional. Deve-se dar importância fundamental à comunicação.

Não importa o tamanho da corporação. O plano de prevenção de crises também não pode ser um relatório feito por um grupo restrito de pessoas ou pelo gabinete ou assessoria da presidência, sem o envolvimento de toda a organização. As perspectivas de risco e de crise para as pessoas são diferentes. Poucas pessoas conhecem a empresa em toda a dimensão. Ao divulgar a elaboração de um plano de prevenção e conversar com muitas pessoas, principalmente empregados de todas as áreas, das atividades-fim às atividades-meio, do chão de fábrica aos escritórios, além do *staff* principal da corporação, esse documento vai agregando informações sobre riscos que nenhum executivo seria capaz de imaginar.

Ouvir empregados, clientes e fornecedores poderia ser considerado? Naturalmente. O usuário de um hospital, por exemplo, não envolvido no dia a dia, apenas como eventual frequentador, pode ter melhores condições de detectar riscos de uma crise na unidade hospitalar do que médicos e enfermeiros, assoberbados com as rotinas do dia a dia. Se a Toyota (*Case* 6) tivesse levado a sério, desde o início, as queixas de concessionários e motoristas sobre problemas no pedal do freio dos carros, nos Estados Unidos em 2010, talvez não tivesse enfrentado a grave crise que abalou a empresa. O resultado foi um *megarecall* de mais de 10 milhões de carros no mundo, sem falar na perda de mercado, nos prejuízos financeiros e no arranhão na imagem da organização.

Estimular os empregados e os demais *stakeholders* (clientes, acionistas, fornecedores, sindicatos, aposentados, políticos etc.) da empresa a dar *feedback* sobre problemas potenciais de uma crise resulta num capital informacional muito bom para construir o plano de gerenciamento de crises. A empresa que não gosta de ouvir e se faz de surda, para não sair da zona do conforto, acaba sendo surpreendida.

Os especialistas em gerenciamento de crises asseguram que o grupo mais preparado para detectar situações de crise, principalmente na área de produção, é o pessoal da base da organização. Empregados, gerência média e equipes de trabalho, em contato direto com os clientes, devem ser fornecedores do insumo para elaborar o plano de prevenção. Quem mais bem indicado na empresa para municiar esse mapa?

Os executivos conhecem os grandes riscos da organização, os óbvios: não pagamento de impostos, sonegação, ações judiciais, trabalhistas, fraudes, problemas de caixa, relações com o governo ou com os grandes fornecedores. Nada que a área de *compliance*, o serviço jurídico, a auditoria ou controladoria não possam detectar. Mas existem riscos externos sobre os quais a empresa tem pouco ou nenhum controle. Cliente ou empregado de um banco pode alertar a cúpula da empresa sobre risco de vazamento ou quebra de sigilo em áreas onde os diretores jamais imaginaram. As portarias das empresas representam um risco de crises. Os SACs são excelente fonte de prevenção de crises.

Em resumo, toda empresa deve ter um processo sistemático de identificação de potenciais crises. Essa deve ser uma rotina incorporada ao planejamento estratégico da corporação. Identificar riscos potenciais deve ser uma pauta mensal e anual do planejamento. É preciso criar nas instituições a cultura de administração de riscos, como existe hoje em formação a cultura de gerenciamento de crises. Deve ser incutida no quadro de pessoal da empresa a ideia de que administrar o risco é mais fácil do que gerenciar a crise.

As empresas preparadas para enfrentar crises sobrevivem mesmo nas piores situações. Quando não, elas emergem da crise muito mais fortes, com mais credibilidade do que antes. Exemplos disso são corporações como Johnson & Johnson, na crise do Tylenol em 1982 (*Case* 3), e a US Airways, após o pouso do avião no rio Hudson (*Case* 13).

11. O longo caminho da recuperação da Petrobras

Em março de 2014, a Polícia Federal iniciou a Operação Lava Jato, que desmantelou esquema de desvios de recursos públicos em várias áreas do governo e de empresas privadas, cúmplices do esquema. Entre as empresas que caíram na malha da PF estava a Petrobras. Ali foi descoberto um dos maiores núcleos de corrupção em apenas uma empresa no Brasil, a ponto de se considerar, não apenas a maior crise da estatal, mas o maior caso de corrupção da nossa história. Estima-se entre R$ 4 e 10 bilhões o montante desviado. Embora outros cálculos tenham chegado a R$ 20 bilhões. A extensão da crise atingiu em cheio a reputação da petroleira, a ponto de ela não conseguir publicar balanços desde 2014. Diretores da Petrobras, indicados por partidos políticos, em conluio com operadores, grandes empreiteiras e alguns empregados, montaram um esquema de distribuição de propina de 1 a 3% do valor de contratos de grandes obras e outros negócios da empresa. Até março de 2015, quando o STF autorizou a abertura de inquérito contra 50 pessoas, sendo 34 parlamentares, a investigação já tinha levado à prisão 64 acusados, entre os quais diretores e empregados da Petrobras. Alguns concordaram em fazer delação premiada, entre eles o doleiro Alberto Youssef e vários diretores e gerentes, todos indiciados na fraude. No primeiro balanço publicado, após o auge da crise, em abril de 2015, com nova administração, a empresa registrou prejuízo de R$ 21,6 bilhões e reconheceu perdas com a corrupção de R$ 5,2 bilhões.

Durante o período de apurações dos malfeitos, além dos políticos citados como beneficiários do esquema, dirigentes de grandes construtoras, diretores da empresa e outros operadores também acabaram presos. Entre os negócios suspeitos de fazerem parte do esquema de corrupção, estão a compra de uma refinaria em Pasadena, EUA; a construção da refinaria Abreu e Lima, em Pernambuco, e do Complexo Petroquímico do Rio de Janeiro (Comperj), os dois últimos obras faraônicas, paradas, e que já deram prejuízo bilionário à estatal. Delatores confessaram possuir milhões de dólares no exterior, fruto das propinas recebidas, valor que o Ministério Público conseguiu repatriar em parte, com a colaboração da Suíça.

Nos depoimentos, ficou evidente a criação de um esquema para desviar recursos para três partidos políticos, PT, PP e PMDB. Durante a apuração, a pressão sobre o Palácio do Planalto aumentou, uma vez que a Petrobras sempre esteve sob controle da presidente Dilma Rousseff. Ela comandou o Conselho de Administração da empresa no governo Lula. O governo foi lento em dar sinal de solução da crise para o mercado, só demitindo a diretoria após muita pressão, quase um ano depois do início do escândalo. Do ponto de vista da gestão de crise, um erro capital da ex-presidente foi escolher para CEO da empresa Graça Foster, por conhecê-la e confiar nela. Mas a deixou como líder da crise, no pior momento da Petrobras. Ela passava mais tempo se explicando do que dirigindo a empresa. Um diretor de confiança deveria ter sido escolhido para liderar a crise e a presidente conduziria a empresa.

Os efeitos dessa crise nos negócios e na reputação da Petrobras e do país foram incalculáveis. A companhia perdeu R$ 150 bilhões em valor de mercado, em cinco meses, derretendo o valor das ações e prejudicando milhares de acionistas. A Petrobras perdeu o grau de investimento no início de 2015. Por mais explicações que a estatal tenha

> prestado durante o processo, ficou difícil justificar por que os controles eram tão frágeis e ninguém teve coragem de denunciar abertamente o esquema. O que faziam a auditoria e a área de compliance da empresa, enquanto os diretores desviavam bilhões de reais? O caso Petrobras, que afetou a imagem do país no exterior, serve de alerta sobre o malefício do aparelhamento de empresas públicas. Bastou a queda de Dilma para o ex-presidente Michel Temer indicar Pedro Parente para a presidência da empresa, um executivo experiente e de passado ilibado. Em pouco tempo, a nova diretoria começou a mostrar números positivos, tentando reverter uma crise que parecia levar a empresa para a solvência. Em fevereiro de 2019, após um rigoroso aperto, venda de ativos e solução de débitos, a empresa anunciou o lucro de 2018: R$ 25,8 bilhões, após quatro anos seguidos de prejuízo. O resultado foi comemorado pela Petrobras e pelo mercado como a redenção da maior empresa brasileira, mostrando que o problema dela era o aparelhamento. Sem argumentos plausíveis para explicar o escândalo, a comunicação da Petrobras limitou-se durante o período da crise em divulgar notas burocráticas, porque a gestão equivocada dessa crise estava centralizada mais no Palácio do Planalto do que na avenida Chile, no Rio de Janeiro, onde fica a sede da empresa. A crise da Petrobras é um tema para ser estudado por muitos anos.

TREINAMENTO E SIMULAÇÕES DE CRISE

Ian Mitroff (2001, p. 38) critica a postura de selecionar para treinamento ou simulações aquelas crises que já aconteceram no passado ou são familiares à organização. *"São as crises que não aconteceram que precisam ser consideradas [...] As crises para as quais a organização não está preparada para enfrentar é que têm o potencial de destruí-la"*.

Então, o treinamento não teria efetividade? Naturalmente, sim. Uma organização treinada sabe o que fazer no momento da ocorrência do evento negativo. Esse treino inclui o preparo de porta-vozes, com cursos de *media training* e simulações de crises, para se acostumar a dar entrevistas sob pressão. Isso no que respeita à comunicação.

Uma empresa preocupada com a imagem e a reputação vive sob constante estado de atenção. A forma de trabalhar e evitar crises é transformar cada empregado num *risk manager*. O empregado, assim, se compromete a fiscalizar e a informar fatores de risco para a empresa, tanto interna quanto externamente. Quem está na linha de produção ou no atendimento tem melhores condições do que a diretoria e todos os gerentes de apontar erros ou riscos passíveis de ocasionar crises.

Outra maneira é controlar e avaliar, para análise, todas as sugestões, queixas e reclamações dos clientes quanto à qualidade dos produtos ou serviços. Esses funcionários também devem ser treinados para não criar crises no contato direto com o cliente. Existem atendentes com incrível capacidade de agravar a crise, diante de uma reclamação.

Nesse aspecto, vivemos hoje a realidade das mídias sociais. As demandas não chegam apenas pelo SAC, pelo espaço aberto na internet ou por telefone. Reclamações e outras formas de contato e protesto do cliente deságuam agora pelas redes sociais, principalmente *Facebook*, *Twitter* e *Instagram*.

A Nestlé montou na Suíça um centro de monitoramento das redes sociais que mais parece um centro de controle de missão espacial. O *Digital Acceleration Team* da empresa monitora *real time* todos os comentários sobre a Nestlé nas redes sociais e, imediatamente, nos principais centros do mundo, ela interage com esses consumidores, seja com reclamação, elogio, sugestões. Muitas organizações têm buscado as redes para se promover. No caso da Nestlé, além do Marketing, existe outro foco importante: evitar danos à imagem da corporação. "*As pessoas têm se queixado das empresas em todo o lugar, mas antes elas faziam isso nas mesas dos bares*", diz Bernhard Warner, cofundador da consultoria Social Media Influence, de Londres. "*Agora elas estão fazendo isso on-line e espalhando suas queixas por diferentes comunidades.*"[1]

A presença nas redes sociais será analisada nos Capítulos 22 e 24, mas, se a organização resolveu estar presente nas redes, não importa a forma, necessitará de mecanismo ágil e transparente para responder. Caso contrário, a abertura da rede terá um efeito bumerangue na organização. Pior do que não estar nas redes é não dar conta de responder aos clientes.

Para isso, também é preciso treinamento. Hoje, estão virando piada no país a linguagem, o vocabulário e o despreparo dos atendentes dos chamados *call centers*. Convencionou-se dizer que se alguém não quiser resolver um problema na organização, deve ligar para o *call center*. Há inúmeros casos de crises provocadas por atendimentos deficientes, protelações e jogo de empurra dos atendentes. E os órgãos de fiscalização, como Procons, estão de olho nesse problema.

Nos estudos sobre gestão de crises, recomenda-se que aproximadamente 10 a 15% da força de trabalho seja treinada em primeiros socorros e prevenção de crises, incluindo a área de comunicação. Essa força de trabalho atuaria imediatamente após um desastre natural ou uma emergência até a chegada das equipes externas. Evitaria certamente muitas catástrofes.

Coombs e Holladay (2010, p. 247) descrevem o ciclo de vida da crise por meio de quatro fatores inter-relacionados: (a) prevenção, que detecta nos sinais de alarme a necessidade de executar ações para mitigar a crise; (b) preparação, diagnosticando vulnerabilidades e desenvolvendo planos de crise; (c) resposta, aplicando os componentes de preparação e tentativas de retornar às operações normais; e (d) revisão, avaliando a resposta à crise para determinar o que foi feito certo e errado durante a *performance* de gestão da crise.

Uma crise dá muitos ensinamentos para a próxima. O ciclo da crise é mais ou menos regular. O período de recuperação ou revisão, quando a crise acaba, seria o estágio em que pudessem aparecer sinais da próxima. A organização que cumprisse esse ritual estaria mais bem preparada para os acontecimentos negativos cíclicos. Quando uma organização supera as fases básicas de uma crise – pré-crise, crise e pós-crise –, ela começa de novo a entrar num período de pré-crise mais bem preparada e com capacidade de administrar a próxima com muito mais eficácia (COOMBS; HOLLADAY, 2010, p. 248).

---

[1] Publicado pela Agência Reuters. Disponível em: http://uk.reuters.com/article/2012/10/26/uk-nestle--online-water-idUKBRE89P07Q20121026. Acesso em: 25 jun. 2019.

A dificuldade de criar equipes de emergência nas organizações, principalmente governos, é comparada por vários autores com a preparação de um funeral. Muitas pessoas não querem pensar sobre o tema ou falar sobre preparação para desastres. Os especialistas chamam esse fenômeno de "apatia", um aspecto da preparação de emergência que frustra os trabalhos de prevenção. *"As pessoas pensam que isso nunca vai acontecer com elas, nunca acontecerá naquela área – especialmente a respeito de terrorismo"* (COOMBS; HOLLADAY, 2010, p. 250).

Muitos programas de prevenção só são testados efetivamente quando as pessoas envolvidas simulam uma situação real de crise. Nesse momento, aparecem com clareza as eventuais falhas. Quando um temporal ameaçador atinge uma grande cidade, como Nova York, por exemplo, a extensão do incidente pode ser reduzida pela antecedência com que os moradores são avisados e se preparam.

No bairro do Brooklin, em Nova York, funciona a Agência de Gerenciamento de Emergência da cidade (*New York City Office of Emergency Management*). Segundo reportagem da *Globo News*,[2] as informações chegam em tempo real. Satélites meteorológicos, ocorrências policiais, chamados de Bombeiros, canais de TV com transmissão ao vivo, tudo isso faz parte do arsenal de monitoramento de uma megacidade como Nova York:

> *Se, por acaso, chegar a informação de uma possível catástrofe, sinais de alerta são emitidos para as pessoas ficarem onde estão ou saírem das áreas de risco, se for o caso. E centenas de representantes de departamentos das áreas de saúde, educação, transporte, segurança são trazidos para uma grande sala, que vira a central de controle de emergência. Com telões, informações por todos os lados para evitar um grande número de vítimas numa tragédia.*

Segundo Rodrigo Bocardi, autor da reportagem, *"prevenir é alertar a mídia, enviar mensagens, ligar para as pessoas para não serem atingidas por um evento climático. Nós fazemos isso com no mínimo 24 horas de antecedência e às vezes até cinco dias antes"*.

Esse sistema de monitoramento já evitou muitas tragédias na região de Nova York, salvando milhares de vidas. Nos Estados Unidos, o furacão Katrina, ocorrido em 2005 em Nova Orleans, ficou marcado pela lentidão das autoridades, principalmente o governo federal, para tomar providências, salvar vidas e pelo menos amenizar a situação dos moradores. O alerta, no caso do Katrina, foi emitido com antecedência. Só que as autoridades não retiraram os moradores e não contavam com a extensão da catástrofe. Nenhum treinamento funcionará se alguma das partes não cumprir o que foi acordado nas rotinas de salvamento ou resgate. É pena que somente depois do rompimento da barragem em Mariana (MG), pertencente às empresas Vale e BHP Billiton, em novembro de 2015, e após o rompimento da Barragem do Feijão, em Brumadinho (MG), também da Vale (*Case* 14), em janeiro de 2019, o Brasil tenha despertado para a necessidade de exercícios simulados de evacuação da população a ser atingida pelos resíduos dessas barragens. Certamente, se o alarme (engolido pela avalanche de rejeitos) tivesse soado em Brumadinho e a população tivesse passado por treinamentos em caso de rompimento, grande parte das mortes não teria ocorrido.

---

[2] Disponível em: http://jornalnacional.globo.com/Telejornais/JN/0,,MUL1561179-10406,00-EUA+TENTAM+SE+PREVENIR+CONTRA+TRAGEDIAS+NATURAIS.html. Acesso em: 25 jun. 2019.

Mas realmente existem empresas que fazem simulações de crises? Sim. Enquanto a maioria delas não faz exercícios de simulação, uma considerável minoria faz. Simulação de crise, admitem os especialistas, é menos popular do que enfrentar uma crise real, apesar de as duas situações terem muita similaridade.

Pesquisa realizada com executivos de pequenas e médias empresas mostrou que menos de um terço dos respondentes participaram de simulações de crise. Empresas de energia, petróleo, combustível ou do setor de serviços públicos são as mais assíduas em simulações de crises, como também em planos de crise.

Nos Estados Unidos, dois em cinco respondentes (40%) participaram de exercícios de simulação de crises. Cinquenta e três por cento responderam que seu departamento não realiza exercícios de simulação de crise e 7% não conhecem ou nunca fizeram. Na Ásia, os números são um pouco diferentes: 50% dos pesquisados já fizeram simulação de crises. Quarenta e três por cento não participaram desse exercício.

A pesquisa mostra que o setor industrial é relapso. Apenas uma empresa em cinco (21%) respondeu já ter feito simulação de crises. Quarenta e oito por cento das empresas dizem fazer simulações uma vez ao ano, 23% duas vezes ao ano e 14% mais de duas vezes no ano.[3]

"Crises graves ocorrem não somente por causa daquelas coisas que a organização conhece, antecipa e planeja, mas muito mais por aquelas que não conhece e, por isso, não antecipa", diz Ian Mitroff. Ele recomenda que cada organização planeje a ocorrência de pelo menos uma crise em cada grupo ou tipo conhecido, pela razão de que cada tipo de crise pode acontecer a qualquer organização: tecnologia; estrutura organizacional; fatores humanos; cultura; administração psicológica.

Uma das razões por que o especialista americano é extremamente crítico das análises de risco tradicionais, e, como resultado aconselha não fazer, é que essas análises selecionam somente aquelas crises que a organização já experimentou no passado ou que lhe são familiares. Nesses casos, pouca coisa há para aprender, diz ele (MITROFF, 2001, p. 35-37).

Tópicos-chave

- ✓ Prevenção não é um gasto inútil. Pelo contrário, representa investimento. O planejamento prévio pode ser a diferença entre o sucesso e o fracasso de uma organização, na hora da crise.
- ✓ Planos de emergência só funcionam se todos estiverem alinhados, voltados para o mesmo objetivo, e sem querelas ou interferências políticas ou econômicas.
- ✓ O plano de prevenção de crises não pode ser um relatório feito por grupo restrito de pessoas, sem o envolvimento de toda a organização.
- ✓ O pessoal mais preparado para detectar situações de crise, principalmente na área de produção, é o da base da organização.
- ✓ Recomenda-se que aproximadamente 10 a 15% da força de trabalho seja treinada em primeiros socorros e prevenção de crises, incluindo a área de comunicação.

---

[3] Pesquisa da *IR Magazine*: Crisis management and communication. Disponível em: https://media.irmagazine.com/library/crisis_communications_report_june_2012.pdf. Acesso em: 25 jun. 2019.

8
GESTÃO DE RISCO

Numa definição simplista, muitas pessoas conceituam crise como problema. Alguns especialistas chegam a isolar uma categoria que não é crise nem problema, mas um incômodo. Entretanto, problemas, como vimos num conceito mais elástico, não necessariamente se transformam em crises. Na literatura internacional de gestão de crises, os especialistas segregam bem *issues* de crises. *Issues* são problemas que podem dar crises.

Por isso, se desenvolveu uma competência, paralela à gestão de crises – *issues management* (administração de problemas) –, função estratégica usada para reduzir as tensões e incrementar a harmonia entre a organização e seus públicos. O objetivo é o mesmo perseguido na gestão de crises: prevenir acontecimentos negativos que representem ameaça à marca, à reputação.

Gestão dos problemas potenciais e gestão de crises têm uma relação muito próxima. Um problema (*issue*) pode criar uma crise e uma crise pode criar um grande problema para a organização. Mas não significam a mesma coisa. Exemplo de problema (*issue*) que pode dar crise: o possível banimento de um produto químico utilizado como matéria-prima pela indústria. Se a proibição do produto for mantida, pode interromper a produção e se tornar, aí sim, uma crise para a empresa. Portanto, uma administração efetiva desse problema (*issue*) pode prevenir a ocorrência da crise.

A CULTURA DA VIGILÂNCIA

Falar em risco subentende o potencial de causar dano ou, de forma mais genérica, a potencial exposição à perda. Quando definimos crise, uma palavra sempre costuma aparecer, como se não fosse possível falar sobre crises corporativas sem sua sombra: ameaça. A crise quase sempre representa uma ameaça severa aos resultados de um programa de governo, a uma corporação, a um negócio. A noção de ameaça é inerente à discussão sobre risco. Com gerenciamento de risco, eu reduzo o nível de ameaça.

O processo de gerenciamento de crises, portanto, começa com a gestão de risco, o que implica "vigilância" permanente para evitar o pior. Fazer gestão de risco significa perseguir a cultura dessa vigilância responsável, em que cada empregado ou diretor seja também um "gerente de risco". Não permitir a criação de uma complacência e, em certos casos, um acomodamento, que possa levar a organização a minimizar potenciais crises. Esse processo se completa com a comunicação de risco: ações de comunicação também voltadas para mitigar ou evitar a crise.

A cultura da gestão de risco começou com os bancos, com foco no risco financeiro, e migrou para organizações com alto potencial de gerar crises. As grandes corporações acabaram incorporando essa cultura, porque o risco à marca e à reputação está hoje muito vinculado ao risco financeiro. Muitas empresas profissionalizaram o tema. Criaram uma área específica, com a missão de identificar e reduzir o impacto de riscos eventuais ao negócio, principalmente os que ameaçam a solidez financeira e econômica da empresa e também a segurança dos capitais investidos, como no caso dos bancos.

A função do administrador de risco, relativamente nova até pouco tempo atrás, acabou incorporada à estrutura corporativa, com foco em monitorar os riscos ligados à atividade da empresa, principalmente contábeis, financeiros e econômicos, e em limitar ou eliminar esses riscos por ações preventivas. Como a atividade está associada ao processo de gestão de crises, torna-se necessário alinhá-la também com as ações de comunicação de crise.

A avaliação de risco e a função do gerente de risco também tomaram corpo diante da necessidade de administrar uma comunicação mais eficiente com os *stakeholders*, devido aos vários diplomas legais, exigindo maior transparência das corporações, como a Lei Sarbanes-Oxley, nos Estados Unidos (2002). Essa lei surgiu no bojo do escândalo da Enron e da consultoria Arthur Andersen. Na Europa, adotaram-se novas exigências de governança corporativa, voltadas para evitar que o risco financeiro ameace a reputação e a marca das corporações; além de preservar o interesse dos investidores e dar mais segurança aos investimentos (VERNIER, 2008, p. 187).

Nessa categoria de riscos ameaçadores estariam os acidentes graves, fraudes e roubos, incêndios ou similares, vazamentos com poluição ou qualquer agressão ao meio ambiente, enfim, ameaças potenciais indutoras de alguma instabilidade na higidez financeira, nos resultados e, por consequência, no valor de mercado das companhias. Sem falar nas ameaças à marca ou à reputação, decorrentes, muitas vezes, de escândalos, mau comportamento de dirigentes e empregados ou questões judiciais.

A missão do diretor de risco de uma organização, como definida pela AMRAE (associação de gerenciamento de risco da França) (VERNIER, 2008, p. 187-188), pressupõe:

> *Identificar os principais riscos que poderiam provavelmente afetar a posição financeira e a* performance *da corporação; assegurar que todas as subsidiárias tenham a administração técnica e o treinamento necessários para reduzir riscos; negociar e administrar a cobertura financeira e de seguros da empresa; supervisionar e simplificar programas de seguros quando administrados pelas subsidiárias. Comunicação e prevenção de risco são partes integrantes dos deveres de um administrador de risco, que trabalha próximo ao diretor de comunicação.*

Gerenciar risco pode ainda estar associado, equivocadamente, a monitorar somente as ameaças restritas ao âmbito financeiro. Algumas empresas, principalmente de pequeno porte, admitem gerenciar o risco apenas quando há ameaça ao faturamento ou caixa da empresa – quando o alarme soa no caixa, no setor financeiro. É um entendimento ultrapassado. Pela dimensão do mercado, os riscos corporativos não estão apenas na operação industrial ou comercial, ou só no controle financeiro da empresa. As ameaças à marca podem estar em valores intangíveis, não levados em conta há alguns anos na avaliação das corporações. Empresas que têm marcas fortes, como Nike, Coca-Cola, McDonald's, Adidas, monitoram qualquer risco à marca, que constitui o principal ativo dessas corporações.

No contexto mais amplo da gestão de risco, tratada aqui como variável destinada a evitar crises, com repercussão negativa na imagem, talvez os riscos operacionais, decorrentes de pessoas, processos, sistemas e causas naturais sejam os mais relevantes. A função do administrador de risco, por vezes, também pode complementar o trabalho do pessoal da diretoria de *compliance* e o de Relações Públicas e Marketing. Ambos têm propósitos voltados para o mesmo fim: evitar ameaças ou crises reais que coloquem em risco o ativo mais importante da corporação: a reputação.

COMPLIANCE COM LEGISLAÇÃO

O que pode ser risco para uma empresa? Risco é não acompanhar a legislação e incorrer em erros passíveis de penalidades, multas ou passivos judiciais, que se arrastam anos na Justiça e ameaçam os resultados e o próprio negócio. A morte acidental de um empregado ou do cliente, a contaminação de um produto ou da água do rio, por erro na operação, deslizamentos ou acidentes com veículos são potenciais riscos, facilmente passíveis de evitar ou minimizar, com um bom trabalho de auditoria.

Muitas organizações desconhecem os principais riscos e não implementam ações de prevenção capazes de evitar crises para o produto ou a marca. A responsabilidade penal pela morte de um empregado ou mesmo de um trabalhador terceirizado pode resultar em processos criminais contra administradores e gerentes, dependendo da natureza da legislação concernente a homicídios culposos no local de trabalho.

> *Na lista dos riscos físicos, associados a saúde, segurança e poluição ambiental, podemos acrescentar uma série de riscos menos tangíveis que muitas vezes aparecem nos escritórios e outros ambientes de trabalho. Exemplos incluem o* bullying *e o assédio, discriminação por gênero ou raça, idade, direitos humanos e outros* (DRENNAN; MCCONNELL, 2007, p. 41).

O meio ambiente também é uma área sensível e suscetível a crises graves, com consequências no tempo. Em São Paulo, pelo menos duas multinacionais enfrentam passivos trabalhistas e de imagem por conta de contaminação do solo. Na Vila Carioca, a Shell tenta há anos resolver um problema com a poluição do solo, por conta de borras de combustível enterradas quando a área era ocupada por um posto de combustível. O risco de contaminação dessa área, correspondente a 25 campos de futebol, certamente não foi levado em conta à época e a empresa tem carregado o passivo durante anos. Muitas vezes, essas áreas abandonadas se transformam em loteamentos habitados por milhares de pessoas.

Na área pública, exemplos não faltam. Com a complacência do poder municipal e o descaso dos órgãos ambientais, começam a surgir barracos em cima de um lixão. Os barracos se transformam em casas. De início humildes, vão subindo com um ou dois andares. O poder público, pressionado em época de eleições, resolve urbanizar o local; cobra IPTU; instala ligações de água e energia elétrica. Pronto. O governo carimbou esse processo de ocupação irregular, que pode durar anos. Um dia, o lixão desaba. E leva junto casas e moradores. Como aconteceu na tragédia de 2010, em Niterói (RJ), no morro do Bumba, com 267 mortos. Diante da necessidade de habitações, e com a complacência e o descaso do poder público, o risco de um acidente, provavelmente, foi abafado ou desconsiderado.

Alguém acredita que o Rio de Janeiro aprendeu com essa tragédia? Não. Em abril de 2019, dois prédios desabaram na comunidade chamada Muzema, zona oeste do Rio. Eram edifícios de apartamentos construídos e vendidos irregularmente, próximos à encosta, com alto risco de deslizamentos. E sem a aprovação do Conselho Regional de Engenharia e Agronomia (Crea), dos Bombeiros ou da Prefeitura do Rio. A área era dominada por milícias, que exploravam a população e criaram um bairro cheio de edifícios, muito provavelmente tão ameaçadores quanto os que caíram. O triste saldo dessa tragédia foram 23 mortos. Faltou fiscalização da Prefeitura quando essa aventura ilegal de marginais começou.

Hoje, com as novas tecnologias, existem outras espécies de risco. Uma delas envolve os limites da privacidade, pelo monitoramento de telefonemas ou *e-mails* e até mesmo invasão de senhas, tema a ser mais bem explorado na Parte VI, *A sociedade vigiada*. Por haver ainda um vazio jurídico em torno de temas relativos às novas tecnologias, controvérsias sobre privacidade resultam em apelações legais contra os empregadores.

PROBLEMAS DE GOVERNANÇA

Gestão de risco e governança corporativa estão muito conectadas na administração das empresas. Corporação significa um grupo de indivíduos agindo como um todo, em outras palavras, como um "corpo corporativo", enquanto governança denota os meios de controle das ações desse corpo corporativo. Problemas de governança já acabaram com muitas marcas fortes.

O que seria governança corporativa? É o sistema pelo qual as companhias são diretamente controladas. Envolve mecanismos de regulação e de mercado, e os papéis e relacionamentos entre uma administração da empresa, seu *board*, seus acionistas e outros *stakeholders*, e os objetivos e metas pelos quais a corporação é governada. Nas corporações de capital aberto, os principais grupos de *stakeholders* são os acionistas, credores diversos, os fornecedores, os clientes e a comunidade afetada pelas atividades da empresa. *Stakeholders* internos são a diretoria, os executivos e outros empregados, estes compreendendo todo o público interveniente, de aposentados a sindicatos.

Governança corporativa está no cerne de muitas crises que levaram empresas à liquidação. E tem um peso muito relevante no rol de qualificações analisadas pelos institutos quando medem reputação empresarial das corporações. Ao colocar uma lupa sobre muitas crises que afundaram empresas, como WorldCom, Enron, Arthur Andersen, Pan Am, Barings Bank, Casas da Banha, Vasp, Varig e Banco Santos, uma auditoria fatalmente iria se confrontar com problemas sérios de governança corporativa. Quando analisamos muitas empresas que estão passando por crise, como, em 2019, a aérea Avianca, vamos descobrir que os problemas começaram com falhas na governança.

Essas quebras demonstraram que o sistema de autorregulação, tanto quanto os sistemas de auditoria e *compliance*, foram ineficientes ou pelo menos pouco eficazes para identificar e penalizar erros de administração, área na qual sobressaía a característica de má conduta ou, no mínimo, má administração.

> *A despeito da resistência de alguns líderes empresariais, a governança corporativa tornou-se uma nova fonte de crises para as quais as organizações e os gerentes de risco não estão sempre preparados e muitas vezes encontram-se perdidos para responder* (VERNIER, 2008, p. 195).

A SINTONIA FINA DO RISCO

A cultura da gestão de risco nas empresas é estimulada exatamente para evitar esses problemas. Ela trabalha num patamar destinado a evitar as emergências e – na sequência – as crises. A atividade primeiramente estava focada em temas financeiros, até porque o custo das crises pode inviabilizar financeiramente muitas empresas. No passado, nem os bancos possuíam uma área de gestão de riscos. Um contrassenso, até porque são exatamente os guardiões de bilhões de dólares pertencentes a outras pessoas.

Foi o Comitê de Basileia, um fórum que regulamentou questões regulatórias e legais dos bancos, que chancelou uma série de recomendações e princípios, conhecidos como o Acordo de Basileia II. Entre outras questões, prevê a necessidade de gerenciamento de risco adequado, envolvendo os mais altos níveis das organizações. Em razão dessas recomendações, levadas muito a sério pelo mercado financeiro, a maioria dos bancos no mundo precisou capacitar profissionais e institucionalizar a gestão de risco na estratégia corporativa.

Essas auditorias se expandiram para incluir problemas não financeiros e práticas de gestão. Na área pública, a necessidade de assegurar a transparência e a responsabilização (*accountability*) na utilização dos recursos públicos tornou-se uma exigência não apenas ética, mas também legal. Por ser uma área nova nas organizações, um inibidor ainda é a falta de compreensão da linguagem do risco e das ferramentas e técnicas que podem ser empregadas para identificar, avaliar e tratar as ameaças para a realização dos objetivos da organização (DRENNAN; MCCONNELL, 2007, p. 46-48).

Torna-se necessário, portanto, irradiar por toda a organização uma efetiva educação e treinamento do risco, como uma competência apropriada de preparação e treino para a gestão das crises. Apesar de todos os alertas e do início de uma cultura de gestão de risco, por que as crises ocorrem? E por que se repetem, com os mesmos erros?

> *Turner (1978) propôs a noção de um período de incubação de ações e eventos durante os quais é efetuada a mudança e iniciado o potencial para falhas de sistemas. Entretanto, uma das principais razões por que as crises ocorrem pode se dever a falhas das organizações em verem os sinais de perigo (pródromos) que estão presentes; ou pelo menos subestimar sua importância* (FINK, 2002). *Todos os*

dias nós somos cercados por centenas, se não milhares de eventos de pequeno risco, sobre os quais nós temos que tomar decisões e agir. Muitos deles são de pequena consequência, ou podem parecê-lo. Entretanto, combinados com outros fatores, eles podem tomar uma dimensão mais séria (DRENNAN; MCCONNELL, 2007, p. 49).

Fink (2002) admite que as organizações não estão, a qualquer tempo, num estado de crise. Elas estão, em vez disso, numa pré-crise ou modo prodrômico quando, se estiverem vigilantes, podem ver coisas que precisam ser gerenciadas rapidamente, antes que fiquem fora de controle e contribuam para a criação de uma crise aguda. Para essas crises, há muito pouco ou nenhum estágio de alerta. Mais ou menos o que aconteceu com o atentado do World Trade Center, em setembro de 2001, em Nova York.

O atentado do WTC (*Case* 16) foi o típico evento que até poderia ter surpreendido pela ousadia e pelo *modus operandi*. Nem o mais criativo cineasta de Hollywood ousou prever ataque tão ousado e devastador. Entretanto, admitem Drennan e McConnell (2007), para a maioria dos incidentes mais sérios, investigações subsequentes normalmente revelam um catálogo de pequenos eventos e falhas. Se houvesse uma gestão de riscos rigorosa, o atentado poderia ter sido prevenido ou, pelo menos, mitigado. Admite-se que houve falhas do serviço secreto americano. Além de brecha na segurança dos aeroportos, surpreendeu saber, depois, que os pilotos suicidas entraram nos Estados Unidos, fizeram cursos de pilotagem e não foram detectados.

Weick e Sutcliffe (2001) (apud DRENNAN; MCCONNELL, 2007, p. 49-50) dizem que, para prevenir a ocorrência de futuras crises, recomenda-se estado coletivo de vigilância ou acompanhamento. Em organizações com alto índice de confiabilidade, como empresas aéreas, plantas nucleares e Corpo de Bombeiros, os autores encontraram capacidade de manter uma *performance* confiável por causa de algumas características-chave:[1]

- *Preocupação com falhas*: tratar qualquer lapso como um sintoma de que algo está errado com o sistema, encorajar relatos de erros, aprendendo lições dos erros passados e tendo cautela com a complacência.
- *Relutância para simplificar interpretações*: reconhecendo que o mundo é complexo, instável e imprevisível, encorajam-se indivíduos a olhar além das suas próprias fronteiras e a serem céticos em relação a conhecimentos adquiridos.
- *Sensibilidade para operações*: escrutinar operações normais de modo a revelar deficiências na supervisão, procedimentos de segurança e treinamento, identificação do perigo etc., e incentivar ajustes contínuos que irão prevenir o surgimento e a ampliação de potenciais erros, encorajando as pessoas para falar sobre suas preocupações.
- *Comprometimento com a resiliência*: desenvolver capacidades, não somente para detectar os problemas, mas também para ser hábil a continuar trabalhando quando as coisas derem errado.
- *Deferência à expertise*: decisões são delegadas às pessoas na linha de frente que detêm mais *expertise* (conhecimento) (não necessariamente as mais experientes) naquele campo.

---

[1] Adaptado de: Weick e Sutcliffe (2001, p. 10-17) e Drennan e McConnell (2007, p. 50). Tradução e adaptação do autor.

Muitos pequenos incidentes são pequenos sinais, as chamadas *smoldering crisis*, crises latentes. A organização não as leva em conta, porque são solucionadas ou não provocam crises graves. Mas, alertam os especialistas, esses são os verdadeiros sinais por trás dos quais -se armar uma grave crise. A lição é aprender com os pequenos eventos para não enfrentar crises mais graves.

Segundo Drennan e McConnell (2007, p. 51), não esquecer que as crises ocorrem por causa de falha em um ou vários dos seguintes elementos: *comportamento humano (erro humano), tecnologia, sistemas de administração (falhas de gestão, talvez o item mais comum) e comportamento da sociedade ou do governo.*

Existe alguma forma de reduzir ao mínimo ou eliminar o risco para uma organização? Infelizmente, não. O desenvolvimento industrial e social implica que os riscos estão constantemente mudando. Eliminar uma fonte de perigo pode significar introduzir outra. Estimular o esporte ao ar livre, ao sol, na praia pode ser saudável para a mente e o corpo. Entretanto, pergunte aos dermatologistas quais os riscos dessa prática. O câncer de pele é uma tremenda ameaça aos frequentadores da praia e amantes do sol no século XXI. Com as corporações não é muito diferente.

O segredo está na importância do estágio de identificação dos riscos, que não podem ser subestimados. Quando os sinais prematuros de perigo ou ameaças potenciais são ignorados ou mal interpretados, uma crise pode estar chegando. Mais ou menos o que acontece em acidentes aéreos. A tripulação interpreta erradamente os sinais fornecidos pelo computador de bordo, afetado por algum outro fator externo. Ao interpretá-los erradamente, não é capaz de evitar uma tragédia. Exemplo foi o acidente com o voo AF 447, da Air France (*Case* 12), que perdeu os controles no meio de uma tempestade em alto-mar, sobre águas brasileiras, em maio de 2009, matando 228 pessoas. Relatórios da comissão de investigação informam que os pilotos não perceberam todos os problemas do avião e deram comandos errados, o que ajudou a precipitação da aeronave no oceano.

Existe também o senso comum de que organizações poderosas estariam menos propícias à crise. Pode ser uma falsa premissa. As instituições fortes, ironicamente, podem se tornar as mais vulneráveis sob certas condições, porque estão sujeitas a inúmeras variáveis de mercado, políticas e econômicas, induzindo-as à crise com mais facilidade. Até mesmo pela pressão da concorrência, por disputas de mercado, restrições às importações ou aversão a marcas ou determinados produtos.

Outro risco das megacorporações: elas planejam o negócio seguindo os parâmetros mais modernos da administração. E admitem que podem controlar a crise como elas controlam o ciclo da vida do produto: *design*, fabricação, lançamento, distribuição e a publicidade. Ao não levarem em conta os riscos, a crise acaba controlando-as (DEZENHALL; WEBER, 2011, p. 47).

Uma indústria poderosa com alto risco de crise é a farmacêutica. Enquanto o avanço da medicina proporciona-lhe vultosos lucros, o custo da reputação é alto. De acordo com uma pesquisa, citada também por Dezenhall e Weber (2011, p. 44-46), essa indústria é mais odiada pela opinião pública do que a do tabaco e do petróleo. Somente 9% dos respondentes asseguram confiar nos laboratórios farmacêuticos. A imagem desse negócio é bastante negativa. Sempre que há uma crise envolvendo remédios ou laboratórios, já se sabe quem a mídia elege por vilão. Isso torna a gestão de crise nessa área bastante difícil.

Quando o Laboratório Merck teve uma grave crise com o medicamento Vioxx, em 2004, que culminou num *megarecall* e na retirada do produto das prateleiras, a imagem do laboratório ficou bastante desgastada. A declaração do Dr. David Graham, diretor associado da Food and Drug Administration, dos Estados Unidos, a agência controladora de alimentos e remédios, ao testemunhar, no Senado, no processo de investigação das denúncias contra o Vioxx, foi dura: *"É importante que este comitê e o povo americano entendam que o acontecido com o Vioxx é realmente um sintoma de algo muito mais perigoso à segurança do povo americano"* (DEZENHALL; WEBER, 2011, p. 46).

Finalmente, *"o principal produto da economia contemporânea é o risco."* Quem afirma é Jorge Félix, em artigo publicado no jornal *Valor Econômico*, em 1º de março de 2019.

> *Neste momento, você aí sentado em sua cadeira no trabalho, o operário tradicional nas fábricas espalhadas pelo mundo afora, o operador nas mesas de corretoras e bancos, ou mesmo quando alguém está sentado na sala de espera do aeroporto ou dentro do próprio avião em viagem de negócios... todos nós produzimos risco.*
>
> *As tragédias de Brumadinho (Case 14), de Mariana, os impactos das chuvas no Rio de Janeiro, o incêndio no CT do Flamengo (Case 20) ou os furacões na costa da Califórnia, que incendiaram as mansões de estrelas de Hollywood com as matas, são consequências de um modelo de produção no qual a globalização emprestou ao risco outro significado. Em vez de uma ameaça exterior ou do estranho, o risco é parte inerente ao modelo de produção de riqueza nos nossos dias.*[2]

12. Air France 447 – falta de preparo para situação de crise

O acidente com o voo Air France 447 – Rio de Janeiro-Paris – ocorreu em 31 de julho de 2009, em águas brasileiras, quatro horas após a decolagem. Nos primeiros dias, só foi possível resgatar 50 corpos do acidente e alguns destroços do avião. Somente em 2011, após intensas buscas, a Air France achou a carcaça do avião, com vários corpos de passageiros. Em julho de 2012, foram divulgadas as conclusões da investigação sobre o acidente, que custou a vida de 228 pessoas. Pilotos mal treinados e uma combinação com falha do equipamento seriam responsáveis pela queda do avião, em meio a uma tempestade a 11 mil metros de altura. Segundo o documento, os pilotos não souberam reagir a uma série de falhas do avião, uma delas o congelamento das sondas pitot, *que fornecem a velocidade e a altitude da aeronave. O voo foi colhido por uma tempestade em local em que outros aviões deveriam passar, mas evitaram. Ao assumir manualmente o avião, que começou a perder sustentação, primeiro os copilotos e depois o comandante, que estava descansando naquele momento, cometeram erros – diz o relatório – fatais para a queda da aeronave. "Ações de comando desestabilizaram o avião, que entrou em uma queda anunciada", disse o investigador do caso, Alain Boillard.*

---

[2] Sociedade do perigo. *Valor Econômico*. Caderno Eu & Fim de Semana, 1º mar. de 2019.

> *O relatório dá um peso ao "erro humano" ou falha no treinamento para situações adversas. "Os diálogos mostram despreparo para a crise." Mais uma vez, um fato gravíssimo, que aponta para falhas de treinamento e erros. O documento final divulgado em Paris pelo Birô de Investigações e Análises (BEA) não deixa dúvidas de que houve uma combinação de fatores negativos para a tragédia do Air France 447. Segundo o relatório, com a intervenção adequada da tripulação, as falhas mecânicas não derrubariam o avião.*

COMUNICAÇÃO DE RISCO

Quando se fala em risco, é importante também introduzir uma outra variável, o terceiro elemento do processo de gestão de crises: a comunicação de risco. É a comunicação direcionada a suprir o público com as informações necessárias para tomar decisões sobre riscos de saúde, segurança e meio ambiente, entre outros. Inclui a obrigação das organizações e dos governos de manter os *stakeholders* informados de todos os riscos de crises, tanto pessoais quanto materiais. Essa competência faz parte do processo inicial de prevenção de crise.

A comunicação de risco também tem a função de chamar a atenção dos indivíduos para situações (ou sinais) que funcionariam como alertas de crise. Morar em encostas, sujeitas a enxurradas, significa perigo de desabamento das casas. Para isso, é necessário um processo educativo feito pelos poderes públicos, além de leis rigorosas que evitem a ocupação dessas encostas. A comunicação de risco insere-se no conjunto do processo de gerenciamento de crises. Mas ela precede a ocorrência das crises.

A mídia e os formadores de opinião têm um papel fundamental na comunicação de risco, evitando o alarme e o boato, extremamente perniciosos para a segurança da população.[3] A eficácia dessa comunicação pode evitar muitas crises. Exemplo disso são os programas de combate à Aids, no Brasil, considerados modelo no mundo. Intensa comunicação de risco, conduzida pelo governo, a mídia e as entidades de saúde, tem evitado o aumento da incidência dessa doença. Em contraposição, o debate sobre o uso indiscriminado de armas, nos Estados Unidos, encontra resistência pela rejeição de grande parte da população quanto aos riscos de ter armas em casa *versus* o direito de tê-las, sob o prisma da liberdade individual. Nesse caso, por mais eficiente que seja a comunicação de risco, ela não encontra efetividade, pela dificuldade de diálogo.

Existem certos pruridos das autoridades públicas para fazer comunicação de risco, principalmente se envolverem componentes políticos. A perspectiva de rompimento de uma barragem, como aconteceu em Mariana (2015) e Brumadinho (2019), sob

---

[3] Em março de 2012, Francis Maude, chefe de gabinete do primeiro-ministro do Reino Unido, David Cameron, falou demais e gerou uma crise para o governo britânico. Diante da ameaça dos sindicatos dos petroleiros britânicos de desencadear uma greve, durante os feriados de Páscoa, recomendou à população estocar combustível extra, em um galão, na própria casa. *"Essa é uma precaução sensata a tomar"*, recomendou. O palpite infeliz criou caos nos postos de gasolina, falta de combustível e até acidentes domésticos. O Parlamento britânico culpou a autoridade pela crise, gerando outra crise, agora no âmbito político (*The Guardian*, 29 mar. 2012).

responsabilidade da mineradora Vale, deveria ter toda a transparência antes das tragédias. Não importa o nível de probabilidade de a barragem entrar em colapso. Mas, no cenário brasileiro, é muito comum omitir-se a informação para não alarmar a população, o que implicaria também, no limite, deslocá-la e acomodá-la; e, de outro lado, dar munição à oposição. É uma precaução conservadora e até certo ponto irresponsável, extremamente arriscada para a segurança da população. Comunicação de risco efetiva significa informar com a maior transparência tudo o que acontece e representa qualquer tipo de risco à população. A comunicação de riscos transcende o ambiente interno. Ela diz respeito mais à comunidade do que à corporação ou a um governo em particular.

> *A sociedade tem o direito de conhecer os riscos a que está sujeita. A US National Research Council, comitê americano responsável pelo estudo da comunicação e percepção de riscos, define a comunicação de risco como um processo de troca de informações e opiniões entre indivíduos, grupos e instituições públicas e privadas. Abrange a criação e a troca de mensagens sobre riscos (natureza, forma, severidade, aceitabilidade, gerenciamento etc.) e sobre assuntos correlatos à segurança e ao bem-estar do corpo social existente dentro do universo de abrangência e ao impacto de uma situação de emergência (MELO, 2007, p. 126).*

A comunicação de risco é diferente da comunicação de crise. Esta diz respeito à reação da organização ante um fato consumado. A comunicação de risco ajuda a opinião pública a se informar, monitorar e reagir a determinados riscos, que poderiam redundar em crises e ainda não se consumaram. Funciona como um alerta, portanto, para evitar crises ou, pelo menos, para minimizá-las. Ao manter a população alertada, permite tomar decisões no momento adequado.

Esses sistemas de comunicação foram aperfeiçoados em razão das últimas tragédias que provocaram centenas de milhares de vítimas por falta de instrumentos de comunicação e alerta, como o furacão Katrina, nos Estados Unidos, em 2005, e o *tsunami* ocorrido em ilhas da Ásia em 2004, quando morreram ou desapareceram 228 mil pessoas. Em dezembro de 2012, a tempestade Sandy, que atingiu a costa leste dos Estados Unidos, provocou menos danos e vítimas fatais, em grande parte devido ao aperfeiçoamento da comunicação de risco.

As corporações abrigam uma série de riscos todos os dias, o que reforça a necessidade de aprimorar os sistemas de alerta. A comunicação de risco é uma metodologia padrão que ajuda a entender riscos novos, reduzindo a insegurança, o medo do desconhecido. Ameniza ou reduz as possibilidades de um boato, por exemplo, transformar em crise um acontecimento em vias de acontecer, ou que talvez não aconteça. Tem tanta importância quanto a comunicação de crise. No Brasil, não há tradição em comunicação de risco. Em alguns países desenvolvidos, os empresários e as autoridades perceberam a importância da comunicação de risco eficaz para mitigar perdas humanas e materiais nas crises.

A comunicação de risco é parte do esquema de prevenção de uma organização, privada ou pública. Ela precisa estar presente durante todo o processo de prevenção de crises construído por governos ou indústrias. A aceitação da comunicação de risco tem relação direta com a confiabilidade da fonte. No Brasil, recentemente, surgiram debates sobre os riscos da cirurgia bariátrica para menores de 16 anos. Nos Estados Unidos, o sistema de saúde e os hospitais são obrigados a deixar bem claros os riscos desse tipo de cirurgia para menores em idade de crescimento. Quando esse tema acaba polarizado entre correntes de interesses conflitantes, a população sempre desconfia da transparência dessa informação.

Por isso, confiabilidade e *accountability* são fatores significantes para a população aceitar mensagens sobre riscos potenciais para as organizações. Campanhas sobre saúde e prevenção de doenças podem ser ignoradas, se o público não confiar nas agências divulgadoras da mensagem. Muitas vezes, pode-se pensar que a mídia tradicional ou programas jornalísticos bastam para massificar informações sobre riscos para a população. Entretanto, são programas de TV ou de rádio mais populares que acabam tendo mais efeito.

A mídia desempenha um papel relevante em criar percepções de risco. Como se consagrou o princípio de que "boas notícias não vendem jornais", o foco de certas situações, provavelmente, será mais negativo do que positivo. Esse viés pode prejudicar a comunicação de risco. Os gestores públicos têm grande responsabilidade em monitorar todos os riscos à população e utilizar a comunicação de risco não só para preservar saúde, vida, mas também evitar gastos públicos desnecessários.

AUDITORIA DE VULNERABILIDADES

"*Uma crise não ocorre num vácuo, ela tem efeito agitador na vida dos outros*" (FINK, 2002, p. 34). Se o empresário pensasse todos os dias sobre os efeitos de uma crise na empresa, os métodos de auditoria e prevenção seriam diferentes.

A *auditoria de vulnerabilidades*, também chamada auditoria de risco, é o instrumento adequado para fazer gestão de riscos. "*É uma avaliação periódica do risco para determinar áreas atuais ou potenciais da operação e eventuais fraquezas da comunicação para identificar potenciais soluções*" (BERNSTEIN, 2011, p. 13). Esse deveria ser o primeiro passo do plano de gestão de crises. Os bons administradores praticam auditoria todos os dias. Quando um empresário recebe da área financeira sinais de possíveis problemas de caixa, no fim do mês ou do ano, ele não espera chegar às vésperas do acontecimento para tomar iniciativas de solução. Para isso, ele precisa ter um gerente financeiro preparado, conhecedor das chamadas "bandeiras vermelhas" de alerta no caixa da empresa.

Gestores da área privada ou pública não podem ser surpreendidos por irregularidades graves cometidas na organização por meio de denúncias divulgadas, primeiramente, pela imprensa. Ser pego de surpresa mostra um grave problema no processo de controle da organização. Infelizmente, isso ocorre todos os dias no Brasil, principalmente na área pública. Especialistas admitem que menos de 5% das grandes empresas têm implantado esquemas de auditoria de vulnerabilidades para detectar potenciais crises.

Os gerentes precisam aprender como monitorar potenciais problemas na organização e nos produtos. Uma fábrica de tintas ou de material escolar, ao usar produtos químicos, passíveis de serem questionados por agências de proteção ambiental, deve estar ciente de que está na mira de uma crise potencial, prestes a estourar. Ela pode até contar com a sorte, se já não tiver sido descoberta ou denunciada. Uma casa de comércio vende suplementos alimentares, com substâncias proibidas pela Agência Nacional de Vigilância Sanitária (Anvisa). Há alguma dúvida do risco iminente de crise? Poderá ser fechada e ter a mercadoria apreendida. Ela brinca com fogo, portanto.

Qual a providência do gestor prevenido e comprometido socialmente? Buscar urgentemente alternativas para descartar e trocar os produtos banidos, de forma transparente, honesta, em conformidade com a lei. Pode aproveitar a ação até mesmo como instrumento de Marketing. Quando a própria organização percebe o risco e sai na frente, aumenta a credibilidade no mercado. Isso representa pontos positivos para a reputação.

Como se vê, as oportunidades para proteger a organização existem, apenas exigem constante atenção. Os empregados, clientes, fornecedores, o governo e até mesmo a mídia imaginam que nesse momento, no governo e nas empresas, há pessoas atentas para monitorar e prevenir crises. Só se descobre não existir plano voltado para prevenção quando a crise chega e todos se surpreendem. O trágico exemplo, no Brasil, foi o incêndio da boate Kiss, em Santa Maria (RS) (*Case* 10). O jogo de empurra pela ineficiência na prevenção do risco daquela tragédia entre empresários, Bombeiros, prefeitura, governo estadual e Ministério Público mostra como a gestão de risco no país praticamente não existe. Isso ocorreu também no incêndio do CT do Flamengo (*Case* 20) e nos acidentes e alagamentos que causaram mortes, nas chuvas que atingiram o Rio de Janeiro nos últimos anos.

Existem ramos de negócio potenciais geradores de crise, principalmente em época de vigilância constante das organizações ambientais e grupos de pressão: manufaturas, têxteis, produtos químicos, mineradoras, siderúrgicas, refinarias, petroleiras, madeireiras, energia nuclear, empresas de reflorestamento, transporte de passageiros ou de cargas inflamáveis e tóxicas. Esses ramos de negócio precisam ter mecanismos de prevenção de crise mais apurados.

As crises também evoluem. Até pouco tempo atrás, a possibilidade de perda de dados ou invasão dos arquivos reservados da instituição era um risco quase inexistente. Hoje, não existem limites para quadrilhas invadirem *sites* e arquivos de empresas, na tentativa de roubar dados ou neutralizar os negócios. Com ou sem conluio de empregados, é um risco latente de todas as organizações que lidam com dados sigilosos.

O que significa isso? Nenhuma hipótese de problema pode ser descartada na auditoria de vulnerabilidades. Pense no pior, recomendam os especialistas; imagine um cenário de fraude ou ataque aos clientes, por meio de violação de algum produto. Se a possibilidade existe, considere como uma crise potencial. É preciso olhar as ameaças internas e externas. Todas as pessoas da empresa devem se envolver no processo de apuração dos riscos. A identificação do risco passa por todos os níveis da empresa.

O QUE LEVAR EM CONTA

Fazer *auditoria de vulnerabilidades* deve ser procedimento incorporado à cultura preventiva da organização. Os manuais de crise trazem as perguntas básicas a serem feitas todos os dias pelos dirigentes da organização, pelo diretor, superintendente ou gerente em cada área. Os procedimentos da auditoria de vulnerabilidades não são complexos. O escopo é identificar algo que possa levar a uma significativa interrupção do negócio ou a um dano à reputação (BERNSTEIN, 2011, p. 13).

Num primeiro momento, descobrir os fatos negativos, ameaças à organização ou aos *stakeholders*. Isso pode ser feito por meio de cuidadoso levantamento com executivos e empregados e outros públicos que tenham ligação com a empresa. Todas as áreas da organização deveriam participar desse levantamento. Se conhecem o problema, como agiriam caso ele realmente acontecesse? As perguntas devem incluir a parte física da organização, empregados, procedimentos administrativos, a parte regulatória, segurança, inclusive tecnológica, percepções do público sobre as vulnerabilidades da organização. O questionário deve ser abrangente, indo da direção ao chão de fábrica. Para ser mais completo, acionistas, fornecedores e clientes podem ser ouvidos. Muitos dados desse levantamento são confidenciais.

Judith Hoffman (2011) sugere uma pequena fórmula para utilizar na *auditoria de vulnerabilidades* quanto a duas variáveis: probabilidade de a crise acontecer e severidade do evento. O julgamento crítico da crise pela equipe entrevistada pode ser feito atribuindo-se notas de 1 a 10 à probabilidade de ela acontecer, assim como quanto à severidade da crise. Um bom exercício seria elencar as três mais prováveis crises da organização, seu grau de severidade e, depois, examinar como a empresa está preparada para enfrentá-las (HOFFMAN, 2011, p. 213).

Uma média empresa, por exemplo, pode eventualmente ter problema de caixa, pela queda nas vendas por acontecimentos fortuitos, como uma enchente na cidade, queda na arrecadação do município, endividamento repentino da população, por circunstâncias fora do controle da empresa; ou até mesmo porque a grande fábrica que operava na cidade começou a demitir empregados e estes não irão mais comprar na média empresa. Essa possibilidade de crise existe? Sim.

Um gerente financeiro precavido não espera acontecer. Junto com o dono ou controladores da média empresa, ele adianta-se e começa a cobrar dívidas em atraso, para fortalecer o caixa, corta despesas supérfluas ou investimentos não urgentes; finalmente, negocia linhas de crédito com o banco local, com juros mais baixos, para a eventualidade de uma queda repentina no faturamento. São alternativas que significam estar prevenido se aquela crise surgir.

Conhecer a fragilidade da organização, ter equipamentos modernos para resolver os problemas e iniciativa para solucionar são importantes. Mas é preciso possuir equipe treinada. O processo de uma *auditoria de vulnerabilidades* não é complicado. Mas não pode ser isolado. Uma equipe de crise pode fazer muito bem esse levantamento, desde que haja decisão estratégica da direção para fazê-lo.

Algumas empresas preferem contratar consultores externos, com potencial para fazer um trabalho melhor. A terceirização, nesses casos, pode ser mais efetiva. Alguém de fora pode "ver" alertas vermelhos onde o pessoal da casa não conseguiu enxergar. Até mesmo na sala de reunião da diretoria.

ADESÃO DOS EMPREGADOS

Levar a prevenção de crises a sério implica estimular a cultura da prevenção entre os empregados. Eles devem conhecer as fragilidades da organização para ajudá-la nos momentos difíceis. Afinal, em caso de crise grave, o emprego de todos pode estar em jogo. O futuro e os projetos de vida dessas pessoas dependem de quanta capacidade a empresa tem de administrar situações limite, como crises corporativas.

Os empregados devem ser encorajados a discutir e se preparar para situações de emergência, mas principalmente para desenvolverem a cultura do monitoramento do risco. Grandes empresas, com amplas plantas industriais, dificilmente escapam de incidentes e acidentes. A dimensão deles deve ser discutida, avaliada e prevenida. No levantamento anual do ICM, dos Estados Unidos, das principais crises corporativas mundiais, a participação dos empregados na incidência de crises ficou perto de 40%. O público interno, compreendendo toda a cadeia desse segmento, inclusive terceirizados, tem um peso elevado nas crises corporativas ocorridas no mundo. A empresa sabe quais são os riscos nesse particular?

Conflitos e passivos trabalhistas, pressões por metas, desrespeito às leis, abusos dos patrões, incluindo assédio e exploração da mão de obra, junto com acidentes de trabalho, acabam gerando crises na relação capital e trabalho. Incluem-se nesse item crises geradas por acidentes, com ou sem vítimas fatais, mau atendimento ou erros, provenientes, muitos deles, de falta de treinamento, fiscalização e até mesmo da sensação de impunidade para eventuais deslizes.

A gestão da empresa também tem parcela de culpa. Minimiza, fragilizando os controles, a contribuição de empregados e até mesmo de diretores para produzir crises. As auditorias internas são lentas e reativas. Por isso, organizações com bom clima organizacional e relacionamento amistoso e transparente com os empregados têm menos incidência de crises.

EMERGÊNCIA PARA PEQUENAS EMPRESAS

A Cruz Vermelha dos Estados Unidos e a empresa Fedex utilizam um roteiro denominado "*Checklist* de preparo de emergência para pequenas empresas" (*Emergency Preparedness Checklist for Small Businesses*).[4] Esse roteiro poderá ajudar o empresário ou administrador público na hora de fazer um plano de emergência, uma auditoria de vulnerabilidades ou treinamento de gestão de crises com os empregados e clientes.

a) Qual a vulnerabilidade do nosso negócio se um desastre natural ou outra emergência acontecer, inclusive nos fins de semana? Conheça a região, o clima, o cenário econômico e político e os tipos de desastres mais prováveis que podem ter impacto no negócio.

b) Qual a capacidade e preparo da diretoria, dos gestores e empregados em geral para responder a essa emergência (pode-se elencar uma série de situações

---

[4] Disponível em: http://images.fedex.com/images/us/2011crimages/small_business/content/pdf/ARC%20FedEx%20Checklist_5.04.12.pdf. Acesso em: 2 maio 2019 (tradução e adaptações do autor).

que possam acontecer com a organização)? Qual o percentual de empregados treinados para situações de emergência e técnicas de gestão de crises?

c) Quem deve ser contatado, interna e externamente, nesse caso (todos os intervenientes da crise, com telefones, *e-mails*, redes sociais, endereços, inclusive das autoridades e superiores etc.), e quais as funções de cada uma dessas entidades e pessoas? Diferentes situações podem ter equipes também diferentes. Que papéis esses empregados estão aptos a desempenhar, no caso de uma emergência?

d) Qual o plano para proteger o negócio, os empregados, os clientes e demais pessoas que tenham relação com a organização, antes, durante e depois da situação de emergência? Esse plano está escrito? Foi dado conhecimento a toda a organização, limitados os casos sigilosos? Há empregados treinados para esse plano de proteção?

e) Há equipamentos de segurança e primeiros socorros necessários para emergências? Há empregados ou terceirizados treinados para utilizá-los? Em quantos minutos uma equipe de emergência chega ao local mais distante de onde se encontra?

f) Há um plano ou um manual formalizado e aprovado pelos diretores da organização para resposta a emergências? Consta nesse documento um sistema de alerta e de comunicação aos empregados e clientes sobre emergências? Há esquemas especiais para pessoas com necessidades especiais? Há rotas de evacuação das instalações e um local para onde os empregados seriam levados?

g) Existe um plano de continuidade das operações (PCO), no caso de uma crise grave, incluindo greves, invasões ou danos consideráveis, por acidente ou desastre natural, às instalações? Como ficarão os acionistas, associados, fornecedores, terceirizados (principais intervenientes), no caso de uma crise grave? Como serão avisados?

h) O *site* da organização estará preservado e poderá servir como meio de comunicação? Que procedimentos serão adotados, no caso de crise grave, com fornecedores, vendedores, cooperados e outros intervenientes-chave para o processo operacional da empresa?

i) Há um plano alternativo de deslocamento, instalação e fornecimento de energia e equipamentos para instalar rapidamente o *board* da empresa em outro local? Os arquivos da organização estão preservados no caso de as instalações principais serem afetadas, de modo a serem acessados rapidamente? Identifique gravações, arquivos e documentos que devem estar prontamente acessíveis para viabilizar o funcionamento da organização, no caso de crise grave, e decida onde devem ser armazenados com segurança.

j) Há possibilidade de integrar o plano de emergência com o dia a dia operacional da organização? Ou são incompatíveis? Os empregados conhecem os riscos da organização ou é um tema discutido somente na diretoria? Manter parcerias com organizações comunitárias para criar um treinamento de preparação compreensível. Os empregados conhecem o seu papel durante um desastre e os papéis e responsabilidades de pessoas-chave nas suas instalações?

k) Pratique seu plano – simulações de crises devem ser feitas, com evacuação regular, ativação do plano de continuidade das operações, e treinamentos. Envolva empregados, clientes e pessoas da comunidade na avaliação do processo e use as lições aprendidas para melhorar os procedimentos e incrementar o treinamento tanto quanto necessário.

l) A empresa tem um plano de treinamento de crise? Existem casos de evacuação de população ou funcionários? Isso funcionaria no caso de um alerta geral? A comunidade foi envolvida nesse plano? O plano de gestão de crise foi testado e aplicado alguma vez? Alguma organização semelhante teve alguma crise recente? Como administrou?

m) Estimule a preparação pessoal entre os empregados e institua na organização a cultura da gestão de crises. Seus empregados estarão mais bem preparados para ajudar na resposta a crises e recuperar-se de uma emergência se eles souberem como preparar seus lares e famílias para esses eventos negativos. Estimule os empregados a criar rotas alternativas, em caso de crises graves que envolvam as instalações da empresa ou o trânsito local. Utilize o centro de treinamento ou convênio com escolas para criar um programa permanente de gestão de crises.

n) Ajude o preparo da comunidade para situações de crise. Faça dela uma aliada. Trabalhe com grupos comunitários locais e agências de governo para assegurar que a comunidade esteja preparada para desastres e outras emergências. Trabalhe com as entidades de Defesa Civil e socorro à população para treinar voluntários e empregados para situações de emergência.

Tópicos-chave

✓ Quando se fala em risco, entende-se o potencial de causar dano ou, de forma mais genérica, a potencial exposição à perda.

✓ A comunicação de risco ajuda a opinião pública a se informar, monitorar e reagir a determinados riscos, que possam redundar em crises e ainda não se consumaram.

✓ No contexto mais amplo da gestão de risco, talvez o tipo de risco mais relevante seria o risco operacional, decorrente de pessoas, processos, sistemas e causas naturais.

✓ A importância de criar uma cultura da gestão de riscos está diretamente vinculada à capacidade de a empresa evitar emergências, que seriam prenúncios de crises.

✓ Auditoria de vulnerabilidades é uma avaliação multidisciplinar dos riscos para determinar potenciais ameaças ou crises na organização.

✓ Uma empresa com cultura de prevenção de crise faz regularmente auditoria de vulnerabilidades e mantém os empregados envolvidos nesse programa.

Parte IV

O PROCESSO DE GESTÃO DE CRISES

9
UM PLANO SIMPLES E FLEXÍVEL

Em princípio, gestão de crises significa um conjunto de ações voltadas para evitar crises ou reduzir os danos causados à organização. Ou uma tentativa sistemática dos gestores da organização de prevenir a crise ou efetivamente administrar o que já ocorreu.

Até a década de 1980, pelo menos, os especialistas preconizavam gestão de crises como as ações para reduzir os danos causados após a ocorrência do fato gerador. Mas desde a década de 1990, quando várias crises corporativas aconteceram e aumentaram os estudos sobre como administrá-las, ampliou-se o sentido de gestão de crises: um processo que começa antes de a crise ocorrer, nas ações preventivas e de contenção das crises. Consagrou-se, nesses estudos, que o pior momento para gerenciar uma crise é durante a ocorrência do evento. É dentro dessa premissa que trabalhamos, quando falamos em processo de gestão de crises.

Prevenir; preparar-se da melhor forma possível para a eventualidade da crise; reduzir os efeitos negativos das crises, se acontecerem; proteger a organização e os *stakeholders* de eventuais danos. Depois, no período da pós-crise, agir de forma ética e transparente; buscar aprender com os erros eventualmente cometidos. Em síntese, seria assim o processo de gestão de crises.

Para tentar simplificar como entendemos esse processo, elegemos alguns elementos-chave, considerados decisivos para uma boa gestão dos eventos classificados como crise. Consideramos como fatores básicos: um plano de crise simples e flexível; uma liderança forte e decisiva; um porta-voz preparado, com mensagens-chave prontas; a identificação e a necessidade de estabelecer relação com os diversos *stakeholders*, sobretudo os envolvidos na crise; o *timing* da resposta, que, no mundo das redes sociais, precisa ser rápida e esclarecedora; por fim, o plano de comunicação, levando em conta, prioritariamente, a comunicação interna e a relação com a mídia. Pode até ser possível gerenciar uma crise sem um desses preceitos, mas o trabalho será prejudicado. Relaxar num desses requisitos, ou conduzi-los de forma errada, pode comprometer a gestão competente da crise.

Figura 9.1 – Elementos-chave no processo de gestão de crises.

O planejamento não é o forte dos executivos, principalmente no Brasil. Não há no país a cultura do planejamento. Por isso, falar em plano de gerenciamento de crises soa meio estranho para as organizações, principalmente para as da área pública. Não seria temerário planejar para enfrentar eventuais acontecimentos futuros, principalmente se forem negativos? Como podemos prevê-los? Essa parece ser uma premissa administrativa corrente em boa parte das empresas brasileiras.

O que seria realmente gerenciamento de crises? Para Fink (2002, p. 18), qualquer medida que antecipe uma situação de crise ou remova o risco ou incerteza de uma situação dada, e em razão disso permita a você ter mais controle sobre seu destino, é na verdade um tipo de gerenciamento de crise. Portanto, no momento em que começa a conceber um plano de gestão, a organização começou a fazer gestão de crises.

Estudos mais aprofundados sobre gestão de crises vieram das ações adotadas por grandes organizações, em razão de acidentes, escândalos ou erros de gestão, principalmente a partir das décadas de 1970 e 1980, nos Estados Unidos. Com a alta visibilidade e a exposição negativa pela mídia, as crises corporativas não representavam apenas tropeços operacionais ou administrativos. Passaram a ser ameaças à reputação.

O *crisis management* americano evoluiu para algo muito maior. Hoje, compreende toda a cadeia do sistema: o plano de crise; as etapas da prevenção da crise; a auditoria de vulnerabilidades; o plano de contingência; a resposta a situações de emergência; o gerenciamento da crise; e a comunicação de crise e de risco. Concluído esse processo, vêm as ações posteriores, o pós-crise, com aprendizagem, correções, recuperação e avaliação.

Para Mitroff (2001, p. 60), um dos autores mais conhecidos sobre o tema, nos Estados Unidos, gestão de crises é o estudo de como as crises ocorrem e o que pode ser feito para preveni-las ou fazer com que, se ocorrerem, o impacto delas seja menos negativo. Ele se refere especificamente a crises com interferência humana.

O autor segrega, pois, os desastres de causas naturais sobre os quais nós, muitas vezes, temos pouco ou nenhum controle. Para Regester e Larkin (2008, p. 206), administrar as crises significa assumir o controle do que está acontecendo, antes de o evento negativo impactar a organização. Ao analisarmos *cases* de crise, principalmente quando há erro de gestão ou irregularidade, por trás do deslize quase sempre se evidencia um afrouxamento do controle. Para os autores, quando falamos em crises, se Relações Públicas diz respeito a fazer as coisas parecerem boas, gestão de crises refere-se a fazê-las parecer menos más.

Por que um plano simples e flexível? Porque há uma tendência nas organizações, quando algo negativo acontece com concorrentes ou até por falta de conhecimento sobre o tema, de ter vários planos. Cada setor se fecha e cria os próprios planos para apresentar à diretoria sobre como controlar a crise. Uma empresa de gestão de crises nos Estados Unidos, quando fez uma avaliação de vulnerabilidades para uma famosa universidade da Costa Oeste, encontrou não menos do que seis planos de crise. Cada um deles criado por diferentes empregados ou áreas, sem qualquer coordenação entre os departamentos originais.

Os documentos incluíam: plano de resposta a desastres naturais; plano de emergência de instalações; plano de resposta a incêndios; plano de comunicação de crise; plano de operações de emergência; e plano de emergência para internet. Uma verdadeira salada. Certamente, no caso de um evento grave, essa estratégia não iria funcionar, porque faltava a coordenação geral. Não dá para administrar crises na organização se cada área faz a própria gestão.

GESTÃO DE CRISES TAMBÉM SE PLANEJA

Planejar para administrar crises e riscos é a chave da sobrevivência corporativa. Embora seja impossível prever todas as crises, há ações que podem ser adotadas para se preparar para uma crise. Passam pelo menos por três caminhos: situações com potencial para se transformar em crises (só se saberá com uma profunda auditoria de vulnerabilidades); crises que já atingiram outras empresas no passado, principalmente as do mesmo ramo; atividades que venham de encontro a interesses de determinados grupos de *stakeholders*.

Planejar uma gestão de crises pode ser resumido nos seguintes passos: catalogar potenciais situações de crise; conceber políticas para sua prevenção; formular estratégias e táticas para conduzir cada crise potencial; identificar quem pode ser afetado por elas; conceber efetivos canais de comunicação para os afetados pela crise, como forma de minimizar o dano à reputação da organização; e, por último, testar tudo (REGESTER; LARKIN, 2008, p. 208).

Muitas organizações prefeririam não planejar situações de simulação de crises, porque acreditam que elas não acontecerão. Mas se as crises são inevitáveis e constituem um risco permanente, não adianta ficar na ilusão da imunidade. Preparar-se significa saber o que fazer, na hora decisiva. Isso vale para a vida pessoal e profissional. Quando não nos preparamos, e acontecimentos extremamente negativos acontecem, há uma desestabilização geral no modo de vida, no comportamento, na estabilidade pessoal e profissional e, em certos casos, até nas finanças. Vale para o divórcio, a morte surpreendente de um ente querido, o acidente grave ou gastos inesperados. Nas corporações, não é diferente.

Muitas empresas evitam falar em planos de crises. Mas conhecem o "plano de contingência". Esses planos têm extrema validade; regulam a mecânica das crises e acabam poupando um precioso tempo para a equipe de gerenciamento de crises. Às vezes, sem saber, os gestores estão fazendo gestão de crises quando atualizam, regulam e aprimoram o plano de contingência.

Um plano de contingência, também chamado de planejamento de riscos, plano de continuidade de negócios ou plano de recuperação de desastres, é um tipo de plano dotado de ações preventivas com o objetivo de controlar uma situação de emergência e de minimizar as consequências negativas para a organização. Antecipando-se a fatos negativos previstos, o plano de contingência propõe uma série de procedimentos alternativos ao funcionamento normal de uma organização, sempre que alguma das suas funções habituais se vê ameaçada por uma contingência negativa, interna ou externa. É um documento desenvolvido com o intuito de treinar, organizar, orientar, facilitar, uniformizar as ações necessárias às respostas de controle e combate às ocorrências anormais (*Case* 13).

O plano de crise tem outra dimensão. Deve ser entendido e absorvido por diferentes segmentos da corporação. Deve eleger as situações prioritárias que a empresa reconhece como crises graves e dizer como seriam gerenciadas, definindo o papel e as responsabilidades de cada membro do *board* da organização e da equipe de crise. Ele se complementa com o plano de comunicação.

Pesquisa conduzida pela *IR Magazine*,[1] entre 2011 e 2012, com 750 diretores de relações com o mercado, de empresas globais de vários setores, apurou dados interessantes sobre planos de crise: 35% das empresas tiveram algum tipo de crise no período. A maior parte pertencia aos setores financeiro, farmacêutico e biotecnologia e saúde. Os respondentes apontam a quebra do Lehman Brothers, em 2008, como a crise enfrentada, talvez porque o foco deles se voltava muito para a área financeira. A maior incidência de planos de crise ocorre nas grandes empresas de capitalização e nas companhias de serviços públicos ou concessionárias (gás, água, energia). A experiência de crises nos últimos anos não mostrou ter um impacto significativo na preparação das empresas. Cerca de dois terços (69%) dos executivos das grandes empresas estão informados de que a companhia tem um completo plano de crise formal. E 31% desconhecem.

Por que planos de crises são importantes? Na opinião dos diretores, quando uma crise surge na empresa, as demandas dos investidores, analistas de mercado e da mídia resumem-se a duas coisas: tomar conhecimento dos fatos e resolvê-los rapidamente. Muitas vezes, entretanto, a habilidade dos profissionais de relações com o mercado para solucionar essas demandas não depende só deles. Tem relação com o grau de preparação da companhia para as crises.

---

[1] Pesquisa Crisis management and communication, conduzida pela *IR Magazine*. Disponível em: https://media.irmagazine.com/library/crisis_communications_report_june_2012.pdf. Acesso em: 25 jun. 2019.

> **13. O pouso improvável**
>
> *Em janeiro de 2009, um avião da US Airways, que havia decolado do aeroporto La Guardia, em Nova York, precisou fazer um pouso forçado no rio Hudson, que banha a cidade. Uma das turbinas foi atingida por uma ave e o avião perdeu sustentação. O pouso foi um sucesso. Nenhum passageiro se feriu. Todos foram resgatados por barcos e o último a sair foi o comandante Chesley Sullenberger, 57 anos, considerado um herói no país pela façanha. Pilotos experientes asseguram que um pouso naquele rio, com edifícios ao redor e naquelas condições, era extremamente difícil. Só alguém muito preparado e frio poderia realizar a façanha.*
>
> *O sucesso do gerenciamento dessa crise não ocorreu por acaso. Sullenberger é piloto da Força Aérea, com 40 anos de experiência. Mas dirige também uma empresa de consultoria especializada em avaliação de risco na área administrativa e de liderança. Ele também é pesquisador da Universidade da Califórnia (Berkeley) na área de administração de risco em catástrofes. O centro estuda segurança, infraestrutura e preparação em situações de emergência, tais como acidentes industriais e naturais. É consultor de segurança e membro da comissão de avaliação de acidentes aeronáuticos. "Sullenberger foi a pessoa certa para comandar a crise hoje", disse Karlene Roberts, um amigo da Universidade e colega na Escola de Administração de Riscos de Crise. Ou seja, o homem certo no lugar certo. Sorte dos passageiros. Poucos pilotos nos EUA seriam capazes de fazer aquele pouso.*
>
> *Esse acidente foi levado para o cinema, com muito sucesso, no filme* Sully: o herói do rio Hudson *(2016).*

A NEGAÇÃO DA CRISE

Por que as empresas não planejam, nem se preparam para crises, e evitam discutir o assunto nas reuniões de planejamento estratégico? São vários os motivos, mas no cerne do problema está uma certa autossuficiência e arrogância, muito própria das corporações, após anos de sucesso, crescimento e liderança. Essa autossuficiência afeta sobretudo as megacorporações. O problema não é novo. Ian Mitroff abordou esse mito da infalibilidade, que contamina as grandes corporações, em *We are so big that nothing can happen to us – Nós somos tão grandes que nada pode acontecer conosco* (MITROFF, 1990). Enron, Arthur Andersen, Pan Am, Goldman Sachs, TWA, Varig, Encol, Banco Econômico, Mappin, Mesbla e tantas outras grandes empresas desmentiram esse mito.

Elas acreditavam na impossibilidade de uma crise grave as atingir, pelo menos a curto prazo. Na área pública, autoridades admitem o risco permanente de uma crise. Ela poderia acontecer, sim, com alguém. Mas não naquela gestão, naquela empresa, naquele ministério ou naquele setor. Acidentes graves? Desvios? Uma greve geral? Um produto contaminado? São problemas que podem ameaçar outras áreas. "Não a nossa". Esse é o mantra.

Outra maneira de driblar o plano é o autoengano. A empresa acredita que sabe gerenciar as situações negativas, durante uma crise, por julgá-las perfeitamente administráveis. Mas a crise, quando chega, pode ser exatamente em uma área ou naquele ramo onde menos se pensou que pudesse acontecer. Um clube de futebol, por exemplo, de maior torcida do país, jamais poderia imaginar o goleiro titular, ídolo da torcida, envolvido no desaparecimento e morte de uma namorada, com desdobramentos dignos de um filme policial. Namoros fazem parte da vida privada dos jogadores. Um enredo desses poderia ocorrer no cinema, na imaginação dos cineastas. Mas aconteceu no Brasil. E, nos primeiros momentos, a defesa do jogador e a preservação dele pelo clube se misturaram, com alto risco de manchar a reputação da equipe. Anos depois, esse mesmo clube se vê diante da maior crise de sua história, como disse o presidente, com o incêndio no Centro de Treinamento, que causou a morte de dez adolescentes e feriu outros três (*Case* 20).

A máxima deve ser: nenhuma organização está preparada para crises repentinas, que nunca aconteceram. A não ser que tenha planejado. Gestão de crises, portanto, significa também não ser surpreendido.

Dentro desse prisma, as organizações também acreditam que, por não estarem num negócio de risco, nada acontecerá com elas. Na avaliação dos executivos, o risco seria mínimo. Uma empresa fabricante de berços, por exemplo.

Lindos berços de madeira, muito bem-aceitos pelo mercado e adorados pelos consumidores. Já ganhou vários prêmios de *design* e nunca houve problema. Pois bem: essa empresa um dia recebe um telefonema da imprensa pedindo uma declaração sobre notícia de que uma criança está hospitalizada, com risco de vida, por ter enfiado a cabeça na grade de um dos berços de sua fabricação. E aí? Ela está preparada? Todos foram treinados? Há porta-voz? E, se a criança morrer, qual será a explicação?

Palestras, cursos, treinamento sobre crises prováveis ou futuras, para alguns executivos, é mais ou menos como falar em aposentadoria para jovens. Parece algo muito distante, uma realidade com a qual não precisam se preocupar. Haverá tempo para isso, mais adiante. A empresa conta com a sorte e vai jogando o planejamento de crises para o futuro. Quando surgir uma oportunidade. E essa nunca aparece. Sobrecarregada com a rotina do dia a dia e fatos mais urgentes, o planejamento de crise é jogado naquela lista de pendências proteláveis. Até o dia em que o inesperado acontece.

Outro argumento para evitar o planejamento de crises reside no fato de que é impossível prevê-las e elas sempre são diferentes. Exatamente por isso, o planejamento é necessário. Ao levantar supostas possibilidades de crise, a auditoria irá revelar problemas jamais imaginados pelos executivos. E nesses problemas reside o perigo, exatamente pelo despreparo. As crises só surpreendem quem não estava de olho nas chamadas "bandeiras vermelhas". O efeito surpresa, portanto, se existe, é para aqueles que não se preparam.

Outras organizações baseiam-se na credibilidade adquirida e no sucesso presente para desdenhar de um plano de crises. A empresa adquiriu alto potencial de credibilidade; uma crise não iria afetá-la. Ou seja, ela teria muita "gordura" para queimar, no caso de um fato negativo. Verdade?

Perguntem à empresa de consultoria americana Arthur Andersen se isso funciona. Até o estouro da Enron, em 2001, a gigante de energia dos EUA que maquiava os balanços, a consultoria tinha uma credibilidade invejável. Era um nome respeitado no mercado, com portfólio ligado a grandes corporações multinacionais. O que aconteceu com a famosa empresa de auditoria? É só dar uma navegada na internet. Foi pulverizada. No bojo do escândalo financeiro da Enron, a Arthur Andersen perdeu o ativo mais valioso, que justificava seu negócio: credibilidade.

O fato de nunca ter enfrentado uma crise grave e de ninguém na empresa se preocupar com o tema, até porque é uma pauta bastante recente no processo de gestão, também poderá levar a organização a desdenhar dos planos de crise. A empresa não precisa saber fazer plano de crise. O mercado tem empresas de consultoria aptas a ajudar na elaboração de um plano simples e efetivo. Também está na hora de as empresas incluírem na agenda de capacitação dos seus quadros, inclusive dos executivos, programas de gestão de crises.

Até agora, enfrentar situações negativas, associadas a crises, na cabeça dos executivos está muito relacionado às relações com a mídia. Mas essa é uma função que transcende o pessoal da Comunicação e não diz respeito a apenas um segmento da organização. Talvez por isso há uma tendência no mercado de atribuir ao pessoal das Relações Públicas a incumbência do gerenciamento das crises. Um equívoco, como veremos mais adiante.

RAZÕES PARA UM PLANO DE CRISES

Se uma empresa tem dúvida se deve ou não ter plano de crise, basta dar uma olhada na história de algumas crises emblemáticas. Não importa se na grande ou na pequena organização. A maioria das empresas que se deram mal nas crises, com reflexos negativos na reputação, com prejuízos e desgaste na credibilidade, não tinha planos de crise. Se possuía, estavam desatualizados e nunca foram testados. Muitas empresas sequer tinham uma área de comunicação profissionalizada.

Um plano de gestão de crises minimiza também o custo de um eventual tropeço. Investir na solução da crise, no meio da tormenta, pode ser muito caro, porque a empresa não está preparada, terá que negociar em desvantagem, as pessoas estão sob forte impacto e, com isso, mal preparadas para a situação. As soluções, por mais dispendiosas que sejam, se buscadas antes, minimizam o custo do evento negativo. Seria mais ou menos como negociar um passivo financeiro com o banco ou com um credor, antes do vencimento. Negociar depois, em desvantagem, dificilmente será um bom negócio.

Outro efeito importante é o psicológico. Não é fácil uma empresa neutralizar uma crise quando todos estão sob pressão, sem saber o que fazer, até porque a situação é inusitada, tomou uma dimensão muito maior do que supunham e há uma pressão externa muito forte por soluções. Tomar decisões ou agir sob pressão, numa crise, pode ser um risco. Não esquecer que todos os olhos dos órgãos de fiscalização, das agências reguladoras, do governo e da opinião pública, numa situação de crise, se voltam para a empresa. Sem falar nos holofotes da mídia. Imagine o governo do Japão, durante a crise de 2011, diante da tripla catástrofe – terremoto, *tsunami* e explosão do reator nuclear –, sofrendo esse tipo de pressão, mesmo com toda a preparação. O que não aconteceria numa organização despreparada?

Qual a pressão sobre a Vale, após a tragédia de Brumadinho, considerando a extensão daquele acidente? Defesa Civil, governos municipais e estadual, Ministério Público, secretarias e demais órgãos do meio ambiente, Polícia Civil, Polícia Federal, Bombeiros, ONGs ligadas ao meio ambiente, associações de classe, Assembleia Legislativa, associações de funcionários, associações de atingidos por barragens, órgãos federais ligados à mineração, enfim, vários grupos de interesse que estão ligados ao trabalho daquela e de outras minas.

"Plano de crise é um dever. É o único caminho para uma organização responder bem e rapidamente", diz Cohn (2000, p. XII). O estrago na marca dos pneus Firestone, quando mergulhados na crise dos acidentes com a SUV Explorer nos Estados Unidos, em 1978, mostrou como fez falta um plano de crise. Tanto a Ford quanto a marca de pneus tiveram prejuízos e desgastes na imagem.

Todos os diretores e empregados devem conhecer o Plano de Gestão de Crises. Não deve ser algo secreto. Eles devem saber que existe um plano, onde encontrar as principais diretrizes e saber o que fazer no momento da ocorrência de problemas graves. Alguns documentos integrantes do plano de crise, como o Plano de Contingência e o Manual de Gestão de Crises, devem ser reservados, mas os fundamentos do plano de crise precisam ser de conhecimento dos empregados.

Mas há algumas particularidades. Todos aqueles com algum tipo de responsabilidade em conduzir um grave incidente devem ter uma cópia individual do plano de crise. O plano deve estar disponível para eles o tempo todo, inclusive em casa. Isso significa que o documento deve andar na pasta. Não pode estar guardado num lugar onde, na eventualidade de crise, não possa ser encontrado rapidamente. As pessoas precisam encarar o plano de crise (ou de contingência) como o documento mais importante, depois das normas da empresa. Para isso, precisa ser criado um processo de educação em gerenciamento de crises. Isso, vale frisar, implica sempre incluir as ações de Comunicação. Pode ser difícil criar essa cultura, mas, com o tempo, além de dar tranquilidade à gestão, evitará prejuízos.

A empresa tem um lugar para atender a mídia, no momento em que algo grave acontecer? Quem irá comandar esse atendimento? Onde fica o centro operacional da empresa? Qual a alternativa de localização do comando da organização, se houver interdição ou acidente na sede da corporação? Quem comandará as ações, no caso de impedimento do titular – CEO, presidente, diretor? Podem parecer meio fatalistas essas dúvidas, mas esse é o mundo real.

Qual é a chave para sobreviver nas crises? O segredo de uma organização para sobreviver numa crise é ter um bem planejado, bem testado e bem executado plano de crise, assegura Jonathan Bernstein (2011, p. 67). Esse autor, citado entre os 20 maiores especialistas em gestão de crises dos Estados Unidos, é taxativo: trata-se de fazer *crisis management*. E não *crisis miracles*. Isso é fazer gestão de crises e não milagres nas crises.

Não esqueça: você precisará falar sobre a crise. Para responder bem e evitar improvisos de última hora, é preciso conhecer, saber o que aconteceu. Primeiramente, então, dimensione o estrago, as consequências. Não se precipite achando que sabe tudo sobre a empresa. Se a crise não chegou ao seu conhecimento, provavelmente é porque não deve ser grande. Não confie nisso. Muitos executivos caíram por acreditarem nessa máxima.

PÂNICO E *STRESS* NÃO BATEM COM CRISE

Crise provoca alto nível de *stress*. Basta ver uma sala de situação ou o clima da diretoria de uma grande organização durante uma crise. Se existe *stress*, dependendo do nível, há o perigo de decisões precipitadas ou erradas. Isso atinge todos os escalões da companhia ou de um governo, durante uma crise. Imagine como estava o clima no governo chileno, quando precisou rapidamente se articular para tentar salvar 33 mineiros, soterrados a 750 metros de profundidade numa mina, como aconteceu em 2010? Mas o *stress* não pode levar ao pânico, até porque o próprio *stress* dificulta a tomada de decisão, levando a erros fatais, nessa situação.

"O gerenciamento de crises é feito com o stress e a falta de sono sobrevindo à habitual politicagem e às disputas de facções que afligem qualquer grande organização", diz Peter S. Goodman, em artigo no The New York Times.[2] "A realidade é um caos absoluto. Uma corporação em crise não é uma corporação. É uma coleção de indivíduos em pânico, motivados pela autopreservação", segundo Eric Dezenhall, no mesmo artigo.

Não adianta o executivo se estressar com empregados que erraram ou com inimigos ou concorrentes que pautam notícias negativas contra a empresa. Além de precipitar-se com declarações, nesse momento de alta tensão, entrar em pânico não ajuda em nenhuma situação de emergência. Fink (2002, p. 133) diz que "a realidade é que o stress – assim como as crises – sofre pressão das más notícias". Mas a boa notícia, "a verdadeira boa notícia" é que você pode controlar o *stress* e melhorar o nível de tomada de decisão, aperfeiçoando-o durante a crise. Ele lembra: "administrar uma crise é administrar suas decisões"; por isso, não se pode deixar que o *stress* elevado prejudique a coisa mais importante na hora da crise: saber e decidir o que fazer.

Experiências práticas na consultoria de empresas, com crises graves, principalmente de ordem política, com denúncias ou ataques pela mídia, contra executivos ou gerentes, mostram, no momento agudo da crise, uma tensão elevada, com o consequente agravamento do índice de *stress*. Isso prejudica a tomada de decisão e gera dissidências dentro do colegiado, num momento em que esses administradores precisam tomar decisões cruciais sobre o que fazer naquele momento. Nessa hora, precisa aparecer um líder equilibrado, que desacelere, faça todo mundo agir como gestor e busque uma solução para a crise. Todos esperam uma solução racional daquele colegiado.

O elevado nível de *stress* nas diretorias, gerências médias e até entre os demais empregados é natural e tem sido estudado por profissionais de gestão de crises. Ele se exacerba em situações que requerem rápida ação, principalmente se vidas estiverem em jogo. Para evitar que o *stress* se transforme rapidamente em pânico ou até desespero, é preciso haver um mínimo de organização. Implica uma estratégia muito bem pensada até mesmo para definir uma situação como crise, quando poderia se caracterizar apenas como um problema de fácil gerenciamento. Há executivos especialistas em estressar os colegas da diretoria e os empregados, pelo despreparo para situações de elevado *stress*. Tudo para eles é crise.

---

[2] Disponível em: http://www.nytimes.com/2010/08/22/business/22crisis.html?pagewanted= 1&th&emc=th. Acesso em: 25 jun. 2019.

Um erro da empresa em relação a um cliente pode ser problema. Mas ainda não é uma crise. Se o empregado, ao telefone, comete um disparate, como aconteceu com uma empresa de telefonia, a situação pode se agravar. Ao atender um cliente, com queixa sobre um aparelho que havia comprado, o empregado de certa forma debochou do reclamante, quando brincando disse para ele jogar o aparelho na parede que resolveria. Dependendo de como a empresa irá tratar esse desgaste, pode transformá-lo numa crise grave. Funcionários jamais podem se irritar ou se estressar com clientes, ainda que estes estejam estressados. A empresa sempre sairá perdendo. Situações de crise, em geral, provocam uma carga de *stress* que precisa ser controlada.

A habilidade para manter controle da situação é uma qualidade dos líderes por excelência. O CEO não pode contaminar a organização com o próprio pânico, caso contrário, não poderá ser o gerenciador de uma crise. Os subordinados têm aparente confiança no líder, principalmente nesses momentos. Seria o caso até de colocar outro. Certamente, se esse administrador tem um bom trabalho de planejamento para eventuais crises, ele não irá se desestabilizar. Geralmente, casos de *stress* ocorrem em empresas despreparadas para responder de maneira proativa às crises. Ficam acuadas por situações sobre as quais perderam o controle (*Cases* 13 e 24).

COMO CONSTRUIR O PLANO DE CRISES

Algumas organizações, quando voltam a atenção para monitorar tal tipo de situação, pensam logo em encomendar um manual de gestão de crises. Ao elaborar um manual, as organizações imaginam estar preservadas e mais preparadas para enfrentar crises. A criação de um manual é útil como modo de disseminar a cultura da prevenção de eventos negativos. Mas somente manuais e planos, até mesmo bem elaborados, não são suficientes para preparar a empresa para esses eventos.

O manual é um produto do plano de crises. Este não precisa ser um longo relatório das vulnerabilidades da empresa, demandando meses para ficar pronto. Às vezes, nasce defasado. O plano pode ser simples e flexível, sem muitos floreios e sofisticação, abrangendo as principais ações a serem adotadas. Ele pode ser construído em equipe, e deve ser realista para evitar ou reduzir o impacto das crises. Deve ser do amplo conhecimento da organização – caso contrário, servirá mais para dar satisfação aos conselhos de administração ou fiscal, ou para dizer para a mídia ou os acionistas que existe, do que realmente para ajudar a corporação na hora do aperto. As empresas estão cheias de belos relatórios e planos bem encadernados, porém, de certo modo, inócuos.

Uma pergunta recorrente para quem recebeu a encomenda de cuidar desse assunto na organização: como se faz um plano de gestão de crises? Não há um modelo padrão, uma fórmula pronta, em que a organização encaixa os dados e sai um plano perfeito. Procuramos trazer, além das justificativas de um plano de gestão de crises, um roteiro básico para ser seguido pelas organizações. Naturalmente, com as adaptações necessárias. Dependendo do porte, localização, faturamento da empresa, não há necessidade de planos densos.

O plano deve responder às perguntas-chave necessárias para administrar as crises previstas da organização. Algumas premissas são consensuais. São os princípios básicos, que fundamentam a boa gestão de crises. Alguns autores enfatizam mais as ações de comunicação. Trata-se, de fato, da radiografia dos riscos e vulnerabilidades da empresa, incluindo a constituição e principais funções da equipe de gerenciamento da crise. Se as organizações levarem a sério o assunto, pela importância estratégica nos negócios, na imagem e na reputação, certamente o caminho para gerenciar as crises ficará mais fácil.

Lembrar também que a formulação do plano de crise não é atribuição da área de comunicação da empresa, mas um trabalho coletivo, sempre supervisionado pelo comitê de crise ou a equipe encarregada de montar uma estratégia de prevenção. Cada organização pode customizar esse roteiro da forma mais conveniente às suas peculiaridades. Mas é fundamental ser um trabalho consensual.

ROTEIRO PARA O PLANO DE CRISES[3]

- **Índice**: texto introdutório com objetivos, meta, escopo e políticas relevantes, como um guia para a equipe localizar o conteúdo com rapidez.
- **Documentação**: oportunidade para o gabinete de crise conhecer e enumerar as ações a serem executadas durante uma crise; inclui também levantar contatos imprescindíveis e informações (banco de dados) a serem informados aos *stakeholders*, principalmente a mídia, no caso de uma crise.
- **Centro de operações de emergência**: para ser usado pelo gabinete de crise (endereço, detalhes sobre instalações, serviços de comunicações, infraestrutura, segurança, emergência).
- **Gabinete de crise**: um time pequeno de executivos seniores comandará as ações do quartel-general da gestão de crise (o tema "Comitê de Crise" será desenvolvido adiante, no Capítulo 11).
- **Responsabilidades e atribuições dos membros do gabinete de crise, no caso de um evento grave**: equipes suplementares de crise: recomendadas para organizações com múltiplas sucursais, até mesmo no exterior; equipes alternativas de crise, para a eventualidade de falha ou ausência dos membros do gabinete de crise.
- **Cenários de crise**: eleger os piores e escolher dois ou três para treinamento simulado, que poderá ocorrer uma vez por ano.
- **Desenvolver um *Manual de Gerenciamento de Crises***: o material deve ser um documento prático, objetivo, com as principais diretrizes da empresa, a maioria já constante do Plano de Contingência (o tema *Manual de Gerenciamento de Crises* consta no *Apêndice 1* desta edição).
- **Auditoria de vulnerabilidades:** anual ou semestralmente, a empresa procederá a levantamento para identificar todas as áreas e situações com probabilidade de gerarem crises. Esse levantamento irá balizar o plano de crise. Essa auditoria poderá ser feita, preferencialmente, por empresa contratada (*Auditoria de vulnerabilidades* é tema do Capítulo 8).

---

[3] Inspirado, em parte, nos modelos de Caponigro (2000, p. 100) e Bernstein (2011, p. 20-23). Adaptação do autor.

- **Recursos financeiros, materiais e humanos da equipe de crise**: infraestrutura necessária para manter contato com as demais equipes, numa crise; incorporar ao planejamento estratégico e contemplar orçamentos para viagens, treinamento, simulações, manuais, material de divulgação etc.
- **Procedimentos e alternativas de comunicados para cada cenário**: internos e externos; modelos de notas para divulgação imediata, em casos de crises previstas ou prováveis. Algumas notas, previamente aprovadas pela área jurídica, poderão ser incluídas no *Manual de Gerenciamento de Crises*. Obs.: os gestores devem rever regularmente os procedimentos para o caso de revisões de cenários, equipes ou rotinas.
- **Porta-vozes**: diretores, gerentes ou empregados autorizados a falar com a imprensa, treinados e preparados. O CEO pode ser o porta-voz, mas não necessariamente o principal. Cada crise poderá ter um porta-voz específico, dependendo da área. Mas os porta-vozes devem ser treinados antecipadamente em *media training crisis* (O *media training* e o papel do porta-voz serão abordados na Parte V).
- **Uma vez ao ano, ou semestralmente, organizar uma crise simulada**: os treinamentos poderão simular uma crise, inclusive com acionamento de intervenientes externos e empregados. As conclusões e eventuais falhas e correções devem ser catalogadas para análise da equipe de crise.
- *Internet*: criar antecipadamente endereço alternativo do *site*, para o caso de crise que afete a área tecnológica da organização, como alternativa para comunicação imediata com os principais *stakeholders*. Esse plano B deve estar pronto para ser acionado durante a crise.
- *Call center*: sistemas de atendimento emergencial, para uso durante a crise. Criar uma central com capacidade operacional para atendimento especial, pessoal especialmente treinado e suporte técnico adequado. Lembrar que o atendimento, numa situação de crise, é atípico.
- **Protocolos de comunicação**: fluxo de informações (sistemas e pessoas) que recebem e processam informações sobre crise na organização. Todos os nomes e contatos devem constar no plano de crise, abrangendo nomes, endereços, telefones, qualquer tipo de contato de todos os membros e suplentes do comitê de crise; distribuição a todos os empregados da empresa, para que estejam cientes do que fazer e saibam quem chamar na eventualidade de uma crise. Nesse cadastro, devem constar todas as interconexões da empresa. No caso de uma crise, todos sabem quem devem chamar. Essa cadeia aciona e mobiliza rapidamente a empresa para enfrentar uma crise. Os empregados devem ter conhecimento do plano de crise, preservados temas sigilosos. Em caso de emergência, o plano precisa ser acionado imediatamente, mesmo sem autorização ou conhecimento da diretoria. Nos treinamentos, devem-se enfatizar a autonomia e a responsabilidade dos diretores, gerentes e demais, em consonância com o primeiro mandamento da gestão de crise: rapidez de decisão.
- *Stakeholders*: relacionar todos os públicos de interesse da organização, a começar pelos principais: empregados, acionistas, clientes, fornecedores, parlamentares, sindicatos, mídia, associações locais, autoridades policiais, Defesa Civil etc. A mídia deve merecer atenção especial.

- **Método de comunicação das ações**: cada grupo de *stakeholders* deve estar relacionado com *e-mails*, SMS, telefone e demais dados antecipadamente; além dos tipos de informação que cada um deve receber, durante a crise. Considerar alternativas de comunicação em situações de emergência; telefone grátis (0800) e até *site* alternativo, no caso de pane geral ou ataque à sede ou sucursais da organização. Em caso de crise com mortes, analisar a possibilidade de adaptar as cores e o leiaute do *site* à tonalidade de luto.

Tópicos-chave

- ✓ Gestão de crises significa um conjunto de ações voltadas para evitar crises ou reduzir os danos causados à organização.
- ✓ O fato de nunca se ter enfrentado uma crise grave e de ninguém na empresa se preocupar com o tema poderá levar a organização a desdenhar dos planos de crise.
- ✓ Planejar para administrar riscos e crises é a chave da sobrevivência corporativa.
- ✓ As empresas não planejam, nem se preparam para as crises, e evitam discutir o assunto em reuniões de planejamento estratégico por conta de uma certa autossuficiência e arrogância.
- ✓ O plano de crises deve ser simples e flexível, realista, sem sofisticação, construído em equipe e de amplo conhecimento da organização.

14. A Vale no pior momento de sua história

Em janeiro de 2019, logo depois do meio-dia, a barragem do Córrego do Feijão, da Mineradora Vale, com 12,7 milhões de metros cúbicos de rejeitos, se rompeu, atingindo a área administrativa da empresa e a comunidade da Vila Ferteco, em Brumadinho, Minas Gerais. Começava ali uma das maiores crises corporativas já gerenciadas no Brasil. E um dos maiores acidentes, em número de mortos da história do País.

O mar de lama desceu a encosta, levando tudo de roldão: centenas de empregados da Vale, moradores, animais, casas, plantações, vagões do trem, veículos, máquinas e até uma ponte da via férrea. Seis meses depois da tragédia, a operação de resgate contabilizou 248 mortos e 22 pessoas desaparecidas. O trabalho de 200 bombeiros, depois de 180 dias, não conseguiu achar todos os desaparecidos, o que agravou essa crise, pelo aspecto humano, pela demora ou impossibilidade de dar uma resposta aos parentes.

A maioria das pessoas que conseguiu escapar com vida alegou não ter ouvido qualquer alerta com relação ao rompimento da barragem. A empresa explicou que não deu tempo suficiente para as sirenes tocarem, pois estas foram arrastadas antes pela lama. O que demonstra uma falha grave de gestão de risco: sirenes localizadas em local com risco de serem destruídas, no caso de acidente, quando deveriam ser equipamentos-chave de salvamento.

Considerado uma das maiores tragédias ambientais e humanas tanto do Brasil quanto do mundo da mineração, o rompimento aconteceu passados apenas três anos da tragédia da Mineradora Samarco, quando povoados de Mariana foram arrasados pelo rompimento da barragem de Bento Rodrigues, matando 19 pessoas e destruindo grande parte da flora e fauna no leito do rio Doce, até o Espírito Santo. A Samarco é controlada (50%) pela Vale junto com a anglo-australiana BHP Billiton.

Diferentemente de Mariana, na tragédia de Brumadinho, a Vale procurou cumprir os procedimentos recomendados em crises dessa dimensão, principalmente os que se referem às Relações Públicas e a Comunicação. Se falhas graves estão sendo apuradas, devem-se a questionamentos quanto à gestão de riscos, que, inclusive, levaram ao afastamento do presidente Fabio Schvartsman, a pedido do Ministério Público, 35 dias após o acidente; e à prisão de executivos da empresa, passados 30 dias. Nos procedimentos de PR, imediatamente após o acidente a Vale divulgou uma nota e o presidente gravou um vídeo, lamentando o ocorrido. Em seguida, o presidente da Vale concedeu uma entrevista,[4] em que ele respondeu a todas as perguntas, esquivando-se daquilo que não podia falar, por não saber ainda os detalhes do grave acidente.

Ao contrário de Mariana, quando a Vale deixou por conta da Samarco a prestação de contas, inclusive as informações à imprensa, em Brumadinho o CEO não se escondeu, deslocando-se imediatamente para o local da tragédia e assumindo a liderança da gestão daquela crise.

Nas redes sociais, o perfil da Vale International atualizava minuto a minuto as informações sobre o rompimento da barragem em Brumadinho. A transparência foi uma das estratégias adotadas pela organização para evitar ou frear a crise de imagem da empresa. Pela primeira vez, num acidente desse porte, uma empresa brasileira adiantou R$ 100 mil para cada pessoa atingida pela tragédia (direta ou indiretamente, pela morte de parentes), para custeio das despesas imediatas, independentemente de ações ou acordos futuros que viessem a ser firmados. Da mesma forma, adiantou valores para os produtores ou moradores da região atingida, que perderam animais, plantações ou o sítio. Ou para aqueles que tinham algum tipo de negócio e foram atingidos pelo acidente.

O Ministério Público se posicionou de maneira ostensiva contra a empresa. Foram feitas buscas e apreensão de documentos nos escritórios da Vale e 14 pessoas chegaram a ser presas, entre funcionários e consultores externos da empresa, para averiguar se a Vale tinha tido conhecimento prévio da possibilidade de rompimento da barragem. Bastante controverso, o Ministério Público concluiu dos depoimentos que a empresa conhecia o risco do rompimento e, por isso, continua aprofundando as investigações para, junto com a Polícia Federal, analisar a possibilidade de encontrar culpados. Apesar de sólida, com valor de mercado de quase R$ 200 bilhões, no auge da tragédia, a empresa perdeu R$ 73 bilhões em valor de mercado. Aos poucos foi recuperando o valor. Terá um longo caminho para recuperar não apenas os estragos causados na natureza, mas também a própria imagem e a reputação. Até julho de 2019, o MP e a empresa tentavam um acordo definitivo visando a reparação de danos aos atingidos pela tragédia. O passivo da empresa, tanto em indenizações quanto em reparação pelos estragos ao meio ambiente e à economia local, é incalculável, o que provavelmente irá transformar o custo dessa crise no mais elevado da história do país.

---

[4] Disponível em: http://brumadinho.vale.com. Acesso em: 25 jun. 2019.

10
O PAPEL DO LÍDER NAS CRISES

Um evento repentino, inesperado e potencialmente catastrófico, que ameaça o negócio ou as pessoas, é um dos maiores desafios para um líder. A primeira pergunta que uma organização deveria fazer, no momento de uma crise grave, é: quem irá comandar a gestão dessa crise?

A liderança não costuma ser tema muito comum nas análises sobre gestão de crises. Talvez porque o foco tenha estado, por muito tempo, voltado para a operação. Em alguns casos, confunde-se também o comando da operação com a liderança sobre o evento de crise.

"*A crise é o grande momento do líder*", diz o empresário e professor da Universidade de Harvard Bill George, autor de *True north*. A queda em série de líderes de países europeus, durante a crise econômica iniciada em 2008, perdendo eleições ou derrubados por falta de apoio político, mostra como a população não perdoa quando os líderes fraquejam nas crises. Assim também com os empregados, clientes e fornecedores de uma organização.

Os analistas econômicos concordam que a falta de uma liderança destacada no mundo atual contribuiu para a dificuldade de se encontrar uma saída rápida e convincente para a crise que Estados Unidos e Europa, principalmente, enfrentaram a partir de 2008 e com reflexos na economia mundial até hoje. Não é muito diferente quando a organização enfrenta situações de crise.

Há um consenso entre os estudiosos de crises: quando o mundo contar a história da crise atual, haverá relatos de sucesso e de tremendos fracassos. Os tropeços políticos e empresariais, todos nós conhecemos. Centenas de bancos e empresas financeiras quebraram. E governantes caíram sob o efeito dominó do fracasso econômico. Por que eles foram expulsos dos cargos? Por que foram incapazes de conduzir a nau para um porto seguro?

Falhas na gestão de risco, erros de avaliação nos momentos de estabilidade ou falta de liderança, todos são pecados imperdoáveis nas crises. Talvez na crise de 2008 tenha havido um pouco de tudo isso. Vimos no relatório das crises mundiais, feito anualmente pelo ICM, que 68% em média das crises na área de negócios, pelo menos nos últimos anos, nascem na gestão da empresa. Somente 19% têm origem nos empregados. O problema, portanto, não está tanto nos escalões inferiores, mas acima, no *board* da organização. Um índice de 68% centrado na gestão significa uma grande probabilidade de esses problemas serem evitados, caso haja uma governança corporativa profissional e um setor de *compliance* funcionando.

Como diz Viana et al. (2008, p. 85), *"a gestão de crise não pode prescindir da luminosidade da liderança. Esta a força motriz das ações vitoriosas"*. O líder comanda a execução das estratégias, faz acontecer, estimula desempenhos e fomenta o compromisso (*Case* 15).

Segundo Luiz V. Gerstner Jr., que comandou a recuperação da IBM na década de 1990, citado por Viana et al. (2008, p. 85),

> *liderança pessoal tem tudo a ver com visibilidade para todos os membros da organização. Os grandes CEOs arregaçam as mangas e enfrentam os problemas pessoalmente. Não se escondem por trás do pessoal de apoio. [...] Liderança pessoal requer que se seja ao mesmo tempo estratégico e operacional.*

Há alguma chance de empregados e até mesmo acionistas, clientes e fornecedores acreditarem no diretor-presidente na hora da crise, se ele nunca agiu de modo transparente e sequer construiu uma boa imagem com esses públicos? Paradoxal é esse diretor precisar muito de tais públicos nesse momento e a empresa precisar muito do diretor.

Ao analisar as crises econômicas, desde a Segunda Guerra Mundial, o consultor Pat Rowe[1] observou que o sucesso ou o fracasso têm muito a ver com a liderança. Entre os líderes de sucesso, algumas características são muito comuns. Sobressaem neles a visão de negócio, a capacidade de ver as coisas como elas são, a estratégia, a habilidade de tomar decisões, mesmo em contexto conturbado, sem perder a calma, a coragem e a visão positiva. Não têm medo de errar. Isso vale, principalmente, para os momentos de crises graves na organização.

Quando nos deparamos com crises que não acabam, ambientes conturbados por falta de diálogo e negociação, certamente falta uma liderança forte para comandá-las. Isso ficou evidente, a partir de 2012 e 2013, no Brasil, durante greves tumultuadas de policiais, bombeiros, professores, médicos e empregados das universidades federais. Como também sobressaiu nas manifestações de 2013 e na própria crise da Petrobras e outras estatais, no governo Dilma. Faltou um líder para assumir a crise e, com decisão, partir para a solução do impasse. A falta de um líder migrou para o comitê de crise do governo, que ficou perdido no meio de tantos problemas, até porque contava com integrantes sem grande experiência política. Do lado dos manifestantes, o governo federal, possivelmente, teria extrema dificuldade em identificar quem estava comandando determinada crise, tal a falta de liderança em alguns movimentos.

Líderes fortes e corajosos focam no que é melhor para o país ou para a organização, não para obter ganho político ou pessoal. Eles enfrentam a realidade. São aqueles aptos

---

[1] Disponível em: http://www.bernsteincrisismanagement.com/newsletter/crisis-manager-081124.html. Acesso em: 25 jul. 2019.

a enxergar o quadro geral, os que desenvolvem um conhecimento acurado do cenário internacional ou da organização e, com isso, têm melhor capacidade de ver os problemas de maneira realista. Alguém vê esse perfil em muitos dos nossos governantes? Ou em lideranças de professores, metalúrgicos, caminhoneiros e petroleiros? A facilidade com que as manifestações descambavam para a baderna e o quebra-quebra demonstrava que ninguém tinha o controle. São poucos os protagonistas que assumem o papel de estadista, de compromisso com as coisas do Estado e, realmente, se expõem ao desgaste político e pessoal para resolver as crises. São rápidos em aproveitar o bônus do cargo. Mas se omitem na hora do ônus. O líder de uma organização "*é aquele que tem de fazer a escolha entre o lucro e o comportamento responsável*" (COHN, 2000, p. 137).

Nas crises, os líderes autênticos confiam em quem entende e, por isso mesmo, erram menos. Não se deixam rodear ou levar pelos áulicos, sempre de plantão apenas para bajular, com medo de criticar ou questionar. Não demoram a tomar a decisão. Recorrem à intuição, mas têm o discernimento de usar dados do mundo real e o bom-senso de anos de experiência política e de liderança. Por isso, sabem decidir nos momentos difíceis. Estamos falando, por exemplo, de Winston Churchill, de Charles De Gaulle e de Franklin Delano Roosevelt, decisivos para a vitória dos aliados na Segunda Guerra Mundial. Ou de John Kennedy, na crise dos mísseis, em plena Guerra Fria, em 1962, quando o mundo esteve às portas da Terceira Guerra Mundial.

Muitas crises realmente decorrem de lideranças incapazes de conduzir a organização no momento da batida no *iceberg* ou no choque com a pedra que abre o casco do navio. Alguns fazem como o capitão Francesco Schettino, do navio de cruzeiros Costa Concordia (*Case* 8). O que também ocorreu no *ferryboat* coreano Sewol, onde morreram mais de 300 estudantes, quando naufragou próximo a uma ilha no mar da Coreia, em 2014. Surpreendidos, esses pseudolíderes se assustam e abandonam o leme no momento em que a organização mais precisa. Escorregam sorrateiros para um salva-vidas na calada da noite. Esses não servem para o momento da crise.

O LÍDER FORTE PREPARADO PARA O RISCO

A crise por si só implica utilizar soluções não tentadas antes. Embora sujeito a erro e sem conhecimento das respostas mais corretas, o líder forte está preparado para assumir o risco nas crises (*Case* 16). A organização deve estar preparada e ter uma liderança forte exatamente para esses momentos. Não se trata apenas de comandar as operações. Alguns até se saem bem nesse lado. Mas é preciso assumir a batalha toda, inclusive a da comunicação. Se o líder se omite, a organização toda some. Ninguém quer se expor nesse momento. Mesmo devendo explicações à sociedade (*Case* 13).

Em casos extremos, ao delegar a liderança para outros escalões, o líder acaba agravando a crise e não contribuindo para uma solução rápida. Crises mais profundas, como a que atingiu a economia nos últimos anos, ou ameaças graves à reputação das organizações requerem decisões contínuas e arrojadas. Implicam enfrentar reações, tanto da oposição, dos concorrentes e dos empregados quanto dos populares, como acontece nos principais países desenvolvidos hoje com as passeatas, protestos e greves. E suportar a pressão dos sindicatos, ativistas, associações de classe e *lobbies* na hora de fazer cortes. O líder que não suporta essas pressões não está preparado para as crises.

15. Crise, o grande momento do líder

Nova York, 11 de setembro de 2001. Quem não se lembra do prefeito Rudy Giuliani assumindo o controle da cidade após o ataque terrorista? Numa hora em que o presidente Bush, por medida de segurança, estava evitando chegar a Washington, Giuliani assumiu o comando da crise na sua cidade. Exibiu qualidades de um líder forte que cresce nos momentos decisivos. Não se omitiu. Atendeu aos jornalistas, ficando disponível e cooperativo para tentar explicar o inexplicável. Não perdeu o controle, coordenando o trabalho de comunicação e montando sala para atender a imprensa. E demonstrou preocupação e cuidado para com os atingidos pela tragédia: feridos, parentes, bombeiros, policiais, voluntários. Mostrou "compassion" para com os vitimizados. Ele não esperou iniciativas do governo federal. Assumiu e tomou decisões.

O atentado do WTC nunca figurou em qualquer cenário de crise. Giuliani tinha pouco tempo para reagir. Nesses momentos de incerteza e caos, quando ninguém parece encontrar uma saída, o prefeito se assumiu como líder corajoso e calmo, tentando fazer a cidade voltar ao normal.

O desempenho de Giuliani foi um golpe de sorte ou ele acertou no improviso? Não. Quando David Letterman perguntou, no seu programa de TV, alguns dias depois, ao prefeito como ele tinha feito as coisas certas na hora certa, ele explicou: treinamento. Sua equipe sabia o que fazer no caso de tragédias. Mesmo que aquele evento superasse todas as expectativas. Havia um plano de crise para atentados ou pelo menos para emergências de vários tipos e ele foi aplicado. Por isso, a população percebeu a importância do líder naquele momento. Ele não mentiu diante da realidade da catástrofe. Admitiu a quase impossibilidade de achar alguém com vida. Então, o trabalho foi para amenizar a dor dos que ficaram. Por falar a verdade, garantiu um ativo importante para os líderes em momentos cruciais: credibilidade. Todos sabiam em Nova York que ele comandava a crise. Porque as informações eram consistentes e claras de modo a qualquer pessoa entender, pobre ou rica.

Naturalmente, liderança não é algo que se resgate na hora da crise. Líderes são forjados ao longo do tempo. Respeitados e admirados, têm mais facilidade para mobilizar a organização nos momentos decisivos e perigosos. São aqueles que admitem até mesmo cortar na própria carne, com muita coragem e sem medo de errar. Isso significa tomar decisões dolorosas para salvar um país ou um negócio.

Eles não cedem às negociatas políticas, porque se colocam acima dessas querelas. O empresário Bill George, autor de *7 Lessons for leading in crisis* (2009), vê a crise como um sinal da sorte; no infortúnio, um inestimável presente que se abre para os líderes reinventarem a si mesmos e à sua organização, motivados por um grande empurrão ou susto.

> *Eu iria tão longe a ponto de afirmar que personalidade forte é a única maneira pela qual uma pessoa pode ter esperança de perceber ou definir a realidade claramente, ao invés de ser por meio dessas inúmeras ilusões e vaidades, que se desfazem em momentos de testes de cenários de stress* (GEORGE, 2009, p. XVI) (*Case 15*).

Em *O príncipe*, Nicolau Maquiavel recomendou a seus seguidores: "*nunca perca as oportunidades oferecidas por uma boa crise*" (apud GEORGE, 2009, p. 75). Outro aspecto ressaltado sobre o papel do líder nas crises é a capacidade de utilizar a liderança para reverter uma situação ruim. E nesse aspecto sobressai outro ativo importante: a cultura da organização.

> *A cultura é testada em época de crise: quando surgem prioridades conflituosas, quando eventos inesperados ameaçam a própria sobrevivência de uma organização, quando múltiplos rumos de atuação são apresentados e visões conflitantes do mundo se instauram* (LIKER; OGDEN, 2012, p. XIV).

Os autores do livro que analisa a crise da Toyota de 2010 ressaltam:

> *A liderança eficaz não é definida por atos heroicos em momentos de crise ou por decisões inteligentes dentro de uma complexa árvore de contingência, e sim por esforços consistentes de estímulo e reforço de uma cultura eficiente, adaptável e baseada em princípios. E esses esforços só podem ser empreendidos por líderes que nutram, eles mesmos, sólidos princípios* (LIKER; OGDEN, 2012, p. XV).

QUEM COMANDA A GESTÃO DA CRISE

Para Jonathan Boddy, especialista em gestão da comunicação de crise e instrutor do Chartered Institute of Public Relations (CIPR), em Londres, é uma pergunta muito boa e difícil de responder. A resposta irá variar de organização para organização, dependendo da personalidade do CEO e da equipe sênior de gerenciamento. "*Como regra geral, é necessário encontrar um equilíbrio entre a cultura e as personalidades da organização, aproveitando os pontos fortes de ambos.*"

Para Boddy,

> *O principal executivo – CEO é a pessoa que conduz a organização e, portanto, tem um papel importante a desempenhar. No entanto, há sempre muito a fazer no momento do incidente e esperar o CEO para liderar e gerenciar tudo é quase irreal. Eu acho que o papel do CEO é ter uma visão geral da gestão de resposta, contribuir para decisões de nível estratégico e ser publicamente visível em momentos-chave, durante o incidente, e durante a resposta da organização. Companhias aéreas, para as quais trabalho, enviarão o presidente ao local do incidente e a gestão da crise irá ser feita por outra administração sênior, ou seja, outros executivos* (Entrevista ao autor, em março de 2011).

Uma organização deve ter pessoas com conhecimento especializado dos principais aspectos da resposta ao incidente. Caso a organização tenha planejado corretamente e possua uma estrutura no local para lidar com a crise, então essas pessoas irão se unir sob a liderança de um diretor sênior. Esse pode ser o vice-presidente ou outro diretor com conhecimento mais detalhado dos procedimentos de resposta. Essa pessoa lidera a equipe e reporta tudo ao CEO.

A FALTA DE UM LÍDER

Dois eventos da mesma natureza tiveram desdobramentos e consequências muito diferentes analisados sob o prisma da liderança. O exemplo negativo vem de Nova Orleans, em agosto de 2005, com o devastador furacão Katrina. A confusão na gestão dessa crise, transformada em pesadelo para o governo Bush, tem muito a ver com a falta de liderança e de comunicação. Os telefones de emergência entraram em colapso, devido às inundações. A falta de luz, telefone e qualquer tipo de comunicação prejudicou as equipes de emergência. Sem comunicação, não havia coordenação.

Eventuais planos de emergência, se havia, não puderam ser implementados rapidamente. A burocracia também prejudicou a solução da crise, numa disputa política que atrapalhou a resposta à catástrofe. Não havia uma equipe de crise coordenada, pois até o presidente da República se atrapalhou e visitou o local somente após cinco dias, quando de passagem para o Texas. Muita gente ilhada acabou morrendo por falta de socorro. Não adiantava ter planos de crise se não houve treinamento, não se conhecia o pior cenário e não estava claro qual o papel de cada um na hora da tragédia. Muito menos o líder.

A falta de uma liderança, pois, em vários níveis do governo foi um fator decisivo para os erros no Katrina. Não havia um comando central. Demorou muito tempo para o serviço de emergência se articular com as autoridades e cada um empurrava a responsabilidade para o outro. Típico da falta de um líder. A grande pergunta que após a tragédia todos fizeram foi: por que o prefeito de Nova Orleans não assumiu a liderança e evacuou a população em zonas de risco? Por que o governador de Louisiana não chamou a Guarda Nacional, que só chegou dois dias depois do auge da inundação?

Para completar, após centenas de mortes, autoridades não apareciam para dar assistência e condolências. Enfim, uma sucessão de erros, por falta de comando, transformou o Katrina numa mancha na reputação dos EUA para atender grandes tragédias.

O oposto do Katrina foram as ações postas em prática pelos governos federal e estaduais, nos Estados Unidos, com o furacão Sandy, em 2012, na região de Nova Jersey e Nova York. Obama sabiamente avaliou: um desgaste ali seria fatal para suas pretensões de reeleição. E não perdeu tempo. Cercou-se de especialistas e fez quase tudo certo. Junto com os governadores, ordenou a evacuação de 350 mil pessoas das áreas de risco. Visitou Nova Jersey devastada pelo temporal no dia seguinte. Todos, inclusive os governadores, mesmo da oposição, sabiam quem comandava essa crise. O próprio Obama. Uma grande diferença para a sucessão de bate-cabeças do Katrina. Analistas da eleição americana constataram em pesquisas que 15% do eleitorado da região atingida pelo Sandy declararam ter votado em Obama por causa das ações do governo durante a tempestade.

Exemplo de como a falta de um líder credenciado e audacioso contribui para agravar uma crise ocorreu durante o chamado "apagão aéreo" no Brasil, em 2006 e 2007, no governo Lula. O ministro da Defesa, Waldir Pires, a quem se subordinavam a Aeronáutica, a Empresa Brasileira de Infraestrutura Aeroportuária (Infraero) e todos os órgãos que comandam a aviação brasileira, assumiu o cargo em março de 2006, aos 79 anos. Em setembro de 2006, ocorreu o acidente com o voo 1907, da Gol, com 154 mortes, no Mato Grosso; e em julho de 2007, foi a vez do voo 3054, da TAM, com 199 vítimas, em São Paulo.

Desde o fim da empresa aérea Varig, em 2006, começaram os problemas em aeroportos brasileiros. O duopólio caracterizado, a partir daí, com duas grandes empresas dominando o transporte aéreo, agravou o quadro de deterioração dos serviços prestados aos passageiros. Os acidentes apenas foram a parte mais trágica de uma crise que ia da falta de infraestrutura no sistema aéreo como um todo ao aparelhamento da Agência Nacional da Aviação Civil (Anac) e da Infraero com pessoas que não entendiam do negócio aéreo ou apenas estavam lá por indicação política. O ministro da Defesa fazia parte da cota de nomeações do presidente. Era um político sério, experiente, conciliador. Mas faltou autoridade para resolver os problemas surgidos durante a mais grave crise do setor aéreo brasileiro. E o presidente, talvez por temer críticas ou por insegurança, teve receio de demitir o ministro. Naquele momento grave, o Brasil todo percebeu a ausência de um líder para comandar aquela crise. Talvez pela idade, pelo perfil e pela falta de apoio político, o ministro sumiu. E a crise se agravou.

Somente após o acidente da TAM, em julho de 2007, Lula foi convencido a demitir Waldir Pires. No seu lugar, entrou o ex-ministro do STF Nelson Jobim. Ele chegou com carta branca para resolver a crise. Em parte, conseguiu. Seria injusto atribuir unicamente ao ex-ministro Waldir Pires a culpa pelo "apagão aéreo". Naquele momento, entretanto, a falta do líder forte e decisivo contribuiu certamente para o prolongamento da crise.

A CRISE REDUZ A CONFIANÇA

Qual a imagem dos CEOs no mercado? A pesquisa anual Edelman Barometer, feita em 2018 pela agência de PR Edelman, nas 25 maiores economias, com aproximadamente 33 mil pessoas, sobre credibilidade das fontes, mostrou que 63% dos pesquisados acreditam mais nos "*experts* técnicos", 61% nos acadêmicos, 50% nos analistas da indústria e finanças, 47% nos empregados (colegas) e somente 44% nos CEOs. Nas últimas pesquisas da Edelman, os CEOs quase sempre ficam abaixo dos 50% na aprovação, o que significa índice negativo.

Ou seja, os empregados são mais confiáveis do que os CEOs. Como liderar a organização numa crise grave se os CEOs têm baixa confiabilidade? O jornalista Heródoto Barbeiro diz que nós, jornalistas, às vezes, praticamos mais o egocentrismo, pois esquecemos que o poder que temos deriva da importância do veículo em que trabalhamos. Por isso, vez ou outra, alguns de nós pensamos que somos deuses, mas muitos CEOs têm certeza de que são deuses (BARBEIRO, 2010, p. 138).

Os CEOSs estão preparados para lidar com crises? Pesquisa da empresa de auditoria PricewaterhouseCoopers (PwC), de 2017, com executivos de empresas de ponta, mostra uma insegurança dos líderes quando se trata de crise. Sessenta e cinco por cento dos CEOs se sentem mais vulneráveis sobre sua capacidade de coletar informações com rapidez e precisão durante uma crise; 55% se preocupam com a comunicação com os *stakeholders* em uma crise e um número semelhante tem as mesmas preocupações quando se trata de seus próprios funcionários. Vinte e seis por cento sentem-se vulneráveis devido à falta de compreensão sobre quem deve estar no controle; e 38% sentem que há falta de clareza quando se trata das responsabilidades da equipe de gestão e de equipes individuais que tomam decisões independentes. Essas respostas sugerem que as empresas nem sempre têm um plano de resposta à crise desenvolvido e claramente comunicado.[2]

Crise consome energia e tempo da organização e dos executivos. A mesma pesquisa descobriu que 74% deles afirmaram gastar muito tempo na solução de crises, ao contrário do que admite o senso comum. Empresas que não enfrentaram crises graves acreditam que é um evento raro e não acontece com quase nenhuma outra organização.

Outro problema é o isolamento dos executivos da realidade diária das organizações. Alguns sequer conhecem todas as instalações da companhia. Quanto mais alto o cargo dos executivos, mais isolados eles se tornam. Isso não é bom interna e externamente. Eles perdem a sensibilidade com a realidade. Ruim em tempos normais, o isolamento torna-se crítico, para não dizer perigoso, em momentos de crise.

"*Executivos top não precisam se debulhar em lágrimas e arrancar os cabelos quando algo de ruim acontece. Entretanto, a falta de emoção pode ser desastrosa*" numa crise (COHN, 2000, p. 76). Dezenhall e Weber (2011, p. 36) dizem que

> *deixar uma companhia numa crise sem um líder (nos casos em que a crise envolve o líder e é preciso afastá-lo) acabará por empurrá-la mais fundo na crise. Esse não deveria ser o objetivo de uma empresa sitiada para satisfazer a voracidade da mídia e dos especialistas de negócios, que são notórios por equiparar drásticos gestos de autoflagelação com boa gestão de crise.*

Uma empresa não precisa se imolar para responder à crise sob pressão da imprensa. Por isso, o afastamento do presidente da Vale, Fabio Schvartsman, passado pouco mais de um mês da tragédia de Brumadinho, foi bastante questionado, porque ele estava no comando da grave crise da empresa. Afastá-lo, entendem muitas pessoas, significou começar tudo de novo e, admitia-se na época, ele não estava atrapalhando as investigações. Ao contrário.

Os tempos estão mudando. Boa notícia: há alguns sinais indicando que os CEOs reconhecem a urgência de agir como modo de preservar a própria reputação e a da empresa, simbolicamente demonstrando liderança.

Mas, afinal, o principal líder da empresa sempre deve assumir o comando da crise? Não. Na maioria dos casos, embora a liderança maior seja sempre do principal executivo, quem comanda a reação à crise é o coordenador do comitê de crise. Com isso, o executivo principal fica menos sobrecarregado para tocar os negócios da organização.

OS BONS CONSELHEIROS

Basta estourar uma crise na empresa e aparecem conselheiros e assessores dispostos a ajudar o "chefe" a solucionar o impasse. Cada um tem uma história, do tempo em que administrou a própria crise. E o CEO, atribulado pela crise, pressionado pela

---

[2] Welcome to the crisis era. Are you ready? Disponível em: https://www.pwc.com/gx/en/ceo-agenda/pulse/crisis.html. Acesso em: 19 mar. 2019.

mídia, pelos acionistas, pelos sócios, acaba envolvido por esses interlocutores ávidos por aparecer num momento de instabilidade. Alguns até torcem para dar errado, comprometidos com outros projetos políticos ou de poder na organização.

Nas crises, o executivo deve se cercar de poucos interlocutores. Aparecem conselheiros que nunca colaboraram com a organização em tempo de calmaria. Por que só apareceram agora? A maioria são maus conselheiros. Não entendem de gestão de crise, nem entendem de mídia. Mas continuam como observadores e gostariam de opinar sobre a crise. Eles sempre têm a solução. Quando não, indicam consultorias prontas para resolver qualquer tipo de crise. Nem sempre a solução reside nas consultorias. O Antonio Palocci, ex-ministro da Fazenda do Brasil, cercou-se de consultorias nas duas crises graves que enfrentou. E caiu nas duas. Os fatos foram mais fortes do que a estratégia das consultorias.

Um exemplo de maus conselheiros ficou evidente no célebre episódio em que o presidente Luiz Inácio Lula da Silva, do Brasil, bateu de frente com o jornalista Larry Rohter, do americano *The New York Times*, em 2004. Diante de uma pequena reportagem no jornal, de autoria de Rohter, sobre os supostos hábitos etílicos do presidente, o governo brasileiro tomou uma decisão radical: não renovar o visto do jornalista, que estaria vencendo. Mas antes, no fim de semana, sem que o presidente Lula soubesse, Luiz Gushiken e André Singer "*elaboraram uma nota violenta à imprensa contra o jornalista do* The New York Times, *o que deu maior dimensão ao assunto*".[3]

Segundo o jornalista Ricardo Kotscho, então porta-voz do governo, "*o presidente ficou bravo [...], foi ficando irritado*" com a leitura do artigo, e "*alguém lembrou que o visto de Larry Rohter estava vencendo; queriam tomar alguma providência contra o cara. Aí eu falei: 'Não, vamos mandar uma carta para o jornal'*". Kotscho foi voto vencido. Ele confessa que ficou em minoria, e o presidente acatou o conselho errado. "*Eu descobri que o Larry Rohter era casado com uma brasileira e, portanto, não poderia ser expulso [...], mas se criou um clima de crise por uma coisa que não merecia radicalização*".

Aquela notícia não tinha merecido grande destaque fora do Brasil. A não renovação do visto teve repercussão internacional e obteve espaço desnecessário. Resultado: protestos de associações de classe nacionais e internacionais, a imprensa criticou e o jornalista, como previsto, acabou não sendo expulso. Faltou, no limiar daquele episódio, diante do possível *stress* do presidente, o conselheiro adequado, o interlocutor certo, que prevenisse o presidente sobre a decisão errada. Prevaleceu o conselho dos assessores precipitados, os áulicos sempre prontos para dar palpite, sem avaliar as consequências jurídicas e a repercussão da decisão do presidente. O ministro da Justiça, Márcio Thomaz Bastos, experiente e "*que sempre foi o cara dos panos quentes*", estava no exterior e certamente o presidente não foi aconselhado pelas pessoas certas. Resultado: uma crise política, sem necessidade.

Para ajudar na gestão das crises, devem-se utilizar equipes pequenas, não mais que dez pessoas com competências variadas, mas abrangentes, na organização. O líder deve ter um grupo de absoluta confiança. Nas crises, ouvir mais de uma opinião e não se deixar levar por reações emocionais, desprovidas de bom-senso. Ouvir pessoas

---

[3] Depoimento de Ricardo Kotscho no livro *No Planalto, com a imprensa:* entrevistas de secretários de imprensa e porta-vozes – de JK a Lula (SINGER et al., 2010, p. 436).

que conhecem profundamente a corporação. Livrar-se dos maus conselheiros é uma virtude do líder que sabe comandar na crise e valorizar aquilo que mais importa para sua decisão. O tema equipe de crise será detalhado adiante.[4]

Tópicos-chave

- ✓ Líderes fortes e corajosos focam no que é melhor para o país ou para a organização, não para obter ganho político ou pessoal.
- ✓ Nas crises, os líderes autênticos confiam em quem entende e, por isso mesmo, erram menos.
- ✓ Crises mais profundas, como a que atingiu a economia nos últimos anos, ou ameaças graves à reputação da organização requerem decisões contínuas e arrojadas.
- ✓ Liderança não é algo que se resgata na hora da crise. Líderes são forjados ao longo do tempo.
- ✓ Embora sujeito a erro e sem conhecimento das respostas mais corretas, o líder forte está preparado para assumir o risco nas crises.

---

[4] Quem tiver oportunidade, quando for a Londres, deve visitar o Churchill War Rooms, museu instalado no antigo *bunker* de Winston Churchill, durante a Segunda Guerra Mundial, localizado na área de Westminster. O Gabinete de Crise da guerra começou a operar em 1939. Ali foram recuperadas e reproduzidas todas as instalações e salas onde ficava escondido o alto comando do Reino Unido, durante o conflito. Em uma das salas, há 21 cadeiras, onde se reunia o grande Gabinete de Crise, para discutir as ações decisivas tomadas pelo Reino Unido na guerra. Mas as decisões mais estratégicas, segundo apuramos, eram tomadas em outro Gabinete de Crise composto somente de oito pessoas. Churchill, junto com o presidente dos EUA, Franklin Roosevelt, que tinha uma linha direta com o primeiro-ministro britânico, tomou a decisão de invadir a Normandia com esse pequeno grupo. Poucas pessoas sabiam das decisões mais estratégicas.

11
COMITÊ DE CRISE

Existem muitas dúvidas das organizações sobre a necessidade e oportunidade de instalar um comitê de crise. Talvez essa seja uma das questões mais recorrentes nos treinamentos. Na maior parte das vezes, há a ideia de que o comitê ou gabinete de crise deve ser instalado tão logo surja uma crise grave. Errado. Não se deve esperar o surgimento da crise para constituí-lo.

Crises têm o potencial de provocar instabilidade na gestão; ruptura com a normalidade; um certo frenesi na mídia; ou desestabilização dos clientes. Em certos casos, podem até causar pânico na população – uma crise de abastecimento, o risco de uma barragem romper, por exemplo. Portanto, em plena crise, não é a hora ideal para começar a montar uma equipe de gerenciamento ou para pensar em estratégia operacional e de comunicação. São todas ações precedentes à crise. A principal missão do comitê de crise é estar preparado para a eventualidade de um fato que leve à crise e comandar a operação de reação ela. O comitê dá o norte para a empresa naquele momento, tendo o poder de decidir a maioria das ações, dependendo da delegação atribuída pela diretoria.

Entretanto, embora seja considerado o "cérebro" da organização numa crise, o comitê buscará sempre o consenso do que deve ser feito. Cada membro dessa equipe tem um papel destacado na hora da crise. Idealmente, segundo alguns especialistas, três a cinco pessoas formam o "cérebro" do comitê. A primeira função do comitê é definir as normas e poderes; como ele irá funcionar, antes da ocorrência de crises. Fixar até mesmo quem tem poder de decidir, no caso de não haver consenso para determinadas ações, principalmente na parte operacional.

A prática de equipes de crise vem dos americanos, principalmente na década de 1980, a partir das crises ocorridas com multinacionais. Entre outras, o acidente que redundou no vazamento de 40 milhões de litros de petróleo, na costa do Alasca, pelo petroleiro Exxon Valdez em 1989 (*Case* 18). E o caso da Johnson & Johnson, com o envenenamento de cápsulas do Tylenol, em 1982 (*Case* 3). Para administrar situações críticas, as empresas instituíram comitês de crise, grupo interdisciplinar de pessoas, ligados ao principal administrador ou ao conselho de administração, com poder de decisão para ações estratégicas. Esse time de profissionais é acionado tão logo ocorra algum acontecimento negativo, capaz de ameaçar o negócio ou a reputação da organização, com risco de provocar repercussão negativa na opinião pública.

Por que um comitê? Porque gerenciar crise não é uma atividade para ser conduzida, isoladamente, pelo CEO nem pela diretoria. Além da necessidade de atenção prioritária, quando ocorre uma crise os demais membros do *board* da organização têm funções específicas, e a crise exige foco. Demanda um trabalho especializado, sob tensão e *stress*. A não ser nos casos mais graves, a diretoria não tem tempo nem disposição para gerenciar a crise, tomar decisões rápidas e executar estratégias de comunicação. Além disso, o comitê de crise assume funções de atualizar procedimentos para manter a empresa informada e preparada para cenários diversos, algo que foge à pauta da diretoria.

O comitê de crise se constitui de pequeno grupo de pessoas com cargos estratégicos na organização, reunidos com uma missão específica: ajudar a planejar e administrar crises da corporação ou do governo. O comitê de crise dá o caminho para os executivos e empregados agirem durante o evento; possibilita à empresa ou às autoridades cuidar da crise, sem se descuidar do negócio, preservando o *core business*, naquele momento difícil. Ele também prepara material para utilizar nas crises com antecedência; busca apoio e opiniões para solucionar a crise, fora da organização; procura recursos adicionais para identificar vulnerabilidades e desenvolver planos para prevenir e neutralizar eventos negativos. E, principalmente, fornece material, centraliza e supervisiona todo o discurso da empresa produzido para explicar a crise, inclusive as entrevistas dos porta-vozes. Funciona como um anteparo na estrutura da empresa para enfrentar as crises. Daí sua importância.

O comitê de crise deveria ser um dos mais importantes colegiados para discutir e aprovar o plano de contingência. Não precisa ter uma estrutura formal, com remuneração específica ou horários rígidos. Ele precisa existir formalmente, mas sem interromper as atividades normais dos membros, nos cenários de calmaria. A qualquer momento pode ser acionado. Mas há algumas premissas para o sucesso de um comitê de crise: grupo reduzido de pessoas; agilidade, autonomia, liberdade de ação, ousadia e disponibilidade. Poucas pessoas facilitam a tomada de decisão.

QUEM FAZ PARTE DO COMITÊ

O comitê ou gabinete de crise é o fórum mais importante da organização para coordenar a gestão da crise. Deve contemplar as áreas-chave. Embora a configuração seja diferente de uma empresa para outra, algumas áreas têm cadeira cativa no comitê. A primeira definição da diretoria da empresa deve ser o coordenador do comitê. Um cargo-chave na política de gerenciamento de crises.

Como se compõe o comitê de crise? Recomenda-se: presidente da organização (CEO); coordenador do comitê (vice-governador ou secretário, vice-presidente da empresa, secretário-geral ou diretor);[1] um porta-voz, que pode ser ou não o coordenador,

---

[1] Em dezembro de 2012, diante da crise de segurança provocada pelo atentado na Sandy Hook Elementary School, em Newtown, Connecticut, nos Estados Unidos, com a morte de 20 crianças e seis adultos, o presidente Barack Obama resolveu enfrentar o *lobby* das armas. Criou um comitê de crise para apresentar um projeto de restrição à compra de armas, sob o comando do vice-presidente Joe Biden; em novembro de 2008, no auge da crise econômica, Obama criou um Comitê de Recuperação Econômica, sob o comando de Paul Volcker, ex-presidente do Federal Reserve (FED).

dependendo do preparo para interagir com a mídia; esse porta-voz deveria ter um substituto para o caso de qualquer impedimento; representante da área operacional diretamente relacionada com a crise; diretor ou coordenador de comunicação ou assessor de imprensa (relações-públicas); serviços jurídicos; recursos humanos; e a área de segurança e inteligência.

Não há consenso quanto à participação do presidente (CEO), do auditor ou do chefe da controladoria da empresa, no comitê; nem de consultoria externa. Esta deveria ser incorporada à equipe de crise, eventualmente, mas não como membro permanente. Em certos casos, incorpora-se também a assessoria parlamentar. O contador ou *controller* seria chamado no caso de ameaças à propriedade ou para acelerar a liberação de recursos, em caso de necessidade. O representante da empresa contratada para assessoria de comunicação, naturalmente, irá se incorporar à equipe de crise, em casos graves, quando as estratégias dependam também dessa opinião. Se a empresa tiver interesses no exterior, o comitê deve ter pessoas com habilidade nos idiomas daquele país.

Alguns analistas questionam o papel do advogado no comitê. A melhor hora para sua presença seria no estágio de planejamento da crise. Leighton e Shelton (2008) são categóricos: se há alguém na organização que possa potencialmente jogar por terra a comunicação essencial durante uma crise, incorpore-o somente no estágio de planejamento. Outros admitem o melhor momento para trazer o advogado no estágio do plano de comunicação da crise. Trabalharia junto com a comunicação. Mas não é o que a prática tem mostrado, pelo menos no Brasil. Discordamos dessa linha de orientação. Não há como prescindir, em nenhum momento, da área jurídica no comitê de crise.

O presidente, numa crise grave, deve integrar o comitê, mas ele não precisa fazer parte do dia a dia. Alguém precisa conduzir a empresa naquele momento de instabilidade. Nas crises de longa duração, que demandam muita ação operacional, o CEO não deve se envolver em tempo integral no comitê. Ele sabe tudo o que acontece, mas não precisa ser membro permanente.

Pode haver outra leitura, a ser avaliada pela empresa. A presença do principal executivo no comitê, em crises graves, demonstra o compromisso da empresa na situação. A participação ativa dele, até mesmo com a presença na mídia, pode ser importante para assegurar à audiência que decisões estratégicas sejam tomadas com o respaldo da alta administração. Um vice-presidente com presença e força pode também fazer esse papel. Entretanto, a participação do presidente (CEO) nos planos de crise, pelo menos nos encontros anuais ou semestrais, valoriza o papel desse colegiado para a organização e é imprescindível.

Alguns autores separam a equipe de crise em três segmentos: altos executivos, grupo de apoio (especialistas, técnicos, gerentes de qualidade, recursos humanos e meio ambiente) e o pessoal da comunicação, esta uma área fundamental em qualquer tipo ou dimensão de crise. Nenhum deles é mais importante do que o outro. São missões específicas, mas integradas.

Definir os integrantes desse comitê é uma das respostas para a crise, mas não no momento em que acontece, e sim antes. O comitê de crise sinaliza os pontos vulneráveis da organização e, com isso, define objetivos, estratégias e táticas para enfrentar a situação. A criação do comitê sinaliza a sensibilidade da empresa para situações que possam ameaçar a imagem. Mas, mais importante do que isso, prejudicar os *stakeholders*. A preocupação com os *stakeholders* deve sempre ser o primeiro argumento para a proatividade da instituição numa crise.

Formação ideal do comitê: poucas pessoas (entre 5 e 12), conhecedoras da organização, corajosas, empreendedoras, arrojadas, com poder de decisão em situações de pressão e *stress* e disposição para prestar esclarecimentos rapidamente, com desenvoltura e clareza, com treinamento em *media training*. Em época de calmaria, um grupo quase virtual, em constante estado de alerta, pronto para entrar em ação, tão logo ocorra uma crise ou o cenário aponte para essa perspectiva.

16. WTC – a ousadia do verdadeiro líder

O atentado de 11 de setembro de 2001 tem um exemplo, meio esquecido, de líderes que tomam decisões na hora da crise com coragem, determinação e responsabilidade. Nesses momentos de crises graves, em que os dirigentes são surpreendidos e ficam batendo cabeça, aparecem mentes lúcidas, executivos ousados que acabam tomando as decisões mais importantes. É o caso de Ben Sliney, chefe do controle aéreo dos Estados Unidos, no dia 11 de setembro. Era o primeiro dia de trabalho do novo controlador-chefe, que pode ser colocado hoje na galeria dos heróis nacionais daquela tragédia.

Ele recebeu um comunicado de outra heroína, a aeromoça Betty Ong, comissária que avisou a American Airlines de que o voo 11 tinha sido sequestrado: "Ninguém atende o telefone na cabine do piloto. Alguém foi esfaqueado na classe executiva e estamos com dificuldade para respirar aqui na executiva, eu acho que usaram spray de pimenta, ou algo. Não conseguimos respirar, mas eu acho que estamos sendo sequestrados", disse a comissária para o controle da sua empresa.

Ao receber a informação de Betty Ong, repassada por Ben Sliney, sem consultar qualquer autoridade, até porque o presidente Bush estava incomunicável, tomou a ousada e corajosa decisão de interromper todo o tráfego aéreo do país.

"Havia 4 mil aviões no ar. Tinha uma ameaça, mas os Estados Unidos não sabiam o tamanho da ameaça." Ele então ordenou que todos os aviões no ar aterrissassem e nenhum aparelho em terra poderia decolar. A intenção era só deixar no ar os aviões dos terroristas. Foi a primeira iniciativa lúcida daquela manhã.

Mas nas torres de controle dos aeroportos americanos, ainda sem saberem a extensão dos ataques e quantos aviões haviam sido tomados, fazia-se a seguinte pergunta: onde estão nossos soldados?

Dois caças F16 receberam ordem de partir para Washington, a fim de defender a capital. Como ocorreu isso? Ao ouvir a mensagem de um terrorista, que por engano havia apertado o botão errado, o controlador de voo Peter Zalewski reportou o sequestro do avião para o Setor de Defesa Aérea Noroeste (Neads). O órgão mobilizou jatos da Força Aérea para localizar e seguir o avião da American Airlines. Isso ocorreu às 8h37. Mas os pilotos foram treinados para se defenderem do inimigo que viesse pelo mar. E nessa direção eles voaram. Ou seja, seguiram os procedimentos da Guerra Fria, em que o inimigo vem de outros continentes.

> *Na Flórida, o presidente Bush foi avisado pelo seu staff do tamanho da encrenca, quando estava numa escola pública, escutando a leitura de crianças. O olhar estupefato de Bush, no momento em que recebeu o aviso, flagrado por um canal de televisão, é daquelas cenas históricas antológicas, que entram para o tragicômico anedotário mundial. É um olhar de espanto e insegurança, ao mesmo tempo. Não era uma atitude que desse confiança aos milhões de americanos atingidos pela tragédia.*

A dimensão do comitê não pode atrapalhar a agilidade na tomada de decisão, a troca de ideias e preocupações nesse momento. Mais importante que isso: o coordenador do comitê de crise precisa ter autonomia, poder de decisão, suporte e confiança da diretoria para comandar e determinar ações difíceis e ousadas, na hora certa. Além disso, necessita ter alta credibilidade e respeito entre os pares. Deve ser um líder, com bom trânsito na empresa, boa imagem, ser bem-aceito pela corporação e exercer autoridade sobre os demais membros do comitê. Ele responde à diretoria pelas ações do grupo. Dele depende o sucesso na gestão da crise. Em resumo, uma equipe enxuta, de alto nível, suficiente para se envolver na dimensão e na complexidade de uma grave ameaça ao *core business* da instituição.

A organização deve saber que existe um comitê de crise, a quem deve se reportar, por mecanismos ágeis, tempestivos e eficientes, quando houver qualquer ameaça à imagem ou à preservação dos negócios. E isso a qualquer hora do dia ou da noite, incluindo fins de semana, feriados. Principalmente as crises que possam repercutir na mídia. Deve ter uma ou duas pessoas com excelente relacionamento com a mídia. Consultores externos (quando houver) devem ter também relacionamento estreito com o diretor de comunicação. As principais ações em relação à mídia, como imprensa, publicidade, internet, redes sociais e outras áreas, além da comunicação interna, devem ser centralizadas nesse diretor (DUARTE, 2010, p. 400).

FUNÇÕES DO COMITÊ DE CRISE

Formular, revisar, aprovar e divulgar internamente o plano de gerenciamento de crises da organização, juntamente com todas as áreas envolvidas no plano de contingência; redigir o manual de crises, se necessário; coordenar e avaliar as auditorias de crise ou de vulnerabilidades, estabelecendo as prioridades; determinar os objetivos, estratégicos e táticos, de gestão de crises da organização; tomar decisões, assumindo responsabilidades, com o respaldo da diretoria, obedecendo às normas da boa gestão da crise, como transparência, rapidez e proatividade; escolher e coordenar o treinamento de porta-vozes para eventuais crises; coordenar o treinamento e conscientizar o público interno para a importância da gestão de crises, assegurando-se que o tema é tratado como área prioritária dentro da organização; manter o CEO, a diretoria e a gerência média da organização informados, dando *feedback* e assessoria sobre temas relacionados com crises corporativas. Finalmente, cabe ao comitê de crise acompanhar eventuais treinamentos ou simulações de crise na empresa (feitos pela área de Gestão de Pessoas, pelas áreas operacionais ou pela Comunicação).

Segundo Leighton e Shelton (2008, p. 28), o mantra da comunicação de crise é preocupação, alívio e tranquilização (reconciliação). Para eles, uma equipe de crise precisa ser inteligente, ágil, alerta e acessível. "*Um time que precisa ter autoridade absoluta e não ter medo de dizer aos demais membros da diretoria o que deve ser feito.*"

Fala-se muito em comitê de crise quando se discute gestão de crises. Formar um comitê ou gabinete de crise soa, às vezes, como panaceia para solucionar todas as crises. Não é bem assim. A maioria das crises, de pequena monta, não precisa de um comitê para ser resolvida. Há outros fatores mais importantes, como a organização conhecer as crises potenciais e ameaçadoras; ter gestores proativos, decididos e transparentes; manter os empregados informados sobre eventuais riscos e um relacionamento franco, respeitoso e profissional com a imprensa. O comitê é o fórum adequado e recomendável nas crises, mas ele sozinho não soluciona a crise.

UM TIME PARA JOGAR JUNTO

Não há plano de crise ou comitê que funcione sem informações e comunicação. Nesse caso, o primeiro item são os contatos das pessoas que decidem na empresa e de todos os membros do comitê de crise. O cadastro desses participantes, sempre acessado por todos os membros da empresa cadastrados, deve conter todas as informações para uma localização rápida e a qualquer tempo, inclusive à noite, nos fins de semana e feriados, do empregado: nome e sobrenome; cargo na empresa; função na equipe de gerenciamento de crises; telefones (residencial, celulares, telefones de parentes próximos que o empregado frequenta); *e-mail*; e endereços do Skype e de todas as redes sociais de que participa.

A lista de emergência da equipe de crise inclui todos os dados pessoais. São empregados (e não terceirizados) que serão chamados a trabalhar na Central de Crise e Emergência, no caso de uma crise grave, e foram treinados para esses acontecimentos. Cada membro desse comitê deve saber exatamente suas responsabilidades na hora da crise.

Existem executivos, diretores e gerentes que nos fins de semana somem. Nem a família encontra. Quem assume um cargo de relevo deve estar ciente de que a privacidade, a partir daí, passa a ser limitada. Não há como um gestor de organização pública ou privada, no mundo de hoje, da comunicação instantânea, sumir num fim de semana, a ponto de não ser encontrado. Ele pode ter o direito de estar sozinho, com a família ou os amigos. Mas não pode estar fora do ar.

Esse é o preço pago para desempenhar o cargo. Jamais a organização poderá deixar de tomar alguma decisão, principalmente numa situação de crise grave, porque o CEO ou o diretor da área não foi encontrado. Está descartada essa hipótese. Lembre-se do que fez o diretor-geral de controle de voo (cargo que não existe no Brasil) dos Estados Unidos Ben Sliney, em 11 de setembro de 2001 (*Case* 16). Ele determinou por conta própria, sem anuência prévia do presidente, da secretária de Defesa ou de ministros, que todos os aviões americanos no mundo aterrissassem. Deu uma lição do que deve fazer numa situação grave o gerente da crise. Se alguém costuma ir para um lugar onde não há sinal de celular, as comunicações são precárias e o acesso é difícil, deve deixar alternativas para poder ser procurado e encontrado, se necessário. Em último caso, esse executivo deve ter um substituto à altura que possa assumir e tomar decisões em seu nome.

Tópicos-chave

- ✓ O comitê, ou o gabinete de crise, é o fórum mais importante da organização para coordenar a gestão da crise.
- ✓ O comitê dá o norte para a empresa nas crises, tendo o poder de decidir a maioria das ações, dependendo da delegação atribuída pela diretoria.
- ✓ O comitê de crise sinaliza os pontos vulneráveis da organização e, com isso, define objetivos, estratégias e táticas para enfrentar a situação adversa.
- ✓ O coordenador do comitê de crise precisa ter autonomia, poder de decisão, suporte e confiança da diretoria para comandar e determinar ações difíceis e ousadas, na hora certa.
- ✓ Formar um comitê ou gabinete de crise soa, às vezes, como panaceia para solucionar todas as crises. Não é bem assim.

12
COMO TRATAR A QUESTÃO JURÍDICA

A área jurídica de uma empresa, junto com a Comunicação, talvez seja a mais presente no momento das crises corporativas. A primeira resposta de alguns executivos, quando acuados pela imprensa com reportagens negativas, é ameaçar processar o autor das denúncias ou o veículo de comunicação. Não é uma boa resposta. Demonstra, a princípio, que o acusado não conseguiu explicar direito a crise e acaba adotando uma reação radical, mas extremamente negativa. Geralmente, se alguém ameaça processar, é porque não vai fazê-lo ou porque não tem explicação consistente. Principalmente, se tiver culpa no cartório. E a maioria dos advogados não recomenda processos contra jornalistas.

Esse também é um "calcanhar de Aquiles" dos assessores. É um direito de qualquer cidadão processar publicações por reportagens nas quais se sinta ofendido, caluniado ou prejudicado. Muitas vezes, é uma reação emocional, na prática não concretizada. Quem realmente se sentir ofendido com calúnias ou difamação deve recorrer à experiência de pessoas que já entraram na Justiça e verificar se vale a pena. Até porque o preço de uma decisão de processar jornalista ou veículo de comunicação pode ser bastante alto.

Você irá se transformar em alvo daquele jornalista e sua vida estará constantemente sob os holofotes. Estamos falando de executivos ou pessoas públicas em evidência. Não que todo jornalista, a princípio, tenha espírito de vingança. Mas, do ponto de vista prático, se a explicação ou resposta sobre o conteúdo negativo de uma reportagem é convincente, não há por que o caso descambar para a área jurídica.

Recorrer à Justiça, portanto, deve ser o último recurso para solucionar a pendência. Sempre que uma reportagem ou nota for publicada com erros ou as fontes se sentirem ofendidas pelo conteúdo da matéria, há possibilidade de recorrer à Justiça. Mas prepare-se. As ações na Justiça costumam levar cinco, dez anos.

A via da negociação com a publicação onde a matéria foi reproduzida é ainda o caminho mais recomendado. Cartas, telefonemas, nota à imprensa são mecanismos que podem reposicionar a parte atingida. Facilita utilizar esse recurso o fato de já existir um relacionamento duradouro e profissional com a imprensa. Em último caso, se o jornalista que fez a matéria não aceitou ou não deu atenção à sua reclamação, há a alternativa de recorrer ao chefe dele, o editor. Se este não resolve, procure o diretor de redação e, assim, sucessivamente. Esgotados todos os meios de reparação, a Justiça seria um último recurso.

Se a reportagem é muito ofensiva, errada ou desprezou informações que amenizariam o enfoque negativo; se a imprensa não publicou sua resposta nem dá demonstração de publicá-la, a via Jurídica continua sendo uma alternativa. Esse contencioso, porém, será uma longa batalha. Se tiver fundadas razões, poderá ganhar a parada. Mas terá que conviver por anos com uma boa dose de paciência e, por vezes, de pressão.

CUIDADOS NA HORA DA RESPOSTA

A rapidez e a presteza em dar todas as informações numa crise grave não prescindem dos cuidados com os aspectos jurídicos que envolvem a exposição da empresa em hora difícil. O rito jurídico, em geral, conflita com a ansiedade da área de comunicação em informar rapidamente a imprensa. Essa pressa, natural para quem corre sempre contra o tempo, contrapõe-se ao formalismo da área jurídica, por tradição mais lenta e ciosa na hora de tornar pública a posição da empresa, muitas vezes negativa.

Javier Puig (apud DUARTE, 2010, p. 405), empresário e especialista espanhol em administração de crises, diz que, *"muitas vezes, os advogados querem ser 'legalistas' demais e vão contra a primeira regra da gestão de crise que é a rapidez e a transparência"*. Ele defende o entendimento das duas áreas, a fim de preservar a empresa e, ao mesmo tempo, não perder a oportunidade de dar a versão da organização. *"O que se quer fazer é aprender a trabalhar juntos."*

> *O desafio dos líderes de uma organização em processos de crise é saber combinar ao máximo as diferentes perspectivas envolvidas nessas situações. Não é necessário perder toda a credibilidade pública apenas para salvaguardar interesses jurídicos. Do mesmo modo, não adianta nada jogar apenas para a "plateia", criando nós jurídicos que mais tarde irão custar caro e desestabilizar a empresa quando a onda da crise passar* (ROSA, 2001, p. 180).

Administradores inexperientes ou arrogantes, diante de ataques da imprensa, se precipitam e determinam "apuração rigorosa" de quem deixou vazar a informação – fato que pode ser secundário no caso da crise – ou processar o jornalista ou suas fontes. Essas atitudes servem mais para desviar o foco do que para melhorar a relação com a imprensa e a reputação da pessoa ou da organização. Soam mais como *jus sperneandi*, uma forma de colocar cortina de fumaça sobre fatos difíceis de explicar.

E quando a publicação erra, comete injustiça, calunia, distorce a reportagem sobre a crise e redunda em prejuízo à imagem de pessoas ou instituições? Quando a publicação mente ou força versões, atingindo injustamente alguém, deve-se adotar postura muito firme na resposta e, se assim recomendar a área jurídica, adotar procedimentos na Justiça.[1]

---

[1] Caio Túlio Costa (1996, p. 100) diz que *"uma das coisas que as democracias não resolveram até hoje é o problema do direito de resposta. Mesmo quando fizeram, foi de forma parcial, e contra o leitor. [...] O problema existe, é irrefutável e até hoje permanece como tabu na indústria jornalística".*

Na prática, processos judiciais contra jornalistas, órgãos de imprensa e até fontes da reportagem pouco adiantam para melhorar a reputação. Servem mais para dar satisfação imediata ao público interno, criar um "factoide"[2] para os eleitores e fazer jogo de cena para a mídia. Salvo raras exceções, a solução do processo é demorada. Só se obtém o direito de resposta após uma longa batalha jurídica. Os leitores não lembram mais da notícia original da demanda. Raras exceções acontecem em período eleitoral, quando a Justiça é um pouco mais rápida no direito de resposta, exatamente porque a ofensa ou erro pode prejudicar o candidato.

Experientes advogados e jornalistas desaconselham, portanto, ajuizar pelo direito de resposta, por erros menos graves. Abre-se um contencioso com o jornalista ou empresa de Comunicação, sem retorno imediato. Ainda se adquire um desafeto que não deixará a fonte ou a organização em paz enquanto durar a ação. Mas essa não é uma regra dogmática. Depende muito do caso e da extensão do estrago provocado pela notícia. Cada caso deve ser muito bem estudado e nenhuma atitude deve ser tomada sob emoção ou por motivação política.

COMUNICAÇÃO E ÁREA JURÍDICA

É possível as duas áreas – Comunicação e Jurídica –, embora com *timing*, linguagem e às vezes objetivos diferentes, trabalharem juntas para preservar a imagem da instituição? Não apenas é possível, como recomendável. É sempre uma parceria para ser preservada, na hora de responder pautas complicadas. A área jurídica tem a vivência e a capacidade de ver problemas legais despercebidos pelo pessoal da comunicação. A comunicação, por seu lado, conhece o público, sabe as manhas da mídia e como trabalhar para clarear pautas que, às vezes, parecem muito difíceis de resolver.

A cooperação entre o setor jurídico e o administrador de crise não é apenas um ideal a atingir; deveria ser rotina nos momentos difíceis. Não há como fugir de uma realidade: na hora de definir a estratégia de gerenciar a crise, você deve sempre defender o que é legal. A chave é agir sem dar a impressão de que a organização tem o complexo do avestruz. "*O melhor caminho para evitar impasse nas diferentes recomendações, que podem surgir entre o coordenador da crise e os advogados, é trabalhar juntos antes que qualquer crise surja.*" Para Bernstein, quando a crise estourou, não fazer nenhum encontro para decidir ações sobre a crise sem que ambos os lados (gerente de crise e jurídico) estejam juntos na sala. Até porque a área jurídica tem cadeira cativa no comitê de crise (BERNSTEIN, 2011, p. 98).

Deve-se ter cuidado também com recaídas ditatoriais. Vez ou outra, um administrador impede que internamente haja qualquer exposição, por qualquer tipo de mídia (internet, intranet, *blogs*, TV corporativa, rádio, jornais internos), sobre a crise da organização. Além de poder trazer problemas legais, isso é uma insanidade. Como abafar internamente, na sociedade conectada em que vivemos, ou impedir os empregados de ficar sabendo das mazelas da corporação? Censurar o *clipping*, além de ridículo e inviável na sociedade atual, é prática do passado. Dos regimes ditatoriais.

---

[2] Fato divulgado com sensacionalismo pela imprensa, mas sem fundamentos que o justifiquem.

Bernstein (2011, p. 100) admite que a relação entre jurídico e administrador de crise, o que implica a comunicação, não é fácil. O conservadorismo e o sigilo preconizado pelos advogados pode até ser uma ação precavida para eventual processo. Mas há uma terrível verdade nas crises que os advogados muitas vezes odeiam conhecer: *"Você não está administrando somente o sistema legal. Você está também administrando a opinião pública, e sua organização pode ser induzida pela mídia a ser considerada culpada pelo público, bem antes do dia em que ela esteja na Justiça".* Se a sua crise é realmente ruim para a empresa, pode ter certeza de que irá ter ampla cobertura da mídia. E não é problema do advogado, mas dos profissionais de Relações Públicas.

O PORTA-VOZ ERRADO

No Brasil, nos últimos anos, principalmente após uma série de crises políticas, adotou-se a prática equivocada de transformar os advogados em porta-vozes. A moda pegou tanto, que até marginais, traficantes, assassinos ou fraudadores mandam os advogados darem entrevistas. Não raramente, no exterior, também advogados enfrentam câmeras e batalhão de jornalistas para explicar os deslizes de seus clientes.

Exemplo que teve ampla exposição midiática foi de Dominique Strauss-Kahn, ex-diretor do Fundo Monetário Internacional (FMI), acusado em 2011 de ter estuprado uma camareira no Hotel Sofitel, em Nova York. No auge da exposição, após ter sido libertado da prisão, mediante fiança milionária (a esposa pagou US$ 1 milhão para soltá-lo), diante do massacre da mídia americana, ele não deu qualquer entrevista durante a crise, nem usou o porta-voz do FMI ou assessoria particular. As explicações para a mídia, tanto das acusações nos Estados Unidos quanto na Europa, sempre foram dadas por advogados.

A boa prática da gestão de crises não recomenda o advogado ser o porta-voz.

> *A menos que ele seja extremamente talentoso e bem treinado em* media training. *E só em caso de necessidade. Quando surge uma crise na empresa, o público não quer ouvir o advogado. Todos sabemos que a função do advogado é defender a empresa de ações judiciais, assim, a presença do advogado na frente ou no centro dos acontecimentos negativos parece defensiva, o que você, certamente, não quer parecer numa crise. O melhor é impedir* statements *públicos por meio do jurídico. Não ponha ele ou ela na frente das câmeras* (BERNSTEIN, 2011, p. 41).

Um conflito entre a área jurídica e a Comunicação surgiu no caso dos grampos ilegais da multinacional HP, quando a CEO, Patricia Dunn, queria descobrir quem vazava informações confidenciais da empresa. As suspeitas recaíam sobre a diretoria e em certo momento abriu-se um conflito entre a área jurídica e a Comunicação. A investigação privada da HP, feita por ordem da presidente, sem que os demais diretores soubessem, acabou envolvendo ou expondo pessoas inocentes, que resolveram acionar a empresa na Justiça. A HP não queria dar munição aos procuradores que estavam investigando a empresa. Tudo isso dentro de uma crise grave de imagem.

No auge da crise, surgiu a tensão entre os advogados, que aconselhavam silêncio, e os comunicadores, que tendiam a recomendar transparência.

> Quem estava certo? Ambos estavam "certos" dentro do contexto das suas disciplinas; entretanto, cada crise tem sua própria especificidade para considerar. E compete ao líder da crise (usualmente o CEO) determinar em que circunstâncias silêncio-transparência, nos contatos com o público, deveriam cair (DEZENHALL; WEBER, 2011, p. 36).

Tópicos-chave

- ✓ Recorrer à Justiça deve ser o último recurso para solucionar questões com a imprensa. As ações na Justiça costumam demandar muito tempo. A via da negociação com a publicação é ainda o caminho mais recomendado.
- ✓ Rapidez e presteza em apresentar todas as informações, numa crise grave, não prescindem dos cuidados com os aspectos jurídicos que envolvem a exposição da empresa.
- ✓ Comunicação e área jurídica é sempre uma parceria para ser preservada, na hora de responder a pautas complicadas.
- ✓ A cooperação entre o setor jurídico e o administrador de crise não é apenas um ideal a atingir; deveria ser rotina nos momentos difíceis.
- ✓ Se a crise é realmente ruim para a empresa, pode ter certeza de que terá ampla cobertura da mídia. E não é problema do advogado, mas do relações-públicas.

17. A derrapada ética da Volkswagen

Em setembro de 2015, a fiscalização americana descobriu que a alemã Volkswagen enganava autoridades e clientes. A montadora foi acusada nos EUA de burlar os limites de emissões de gases poluentes, num escândalo batizado de "Dieselgate". Segundo a Agência de Proteção Ambiental (EPA), do governo americano, 482 mil veículos da montadora, com motores a diesel, violavam os padrões federais de emissão de poluentes. Os veículos foram fabricados entre 2009 e 2015.

O esquema foi estrategicamente mantido por quase uma década. Desde 2006, a Volkswagen ancorou a estratégia de vendas no mercado americano em uma categoria de carros que acabou sendo uma farsa. Foram anunciados como veículos clean diesel ou diesel limpo. Sob as marcas VW, Audi e Porsche, a VW lançou o sonho de qualquer ambientalista: carros de alto desempenho que conseguiam alcançar uma excelente economia de combustível e emissões tão completamente limpas que rivalizavam com as dos híbridos elétricos como o Toyota Prius. O programa se baseava numa farsa. Um software instalado na central eletrônica dos carros da Volkswagen alterava as emissões de poluentes nesses veículos, apenas quando eram submetidos a vistorias.

A princípio, o CEO da Volks admitiu que nunca soube dessa estratégia. A empresa insistiu que a fraude tinha origem num grupo de engenheiros, sem o consentimento da alta direção, versão que o mercado não aceitou. O escândalo levou à demissão do CEO da empresa, Martin Winterkorn, uma semana depois da divulgação, após reconhecer que a Volks errou: "Pessoalmente e profundamente, lamento muito que tenhamos quebrado a confiança de nossos clientes e do público. A Volkswagen não tolera nenhuma violação, nem de leis nem de normas." O CEO da Volkswagen nos EUA, Michael Horn, foi mais enfático e disse: "Ferramos tudo. Nossa empresa foi desonesta". A exemplo do que aconteceu com a Toyota, em 2011, a Volks foi intimada a dar explicações no Congresso americano.

Diante das evidências, a montadora admitiu que um dispositivo que altera resultados sobre emissões de poluentes (a EPA calcula que o os carros da Volks emitiam algo entre 10 e 40 vezes o limite legal permitido de óxido de nitrogênio) não foi usado apenas nos EUA, mas em 11 milhões de veículos a diesel em todo o mundo, em modelos de várias marcas pertencentes ao grupo. No Brasil, a Volkswagen anunciou recall de 17 mil unidades da picape Amarok, com problema semelhante.

Pelo tamanho da crise, que afetou a reputação, a imagem e o faturamento da empresa em vários países, pouco mais de um mês após o escândalo, dezenas de grandes acionistas do grupo VW decidiram processar a montadora em um tribunal alemão. Em meio a todo imbróglio, a fabricante anunciou um prejuízo de 1,3 bilhão de euros em 2015, tendo que separar 7,8 bilhões de euros para recomprar e reparar os veículos fora das legislações ambientais e mais 7 bilhões para cobrir custos com multas e processos legais no mundo inteiro.

Desde 2015 até o início de 2019, muito mais do que fabricar carros, a VW se voltou para montar, junto com advogados, peças jurídicas consistentes para enfrentar as ações judiciais que correm em todo o mundo contra a fabricante. Em quatro anos, a troca de comando em várias de suas unidades foi uma constante e a companhia continua patinando para recuperar prejuízos financeiros e reconstruir a reputação seriamente afetada por essa grave crise.

No total, até o início de 2019, o escândalo tinha custado à companhia 28 bilhões de euros em multas, pagamentos de remediação ambiental e ofertas para comprar de volta os carros – principalmente nos EUA, onde a Volkswagen resolveu um processo coletivo para mais de meio milhão de proprietários de carros e se declarou culpada. A conta nos EUA foi de 15 bilhões de dólares.

Essa crise da Volkswagen se enquadra numa área da gestão de crise relacionada com a ética empresarial. A empresa vendeu carros dizendo uma coisa e os consumidores, bem como as autoridades, foram enganados. Mas, pelo fato de ser uma crise diretamente relacionada ao meio ambiente, uma área cada vez mais sensível, em vários países, quando se avalia a reputação de uma grande corporação, não foi, portanto, apenas a ética atropelada pelos carros da VW, mas também o meio ambiente. Passados quatro anos do escândalo, até hoje a Volkswagen luta para recuperar a reputação e a confiança – seriamente comprometidas – baseadas na qualidade dos veículos que fabrica.

Parte V

COMUNICAÇÃO DE CRISE E RELAÇÕES COM A MÍDIA

13
POR QUE A MÍDIA GOSTA DE CRISE

Hoje, "*quando uma história vaza, nós não estamos falando sobre cobertura de mídia. Pessoas estão agora extravasando sua ira na internet, cuidadosamente ou de qualquer jeito*" (COHN, 2000, p. 114). A mídia não é o único canal para colocar sua crise na rua. Funcionários descontentes, competidores, cônjuges – todos com suas próprias agendas – podem ser o estopim da crise. O diretor da CIA, general americano David H. Petraeus, afastado em 2012 após confessar um *affair* extraconjugal, provou desse veneno.

Quem não compreende os bastidores da mídia ou não tem cultura de comunicação acredita que a imprensa só se interessa por notícia ruim, principalmente quando os personagens da notícia estão expostos a fatos muito negativos. Sob esse prisma, a mídia não estaria interessada em informações consideradas "boas" pelas fontes. Aliás, notícia "boa" precisa ser adjetivada. Enquanto notícia, no senso comum, seria o relato de acontecimentos, preferencialmente os negativos.

Há um equívoco nesse tipo de entendimento. É preciso entender a natureza da imprensa para também assimilar o conceito de notícia. Se o trânsito de uma cidade flui de maneira eficiente, o transporte público funciona, não há assaltos nem crimes, não existem filas em bancos ou repartições públicas, nada disso, por princípio, constitui notícia. Por quê? Essa seria a obrigação das empresas e do Estado para com os cidadãos e os clientes.

Mas, quando os ônibus estiverem parados, por *lockout* ou greve, o índice de assaltos ou homicídios aumentar, ocorrerem filas enormes nas agências bancárias ou um grave acidente congestionar o trânsito, tudo isso despertará o interesse da mídia. Notícia é o inusitado, o diferente, que interessa ao maior número de pessoas, por proximidade, dimensão, originalidade. Pode ser internacional (atentado ao World Trade Center) ou nacional (morte de uma pessoa famosa, como o arquiteto Oscar Niemeyer, ou alguma outra celebridade).

É preciso desmitificar a ideia de que a imprensa só se interessa pelo negativo, pelas mazelas, pelas crises. Na hora em que o governo, por exemplo, toma medidas a fim de acabar com as filas para pedir aposentadoria, no INSS, pela relevância para milhões de trabalhadores, será notícia em toda a mídia nacional. O cadastramento de aposentados, como forma de prevenir fraudes, é uma exigência do governo justificada e receberá amplo espaço da imprensa. Mas, se a medida colocar idosos em enormes filas nos bancos, também será notícia. O enfoque, certamente, não irá agradar ao governo.

> *O fato de que nós vivemos na era da transparência significa que nenhuma empresa ou organização está imune a uma ameaça de uma possível crise. Empresas tornaram-se casas de vidro em que nada permanece escondido* (ANTHONISSEN, 2008, p. 1).

A ERA DA VISIBILIDADE

Por que a crise atrai os jornalistas? A mídia explora as crises porque são fatos inusitados, fogem da normalidade, como vimos no conceito de crise, envolvem a imagem das organizações e despertam o interesse da audiência. Um pequeno problema ou uma simples história, sem afetar de forma radical a vida das pessoas, talvez passem despercebidos pela mídia. A não ser pelo interesse político. O Brasil só se interessou pelos depósitos mal explicados dos filhos de Jair Bolsonaro, em contas de contratados, na hora em que ele se tornou candidato a presidente. Caso contrário, ninguém iria atrás desse fato. No caso, entrou o componente político. O desmatamento da Amazônia sempre é notícia, tanto quando aumenta quanto no dia em que diminui, pelo amplo interesse internacional.

De uma coisa podemos ter certeza: as organizações, como as pessoas, serão notícia sempre que uma crise grave as atingir, dependendo dos componentes dessa crise: vítimas, tragédia, prejuízos, desemprego, desabastecimento, indenizações, *lobby* político, tráfico de influência, uso irregular do dinheiro público... A mídia vai atrás daquilo que dá audiência. Essa é a realidade do mercado da Comunicação em todo o mundo e irá sinalizar o prestígio, o preço da publicidade, medida pela audiência, e o valor das redes de Comunicação. Deve haver razões para a página do *The New York Times* na internet ter 300 milhões de visitantes mensais, mesmo com parte do conteúdo pago.

Para o escritor Timothy Garton Ash (2011, p. 13),

> *o primeiro dever do historiador e do jornalista é descobrir os fatos. Não é o único dever, talvez não seja o mais importante, mas é o primeiro. Os fatos são as pedras a partir das quais construímos caminhos de análise, os ladrilhos de um mosaico que encaixamos para compor imagens do passado e do presente.*

Mitroff (2001, p. 60-61) diz que "*as tecnologias da informação, tais como a internet, a televisão, as novas mídias desempenham significante papel na ocorrência das crises graves, como na maneira de conduzi-las*". Vivemos hoje no mundo da visibilidade total. Quando um executivo *top* da área de negócios diz "olhem para mim", aparecendo muito na mídia, querendo publicidade para seu produto ou promoção pessoal, as pessoas obedecem – tanto na hora das boas notícias quanto das más notícias. E não há por que ou como se queixar.

Quando as autoridades se queixam de que a mídia só tem atenção para as más notícias de suas empresas ou da vida pessoal, é bom lembrar de uma máxima atribuída ao escritor Mark Twain: "*Há um monte de coisas para falar a seu favor, mas a outra é mais interessante*". Essa ideia está no cerne do negócio da mídia hoje e sempre. É assim que a mídia age, quando há um escândalo ou um pequeno deslize de reputação de alto executivo ou de autoridade pública.

Hoje, a atmosfera instantânea da mídia leva a julgamentos apressados pelo público. Nós perdemos o sentido inocente e gentil da opinião pública. E isso fez as pessoas, que antes reverenciavam os negócios e o governo, agora os verem com desconfiança. Além disso, como admite o especialista Ian Mitroff, não há mais segredos, *stricto sensu*, porque não existem mais fronteiras firmes e delimitadas entre atos e espaços públicos e privados.

> *Pesquisa feita pela Opinion Research Corporation, nos EUA, mostrou que 62% dos americanos acreditam que as pessoas de negócios fazem qualquer coisa que esteja ao alcance delas para ter lucro, mesmo que isso ignore as necessidades do público. Até mesmo os pequenos e mais fiéis consumidores têm uma lealdade limitada para com o negócio. Quando a crise chega, a perda de clientes pode começar dentro das primeiras 24 horas* (COHN, 2000, p. 8).

A fidelidade e o compromisso apregoados pelas organizações só parecem existir na publicidade. Estudos sobre gestão de crises concluíram que as organizações atingidas pela crise olham a desgraça apenas sob o seu ponto de vista, esquecendo que hoje não existem crises locais, nem limitadas unicamente aos interesses da empresa. As crises são globais e dizem respeito a toda a comunidade, toda a sociedade. Quando a mídia vai atrás do seu tropeço, os executivos e o pessoal de Relações Públicas custam a admitir não se tratar de um problema localizado. Ele interessa a toda a sociedade e a mídia tem obrigação de colocá-lo na pauta.

A GÊNESE DE UMA CRISE EM COMUNICAÇÃO

Por que uma crise na organização se torna um fato midiático? Por que as empresas têm tanto medo da repercussão da crise? Muitas vezes, até mais do que da própria crise? Porque, nesse embate entre desempenho da organização e exposição negativa na mídia, o que realmente está em jogo é a reputação. E ninguém quer perdê-la, como vimos no estudo sobre reputação. É uma espada de Dâmocles sobre a cabeça da empresa, dos governos, dos executivos. "*O apetite do monstro mídia é voraz*", diz Ian Mitroff.

A imagem e a reputação de uma marca, de um produto ou de uma empresa são construídas com base em percepções. Nas crises, se não forem bem conduzidas, as percepções do público poderão ser extremamente negativas. Foi o que aconteceu com a multinacional americana Exxon, em 1989, quando o navio *Exxon Valdez* rompeu-se e vazou 40 milhões de litros de petróleo, numa região preservada nas costas do Alasca. Além dos danos à natureza, com alta exposição na mídia internacional, o que pegou no imaginário das pessoas foi o modo arrogante e de pouco caso como os executivos da Exxon trataram a comunicação dessa crise. O prejuízo da Exxon foi material e reputacional (*Case* 18).

A mídia não estava cobrindo a viagem do *Exxon Valdez*. Só se interessou porque fugiu da normalidade e assumiu dimensões de catástrofe. A imprensa se interessa pelo inusitado, diferente, que foge ao padrão normal. Gosta de novidade. As organizações têm uma visão equivocada de que a mídia só se interessa pela crise. Com isso, criam uma ideia também errada do papel da imprensa numa sociedade democrática. A mídia irá sempre se interessar pelas notícias negativas. Elas dão manchete. Talvez por isso os ditadores tenham verdadeira ojeriza ou pavor da imprensa livre.

Por que regimes como os do Irã, da Coreia do Norte, da China, da Turquia, da Arábia Saudita, da Venezuela e, até mesmo, da Rússia vivem às turras com jornalistas? Porque querem controlar a mídia. Não gostam de notícias negativas, principalmente quando envolvem alguma figura política. E quem gosta? O cenário de tapas e beijos, mantidos pelo presidente Jair Bolsonaro com a mídia brasileira, não faz bem à democracia. Os governantes devem se lembrar de que eles passam, vão para o lixo da história, e a mídia continua. O jornal *O Estado de S. Paulo* viveu todo o período do governo Getúlio Vargas às turras com o político, a família e os ministros. Getúlio ficou quase 19 anos no poder. Mas hoje é história. E o *Estadão* continua. Em dezembro de 2012, quando da doença do presidente da Venezuela, Hugo Chávez, nenhuma notícia oficial, divulgada pelo governo, era confiável. Porque não havia notícia "boa" sobre a saúde do presidente.

O presidente Donald Trump desde a posse alimenta uma guerra declarada a alguns veículos de comunicação americanos, de tendência mais liberal, como o *The New York Times*. Isso não é bom nem para o governo nem para a população e muito menos para a democracia americana. Queira ou não, Trump terá que conviver com o jornal, com sua linha editorial crítica e fiscalizadora. Naturalmente, o jornal e os demais veículos que contestam posições conservadoras e radicais de Trump continuarão batendo no presidente, de olho nas crises que a gestão dele provoca.

18. O Exxon Valdez afundou no petróleo e na comunicação

Em março de 1989, o navio Exxon Valdez bateu em rochas no estreito Prince William, no Alasca, provocando um dos maiores desastres ecológicos do mundo. O rombo no casco do navio derramou 40 milhões de litros de petróleo, em uma região sob proteção ambiental pela beleza da flora e da fauna. O óleo se espalhou por cerca de 28 mil quilômetros quadrados do oceano e atingiu 2 mil km da costa do Alasca, provocando a morte de centenas de milhares de animais marinhos, sem falar nos danos à flora.

As imagens das aves e outros animais se debatendo envoltos no petróleo, divulgadas pela mídia, chocaram o mundo e crucificaram a Exxon, uma das maiores multinacionais americanas. O trabalho de recolhimento e limpeza do petróleo mobilizou milhares de pessoas, durante três anos. Mais de 30 anos depois da tragédia, as consequências ambientais continuam, bem como a batalha jurídica. Esse desastre ecológico só foi superado pelo de Chernobyl e pela explosão da plataforma da British Petroleum no Golfo do México, em 2010, que vazou 800 milhões de litros a 1.500 m de profundidade (Case 17).

Do ponto de vista da gestão da crise, a Exxon fez tudo o que pôde na parte operacional, mas falhou na comunicação. Demorou para se manifestar. Quando a mídia pediu um pronunciamento da sede, em Houston, algumas horas após o desastre, ela disse que era um problema da Cia. Exxon Navegação. E não fez qualquer comentário. Quando questionada se o presidente do conselho da empresa iria dar uma entrevista, a resposta foi que o presidente não tinha tempo para essa espécie de coisa.

Mais tarde, um porta-voz da Exxon Navegação informou friamente à imprensa que procedimentos de emergência e manuais existiam para tais eventos. Entretanto, o mundo todo assistia a imagens pela televisão desses "procedimentos de emergência" falhando, quando milhares de aves e outros animais marinhos morriam sufocados pelo óleo.

Além das falhas graves de comunicação, mesmo os procedimentos de emergência mostravam-se vulneráveis. Depois de uma semana seguindo a política do "no comment" e diante da intensa publicidade negativa na mídia mundial, o diretor da Exxon Navegação, Frank Iarossi, resolveu dar uma entrevista coletiva no Alasca. A entrevista se transformou numa feroz batalha com pescadores e jornalistas. O despreparado diretor se irritou e acabou perdendo a oportunidade de cooperar e se comunicar com a imprensa. Regester e Larkin (2008, p. 174) dizem que os briefings diários do diretor pareciam as entrevistas coletivas durante a guerra do Vietnã: os generais enalteciam as pífias vitórias dos EUA na guerra, somente para serem imediatamente confrontados pelos jornalistas, que tinham visto fatos completamente diferentes no campo de batalha.

Os mesmos autores relatam que "diante desse tiroteio, o chairman da Exxon, Lawrence Rawl, decidiu aparecer na televisão. Foi entrevistado ao vivo para uma plateia de americanos irritada com o comportamento da empresa no Alasca. A primeira pergunta foi sobre os últimos planos para limpar o estrago na região afetada. Ele não tinha lido sobre isso. E reagiu: 'não é papel de um presidente de uma grande corporação ler todos os planos técnicos'. A arrogância do líder foi escancarada" (REGESTER; LARKIN, 2008, p. 174).

Quando perguntado sobre o desastre de Relações Públicas da empresa – os produtos Esso começaram a ser boicotados nos EUA –, ele respondeu: "a razão pela qual estamos enfrentando este desastre de RP é pela forma como a mídia está relatando os fatos". A culpa pelos problemas da empresa, portanto, seria da imprensa mundial. Além de não mostrar emoção ou assumir o enorme desastre ambiental, o chairman sequer se desculpou com os milhares de pescadores que tiveram seu meio de vida destruído pelo acidente. Um desastre completo.

Para a organização envolvida na crise, parece haver uma conspiração entre as vítimas da crise e a mídia, quando um fato muito negativo acontece. É assim mesmo, com todas as empresas e os governos. Ante o bombardeio, parece que todos só falam na sua crise. Realmente, o preço de uma crise de graves proporções é extremamente alto. A imprensa se aproveita do momento para mergulhar na empresa ou nas pessoas, perscruta o passado em busca de esqueletos escondidos. Vai fundo. Descobre fatos adormecidos e empoeirados repousando no fundo dos arquivos. De repente, a mídia os traz à luz. Quem gosta disso?

A comunicação, por isso, passa a ser um componente decisivo nas crises. A empresa que consegue se comunicar bem e amealhar a simpatia da imprensa para sua causa, mesmo em situações negativas, pode mitigar os efeitos deletérios das crises. O gerenciamento de crises, portanto, tem dois lados fundamentais e decisivos do ponto de vista da imagem: um é administrar o fato gerador, o episódio desencadeador da crise, com soluções tempestivas, transparentes e consistentes. Mas há outro, sob certos aspectos, tão ou mais importante: a versão da crise. O que estão falando sobre a nossa crise nos meios de comunicação e na "rádio peão"? Saber integrar as duas mãos – a operacional (esquerda) e a Comunicação (direita) – é o objetivo da boa gestão de crise.

"*A condução do vazamento pela BP [Case 23], de uma perspectiva da gestão de crise, ficará na história como um dos grandes exemplos de como tornar uma situação pior pelas falhas de comunicação*", disse Michael Gordon, do Grupo Gordon Strategic Communications, de Nova York. Realmente, esse é um exemplo emblemático para se avaliar como erros de comunicação, aliados aos problemas operacionais, contribuem para piorar uma situação já ruim por si mesma.

Não saber se comunicar agrava o efeito negativo das crises. Vimos como as crises são componentes naturais da vida das empresas ou dos governos. Falhas na comunicação podem atrapalhar um bom trabalho na parte operacional. Quem se descuida da comunicação, preocupado apenas em resolver a crise, sentirá os efeitos quando a mídia estiver falando sobre a crise. A opinião pública estará mais disposta a tolerar um tropeço, até compreendê-lo e amenizá-lo, se ela perceber a organização empenhada numa solução respeitosa para com os *stakeholders* e contando a verdade. Simpáticos, indiferentes ou céticos, tudo irá depender de como os jornalistas, blogueiros, *influencers das redes sociais* ou outros formadores de opinião irão retratar a crise. Mas dependerá muito mais da organização do que da mídia.

Para a comunicação funcionar, a experiência tem mostrado que a descentralização funciona melhor na crise do que a centralização. Isso não significa que todo o mundo irá sair falando o que bem entender. A centralização da gestão de crise e a burocracia podem paralisar a comunicação, principalmente quando a crise tem muitos aspectos técnicos, como, num acidente de graves proporções.

John Toker, diretor de comunicação de contraterrorismo do Gabinete Oficial do Reino Unido, que conduziu a crise de comunicação na época dos atentados terroristas com bombas no metrô de Londres, em julho de 2005 (*Case* 18), defende a tese de que a descentralização é benéfica durante as crises. Para ele, é importante criar a máxima presença no local da crise para ajudar os jornalistas a acessar tanta informação quanto possível. Ou seja, *disclosure* sobre a crise. Nada de ficar escondendo (COOMBS; HOLLADAY, 2010, p. 516).

Durante os dez dias que se seguiram aos ataques terroristas de Londres, foram registradas aproximadamente oito mil questões dos jornalistas e pelo menos 200 *press releases* foram distribuídos, houve 25 entrevistas coletivas e cerca de 400 entrevistas individuais com autoridades envolvidas na tragédia. Nem assim, admite o diretor de comunicação do Reino Unido, podemos afirmar que os jornalistas ou o público podem estar sob controle ou ficaram totalmente satisfeitos.

O TIME DA COMUNICAÇÃO

A equipe de comunicação tem papel fundamental durante o processo de administração de crises. Empresas transparentes, que abordam o problema de forma honesta e responsável, mostrando as ações adotadas para resolvê-lo de forma correta e eficiente, superam as crises com mais rapidez e com menos risco de arranhões na imagem.

Em alguns casos, quando as organizações possuem várias plantas, é necessário montar uma redação – com computador, internet, telefone, rádio, televisão – no local onde as decisões estão sendo tomadas, para aprimorar o processo de comunicação. Quando a empresa pertence ao setor de prestação de serviços e a crise afeta o fornecimento, recomenda-se contratar um *call center* para fazer o atendimento ao público. Exemplo recente aconteceu com a mineradora Vale, (*Case* 14) após o rompimento da barragem de Brumadinho. Com a sede da empresa no Rio, foi necessário deslocar várias equipes de áreas como engenharia, assistência social, comunicação, segurança, suprimentos, TI, relações com a comunidade, psicologia, antropologia e profissionais de direitos humanos e advogados para o local da tragédia. Foram mais de mil empregados da Vale mobilizados em regime de 24/7, provenientes de todas as áreas nessa crise. Foi montada toda uma estrutura para atender aos parentes das vítimas e às pessoas atingidas pelo deslizamento. A chamada "Estação Conhecimento", uma grande estrutura montada para receber resgatados e empregados atingidos pela catástrofe, servia em média 600 refeições por dia. O tamanho da crise irá determinar o tipo de estrutura que deverá ser montada para minimizar o problema.

Mas não adianta *call center*, se ele frustra as expectativas. Dependendo do atendimento, a resposta aos jornalistas, na hora de uma crise, pode gerar outra. No Brasil, até o momento, não dá para acreditar numa relação amistosa entre a imprensa e as empresas de varejo, principalmente *sites* de compras, empresas de serviço, como telefônicas, bancos e operadoras de cartões de crédito e de TV a cabo, nas crises, quando elas ainda figuram no *ranking* do Procon como as campeãs de reclamações. Se a empresa trata mal os clientes, por que seria diferente com os jornalistas?

A imprensa deve ter atendimento prioritário. O porta-voz deve, na medida do possível, e dependendo da dimensão da crise, atender às solicitações de entrevistas no prazo solicitado. Os profissionais do departamento de Comunicação devem atualizar as notas e os boletins sobre eventos de crise e divulgá-los diariamente. Estabelecer uma rotina para os jornalistas receberem informações. Não há como querer boa vontade dos jornalistas, durante uma crise, se o atendimento aos profissionais é reativo, parcial e pouco transparente. Escolhe-se o pior local da planta da empresa para colocar os jornalistas, dificultando o trabalho deles. Nesse caso, alguém acha que o jornalista irá olhar a crise com compreensão?

É importante monitorar a mídia, ouvir as reclamações e corrigir eventuais falhas. Lembre-se: você está na defensiva. O momento não é oportuno para abrir outros contenciosos. Os demais públicos – colaboradores, clientes, acionistas, fornecedores, grupos de pressão, sociedade e governo – também devem ser mantidos informados e suas reações, acompanhadas. Não custa lembrar, são todos formadores de opinião e não podem estar mal informados.

Tópicos-chave

- ✓ Quem não compreende os bastidores da mídia ou não tem cultura de comunicação acredita que a imprensa só se interessa por notícia ruim, principalmente em momentos de crise.
- ✓ Quando um executivo *top* da área de negócios diz "olhem para mim", aparecendo muito na mídia, querendo publicidade para seu produto ou promoção pessoal, as pessoas obedecem – tanto na hora das boas notícias quanto das más notícias.
- ✓ A empresa que consegue se comunicar bem e amealhar a simpatia da imprensa para sua causa, mesmo em situações negativas, pode mitigar os efeitos deletérios das crises.
- ✓ Quem se descuida da comunicação, preocupado apenas em resolver a crise, sentirá os efeitos quando a mídia estiver falando sobre sua crise.

14
COMO RESPONDER A TEMAS NEGATIVOS

Se a resposta à crise do ponto de vista operacional é difícil, pode se complicar ainda mais quando se trata de dar satisfação à opinião pública. Não é fácil para nenhuma organização enfrentar um batalhão de jornalistas quando ela precisa dar explicação sobre fatos negativos. Por isso, a relação com a mídia tem sido apontada como um dos gargalos das corporações nas crises. Depende muito do relacionamento anterior ao evento. Não há nenhuma segurança de como a mídia irá tratar a empresa numa crise. Ela pode ajudar ou agravar. O relacionamento com a mídia consome um bom tempo da gestão da crise. Mas deve ser uma variável cada vez mais decisiva. Comunicação e operação caminham juntas. Controlada a operação ou o fato gerador e acertado o discurso da mídia, a crise está quase superada. Ou, pelo menos, sob controle.

Segundo Kristy Croom Tucker, diretora de Comunicação do Rasmussen College, da Flórida,[1] embora o ritmo de uma crise geralmente seja muito rápido devido à demanda dos meios de comunicação para obter informações em tempo real, é importante não fazer comentários sobre a crise até que você seja capaz de fornecer uma resposta precisa e bem pensada. Nesse meio tempo, informe seus *stakeholders* de que você quer ser transparente, mas é preciso primeiro confirmar as informações antes de compartilhá-las publicamente.

Você, entretanto, precisa agir rápido. Então, certifique-se de que tem um processo de comunicação interna simplificado em vigor. Mais importante ainda, não se esqueça dos empregados. Eles são os embaixadores da marca e precisam estar confiantes em você e na mensagem antes de começar a levá-la ao público.[2]

As empresas devem ter cuidado, porque existem alguns momentos no *timing* da crise propícios aos erros. Principalmente, na hora de redigir, aprovar e divulgar os comunicados de crise. Um dos principais entraves é a demora na redação e na aprovação. Muita gente quer opinar ou aprovar. Alguns executivos, sobretudo das áreas jurídica e operacional, apegam-se a detalhes técnicos que não fazem a mínima diferença para o entendimento da mensagem. O jornalista dificilmente irá escrever *ipsis litteris* o con-

---

[1] Disponível em: https://www.bernsteincrisismanagement.com/newsletter/crisis-manager-110524.html. Acesso em: 27 abr. 2019.
[2] Idem.

teúdo divulgado pela empresa. O *news release* é uma pauta centrada no ponto de vista da empresa. O jornalista, seguindo o manual do bom Jornalismo, ouvirá outras fontes. Então, não adianta atrasar a divulgação em busca do texto perfeito.

Antes das crises, deve haver um consenso na organização, de preferência transformado em norma escrita, sobre as instâncias para aprovação de notas. Admitindo que a empresa tenha, como preconiza a boa gestão, um comitê de crise, competiria a ele, com respaldo do principal executivo, aprovar todos os comunicados nas crises graves. O problema pode ocorrer, então, nas crises mais leves, que não dependem do comitê.

Atentar que os comunicados também devem ser traduzidos para o inglês e para a língua do país onde ocorreu a crise, se a corporação tiver interesses ou investidores no exterior. Exemplo disso foi o acidente com o voo Air France 447, da empresa francesa, em 31 de maio de 2009, com 228 vítimas fatais (*Case* 12) em águas brasileiras. Os comunicados da Air France, além do francês e do inglês, precisaram também ser traduzidos para o português. Porque o avião partiu do Brasil e transportava 48 brasileiros.

Uma resposta ágil implica ter lista atualizada de todos os jornalistas que interagem com a empresa, além dos principais diretores, editores, articulistas e colunistas da grande mídia local, nacional e até do exterior. Numa situação de emergência, às vezes, num fim de semana ou à noite, no meio da crise, descobre-se o *mailing list* incompleto ou desatualizado. Essa é uma "escorregada" muito comum.

Ignorar a mídia ou minimizar seu papel, quando se administra um problema grave ou uma crise, quase sempre se transforma num lamentável erro, difícil de corrigir. Parece óbvio, no mundo atual da comunicação rápida e instantânea, mas é um equívoco ainda cometido por organizações diante de situações complicadas ou potencialmente desastrosas. Daí a importância de se cultivar, na empresa ou nos governos, a cultura da comunicação. Ou, como dizia um ex-CEO de uma estatal, é preciso inocular a comunicação nas veias da empresa.

Caso típico de não saber lidar com a mídia foi da extinta empresa americana Pan Am no acidente de Lockerbie, na Escócia. Em 1988, um Boeing 747 da empresa explodiu logo após a decolagem, matando 270 pessoas, entre elas 179 cidadãos americanos. As investigações apontaram para atentado de um grupo terrorista com ramificações na Líbia. A decisão de minimizar o papel da comunicação no episódio mostrou-se um tremendo erro. Os executivos da Pan Am acreditaram que a política de não comunicação afastaria o nome da Pan Am do trágico acidente. Não esquecer que, nessa época, a famosa empresa americana enfrentava crise financeira e de imagem. Na ocasião, Bert Ammerman, irmão de uma das vítimas, disse que as famílias não teriam ficado tão irritadas se a Pan Am tivesse administrado melhor a crise. As famílias sentiram que elas não foram tratadas com sentimento de consideração e solidariedade (*compassion*) e não foram priorizadas.

Foi um erro de julgamento, tanto pelo tipo de acidente, por envolver tantas pessoas, quanto pelas causas, que mantiveram o desastre na mídia por muito tempo. O vácuo de comunicação nesses momentos é fatal. Se a organização envolvida na crise não der uma versão, principalmente se estiver no centro da crise, a mídia será alimentada por outras fontes. Cria-se, além disso, uma aura de desconfiança em torno da organização que se omite, agravando sua posição nesse momento (REGESTER; LARKIN, 2008, p. 182).

Um dos erros mais primários da Pan Am, inicialmente, quando questionada sobre ameaças de um possível ataque terrorista, foi os porta-vozes informarem desconhecer qualquer tipo de ameaça. Mais tarde, descobriu-se que todas as empresas aéreas operando na Europa, incluindo a Pan Am, naquele dia, tinham sido informadas sobre as ameaças.

Com essa decisão de enublar fatos considerados verdadeiros, a Pan Am atropelou o princípio da transparência, um dos pilares das Relações Públicas, principalmente nas crises. Dissimular a verdade numa situação dessas é fatal e sempre haverá repórteres dispostos a ir atrás dos fatos. Não faltará alguém, muitas vezes dentro da própria organização, que ajudará os jornalistas a publicar a verdadeira história.

"Em situações de crise, é imperativo contar sua própria história, contá-la toda e contá-la rapidamente" (REGESTER; LARKIN, 2008, p. 183). O fim dessa saga todos conhecem. O presidente da Pan Am não fez aquilo que deveria ter feito: ir ao local do acidente, manifestar pesar, solidariedade, *compassion*, juntar-se à comoção pública e ao sofrimento dos parentes. A mídia triturou a empresa. Ela já estava em dificuldades financeiras e as rotas internacionais eram as únicas que continuavam rentáveis. Diante do comportamento dúbio da Pan Am, os passageiros perderam a confiança. Esse é um ativo que não pode ser perdido de jeito nenhum numa crise. Como viajar numa empresa aérea que mentiu durante as explicações sobre um grave acidente? A ética e a confiança são ativos que hoje os *stakeholders* cada vez valorizam mais numa grande organização (veja o *Case* 17, sobre a Volkswagen).

Quando há risco para os consumidores ou clientes, a transparência passa a ser mais do que obrigação, é um imperativo. Vidas valem mais do que alguns dias de faturamento. Empresas modernas, comprometidas com os stakeholders e dispostas a construir uma relação duradoura com credibilidade, não se acanham em retirar produtos das prateleiras, se houver risco para o cliente, ou avisá-lo do perigo, se for o caso. As indústrias de alimentos estão sempre correndo esse risco.

Em 2007, na Bélgica, a gigante de alimentos KFC descobriu que estava usando frangos contaminados com uma substância causadora de câncer. Para evitar problemas futuros, a empresa resolveu rapidamente retirar do mercado todos os produtos da KFC na Bélgica e disparou uma agressiva campanha de Marketing. Embora ciente do prejuízo, a empresa optou de maneira correta por agir com ética em relação aos seus clientes. Além do respeito, obteve ampla cobertura positiva da mídia pela forma como agiu (COHN, 2000, p. 156).

Mas situações de emergência não podem ser deixadas na mão de executivos sem poder de decisão, que esperam a autoridade superior para tomar iniciativas. Esse comportamento é comum em empresas hierarquizadas, como corporações militares, religiosas, de segurança, Polícias e até em algumas empresas públicas. Toda a gerência média deve ser encorajada a alertar os chefes quando detectar problemas sérios ou tomar a decisão, se julgar que vidas estão em perigo e a empresa possa ser exposta negativamente.

Governos quase sempre são lentos em tomada de decisão, principalmente quando implica situações extremas e com rescaldos políticos. Nas manifestações de 2013 que juntaram protestos contra tarifa de ônibus, contra corrupção e, ao mesmo tempo, contra o governo da presidente Dilma, as autoridades demoraram a responder às demandas, um tanto quanto voláteis, e não entenderam a força das ruas. Veio novo mandato e a presidente não conseguiu ter base política para se manter no governo. A crise foi maior do que ela. Embora a imprensa tenha se dividido, não há dúvidas de que a força das imagens das passeatas era bem maior do que qualquer defesa da presidente. Crises que envolvem violência, vidas humanas e poderes públicos sempre irão despertar o interesse da mídia. Não há por que os governos ou órgãos públicos se queixarem das pautas negativas quando crises dão munição diária para os meios de comunicação. Ou se explica a crise, da maneira mais realista possível, ou as organizações serão engolidas por ela.

QUANDO HÁ VÍTIMAS

Uma das piores crises para uma corporação é a ocorrência de vítimas fatais, diretamente sob sua responsabilidade. Não é tão rara quanto parece, especialmente em empresas com alto risco. Algumas precisam triplicar a atenção, porque vivem no meio da crise. Mas podem-se incluir também nessa galeria, pelo menos no Brasil, hospitais, escolas e creches, parques de diversão, casas noturnas e a construção civil. Novamente, o exemplo da Vale (Case 14) emerge como emblemático pelo número de mortos e pela extensão da tragédia ambiental.

Nesse momento, a mídia coloca a organização no centro dos acontecimentos. Para os *stakeholders*, principalmente empregados e mídia, as empresas são lentas e evasivas, quando não dissimuladas, em prestar informações quando acidentes fatais acontecem. O modelo talvez sejam as empresas aéreas, lentas para confirmar a lista de passageiros e em fornecer maior detalhamento, em caso de acidentes com mortes, mesmo sabendo que eles podem acontecer a qualquer momento. Nesse caso, é até compreensível, porque primeiro os parentes devem ser informados, para depois haver a divulgação oficial. Esse é um princípio básico de gerenciar crises com vítimas fatais.

Nas crises graves, com envolvimento de pessoas, a mídia elege dois contendores: a vítima vulnerável, triturada pelo arrogante e incompetente vilão, e este. É uma polarização inevitável. Agrada a audiência, dá ibope e recebe até o apoio das autoridades. *"Há poucas emoções mais poderosas do que a urgência da culpa. Se há uma vítima sofredora de um lado, deve haver um vilão que, propositadamente, causou isso ou não fez nada para evitar"* (DEZENHALL; WEBER, 2011, p. 39). As organizações têm extrema dificuldade de reagir quando há vítimas fatais. Talvez seja nesse momento em que mais se cometem erros nas crises. Muitos gestores, quando diante de crises graves, principalmente aquelas envolvendo pessoas, desenvolvem uma capacidade teatral de negar, mesmo diante da evidência dos fatos, quando algo muito negativo acontece. Ninguém quer aparecer como perdedor nos negócios. É atitude inadequada e condenável, com maior incidência nas crises envolvendo a área pública. A tentativa de "dourar a pílula" é patética.

Esse comportamento tem a ver com a falta de cultura de comunicação. Também supõe a sensação de impunidade, de não precisar prestar contas dos erros ao público. Isso também acontece com CEOs da iniciativa privada, embora eles tenham profissionalizado as assessorias de comunicação há mais tempo. No Brasil, a área pública, nos últimos anos, também tem mostrado sensível melhora nas relações com a imprensa e, em consequência, no desempenho das fontes nas crises. Concursos públicos para as diversas áreas da comunicação oxigenaram as assessorias de comunicação pública.

Robin Cohn (2000), especialista em Relações Públicas, toca nesse tema. Para o CEO da Intel, Andy Grove, a negação é uma "doença genérica". Ambos acreditam que a negação está no DNA de muitos executivos. Eles nunca adotam um princípio simples para estarem preparados quando algo negativo acontece: "O que... se...". O que eu faço, se determinado fato acontecer?

Cohn, além do caso da Pan Am, já abordado, cita outro exemplo. Após a tragédia da empresa americana Union Carbide em Bhopal, Índia, em 1984 (*Case* 4), quando morreram três mil pessoas nos primeiros dias, um homem, que perdeu a irmã e a saúde, disse: *"Eu queria que ele (o CEO) se desculpasse, fosse humilde"*. O executivo deveria dizer: *"Nós cometemos um erro. Vá se tratar com os médicos que nós iremos pagar. Nós não o teríamos condenado"*. Muito difícil o executivo agir assim, se não conseguiu nem desembarcar na Índia, ameaçado de prisão.

Os gritos do público numa crise viram notícia. Vítimas, consumidores prejudicados devem ser a prioridade de uma organização, não importa a dimensão do problema. *"Você precisa mais dos consumidores do que eles de você. A percepção de má conduta ou mau tratamento joga uma empresa num território perigoso"* (COHN, 2000, p. 14-82).

Vítimas são o grande desafio das organizações em qualquer crise. Não importa o número dos atingidos pela crise. Um usuário de telefone celular, prejudicado com a cobrança indevida na conta, é vítima da empresa. Como são as mulheres que tiveram implante de seios com silicone adulterado. Ou os alunos que ficaram três meses sem aulas numa greve de professores. Todos eles demandam compensações que encontram eco na opinião pública. E quem aparece como vilão nessas histórias?

As vítimas têm grande poder de mobilização e agravam as crises das empresas. A tendência é cada vez mais formarem associações e se organizarem para fazer pressão sobre as corporações, como aconteceu após o acidente da aérea TAM de 1996, em Congonhas, São Paulo. Surgiu a Associação das Viúvas do Voo 402. Essas associações aproveitam datas, comemoração ou audiências públicas, recebem espaço na mídia e representam uma eterna pedra no sapato da empresa. É um passivo para administrar no pós-crise.

Grupos de ativistas também representam outro agravante em crises com vítimas, quando há componente emocional. Eles usam os eventos para atrair uma visibilidade raramente obtida em outras ocasiões. Essa atuação pode fazer a história crescer e tomar dimensões difíceis de controlar. É muito comum, por exemplo, o Greenpeace e outros grupos pacifistas aproveitarem eventos para chamar atenção para suas causas. Como aconteceu na reunião da Organização Mundial do Comércio (OMC) em Seattle, em 1999. Vários grupos de ativistas se dirigiram à cidade com manifestações e motivações políticas distintas. De 40 a 100 mil pessoas, entre ecologistas, anarquistas, trabalhadores, estudantes, pacifistas e humanistas, mobilizaram-se por vários dias contra a chamada "Rodada do Milênio", no que se convencionou chamar "a Batalha de Seattle". Obtiveram uma visibilidade na mídia internacional impressionante.

Quando ação semelhante escolhe a crise de uma empresa ou um fato social, como aconteceu com a crise econômica e o movimento Ocupe Wall Street, as empresas-alvo ou intervenientes precisam estar muito bem preparadas. Com bom serviço de segurança da informação, não deveriam ser surpreendidas por esses movimentos. Em casos mais graves, devem montar um gabinete de crise, de preferência com ajuda de consultorias externas.

Quando há vítimas, deve-se tomar cuidado para não tentar minimizar o problema. Tudo o que for divulgado na Nota de Crise precisa ser verdadeiro. A principal regra da comunicação de crise sempre deve ser não mentir. Honestidade é uma exigência ética profissional. Certamente, significa a melhor e mais efetiva política de uma empresa séria e comprometida.

Se houver feridos no hospital, organize uma visita do principal executivo, comunicando à imprensa. Não há entrevista nesse momento. O hospital não é a sede da empresa. Se a crise for realmente grave, a exigir posicionamento firme da organização, deve-se manter o principal executivo ou autoridade preparado para entrevistas com os principais veículos de imprensa local, mídia impressa e eletrônica. Nesse caso, até para eventual emboscada. Isso demonstra presença, envolvimento, credibilidade e comprometimento dos executivos da organização.

Se a crise comporta informações adicionais, não deixe um grande vazio de informação entre uma nota (*news release*) e outra. A falta de informação, quando há a sensação de que a crise não foi controlada ainda ou depende de novas informações, abre espaço para boatos, especulações e versões não verdadeiras. Uma das piores coisas que podem acontecer numa crise grave é o silêncio completo da empresa, por longos períodos, sobre a crise. O segredo da boa comunicação de crise começa bem antes – quando você recebe bem aquele primeiro jornalista e mantém os canais de comunicação abertos para complementar informações.

Mantenha uma relação colaborativa com a mídia. Se você é aberto, franco e prestativo com a imprensa em situações normais, certamente terá tratamento mais amistoso durante o período difícil. Se você habitualmente ignora os jornalistas ou age com hostilidade com a imprensa, um repórter mais aguçado ou um comentarista provavelmente o criticarão na primeira dificuldade da empresa.

Durante um desastre, a habilidade de uma organização para comunicar informações precisas e consistentes aumenta a percepção da capacidade dela de efetivamente manejar a crise. É também muito proveitosa na redução do nível de ansiedade de todas as pessoas envolvidas.

AS PESSOAS PRIMEIRO

Em qualquer tipo de crise, as pessoas vêm em primeiro lugar. Esse é o mandamento básico da boa gestão. Uma das críticas ao CEO da British Petroleum, durante a crise do vazamento no Golfo do México, em 2010, baseia-se exatamente na insensibilidade para com as vítimas (*Case* 23).

Ao declarar à imprensa, 15 dias após o início do vazamento, estar cansado e desejar voltar para casa, o CEO foi bombardeado pelas pessoas atingidas indiretamente pela crise: parentes dos 11 operários mortos e dos milhares de pescadores atingidos pela contaminação das águas do Golfo. *"Nós também estamos cansadas. Onde estão os corpos de nossos maridos?"* Faltou, nos primeiros comunicados e contatos com a imprensa, ressaltar o sentimento de pesar pela perda dos 11 operários desaparecidos e a solidariedade para com os milhares de pescadores que ficaram sem trabalho. Mergulhado no gigantesco problema operacional de uma plataforma jorrando 100 mil litros de petróleo por dia no fundo do mar, um escorregão desses, do CEO, pode ocorrer até nas grandes corporações.

Para o especialista em gestão de crises Jonathan Boddy,[3] a qualidade-chave que faz com que um incidente se transforme numa crise é o impacto desse acontecimento

---

[3] *Public relations* e instrutor do Chartered Institute for Public Relations (CIPR), Londres. Entrevista ao autor, em março de 2011.

sobre as pessoas. Junto com a ação significativa de lidar com o incidente (resposta operacional), uma organização deve ser vista diretamente envolvida com os impactos pessoais. A reputação de uma organização existe em grande parte naquilo em que as pessoas acreditam em relação a ela. Ao privilegiar as necessidades das pessoas atingidas por uma crise, uma organização tem boa chance de manter sua reputação.

Não é raro, durante um evento de crise, executivos pegos de surpresa para entrevistas lamentarem o prejuízo financeiro ou material, sem saber ainda se houve vítimas fatais. Depois das pessoas – primeira e definitiva preocupação nas crises –, vêm, pela ordem, o meio ambiente, as propriedades, as instalações e os equipamentos. Por último, o dinheiro.

19. O histórico desmentido do Correio Braziliense

Manchete de 3 de agosto de 2000 – Correio Braziliense

O GRANDE NEGÓCIO | DE JORGE

Manchete de 4 de agosto de 2000 – Correio Braziliense

O *CORREIO* ERROU

NOTA PAGA NÃO EXPLICA A CRISE

Há uma tendência no mercado, principalmente em grandes corporações privadas, de publicar nota paga (anúncio publicitário) para explicar uma crise, quase sempre diante de ameaça séria à reputação da empresa ou de pessoas ligadas à organização. Geralmente, são empresas sem cultura de comunicação; e rápidas para tentar explicar e se isentar de culpa. Um anúncio pago se justifica como resposta à crise para casos extremos, quando a organização não consegue ter espaço na mídia espontânea ou precisa dar uma explicação urgente e de interesse público. Ou então quando precisa estancar a crise rapidamente e utiliza o comunicado para apresentar desculpas às pessoas atingidas pela crise.

Um exemplo positivo foi um comunicado da maior rede de supermercados do Reino Unido – Tesco – quando a fiscalização sanitária da Irlanda descobriu, em janeiro de 2013, amostras de DNA de cavalo em carnes de determinada marca de hambúrgueres vendidos na rede. Diante da repercussão negativa nas redes sociais e reflexos na cotação das ações nas bolsas de valores, a rede imediatamente publicou um comunicado em toda a mídia britânica, nos países onde tinha sucursais, e no *site* da empresa.

Tal recurso pode ser usado também nos casos de *recall*. Ou na necessidade de alguma informação sobre prazos de pagamento; repartições públicas ou escritórios fechados por causa de transtornos alheios à vontade dos gestores (atentados, incêndios, assaltos); ou um corte de energia imprevisto, que precisa de informação oficial, de interesse público. Enfim, informação urgente, para ser publicada com toda a fidelidade, sem depender da mídia espontânea.

Fazer defesa ou explicar a crise com nota publicitária, em geral, é estratégia inócua e dispendiosa. As explicações de uma crise em nota paga têm baixa credibilidade e geralmente são parciais. Receber a imprensa, informando tudo com transparência, funciona melhor. Dá mais credibilidade à resposta. Com isso também concorda o jornalista e âncora Heródoto Barbeiro (2010, p. 67): *"Os jornalistas estão sempre à cata de notícias, especialmente as que provocam maior impacto na sociedade, e crise corporativa é uma delas"*. Por que pagar para explicar uma crise se o tema sempre é notícia? A decisão pode estar revelando uma estratégia de mascarar a verdade, uma das premissas da boa gestão de crises. Ou seja, matéria paga soa com o *"não posso dizer tudo o que aconteceu. Vou inventar uma versão"*.

Comprar espaço na imprensa ou em canais de TV para pôr conteúdo sobre a empresa ou o consumidor com o fito de ajudar no balanceamento da desinformação, que pode já estar aos olhos do público, não é estratégia mais correta. Seria recomendada somente se a mídia consistentemente viesse distorcendo as informações sobre a crise da organização ou reportando erroneamente os fatos.

Em junho de 2005, no auge da Comissão Parlamentar de Inquérito (CPI) dos Correios, a empresa publicou uma página (paga) nos principais jornais do país, rebatendo item por item as acusações que começavam a surgir da CPI. Por mais explicações dadas naquele momento, se houvesse argumentos sólidos para rebater, o correto seria uma entrevista coletiva, com amplos esclarecimentos. O anúncio, além do alto custo, não teve o efeito de neutralizar o desgaste, resultante de uma CPI com o nome da empresa, para a imagem dos Correios.

> *Não há na mídia brasileira o exercício ético de dar o mesmo espaço para as correções e as empresas acabam arcando com os danos da notícia errada. O artigo do código de ética que os jornalistas mais violam é o de publicar coisas que não aconteceram* (BARBEIRO, 2010, p. 68).

Convém lembrar que as cartas enviadas à imprensa, com correções ou desmentidos, não são, ao contrário do que supõe o senso comum, perda de tempo. Elas têm efeito pedagógico, corrigindo erros ou distorções; causam desconforto profissional ao jornalista autor da reportagem, servem como satisfação ao público interno (devem ser publicadas internamente) e poderão servir de documento hábil no caso de uma disputa judicial. Ao contrário também do que se pensa, a sessão de "Cartas ao Leitor" é das mais lidas nos jornais. Entretanto, deve-se considerar que uma revista semanal de grande circulação, por exemplo, recebe mais de mil cartas por semana. Quantas a revista publica? Cerca de 40. Então, são mínimas as chances de uma carta ser publicada. Não importa. A correção deve ser feita sempre.

Mas e se uma reportagem estiver completamente errada e a publicação se negar a desmentir? Use de todos os meios disponíveis, buscando todas as instâncias: repórter, editor-assistente, editor, diretor de redação, diretor-geral, enfim. Se não conseguir, a alternativa é o viés jurídico, menos recomendado e analisado no Capítulo 12.

Casos extremos de correção são raros. Mas existem. Quando a reportagem é totalmente errada, a reação deveria ser proporcional. Como aconteceu no famoso caso "O *Correio* errou" (*Case* 22), em agosto de 2000, quando o *Correio Braziliense*, de Brasília, envolveu o nome de Eduardo Jorge C. Pereira (assessor do então presidente da República) em um suposto negócio suspeito no Banco do Brasil (BB).

Foi um dos raros casos do Jornalismo brasileiro em que a manchete principal do jornal, no dia seguinte, foi o desmentido da notícia do dia anterior, também publicada como manchete principal. Autor, editor e diretor de redação pediram desculpas aos leitores, em mais de uma página de edição, pela sucessão de erros cometidos, porque a notícia publicada estava totalmente equivocada. A correção foi exaustivamente negociada pelo BB. Esse episódio, inédito no Brasil, redundou num Prêmio Esso de Jornalismo ao *Correio Braziliense*.

Convém também lembrar o que dizem Susskind e Field (1997, p. 120-121):

> *Uma boa comunicação não significa apenas* press releases, *noticiários e entrevistas coletivas. Uma boa comunicação não pode ser confundida com explicações obscuras feitas em linguagem técnica ou com as garantias dadas ao público por espertos consultores. Empresas, governo e grupos de pressão não são capazes de se comunicar; apenas as pessoas são capazes disso. Consequentemente, uma boa comunicação requer diálogo direto, cara a cara, entre funcionários da empresa e representantes do povo.*

Finalmente, durante o auge de uma crise, principalmente com grande repercussão na mídia, a propaganda comercial deve ser suspensa. Não tem sentido anunciar quando a empresa sofre uma carga pesada de reportagens negativas. Passado o primeiro momento, se a crise foi bem administrada, a empresa pode voltar à propaganda, até mesmo, com referências indiretas à crise que foi superada.

Tópicos-chave

- ✓ Ignorar a mídia ou minimizar seu papel, quando se administra um problema grave ou uma crise, quase sempre se transforma num lamentável erro, difícil de corrigir.
- ✓ Governos quase sempre são lentos em tomada de decisão, principalmente quando isso implica situações extremas e com rescaldos políticos.
- ✓ Em qualquer tipo de crise, as pessoas vêm em primeiro lugar. Esse é o mandamento básico da boa gestão.
- ✓ Quem se descuida da comunicação, preocupado apenas em resolver o problema, sentirá os efeitos quando a mídia estiver falando sobre sua crise.
- ✓ Explicar a crise ou defender-se com nota publicitária costuma ser estratégia inócua e dispendiosa.

20. Incêndio sepulta sonhos de dez famílias

Em fevereiro de 2019, um incêndio no alojamento do Centro de Treinamento do Flamengo, na Barra da Tijuca, Rio de Janeiro, tirou a vida de dez adolescentes, entre 14 e 16 anos, reféns de instalações de alto risco que não tinham licença para funcionar. Os jovens dormiam em contêineres, adaptados para quartos. Cada cômodo tinha um aparelho de ar-condicionado, equipamento, ao que tudo indica, causador do incêndio.

A tragédia só não foi maior porque muitos atletas tinham sido dispensados e resolveram dormir em casa. Mesmo assim, 26 jovens estavam nos alojamentos no dia da tragédia. Após o acidente, ficamos sabendo que a Prefeitura do Rio havia multado mais de 30 vezes o CT por irregularidades, entre elas a falta de licença dos Bombeiros. E havia determinado o fechamento do local em 2017, por pendências com documentos e autorizações. Mesmo assim, o Centro de Treinamento continuou sendo usado pelo clube.

Do ponto de vista da gestão de crise, o Flamengo cometeu vários erros nessa tragédia. A começar pela falta de gestão de riscos. Além de compartimentos apertados, o CT que abrigava os meninos só tinha uma saída, estreita. Não havia equipamentos de prevenção de incêndio. As janelas dos contêineres tinham grades, o que impedia uma fuga rápida em caso de acidente.

Após o incêndio, o clube demorou cerca de cinco horas para fazer um primeiro pronunciamento. A mídia cobrava e o Flamengo não se pronunciava, quando todos já transmitiam as notícias do acidente, inclusive no exterior. Quando se pronunciou, o presidente disse que estava cuidando de coisas mais importantes e não trouxe nenhum esclarecimento, no contato com a mídia, desconhecendo que dar uma satisfação à imprensa e à sociedade é parte importante de sua função. Para culminar os erros de comunicação nessa crise, o Flamengo só foi dar uma entrevista coletiva 17 dias depois do acidente. As normas de gestão de crises recomendam se pronunciar pela mídia até quatro ou cinco horas depois do acontecimento que gerou a crise. Nesse período, muita gente já tinha falado sobre a crise do Flamengo dando a própria versão.

Restou ao Clube juntar os cacos dessa estratégia errada e administrar o passivo, tendo sofrido críticas de especialistas, de familiares dos jogadores mortos e da própria mídia. O presidente do clube tentou se justificar na coletiva de imprensa, mas não havia como dissimular seu semblante incomodado na frente dos jornalistas. Mais preparado do que no dia do incêndio, o executivo do Flamengo respondeu à maioria das perguntas. O que gerou mais polêmica foi a discussão em torno do valor das indenizações. A diretoria do clube estava tentando negociar valores que adiantassem um acordo judicial. Muito difícil, porque não há como avaliar o potencial de um garoto de 15 anos. Quanto ele iria ganhar se tivesse se tornado um profissional? O Flamengo garantiu ali que a indenização seria muito maior do que aquela sugerida pelo Ministério Público. Do ponto de vista jurídico, um perigo afirmar isso, porque não havia consenso em torno dos valores até aquele dia.

A diretoria do clube defendeu o uso de contêineres no CT, considerando o "alojamento confortável". Especialistas ouvidos pela imprensa disseram que um contêiner não deveria ser usado para quartos. O fato de ser feito de metal potencializou o calor das chamas e transformou o dormitório em uma verdadeira estufa. Novamente, estamos diante de uma crise que poderia ser evitada, se o Clube, gestor do CT, tivesse cumprido as normas da prefeitura e dos Bombeiros e evitado deixar os atletas numa instalação provisória.

15
PLANO DE COMUNICAÇÃO DE CRISE

As mensagens comunicadas por uma organização, nas crises, são esperadas para exercer um papel vital na mitigação da situação negativa. Mais especificamente, a comunicação tem o poder de reduzir o dano provocado por um evento de crise.

Todo mundo sabe que crise vende jornal, eleva audiência dos meios de comunicação. Por isso, há duas vertentes para cuidar na hora da crise: a parte operacional, todas as ações necessárias para debelar a crise, o que implica, num primeiro momento, controlar e conter o problema; e, num segundo, avaliar o que aconteceu para que não mais ocorra. A outra vertente é a versão da crise: como ela é contada e como o público percebe a crise. O plano de gestão de crise não pode prescindir, portanto, de um complemento importante: o plano de comunicação. A comunicação de crise é parte do processo de gestão e deve contemplar as ações necessárias para informar a opinião pública e tentar reduzir o impacto negativo.

Comunicação de crise é o ato de processar efetivamente as informações sobre um evento negativo, com os principais *stakeholders*: empregados, mídia, clientes, acionistas, fornecedores e tantos outros, conforme a natureza da crise. Todos os públicos que tenham alguma relação com a organização atingida pela crise precisam ser informados e tranquilizados. O foco da comunicação de crise é criar uma versão para circular no mercado, por meio de ações de comunicação tempestivas, objetivas e claras.

O que contempla um plano de comunicação de crises? Em linhas gerais, escolher a equipe de comunicação de crises; um plano de comunicação interna; a estratégia de mídia; uma lista de potenciais fragilidades da organização e os planos para lidar com elas, no que respeita, principalmente, aos *stakeholders*; e informações atualizadas sobre a empresa e os principais programas de negócios. Numa interpretação bem simples: "como eles irão sair disso?" "O que eles têm para me dizer?" "Como eu fico, após a ocorrência dessa crise"?

O plano de comunicação de crises atualizado e sintonizado com as demandas da organização pode ajudá-la a sair de um potencial desastre com a imagem preservada; algumas vezes, até reforçada. Não são raros os casos em que uma crise sacudiu com a letargia da empresa, quanto a governança, inovação, atendimento ou tecnologia. A opinião pública encara positivamente as organizações humildes em reconhecer que erraram e estão dispostas a corrigir. A crise pode servir de alerta para a falha da empresa, que tanto pode localizar-se na operação quanto nas finanças, nas relações com os *stakeholders* e, em certos casos, pode ser uma oportunidade para ela se renovar.

Apenas para ficar com um dos mais importantes *stakeholders* da crise: a mídia. É preciso ser realista. Do ponto de vista da mídia, mesmo que a organização afetada pela crise seja um grande anunciante, pouco importa o cacife econômico. Até mesmo o prestígio. O negócio da imprensa não é trabalhar pela imagem de ninguém. Diante da crise, a organização é mais uma na mira. Não espere numa crise que a história seja publicada como se tivesse sido escrita pela sua equipe de Relações Públicas. Isso é pura ilusão.

Você pode também estar lidando com jornalistas ou editores, principalmente de pequenas empresas de comunicação, que têm mais para ganhar com audiência – usando sua crise – do que se preocupar com ética. E, principalmente, se no passado você já teve algum passivo mal explicado, prepare-se: irá voltar com muito mais molho e veneno. Tudo virá à tona. Principalmente, se os jornalistas não confiam na seriedade da condução dessa crise.

Um plano de comunicação de crise só funciona se a instituição já mantém um sistema de comunicação ativo, profissional e integrado. Muitas empresas descobrem a necessidade urgente de uma assessoria de comunicação na hora do aperto. Não estamos falando apenas de pequenas empresas, refratárias, em alguns casos, a uma cultura de comunicação.

O laboratório alemão Schering, quando se viu frente a uma das maiores crises de reputação ocorridas no Brasil, em 1998, não tinha estrutura organizada para comandar o processo de comunicação, apesar de líder no mercado com o anticoncepcional Microvlar. Contratou às pressas uma empresa de assessoria durante a crise. No pior momento para fazer isso. Teve um desgaste muito grande para conseguir segurar a imagem e o *market share* do produto. Se não tinha assessoria de comunicação para cuidar da imagem, também não havia plano de comunicação.

Qual o objetivo de um plano de comunicação de crise? Contemplar ações imediatas de comunicação a serem executadas antes e durante o evento de crise. Rick Amme, consultor e especialista em gestão de crises, nos EUA, elaborou um roteiro chamado *Árvore de Ação da Comunicação de Crise*, fundamentado na tese da resposta à principal questão suscitada pelas pessoas atingidas por uma crise pequena ou grave: Estou seguro? O que aconteceu? Quem foi afetado? Qual a extensão dessa crise? Como vamos sanar os problemas causados? O que irá me atingir? O que está sendo feito para resolver isso?[1]

Crises que envolvem governos ou empresas públicas têm sempre esse componente da segurança. As pessoas esperam dos governos segurança, principalmente nos momentos mais difíceis, como guerras, catástrofes naturais, elevação dos índices de criminalidade, acidentes com grande número de vítimas, epidemias ou ameaças de qualquer tipo.

---

[1] Disponível em: http://www.amme.com/?p=140amme.com/?p=140. Acesso em: 25 jun. 2019.

Quando uma organização, numa crise, abdica de conversar com os *stakeholders*, pela falta de um bem elaborado sistema de comunicação, além de deixar as pessoas inseguras, desiste também de assumir o controle da história.

QUANDO FALAR COM A MÍDIA

A imprensa é apenas um dos públicos decisivos na hora da crise. Falhar com esse *stakeholder* pode implicar o fracasso na administração da crise. O mantra da comunicação de crise é "Conte tudo e depressa". É melhor a informação negativa partir diretamente da organização na forma de um pedido de desculpas honesto, em vez de vir de seus críticos, como uma acusação prejudicial. A estratégia correta nas crises é a empresa assumir o comando da comunicação.

Por que os repórteres seguram até o último momento uma informação exclusiva que irá detonar uma crise na organização? Porque querem pegá-la de surpresa. Eles sabem que o tempo é fator determinante numa estratégia de comunicação. A empresa, portanto, não pode ser surpreendida pela mídia. Pelo menos, deve ter mecanismos de monitoramento e de alerta para minimizar essa possibilidade.

Existe, no entanto, um limite estreito entre reagir com rapidez e agir com pressa. Entre açodamento e proatividade. Falar com a imprensa sobre uma crise pode ser uma atitude irresponsável e arriscada, se você não tiver informações suficientes e, o mais importante, respostas satisfatórias em relação ao que está sendo feito para resolver a situação.

Uma primeira alternativa é enviar um comunicado à imprensa contemplando os aspectos básicos da crise (quem fez o quê, quando e onde). Marcar posição. A empresa também deve demonstrar preocupação por qualquer vítima envolvida ou danos causados. A ideia é sempre ser aquele que fornece a maioria das informações, o mais rápido possível. Muitas organizações relutam em fazer uma nota à imprensa, tão logo a crise se desencadeie, porque ainda não apuraram todas as informações. Não importa. As informações confirmadas sobre a crise devem ser fornecidas nos primeiros momentos, até para aliviar a ansiedade dos *stakeholders*; deixe o canal aberto para trazer novos dados, assim que estiverem liberados. Informe telefones e contatos via internet para a opinião pública. O erro é o silêncio, a falta de qualquer informação. Um dos primeiros endereços que jornalistas, formadores de opinião, clientes e empregados procuram, quando uma crise estoura na empresa, é o *site* da organização. Se não houver qualquer informação na página, os internautas irão procurar outras fontes. Neste momento, você começa a perder a batalha da comunicação.

As empresas devem estar atentas às ameaças à reputação. Se uma acusação tiver sido feita por uma fonte com credibilidade ou aparecer num veículo de comunicação, em princípio isso não significa que é verdade e que, pelo fato de ter sido publicada, irá causar dano irreparável. Mas uma acusação séria, ainda que não haja qualquer registro oficial na empresa ou a diretoria não tenha tomado conhecimento, deve ser tratada com tanta importância como se fosse verdadeira, porque ela tem o potencial de ser crível pela opinião pública.

Nessa hora, a comunicação de crise faz diferença. Muitas corporações multinacionais e governos usam mal a comunicação ao enfrentar crises graves, provavelmente porque não construíram um plano de comunicação de crise. Esse erro, somado aos cometidos na operação da crise, liquida qualquer tentativa de salvar a reputação. Em geral, crises malconduzidas acabam repercutindo na comunicação.

A BATALHA DA COMUNICAÇÃO

A vida das pessoas não precisa estar em perigo para haver uma crise. Nem precisa acontecer uma catástrofe, como ocorreu em 2019 em Moçambique, pela passagem de um ciclone que destruiu casas, provocou inundações e deixou milhares de pessoas desabrigadas. Para quem está interessado em proteger a reputação e o negócio, eventos às vezes bem simples, frutos de algum erro ou uma ocorrência passada, de repente podem se transformar em crises. Três exemplos de fatos potencializadores de crises, citados por Leighton e Shelton (2008, p. 25-26):

> *um novo negócio na área da mídia: o mais visível diretor-geral desaparece após um mês no emprego;*
>
> *o CEO deixa a empresa e descobre-se uma fraude de milhões de dólares;*
>
> *uma empresa de tecnologia: seu CEO foi questionado pela Polícia, depois da morte de um empregado. O corpo foi encontrado numa praia (nesse caso, podem existir inúmeras especulações).*

Em nenhum dos três casos, a empresa ou os empregados aparentemente fizeram algo errado. Eles não foram nem negligentes nem antiéticos. Existe algum risco de essas empresas perderem o controle da comunicação?

Mesmo sem culpa, se não a controlarem, ainda assim terão o negócio ameaçado, diz o especialista. Se você não tiver um rápido e efetivo plano de comunicação de crise, a imprensa preencherá o *vacuum* da mídia com informação, comentários ou opiniões, que servirão mais para vender a história do que para proteger sua reputação. Isso já não seria suficiente para ter um plano de comunicação de crise?

Não esqueça o lembrete de Jonathan Boddy, o especialista do *Chartered Institute for Public Relations (CIPR)*, em Londres: "*A reputação de uma organização existe em grande parte naquilo em que as pessoas acreditam a respeito dela. Mas a mídia não é guardiã da reputação pública de uma organização nem de um indivíduo.*"[2] Cuide dela, portanto. Vejamos outro caso.

E se um dos empregados estiver sendo acusado de crime? A empresa deve comentar? Muito provavelmente, sim. Fingir não ser com ela acaba transformando o fato num escândalo. A transparência, principalmente em momentos extremamente difíceis, quando o nome da empresa pode aparecer comprometido, ainda é o melhor caminho. Jack Welch, no capítulo sobre gestão de crises do livro *Paixão por vencer* (WELCH; WELCH, 2005), tem uma frase emblemática: "*Parece horrível, mas as crises*

---

[2] Entrevista ao autor, em março de 2011.

raramente terminam sem sangue no chão". Querer dissimular, poupar alguém envolvido em escândalo, confronta qualquer plano. Quem faz um plano de comunicação de crise se dispõe a cumprir os preceitos corretos da cartilha da boa gestão. E ela passa pela transparência total.

A organização ou a repartição pública onde você trabalha têm um plano de crise para uma emergência eventual com um dos colaboradores? Se não têm, está na hora de colocar no radar.

Parece ser recorrente em crises com governos e autoridades públicas, principalmente, uma tendência para minimizar ou esconder as irregularidades praticadas. O instinto de preservação vai de encontro aos princípios da transparência e da obrigação de esclarecer tudo à opinião pública. Daí por que crises na área pública, quando tratadas de forma pouco transparente, geralmente acabam mal. Como nas guerras, a primeira vítima nessas crises é a verdade.

Outro exemplo emblemático, citado no artigo *Proactive crisis communication planning* (LEIGHTON; SHELTON, 2008, p. 24-43):

A Nasa, agência espacial americana, de reputação ilibada, viu-se no meio de uma crise que nunca poderia ter imaginado, em 2007, quando uma astronauta, Lisa Nowak, foi presa e acusada de tentativa de assassinato de sua provável rival romântica por ligações amorosas com outro astronauta. Para a mídia, não interessa se o crime não tinha nada a ver com pessoas enviadas ao espaço. A reação à história imediatamente ameaçou a reputação da agência, e os líderes da Nasa rapidamente decidiram que deveriam comentar ou não teriam como manter o controle da história. Eles adaptaram a comunicação de crise à crise que não era definitivamente um problema da Nasa.

Como agiu a agência espacial? No comunicado, apesar de estranhas palavras, essa agência fez um bom trabalho na comunicação. O diretor do Centro Espacial Johnson da Nasa, onde os astronautas treinavam, divulgou um comunicado exatamente no tom certo. Comunicou que a astronauta Nowak estava oficialmente numa folga de 30 dias e tinha "*sido removida do status de voo e atividades relacionadas. Nós continuaremos a monitorar o desenvolvimento do caso*".

Só focou os fatos. O comunicado foi neutro, cobriu os elementos essenciais e não incluiu referências não intencionais à possibilidade de a astronauta ser culpada das acusações – ou se o alegado incidente, pelo menos, aconteceu. A expressão neutra dos fatos é especialmente necessária quando você está falando sobre algo tão importante quanto um ato de acusação criminal. No fim da licença de 30 dias, a Nasa demitiu a astronauta do programa espacial, sem dúvida, ou pelo menos em parte, devido à constante atenção da mídia.

As mensagens comunicadas por uma organização na crise têm papel vital para mitigar a situação. Mais especificamente, a comunicação contribui para reduzir o dano ou prejuízo provocados pelo evento de crise. Por isso, a gestão de crises não pode se limitar a uma solução rápida, segura e decisiva do problema operacional que causou a crise. A comunicação benfeita complementa o trabalho na área operacional. Essa é a receita da boa gestão.

COMUNICAÇÃO COM O PÚBLICO INTERNO

Não é raro a empresa enfrentar uma crise e esquecer o público interno. A comunicação interna de crises é crucial para a segurança e para a administração das informações. Tomar conhecimento pela mídia de fatos negativos sobre a própria corporação afeta a autoestima e a motivação dos colaboradores. Ninguém gosta de saber notícia da própria casa, por meio dos vizinhos. Não dar satisfação aos empregados do que está acontecendo de negativo com a corporação também significa falta de respeito.

As empresas preocupam-se logo com a mídia, com repercussões no governo, nos órgãos fiscalizadores e esquecem dos empregados. Esse esquecimento não se alinha com a boa governança. Os empregados são os primeiros afetados pelo incidente. A própria segurança ou dos familiares pode estar ameaçada. O emprego pode estar na berlinda. Ou, no mínimo, a reputação pessoal. Não esqueça que eles são os principais porta-vozes e formadores de opinião da organização.

Nunca perca de vista, como dizem Ogrizek e Guillery (1999, p. 64), que as crises debilitam os fatores que fazem a identidade corporativa, tais como *"sentimento de pertencimento, valores, autonomia e confiança"*. Há consenso também de que, nas crises, cada empregado pode ser um gerente de crise. Mas, para isso, ele precisa saber o que acontece. Como irá defender ou ajudar a empresa numa crise, se desconhece os acontecimentos?

A falha em capacitar os empregados com procedimentos e mensagens para serem utilizados na hora da crise dá margem para que eles façam qualquer coisa que acharem melhor na hora do aperto. Ou seja, cada um correrá para um lado e salve-se quem puder. Mais ou menos o que aconteceu na hora em que o navio *Costa Concordia* começou a adernar, na costa da Itália, em fevereiro de 2012, com quatro mil pessoas a bordo (*Case* 8).

Os empregados devem ser incentivados a se sentirem participantes ativos, ou então irão agir apenas como observadores externos. Se os funcionários não se sentirem como membros da equipe, podem se tornar fontes de informações particulares e negativas para a imprensa. O público interno muitas vezes sabe mais sobre a crise do que a própria diretoria.

Para impedir que funcionários bem-intencionados ofereçam informações ou dados imprecisos para a imprensa, recomenda-se que a equipe de comunicação de crises distribua comunicados internos, que os funcionários possam ler se forem contatados pela mídia. O documento pode informar os repórteres sobre uma entrevista coletiva ou sugerir que eles entrem em contato com o porta-voz oficial. A organização nunca pode correr o risco de um empregado dar uma declaração equivocada ou precipitada sobre a crise, pondo a perder todo o trabalho preventivo para manter o controle da mensagem.

PERGUNTAS INEVITÁVEIS NA CRISE

Você pode garantir que os clientes não estão sendo lesados em algum momento pela empresa, por meio de produtos ou serviços? A empresa está preparada para uma auditoria de surpresa dos órgãos reguladores, da Receita Federal ou dos tribunais de fiscalização sem mergulhar numa crise de reputação? Poderia qualquer dos escritórios ou lojas sofrer um ataque às instalações, com risco de vazamentos ou roubo de documentos ou informações? A organização está preparada para uma invasão de *hackers*, com perda de dados estratégicos?

É possível alguém da empresa incorrer no erro de dizer algo em lugar público que seja mal interpretado como desonesto, antiético, tendencioso ou depreciativo em qualquer meio? Você está 100% seguro de que seus impostos estão em dia? Não há esqueletos no armário?

Você ou toda a sua equipe e todos os seus investidores vivem uma existência 100% honesta? Há chance de algo, alguma vez, poder ser interpretado como forte arranhão à reputação pessoal ou corporativa? Você estaria disposto a abrir o montante de impostos pagos no último ano, se isso fosse necessário para preservar a organização? Existe algum risco de o escritório de contabilidade ou a diretoria financeira, com ou sem seu conhecimento, estar sonegando impostos? O que você faria se um alto executivo da organização fosse acusado de delitos graves, inclusive contra a honra, como aconteceu por inúmeras vezes durante a Operação Lava Jato, da Polícia Federal, desde 2014?

Como proteger a reputação da organização? Segundo Leighton e Shelton (2008, p. 28), há uma fórmula bem simples para resumir o que deve ser feito quando sua reputação começa a ser colocada à prova: *comunique a mensagem certa; na hora certa; às pessoas certas*. Proteger a reputação só será possível se a organização tiver um plano de comunicação de crise. Se ela já tem a cultura de comunicação, mantém contatos regulares com a imprensa e tem porta-voz escolhido e treinado, saberá como enfrentar situações difíceis, porque conhece as ameaças e se preparou para elas. Não há como preparar estratégias de comunicação, sem conhecer a crise e ter respostas adequadas para o público. E sem total transparência da diretoria.

É comum muitas organizações terem um plano de comunicação de crise, sem nunca testá-lo. Só lembram dele na hora do aperto. É preciso revisitar o plano periodicamente. Os empregados precisam conhecê-lo, pelo menos aqueles que fazem parte da equipe de gerenciamento de risco, continuidade de negócios e gestão de crises. A diretoria da empresa também, além de conhecê-lo, precisa estimular as equipes para atualizá-lo. Se o plano foi feito há quatro anos, por exemplo, possivelmente não contempla as redes sociais, *blogs*, uma nova frente que hoje pode fazer um estrago tremendo à imagem da organização. Até mesmo o *mailing* dos principais *stakeholders*, principalmente jornalistas, analistas de mercado, pessoas do governo pode estar desatualizado.

IMPORTÂNCIA DO *TIMING*

O plano de comunicação de crise pode ser muito bem-feito. Mas depende do *timing* das informações. Administração de crises não bate com burocracia, com lentidão e indefinição. Ainda mais na velocidade imposta hoje aos meios de comunicação. A comunicação da crise não pode ser precipitada, nem retardada. É outra decisão capital para o sucesso da reação à crise. Uma comunicação poderá ser precipitada se for construída com inconsistências ou evasivas, porque inexistem ainda informações ou porque, deliberadamente, a empresa quer sonegar informações sobre a crise. Ou quando o processo não está concluído; há ainda muitos pontos a serem apurados; principalmente quando a organização, pressionada pelo CEO, pelo governo, pela mídia ou pela sociedade, concorda em dar explicações sem ter feito uma apuração rigorosa.

Ao definir por se pronunciar sobre a crise, alguns requisitos devem ser considerados pela empresa: onde será a comunicação, como será, quando irá ocorrer e de que maneira as informações serão repassadas para a opinião pública. Esses detalhes serão mais bem explicados nos Capítulos 16 e 17, sobre a dinâmica das mensagens, dos comunicados e das entrevistas.

A resposta à crise precisa ocorrer nos primeiros momentos do evento. Embora no Brasil não haja uma cultura de respostas imediatas, a recomendação atual da maioria dos especialistas é que os primeiros comunicados sejam divulgados dentro de 15 a 30 minutos da ocorrência do evento. São 15 a 30 minutos mesmo? Sim. Porque a opinião pública sobre a crise começa a se formar nos primeiros momentos da ocorrência do evento negativo (veja cronograma de respostas no Apêndice 3). Se a organização não assumir o controle dessa informação, outras explicações estarão circulando e essas versões poderão ser definitivas. Devemos admitir sempre a comunicação como parte da solução da crise, e não um acessório, algo que poderia melhorar a situação. Não há como administrar a crise sem levar em conta o requisito da comunicação.

Um exemplo de como se leva a sério a questão do *timing* em crises graves, em outros países, principalmente em casos de comoção nacional. Em 2005, o Reino Unido sofreu um dos mais violentos ataques terroristas em tempo de paz: atentados com explosivos ao metrô e a um ônibus, que deixaram 58 mortos. As explosões nas estações do metrô de Londres começaram às 8h50 do dia 7 de julho de 2005. Foram em três locais diferentes. O último ataque, a explosão da parte superior de um ônibus na praça Tavistock, ocorreu às 9h47. O primeiro comunicado oficial da Polícia Metropolitana de Londres, com todas as informações disponíveis até aquele momento, foi entregue à imprensa, na frente da residência do primeiro-ministro britânico, às 10h43. Isso em 2005, quando não havia a pressão, como hoje, da internet e das redes sociais (*Case* 21).

21. Atentado no metrô de Londres

LONDON BOMBINGS – 7 JULY 2005

· **INITIAL STATEMENT OUTSIDE DOWNING STREET BY HOME SECRETARY, CHARLES CLARKE MP AT 10:43***

"There have been a number of dreadful incidents across London today. The Cabinet has been kept informed of the situation as has the Prime Minister at Gleneagles.

I chaired a meeting of our COBRA senior ministers committee earlier on today to assess the situation and decide what immediate action needs to be taken.

As far as the police are concerned they are an operational command and dealing with the situation in accordance with very well established procedures in an extremely professional way.

Health services are in support to deal with the terrible injuries that there have been and I want to express sympathy on behalf of the whole Government to the families and friends of those who have been injured

And as far as transport is concerned underground services have been suspended and we advise people not to make unnecessary journeys in London at this stage in order to help police and other emergency services to deal with the current situation.

I'll be making a statement to the House later on today to fully update the situation and throughout all of this and the terrible situation that is there we will be updating the public very directly at regular intervals with the most up to date information we have.

Thank you very much. That's all I've got for now.

*The last of the four explosions (the bus in Tavistock Square) detonated at 9.50am. The statement therefore falls into the "Golden Hour" timeframe for media response.

Há alguns anos, principalmente no Brasil, não havia essa cultura de explicações imediatas sobre crises. Em alguns casos, levava-se o dia todo, em demoradas reuniões, sem que a opinião pública soubesse a posição do governo ou das empresas sobre determinada crise. Essa folga de tempo acabou. Quem demorar perderá a batalha da comunicação. (Veja a demora do Flamengo, em se pronunciar logo após o incêndio no CT, *Case* 20). Numa crise, perder essa batalha significa o início do fracasso. "*A chave do sucesso na comunicação de crise é estabelecer a organização no centro da crise **como a única fonte autorizada de informação sobre o que está acontecendo e o que está sendo feito sobre a crise*"* (REGESTER; LARKIN, 2008, p. 192. Grifo dos autores).

Deve-se levar em conta hoje, também, que vivemos num mundo globalizado; que, na hipótese de divulgação de notas para explicar uma crise, deve ser considerada a possibilidade de verter os comunicados ou *news releases* para o inglês ou espanhol, se o fato despertar interesse externo da mídia internacional ou se a organização tiver negócios em outros países. Empresas de grande porte, com ações nas bolsas de valores, devem sempre verter os comunicados para o inglês.

Isso é importante mesmo em *cases* emblemáticos de crise, como o do envenenamento das cápsulas do Tylenol – estudado e citado como modelo de gestão, ele só funcionou pela época em que aconteceu (1982). A Johnson & Johnson levou oito dias, após as primeiras mortes serem anunciadas e após outro caso de envenenamento do Tylenol ser descoberto na Califórnia, para decidir pelo recolhimento das cápsulas. Como se vê, nos dias atuais, com a cobertura da mídia praticamente *on-line*, esse *timing* seria fatal. A Johnson estaria fatalmente condenada pela lentidão em tomar uma decisão, num momento grave de crise. Veja no Apêndice 3 o cronograma ideal de resposta à mídia logo após o desencadear de uma crise grave.

Tópicos-chave

- ✓ É melhor que a informação negativa venha diretamente da organização na forma de um pedido de desculpas honesto, em vez de vir de seus críticos, como acusação prejudicial.
- ✓ Muitas corporações multinacionais e governos usam mal a comunicação ao enfrentar crises graves, provavelmente porque não construíram um plano de comunicação de crise.
- ✓ Tomar conhecimento pela mídia de fatos negativos sobre a própria corporação afeta a autoestima e a motivação dos colaboradores.
- ✓ Como proteger a reputação da organização? Há uma fórmula bem simples para resumir o que deve ser feito quando a reputação começa a ser colocada à prova: *comunique a mensagem certa; na hora certa; às pessoas certas.*
- ✓ Governos e autoridades públicas, principalmente, tendem a minimizar ou esconder as irregularidades praticadas numa crise.

22. O colapso do Galaxy 7 ameaçou reputação da Samsung

"Precisamos aprender com nossos erros", disse Dong-Jin Koh, diretor da divisão de smartphones *da Samsung, em março de 2017, expressando um mea-culpa durante lançamento de produtos da marca nos EUA. Ele se referia à crise deflagrada sete meses *antes, quando alguns aparelhos Galaxy Note 7, da fabricante coreana, começaram a explodir na mão dos usuários. O estrago atingiu proporções ameaçadoras, com centenas de relatos de incidentes semelhantes espalhados pelos dez países onde o telefone estava sendo vendido.*

O calvário da empresa começou com queixas de alguns usuários nos Estados Unidos que acusaram superaquecimento do dispositivo, logo após o lançamento. Fotos e até vídeos dos aparelhos danificados por fusão ou até explosão começaram a aparecer nas redes sociais. As viralizações atingiram a empresa em cheio.

Ao acompanhar os relatos de clientes, a empresa convocou o que viria a ser o maior recall de smartphones da história, mais de 2,5 milhões de unidades vendidas em dez países. No fim, ante a pressão do mercado, acabou cancelando a produção do Galaxy Note 7. Decisão acertada naquele momento, uma vez que o aparelho chegou a ser banido dos voos pelas companhias aéreas. Para dimensionar o tamanho da crise, faça as contas de quantos aviões voam por dia. Em cada um deles, o comissário dizia: "Se alguém portar o celular Galaxy 7, deve entregar à tripulação". Imagine o estrago para a imagem da empresa.

Foram muitas explicações até a fabricante divulgar os testes que apontaram que as explosões dos smartphones aconteceram por causa das baterias. Foram quatro meses de testes com 200 mil unidades do Galaxy Note 7 recolhidas pela empresa, mais 30 mil baterias adicionais, além de 700 funcionários dedicados a esse trabalho.

A descontinuação da produção diminuiu o lucro da companhia a um terço. A fabricante chegou a divulgar a perda de US$ 2,3 bilhões pelas explosões do Galaxy Note 7.

Para a imprensa, André Varga, diretor de dispositivos móveis da Samsung no Brasil, disse que o problema com o Note 7 fez a empresa aprender e mudar a forma de projetar e produzir baterias para seus aparelhos. "Aumentamos o número de pontos de controle de qualidade: eram cinco e agora são oito", explicou. Convém acrescentar também que a Samsung, além dessa crise do Galaxy 7, também teve o nome envolvido em escândalo na Coreia do Sul, quando o herdeiro dos donos da empresa, Lee Jae-yong, que comandava o grupo desde 2014, foi condenado a cinco anos de prisão em 2017, sob acusação de ter pago propina à ex-presidente Park Geun-hye, também presa.

16
COMO CONSTRUIR MENSAGENS-CHAVE

Para que um plano de comunicação de crise funcione, é preciso ter respostas consistentes na explicação da crise. Para isso, a organização necessita construir mensagens-chave. Esse é um dos grandes dilemas na hora da crise. O que vamos dizer? É preciso definir o discurso com rapidez, porque a opinião da sociedade sobre uma crise, devemos lembrar, começa a ser definida nos primeiros minutos, antes de se completar uma hora da ocorrência do evento.

Se a organização não assumir o controle da narrativa, perde a guerra da comunicação, logo no início. Então, definir a versão oficial sobre a crise é um pré-requisito para poder administrar bem a percepção do evento. Lembre-se: diferentes *stakeholders* merecem mensagens diferentes. Um comunicado de crise para os sindicatos ou empregados pode não ter o mesmo teor para o distribuído aos acionistas ou aos fornecedores. Os empregados estão preocupados com a manutenção ou segurança do emprego. Os acionistas, com o resultado financeiro, os dividendos, o futuro da organização e as medidas tomadas para reverter o problema, inclusive quanto à imagem.

Construa mensagens com habilidade, de modo que a mídia possa usá-las sem muitas alterações. Um texto bem redigido, objetivo, curto, claro, tem maior probabilidade de ser reproduzido na íntegra do que um longo, contando toda a história. E saiba por onde a mensagem ficará mais bem divulgada. O *YouTube*, diz o especialista americano Jonathan Bernstein, não é o lugar para um *position paper*. Ou a resposta legal da organização para uma ação judicial não é apropriada para um anúncio pago nos jornais (BERNSTEIN, 2011, p. 65). Em 2016, o nome da empresa de laticínios Itambé esteve envolvido no episódio da morte de um menino, no Mato Grosso, sem que ela tivesse qualquer culpa. Foi um episódio policial, envolvendo um comerciante que envenenou o achocolatado Itambezinho para punir um ladrão. Imediatamente após as apurações da Polícia e da empresa, para evitar uma crise e a propagação incontrolável da notícia, o presidente fez um pronunciamento pelo YouTube explicando como os fatos aconteceram.[1] Foi uma intervenção rápida, objetiva e verossímil, reforçando a confiança que os clientes precisam ter numa marca.

---

[1] Pronunciamento disponível em: https://www.youtube.com/watch?v=0V4pZ27Kn_U. Acesso em: 25 abr. 2019.

Há três palavras implícitas na boa comunicação de crise: abertura, velocidade e inteligibilidade. Mensagens-chave ou *key messages* significam mensagens curtas e objetivas. Aquilo que você gostaria de que a audiência guardasse como o recado na crise e que, no dia seguinte, a mídia toda divulgasse com destaque, ao falar de sua crise. Por isso, nesse quesito menos é mais.

Mas você não precisa, nos primeiros momentos, dar informações que não possam ser fornecidas. Uma área de comunicação nunca pode aceitar a especulação, nem a pressão. Na nota à imprensa, a empresa deve se limitar aos fatos que aconteceram com as informações disponíveis até aquele momento. Jamais especular ou fazer projeções, interpretações. Se a causa da crise ainda não foi apurada, não se acanhe em dizer "a causa do incidente/acidente está ainda sob investigação". Tão logo haja mais informações, retome o contato com a mídia. Se a crise foi causada por erro ou imperícia da organização, admita, sem meias palavras. Está mais do que provado que o público pode esquecer ou, pelo menos, minimizar um fato negativo de uma instituição se ela honestamente admite o erro cometido.

A comunicação pode não resolver a crise, mas ajuda na sustentação da imagem. A base de uma mensagem de crise, sobretudo se houve danos a pessoas, é sentimento de solidariedade, ajuda ou alívio e a transmissão de confiança. É preciso manifestar preocupação e consideração pelo que aconteceu. "Você deve ser honesto e aberto ao admitir que a crise ocorreu e que a organização está fazendo todo o possível ao seu alcance para descobrir exatamente o que aconteceu e como aconteceu" (LEIGHTON; SHELTON, 2008, p. 41). Não há fórmulas prontas ou receita de bolo para construir mensagens de crise. Mas é preciso conhecer a crise e o público.

Importante também atentar para o fato de que não adianta passar mensagens que a audiência não consiga captar ou não entenda. É preciso embutir na mensagem palavras-chave, analogias, ilustrações ou histórias que façam as pessoas associar as mensagens a esses fatos. Essa dica é importante para áreas muito complexas para a opinião pública entender. Não esqueça: numa entrevista, mesmo no caso de crises graves, você não está falando para os pares, mas para a audiência média do veículo de comunicação. Pesquisas realizadas nos Estados Unidos chegaram ao consenso de que a média dessa audiência é uma criança de 12 anos. Ela é esperta, entende um discurso básico, não o técnico. Não perca nunca esse foco. Se uma criança de 12 anos não entende a entrevista, é possível que 80% da audiência, ou mais, também não entenda.

Um exemplo negativo foram as primeiras entrevistas da British Petroleum (BP) para explicar o vazamento de milhões de litros de petróleo no Golfo do México, em 2010 (*Case* 23). Agravado pelo fato de que o CEO da empresa tergiversava e minimizava uma crise grave, o uso de termos técnicos mais confundiu do que esclareceu a audiência mundial. Esse caminho leva ao fracasso da comunicação de crise.

Recomenda-se usar gráficos descomplicados, exemplos que pareçam familiares para os espectadores e leitores na vida diária. Uma descrição simples, como se estivesse explicando para os amigos, sem querer ser erudito demais nem primário. A audiência precisa entender a mensagem para poder compreender o que aconteceu e julgar o potencial da crise.

Uma entrevista não é muito diferente de uma palestra, de uma aula. Alguém presta atenção, no início da tarde, num palestrante ou professor que usa muitos termos técnicos e longos parágrafos para explicar algo que poderia ser feito em menos tempo e com mais atratividade? Muito difícil. Mas se o palestrante ou professor contar uma história ou fizer uma associação, embutida na mensagem que quer passar, quem estava à beira do cochilo certamente irá prestar atenção. Essa técnica pode chamar a atenção do jornalista para assuntos extremamente complexos e difíceis. O porta-voz deve deixar os conceitos eminentemente técnicos para a reunião de diretoria ou para jornalistas especializados. Não tentar impressionar o pessoal da imprensa. O resultado será desastroso.

Não esqueça que a televisão é uma mídia que favorece a dispersão. As pessoas não guardam mais do que quatro ou cinco notícias divulgadas por um informativo jornalístico de uma hora. A explicação de sua crise passa batida no meio de várias notícias de crimes, acidentes, opiniões políticas, lances esportivos e histórias mais interessantes.

Uma técnica que funciona, principalmente quando a mensagem precisa ser objetiva, é entregá-la num "pacote" pronto. Essa é uma forma de tentar capturar a atenção da mídia para os pontos mais importantes de sua mensagem. "Há três fatores que a empresa quer destacar nessa crise. Primeiro... Segundo... Terceiro...".

Trata-se de uma forma didática de expor a mensagem, concisa na descrição e enfática na enunciação. De certo modo, esses três enunciados poderiam dar o *lead* para a reportagem dos jornalistas. Eles resumem, ou pelo menos uma das mensagens é o que você gostaria de que fosse a chamada da reportagem na internet, na TV ou no jornal de amanhã? Essas mensagens deveriam ser as ideias-chave sobre a crise da organização. Se o porta-voz da organização não construir esse discurso, alguém poderá pautar a imprensa e dar uma versão diferente para a crise. Um risco que você não pode correr.

Um exemplo de enunciado negativo que pegou foi a declaração do CEO da British Petroleum, quando questionado pela imprensa sobre a forma como a empresa conduzia a crise: *"Eu gostaria de ter minha vida de volta!"*. Referia-se a estar longe da Inglaterra, onde morava, e administrando a crise no litoral da Louisiana (EUA). Como não tinha mensagens-chave para aquele momento, o CEO acabou falando bobagem. A declaração infeliz e inapropriada foi reproduzida na imprensa internacional e virou uma marca de seu fracasso (*Case* 23).

Vale a pena pensar sobre o que Bruce Bonafede, PR e presidente da Bonafede Communications, de Palm Springs (Califórnia), recomenda sobre mensagens-chave, ao comentar uma crise envolvendo a cadeia de restaurantes Taco Bell, que foi arrogante com os consumidores ao se defender de uma acusação sobre a qualidade de sua carne. Ironicamente, a empresa em anúncios publicitários agradeceu por ter sido processada:

> *A maior parte das pessoas experimenta a notícia do mesmo jeito que experimenta "bate-papos ocasionais" – eles não gastam muito tempo em uma única história. Se você quiser que eles "peguem" as suas mensagens, faça-as simples. Muito simples. E não venha com uma longa lista de "mensagens-chave". Idealmente, você realmente só tem uma mensagem básica: uma ou outra, ou você fez errado, e é aqui como você vai se certificar de que não volte a acontecer, ou você não fez errado, e está aqui por quê? Todas as outras mensagens devem fluir a partir de ou apoiar a sua mensagem básica. Também ajuda se a mensagem-chave é crível e convincente. A Taco Bell não foi.[2]*

---

[2] Disponível em: https://www.bernsteincrisismanagement.com/newsletter/crisis-manager-110203.html. Acesso em: 20 jul. 2019.

Ao comentar a iniciativa da Taco Bell, Bonafede disse que veicular anúncios (provocativos aos consumidores) com o título *Obrigado por nos ter processado* pode ter parecido inteligente para a Taco Bell, mas a resposta à crise não é lugar para ser inteligente. É um lugar para ser honesto, preocupado, informativo, com comunicação de duas vias e rápido. Claro que um título como esse corta completamente a desordem,

> *mas todo mundo no planeta sabe que as empresas não querem ser acionadas na justiça sobre a qualidade dos seus produtos. Assim, uma resposta como "Obrigado por nos ter processado" é tão flagrantemente falsa que se torna uma bobagem. Ela sugere que a empresa não levou o problema a sério. Tentativas semelhantes na base da espertezа acabarão minando qualquer informação válida que você tenha a oferecer.[3]*

Uma dica importante de Hoffman (2011, p. 120) é redigir a mensagem-chave que você pretende passar (não mais do que três ou quatro mensagens); em seguida, ao lado, enumerar os fatos que sustentam a mensagem; numa terceira coluna, fazer comparações, usar expressões populares e dados para reforçar a mensagem. Esse pequeno roteiro ou "cola" pode ser levado para eventuais entrevistas, audiências públicas ou outros depoimentos sobre a crise.

23. Como a BP quase afundou no Golfo do México

A crise da British Petroleum (BP), petroleira britânica, que opera no Golfo do México, começou na madrugada de 20 de abril de 2010, quando a plataforma da Transocean, utilizada pela BP, explodiu, a 1.500 m de profundidade. Na ocasião, desapareceram 11 operários e o vazamento causou a maior tragédia ecológica dos Estados Unidos. Calcula-se que 800 milhões de litros vazaram no golfo do México, atingindo cinco estados e provocando um desastre ecológico com consequências devastadoras para a fauna, a flora e milhares de pescadores da região, que perderam seu sustento.

A BP e nenhuma outra petroleira tinham tecnologia para estancar um vazamento daquela magnitude. Depois de recorrer a congêneres no mundo, fez vários experimentos que acabaram não dando certo. Somente no início de agosto a BP conseguiu estancar o vazamento. Enquanto isso, ela sofreu um massacre da mídia internacional, do governo e dos políticos americanos.

Um grupo de 60 consultores externos produziu um relatório bastante objetivo acerca do episódio. A equipe concluiu que o desastre não foi provocado por apenas uma razão, e, sim, por uma sequência de falhas mecânicas e de problemas na engenharia da plataforma. Mas o episódio teve inúmeros erros sob o aspecto da gestão de crises. A própria BP os reconheceu mais tarde. "O acidente foi uma sucessão de erros e mostrou quanto precisamos ainda avançar em nossas políticas de prevenção de acidentes", disse o então presidente, Robert Dudley, em entrevista à revista Veja, em 9 de fevereiro de 2011.

---

[3] Idem, ibidem.

"A condução do vazamento pela BP, de uma perspectiva da gestão de crise, ficará na história como um dos grandes exemplos de como tornar uma situação pior pelas falhas de comunicação", disse Michael Gordon, do grupo Gordon Stragegic Communications, de Nova York, em julho de 2010, três meses após a explosão da plataforma e com petróleo ainda vazando. "É uma combinação de falha de transparência, uma falha no discurso direto e uma falha de sentimento para com as vítimas. Quando você está administrando um desastre ambiental dessa magnitude, você não apenas tem que administrar o problema mas também administrar todos os *stakeholders*", disse Gordon ao repórter da agência Reuters.

Não foram só os sérios prejuízos à reputação. Além de um fundo de 20 bilhões de dólares, exigido pelo governo americano para futuros passivos nos EUA, a conta dessa crise já teria chegado a mais de 62 bilhões de dólares, admitiu a empresa em 2016. Nos quase 100 dias em que durou o vazamento, a empresa perdeu bilhões em valor de mercado e também os acionistas tiveram prejuízos incalculáveis. Ela precisou vender ativos no Vietnã, Paquistão, Venezuela, Egito e nos Estados Unidos para arrecadar os bilhões.

Analistas de RP, na época, asseguraram que a empresa adotou posições cheias de suspeição ou equívocos na comunicação no acidente. Tom Hayward (o CEO), demitido após vários atropelos, repetidamente disse aos repórteres, nos primeiros dias após a explosão da plataforma condenada, que "não era nosso acidente". Em vez disso, ele condenou a Transocean, a empresa que operava a plataforma, uma de suas parceiras. Ou seja, ele ignorou não apenas a responsabilidade, mas também a extensão do problema e ainda jogou a responsabilidade para terceiros. O relatório final das autoridades americanas, divulgado no início de 2011, culpou a British Petroleum, a proprietária da plataforma Transocean e a contratada Halliburton por "conduta imprópria e omissão" no acidente. A avaliação dos especialistas é que a BP estava fazendo um trabalho bem-feito na pós-crise.

A empresa também não conhecia a cultura americana em profundidade e cometeu vários erros políticos, sofrendo pressões do governo e do Congresso americanos por soluções rápidas. Obama ficou tão irritado com o acidente, que suspendeu a prospecção de petróleo, no Golfo, naquele ano. A empresa, portanto, tinha uma crise grave operacional, errou na comunicação de crise e enfrentou sérios problemas políticos. O episódio não foi apenas um terrível desastre ecológico. Foi um incrível desastre reputacional. Somente em 2012 foi aprovado acordo com o Ministério da Justiça dos EUA, para encerrar o processo criminal relativo à explosão.

A MENSAGEM CERTA

Como saber qual a mensagem certa numa crise? O que você gostaria de saber se uma crise grave acontecesse com alguém ou uma organização de seu interesse; você é acionista da empresa, por exemplo; ou tem interesses no governo local? E se a crise envolvesse gestores ou empregados da empresa em que você colocou aplicações financeiras, como sócio ou acionista?

É isso que a opinião pública quer saber na hora da crise. Tudo o que interessa conhecer para deixar o problema bem claro. A mensagem certa deve ser construída pela equipe de crise, respaldada pela área jurídica, com uma versão clara, concisa e consistente da história. Não pode haver qualquer brecha que a imprensa possa desmentir ou desconstruir. E, principalmente, a mensagem deve ser honesta, transparente e confiável, doa a quem doer. Se houve erro do empregado, admitir. Não tentar subterfúgios, como é muito comum nesses momentos. As empresas costumam mitigar a crise, minimizar o estrago, esquecendo que do outro lado há uma série de pessoas e instituições afetadas pela crise e que sempre alguém irá esmiuçar a questão até o fim.

Numa coletiva de greve, por exemplo, as empresas sempre procuram desconstruir o discurso dos sindicatos, minimizando o prejuízo e o mal que a greve traz para a organização ou para a sociedade. Deve-se ter cuidado com essa estratégia. Admitir os prejuízos de uma greve, negociar à exaustão e fazer de tudo para a empresa voltar à normalidade não demonstra fraqueza. Além de obrigação, demonstra respeito pelo cidadão. E isso deve ficar claro na comunicação.

A mensagem certa deve fornecer números verdadeiros sobre vítimas, prejuízos financeiros, à empresa ou ao contribuinte. Deve trazer uma expectativa do tempo necessário para a retomada da atividade ou para a correção do problema, principalmente se este causou um grave prejuízo às atividades normais. Como a queda de barreiras em estradas; ou uma ponte, levada pela enxurrada; ou interrupção mais grave de rodovias ou ruas. O público quer respostas, não evasivas.

Deve ser construído também um discurso interno, franco e honesto, para os empregados entenderem e ficarem informados, concomitantemente com o público externo, sobre as ações da empresa para reverter a crise. Em alguns casos, nem os empregados ficam sabendo quando a empresa retomará as atividades normais; ficam inseguros quanto à manutenção do próprio emprego. Um exemplo típico dessa incerteza é a mineradora Samarco, em Mariana (MG). Desde 2015, após o rompimento da barragem que matou 19 pessoas e arrasou povoados na esteira dos rejeitos, a empresa vem prometendo retomar as atividades. Mas o passivo com o meio ambiente e as exigências do Ministério Público têm protelado a retomada, mesmo com a pressão do município de Mariana.

Com a mídia, a mensagem certa usa palavras simples na boca de fonte credenciada. De preferência, não se devem utilizar advogados como porta-vozes (veja o Capítulo 12). A comunicação deve ter os principais dados da organização arquivados para serem utilizados nessa situação. Como exercício, devem ser considerados cenários negativos e de como a organização agiria se a crise realmente acontecesse.

Todos os interessados têm acesso à comunicação da empresa? Quais as crises previstas no ano (invasões de movimentos populares, greves, interrupção de energia, desabastecimento de água, megaconcursos, invasão da sede etc.) e como a comunicação será feita? Notas pré-aprovadas podem estar prontas para emergências. Em alguns casos, as mensagens podem ser divulgadas antes do evento, para alertar a população.

Preparada para um evento extremamente negativo, com a possibilidade de vítimas, a empresa já tem um portfólio com comunicados para possível distribuição. A nota à imprensa deve mostrar preocupação, ajuda, alívio e confiança, numa solução. Nesse momento, em muitos casos, os planos de comunicação fracassam.

Em outubro de 2012, num hospital de Curitiba (PR), uma assistente de enfermagem desligou, por engano, o aparelho que mantinha vivo um paciente com doença degenerativa havia quatro anos. O paciente de 38 anos morreu. A mãe dele, de 68, sofreu um infarto agudo, após saber da notícia, e também morreu. Como o hospital irá explicar um erro primário desses, uma vez que o produto do hospital é exatamente a saúde, a preservação da vida, a segurança dos pacientes?

Por que as vítimas da empresa gritam numa crise? Por falta de informação, promessas não cumpridas e compensações financeiras não pagas ou parcialmente cumpridas. Até mesmo longas batalhas jurídicas, como aconteceu com a população de Bhopal, na Índia, em 1984, vítima do vazamento de um gás venenoso da indústria química Union Carbide, um dos desastres ecológicos mais mortais da história (*Case* 4).

SUA EXCELÊNCIA, O FATO

Ao transmitir as mensagens-chave numa crise, todos os fatos conhecidos devem ser incluídos. A mídia quer evidência do que está sendo respondido. Por exemplo, o que deixa você tão seguro de que o incidente está sob controle? Você está confiante de que o fato negativo não irá se repetir nos próximos meses? O que faz você garantir isso? Como assegurar que as pessoas não serão afetadas pelo problema gerador da crise?

De que modo uma prefeitura do interior pode explicar como um caixa eletrônico, dentro da sede da prefeitura, pôde ser assaltado pelos ladrões durante a noite? Qual a garantia de segurança na cidade, se o prefeito não consegue assegurá-la na sua própria casa? O argumento da segurança, nesse caso, torna-se muito difícil de sustentar numa entrevista de crise. Nesse caso, a entrevista tem que trazer fatos concretos que mostrem uma mudança radical na forma de segurança do prédio. Caso contrário, é melhor não dar explicação. Como disse Ralph Waldo Emerson, escritor, filósofo e poeta americano, "*espartanos, estoicos, heróis, santos e deuses usam um discurso curto e poderoso*" (HOFFMAN, 2011, p. 168).

Executivos experientes nunca vão para uma coletiva, principalmente sobre crises, sem levar de três a cinco pontos básicos para falar. As assessorias preparam uma breve abertura a esses tópicos, centrada nas mensagens-chave que devem ser passadas; em seguida, dois ou três fatos positivos que, mesmo nas crises, podem ser dignos de registro. Por último, encerrar deixando aberta a porta para o fornecimento de mais informações, tão logo estejam disponíveis (veja exemplos no Apêndice 3).

PARA QUEM VAI A MENSAGEM

Definir o público a ser atingido. Quem deve receber informações sobre a crise. Empregados, acionistas, clientes, fornecedores, sindicatos? Há uma série de *stakeholders* que se relacionam com a organização e precisam receber atenção, durante a ocorrência de crises, pelos meios disponíveis. A prioridade é o público interno. Ele é o principal formador de opinião da organização. Tudo o que sai para o público externo precisa na mesma hora, ou antes, ser comunicado ao público interno.

A definição de quem são os *stakeholders* da empresa, pelo menos os principais alvos da comunicação, no caso de uma crise, deve ser feita antes da ocorrência da crise. Mensagens-chave específicas já podem ser construídas para cada um deles, com antecedência. Alexander G. Niklaev (COOMBS; HOLLADAY, 2010, p. 269) considera como públicos mais importantes, numa situação de crise:

1) **empregados/membros**: primeiro, garantir a segurança deles; prepará-los para estarem prontos a cooperar na crise;
2) **meios de comunicação (mídia)**;
3) **outros públicos importantes**: clientes; pessoas afetadas pela crise (comunidade); público em geral (audiência da mídia); públicos especiais; governo, investidores, acionistas, contribuintes.

Bernstein (2011, p. 60) admite que, se a crise está impactando você, ela também impacta seus *stakeholders*. E, presumidamente, você deve tomar conta desse impacto nos seus *stakeholders*.

> *Por que você deixaria passar uma oportunidade de tranquilizá-los? Um pronunciamento, ainda que limitado, pode não ser muito, mas significa algo, ainda que seja apenas para seus* stakeholders *saberem que você se preocupa com eles e está trabalhando para resolver o problema.*

Dependendo da natureza da crise, também pode ser necessário notificar as autoridades de emergência: Polícia, Corpo de Bombeiros, Defesa Civil, órgãos do meio ambiente e pessoal de emergência local. Muitas empresas desconhecem a extensão dos intervenientes que poderão estar envolvidos no caso de uma crise grave. Vejamos o caso de um caminhão-tanque de uma empresa de médio porte, transportando combustível, que sofre um acidente. No tombamento do caminhão, um córrego na beira da estrada é atingido.

Quantos *stakeholders*, órgãos públicos e privados têm algum tipo de interveniência ou interesse nesse acidente? Deve passar de duas dezenas. Eles já foram mapeados, antes da crise, com nome dos titulares, telefones de urgência, endereços? Uma crise não transtorna somente a vida da organização diretamente envolvida. Quando, em 2004, a Parmalat, empresa de laticínios, marca fortíssima de uma multinacional italiana, viu-se às voltas com uma crise grave, acabou gerando outra crise nos milhares de fornecedores de leite daquela empresa no Brasil. Certamente, um abalo na Parmalat brasileira atingiria esses pequenos produtores em cheio, como aconteceu.

Há o equívoco nas crises de que o principal público a ser esclarecido e atendido sempre deve ser a mídia. Grandes corporações podem incorrer no erro de priorizar a imprensa em detrimento de outros públicos. Alguns *stakeholders* têm um peso tão grande que, imediatamente ou no futuro, poderão gerar passivo muito mais pesado do que um possível arranhão na reputação, propiciado por eventuais matérias negativas. Governos, ativistas, parentes das vítimas, órgãos fiscalizadores são alguns desses públicos. No Brasil, o Ministério Público pode, por meio de ações e denúncias, fazer estrago na imagem de uma grande empresa, muito maior do que a mídia. Veja o que aconteceu com a Operação Lava Jato, em relação às empreiteiras, casas de câmbio, agências de publicidade.

A petroleira Chevron enfrenta uma batalha jurídica há mais de dez anos no Equador, por conta da poluição de uma região na Amazônia equatoriana, que prejudica 30 mil habitantes. Esse passivo vem da compra pela Chevron, em 2001, da Texaco, que durante anos teria poluído a região com extração de petróleo, contaminando o solo e provocando doenças graves nos habitantes.

A Texaco não corrigiu o problema nem indenizou as famílias prejudicadas, que jogaram a crise no colo da Chevron. Um pepino de 19 bilhões de dólares, julgado pelo Tribunal de Nova York. Nesse caso, o *stakeholder* mais importante, a população do Equador, foi menosprezado. O advogado da Chevron, em 2012, chegou a dizer a um documentarista que "eles são irrelevantes". Esse desprezo por um segmento de público continua sendo uma ameaça à Chevron, por ter perdido a batalha em vários tribunais, até mesmo na Suprema Corte americana.[4]

Dá para eleger o *stakeholder* mais importante de uma organização numa crise? Não. Em muitos casos, os clientes têm prioridade. Em outros, os empregados, que poderiam ficar desmotivados por medidas internas geradoras da crise. Pacificá-los deveria ser a prioridade. Em outras ocasiões, os órgãos ambientais, ONGs, ativistas do meio ambiente podem ser os públicos mais importantes. O tipo de crise determina quem são os interlocutores decisivos para vencer a batalha.

Tópicos-chave

- ✓ A mensagem de crise deve ser honesta, transparente, confiável, doa a quem doer.
- ✓ As mensagens de crise devem mostrar preocupação, ajuda, alívio e confiança numa solução.
- ✓ O que a opinião pública quer saber, na hora da crise, e deve constar nas mensagens-chave, é tudo o que interessa sobre a crise para tornar o problema bem claro.
- ✓ As vítimas, toda ou qualquer pessoa atingida pelas crises, têm grande poder de mobilização e agravam as crises das empresas.

---

[4] Petroleira não reconhece poluição que mata. Disponível em: http://www.comunicacaoecrise.com/site/index.php/artigos/545-petroleira-nao-reconhece-poluicao-que-mata. Acesso em: 25 abr. 2019.

17
ENTREVISTAS E RESPOSTAS DE CRISE

Como construir um comunicado de crise? Há algumas recomendações básicas. Não pode ser longo; parágrafos no máximo com cinco linhas; deve ser objetivo, direto; texto impecável; informar somente o que estiver confirmado. Não especular, portanto, nem jogar a culpa em terceiros. Não usar siglas, linguagem rebuscada, termos jurídicos ou técnicos. Evitar a precipitação de correr para divulgar o comunicado e depois precisar retirá-lo, porque houve erro. Mas a pressa, nesse caso, não é inimiga da perfeição. O texto terá de ser feito rapidamente, mas perfeito. É missão para comunicadores profissionais, realmente.

Não é pecado nem humilhante pedir desculpas. Uma simples e sincera desculpa. *Nós lamentamos profundamente o que aconteceu*. Ou *Nós cometemos um erro e admitimos a parcela de culpa. Estamos empenhados em reparar o erro cometido pela empresa (ou por nosso empregado) e faremos o possível para minimizar o prejuízo (ou o mal causado pelo acontecimento)*. É aquele sentimento que qualquer pessoa gostaria de receber de alguém que lhe causou profundo dissabor, tristeza, prejuízo.

Uma pesquisa da empresa de Relações Públicas Porter Novelli, com milhares de adultos consumidores, mostrou que 76% dos pesquisados ficavam irritados quando as organizações se recusavam a aceitar a culpa por problemas. Pior ainda se a empresa tenta jogar a culpa para cima do cliente ou terceiros. Como aconteceu com o CEO da Union Carbide em Bhopal, na Índia, quando do vazamento de gás de uma indústria química (*Case* 4). Ele declarou que a segurança era responsabilidade de quem conduzia a filial da Índia.

Aconteceu também com uma empresa de hambúrguer, nos Estados Unidos, que culpou o fornecedor de carne pela contaminação do produto com a bactéria *E. coli*. Segundo Cohn (2000, p. 126), a pergunta que as empresas deveriam fazer é: se alguém come um hambúrguer no Burger King ou no McDonald's, ou compra a carne do hambúrguer no supermercado Tesco, você pensa que o hambúrguer é do vendedor ou do fornecedor de carne? A quase totalidade dos consumidores desconhece a origem da carne que consome e, talvez, nem queira saber.

Mas desculpas, muitas vezes, podem parecer uma panaceia na gestão de crises. Nem sempre funcionam. Principalmente, quando a opinião pública percebe que a empresa não fez nada para resolver o problema ou demorou a tomar uma atitude. A reação pode ser contrária: de indignação. Não adianta publicar uma nota com *Nós lamentamos profundamente...*, se o público percebe apenas palavras, discurso, mera formalidade.

É muito difícil se desculpar quando há vítimas fatais. A língua inglesa tem uma palavra para definir o sentimento a ser expresso num comunicado ou entrevista, no caso de uma crise com vítimas: *compassion*.[1] Essa palavra não tem uma definição precisa em português para designar aquele sentimento de pesar, mais do que compaixão, pena, comiseração pelo acontecido. Como se a organização quisesse dizer: *sinto muito, gostaria de estar no seu lugar para sentir a dor que você está sentindo*. É um sentimento interpretado pelo budismo como destinado a aliviar o sofrimento das pessoas atingidas por um ato de responsabilidade de outros, e estes sentem uma parcela de culpa.

O que o jornalista busca na organização quando ocorre uma crise? Uma história. Afinal, notícia é um negócio. E a história é o produto a ser vendido. Com respostas claras, concisas e consistentes (os três *Cs*). Precisamente, o que você gostaria de saber, se o fato tivesse ocorrido com um concorrente ou um adversário político. Basicamente, respostas às perguntas: o que aconteceu exatamente? Por quê? Quem foi afetado? Houve feridos? Mortes? Já aconteceu antes? O que está sendo feito? Prejuízo ao erário? O que será resolvido? Responsáveis? Como sanar? E como prevenir no futuro? Quem está envolvido? O que deu errado? Qual a área impactada? Quando ocorreu? (ainda continua ocorrendo?) Como você pretende responder ao problema?

Preparar-se para uma entrevista de crise implica saber ou simular as perguntas a serem feitas. Para isso, uma boa prática é fazer um levantamento de perguntas e respostas, construir um *Q&A (Questions and Answers)* básico, para ser treinado pelos porta-vozes.[2]

Alguém acredita que o diretor-presidente da empresa aérea brasileira Gol, Constantino Júnior, enfrentou uma entrevista coletiva, no dia 30 de setembro de 2006, dia seguinte ao acidente com um Boeing da empresa, sem ter passado durante a noite e o dia por um rigoroso e completo *Q&A*? Imaginem o clima para uma coletiva do presidente da empresa, um dia após a queda do avião, que fazia o voo 1907 de Manaus para Brasília, ao se chocar com um Legacy em pleno ar sobre o estado do Mato Grosso, matando 154 pessoas. Para isso, existem especialistas, empresas preparadas para treinamento específico de crise. O executivo só deve enfrentar essa situação após esse treinamento especial. É um caminho, muitas vezes, sem volta.

O RISCO DA CRISE SEM RESPOSTA

Assim como em outros casos negativos, as respostas sobre pautas de crise devem ser feitas com o máximo de informações e na hora certa. Ou seja, tão rápido quanto possível. O segredo para não deixar a comunicação de crise se transformar numa outra

---

[1] De acordo com o budismo, "*compassion*" é uma aspiração, um estado mental, querendo que outros se libertem do sofrimento. Não é passivo – não é somente empatia – mas um altruísmo empático, que ativamente luta por libertar o próximo do sofrimento. A compaixão genuína deve ter tanto sabedoria quanto bondade amorosa.
[2] Q&A são simulações de perguntas e respostas, preparados pela assessoria de Comunicação ou empresas contratadas, com o auxílio das áreas técnicas, que poderiam ser feitas pelos jornalistas em entrevistas ou audiências públicas.

crise é controlá-la. Para isso, a empresa ou a pessoa envolvida em situações de crise devem se dispor a falar a verdade, no menor prazo possível. Em muitas situações, uma nota à imprensa, bem-feita, objetiva, com todas as informações disponíveis, é suficiente para posicionar a instituição.

A imprensa aceita muito bem o comunicado oficial, pois o considera a posição oficial da organização sobre a crise. O erro seria a omissão, fazer de conta que nada aconteceu. Todo mundo comenta o fato, muitas vezes a informação negativa já circula em *blogs* e outras redes sociais, e a empresa finge nada estar acontecendo. Não é um problema restrito às empresas públicas. Muitas organizações privadas, quando enfrentam fatos extremamente negativos, principalmente acidentes com vítimas, demoram a se posicionar para a opinião pública.

O comunicado de crise, principalmente quando há vítimas, deve ser aprovado pela área jurídica. A empresa deve ter cuidado para não assumir responsabilidades ou se comprometer com obrigações indevidas. Mas não pode fugir da responsabilidade pela crise. Tem o direito de se defender. Não deve mentir ou tentar mascarar a verdade (*Case* 24). Nos casos em que não há dúvidas da responsabilidade da organização por mortes ou ferimentos em clientes, e ainda que não haja conclusões ou perícias definitivas para comprovar, convém buscar apoio jurídico imediato para divulgar uma nota. Cada palavra mal colocada pode colocar a organização em situação difícil. E não adianta, depois, alegar: *"Era apenas uma nota de imprensa"*. Essa nota oficial, no futuro, poderá ser usada contra a empresa. Se esta não dispõe ainda de todas as informações, deve comprometer-se, no mais curto espaço de tempo, a se pronunciar novamente.

Na era das redes sociais, é importante saber que qualquer pronunciamento oficial da empresa poderá ser usado a favor ou contra ela numa futura ação penal. Se a empresa não tiver uma política de redes sociais para ser seguida pela diretoria e os funcionários, deve haver normas bem claras nas crises sobre quem pode se pronunciar. A empresa jamais pode perder a batalha da comunicação.

24. Como a United jogou a imagem pelos ares

Não foi uma turbulência qualquer que atingiu a empresa americana United Airlines, em abril de 2017, quando um passageiro foi retirado à força de dentro de um avião da companhia, em Chicago, EUA. Tudo aconteceu porque a United superlotou um voo e, tendo apenas percebido isso após concluído o embarque de todos os passageiros, tentou forçar alguns, selecionados aleatoriamente, a deixarem o avião. Um passageiro, médico, se recusou a desocupar o assento que pagou, dizendo: "Eu preciso ver meus pacientes nesta manhã." Diante da negativa, tripulantes seguiram o manual da empresa: chamaram oficiais de segurança e juntos arrastaram o senhor de 69 anos de idade para fora do avião. Ao forçá-lo, ele se machucou no rosto e saiu gritando, numa cena patética que viralizou nas redes sociais.

Toda a situação foi gravada por passageiros que, pelo celular, capturaram o confronto entre o médico e os oficiais de segurança, divulgando imediatamente nas redes sociais. O incidente se transformou num desastre que atingiu não apenas a reputação da companhia, mas também a maneira como as empresas aéreas de modo geral, e principalmente

> nos Estados Unidos, tratam os clientes. Numa era de redes sociais, não há reputação que resista a um ataque viral, como aconteceu nesse episódio. Para se ter uma ideia, quando o escândalo veio à tona, as menções ao fato no Facebook, Twitter e Instagram já chegavam a 762 mil. Apenas um vídeo no YouTube, entre dezenas de outros, teve mais de 5 milhões de page views.
>
> A United poderia ter evitado esse desastre de imagem, buscando outras alternativas para sanar a questão, como consultar outro passageiro. Mas, preferiu seguir o protocolo de expulsão, a qualquer custo, de um passageiro pagante e com o agravante de, um mês antes desse fato, ter negado o embarque para duas adolescentes, por elas estarem usando calças legging.
>
> Paulo Furiga, CEO da WorldWrite Communications, disse: "Neste século, cada passageiro descontente é um editor potencial. As companhias aéreas têm de adaptar suas políticas e práticas de mídia social, isso significa ser proativo nas mídias sociais quando algo der errado."
>
> O gerenciamento desta crise foi tão primário quanto o erro cometido na retirada estúpida do passageiro de dentro do voo. A United levou 18 horas para se pronunciar sobre a crise. Ora, todos sabemos que numa era de redes sociais, de comunicação real time, de reações imediatas, responder 18 horas depois é fatal. Se um erro foi cometido, não há como salvar a reputação. Além disso, logo após o fato ser divulgado via redes sociais, milhares de pessoas cancelaram passagens compradas na empresa, por se revoltarem com a forma como ela tratou o passageiro. A atuação da empresa não foi apenas um desastre na área de operações. Foi também na comunicação. A empresa demorou a se pronunciar, quando milhares de compartilhamentos já bombavam no Facebook e no Twitter. E, ao se pronunciar, pediu desculpas "por ter que acomodar de novo os clientes". Mandou uma carta aos empregados sobre o fato, chamando o passageiro de "disruptivo e beligerante", e apoiou a ação dos empregados ao dizer "os funcionários seguiram procedimentos estabelecidos para lidar com situações como esta". Naturalmente, o CEO da empresa teve que reconhecer o erro e ainda foi chamado no Congresso dos Estados Unidos.

Nos casos menos graves, além de esclarecer os jornalistas, se não houve entrevista coletiva nem um comunicado oficial, a organização deve se posicionar por meio de carta aos veículos de comunicação que publicaram alguma coisa errada. Serve para a empresa mostrar transparência e não deixar passar informação negativa sem resposta. Funciona muito bem para o público interno, para melhorar a autoestima e a motivação. Por isso, todas as respostas à mídia devem ser publicadas nos veículos internos.

Quando a pauta é extremamente negativa e exclusiva, a melhor ação é receber o jornalista, após exaustiva preparação, com todas as pessoas que possam ajudar na explicação (jurídico, comunicação e a área diretamente envolvida na crise). Utilizar o tempo que for necessário para estudar o *case*, treinar a resposta e dar todas as informações, da maneira mais transparente possível, ao jornalista. Não fica ruim gravar a entrevista, avisando o jornalista, principalmente se o assunto for muito polêmico.

Alguns executivos, com pouca experiência no mercado e na vida pública, acreditam, equivocadamente, que o jornalista já sai da redação com a ideia fixa de destruir a reputação da pessoa ou da organização. Esses casos, se existem, são exceções. Em geral, não há uma conspiração das redações para atingir determinada corporação ou pessoa. O jornalista quer fazer uma boa matéria, principalmente se existirem elementos no fato que justifiquem o trabalho de investigação. Se estiver convencido de que a pauta está errada, os informantes mentiram, a documentação não se fundamenta e a versão não tem consistência, avisa o editor e a pauta cai. Isso é muito comum no Jornalismo.

Mas enganar o jornalista, tirá-lo da pauta, como se diz no jargão da área, é uma atitude desonesta e perigosa. Ele nunca irá perdoar. Jamais tente enganar o jornalista, dizendo, por exemplo, que a matéria é exclusiva, quando já foi passada a informação para outro profissional ou outro veículo. Isso é pecado mortal. Se você não pode dar a informação, foi proibido ou o tema está sob sigilo ou reserva, explique isso ao jornalista. Você não pode falar por algum motivo. Mas não deixe de dar essa informação. O jornalista não pode obrigar você a falar sobre tema ainda sob apuração. Se ele tiver a informação por outras fontes, a quebra do sigilo é problema dele, não seu. Quanto à decisão de publicar, também dependerá dele, não de você.

A busca de reparação na imprensa ou de explicações sobre matérias negativas deve ser muito criteriosa. Os jornalistas não gostam de assessores ou empresas que vivem reclamando de filigranas semânticas nas reportagens ou de qualquer deslize, muitas vezes insignificante.

> *Se você vai reclamar de uma história com viés negativo, certifique-se de que pode apontar por que a história possibilita inferências negativas, ao invés de só se referir ao tom geral. Por exemplo, uma coluna de fofoca de negócios pode publicar uma nota sobre a nova e luxuosa casa de praia do seu presidente. O tom do colunista pode ser bem irônico, mas se você vai reclamar para ele ou para seu editor, você tem de ser capaz de apontar que parte da notícia pode realmente causar danos à reputação dele.*[3]

A resposta negociada com a publicação, seja jornal, rádio, canal de TV ou internet, é muito melhor do que partir para retaliação ou ameaça. Se o jornalista ou a publicação estiverem convencidos de que realmente houve erro ou a matéria extrapolou o bom-senso, em geral não causam empecilho à correção. Publicação séria não tem interesse em deixar passar erros sem correção. Em geral, a reclamação é quanto ao espaço. Dificilmente, mesmo em erros graves, a publicação irá abrir o mesmo espaço da reportagem original. Pior ainda se foi a manchete principal.

No mundo digital em que vivemos, as respostas de crise também devem ser adequadas aos meios disponíveis. Por isso, *blogs* e redes sociais não podem ser desprezados na hora da crise. Pode ser que uma empresa esteja preocupada com a mídia tradicional, mas naquele mesmo momento consumidores e concorrentes podem estar fazendo um estrago na mídia social. Hoje, as empresas devem monitorar permanentemente todos os canais possíveis. Segundo Dezenhall e Weber (2011, p. 36), *"o único problema é que empresas em crises raramente sabem tudo o que precisam saber de forma a tomar decisões imediatas e ideais. Esse é o motivo por que estão numa crise"*.

---

[3] Como buscar reparação na imprensa. Disponível em: http://www.comunicacaoecrise.com/site/index.php/article-category-list/149-como-buscar-reparacao-na-imprensa. Acesso em: 30 abr. 2019.

Tão grave quanto não dar respostas é reagir da maneira errada. Um dos exemplos clássicos de como não agir numa crise ocorreu nos Estados Unidos, em março de 1979, quando houve falhas no reator da usina nuclear Three Mile Island, na Pensilvânia, o que gerou uma ameaça grave e princípio de pânico na população (*Case* 25). Foi o mais significativo acidente na história da indústria de geração comercial de energia nuclear dos EUA. Three Mile Island será lembrada tanto pelas falhas operacionais quanto pelos erros na estratégia de Comunicação.

Falhas mecânicas, combinadas com falta de treinamento da equipe responsável, colocaram em risco toda a população ao redor da usina. Havia uma séria ameaça de vazamento de combustível radioativo, contido a tempo. Gases radioativos começaram a evaporar na manhã de 28 de março de 1979, num dos dois reatores da usina. Um dia depois, um grupo de ecologistas mediu a radioatividade em volta da usina. A intensidade era oito vezes maior que a letal. Uma área de até 16 quilômetros em volta de Three Mile Island estava contaminada. Apesar de ter sido declarado estado de emergência, nenhum dos 15 mil habitantes residentes numa área de até dois quilômetros da Usina foi evacuado, bem diferentemente do que aconteceu com os japoneses em Fukushima.

Ficou evidente, diante dos erros da equipe, não ter havido treinamento para uma possível crise. Também faltava comando. Apareceram vários porta-vozes, até que, pressionada pela imprensa e pelos erros cometidos, a diretoria da usina recusou-se a dar informações, delegando a missão à Comissão Reguladora Nuclear. Em alguns momentos, havia três fontes diferentes concedendo entrevistas. O pessoal de Comunicação não estava presente no local do acidente. Ficou famosa a declaração de um porta-voz à imprensa: *"Não sei por que precisamos lhes dar satisfações de tudo o que fazemos."*

Para resolver a crise, o governo Jimmy Carter precisou intervir na administração da Usina, assumindo a parte operacional e as ações de comunicação. Em 1º de novembro de 1979, uma comissão nomeada pelo presidente chegou à conclusão de "falha humana" como causa do acidente.[4]

FUJA DO "NADA A DECLARAR"

Não diga estas duas palavras: "Sem comentários." Ou "Nada a declarar". Pior ainda quando assediado e a cena do executivo, fugindo dos repórteres, aparece com destaque na televisão. No Brasil, é um cenário muito comum autoridades ou celebridades denunciadas ou acusadas serem assediadas na saída de depoimentos ou audiências públicas. Pressionadas pela imprensa para fazerem declarações, se escondem ou encobrem o rosto. Quando não, falam por meio de advogados, transformados em porta-vozes de pessoas com reputação ameaçada, naturalmente sempre apregoando a inocência do cliente.

Segundo Judith Hoffman (2011, p. 93), a emboscada tem sido usada muitas vezes por pessoas que não têm uma boa história para contar. Com a lacônica e evasiva declaração, elas praticamente convidam um repórter investigativo a ir atrás de quaisquer acusações que tenham sido feitas ou a explorar uma história negativa que ele tenha ouvido, ainda que não seja verdadeira.

---

[4] Para mais informações sobre a sucessão de erros na comunicação da crise da usina Three Mile Island, ver Susskind e Field (1997, p. 92).

O conselho da especialista é muito simples. Não tente fugir do cinegrafista ou arrancar a câmera de suas mãos. Tudo isso será captado e gravado ou relatado nos estúdios. O drama visual transformará esse destempero numa grande notícia do ponto de vista dos repórteres. E repercutirá muito mal para você – culpado, assustado e rude. Para Bernstein (2011, p. 60), hoje, qualquer um que use o tradicional "sem comentários", numa situação de crise, está procurando um problema. *"A frase é identificada com burocratas governamentais tentando encobrir chefes corruptos ou do sindicato do crime, deixando a Corte Judicial com seus braços cobrindo o rosto [...]"*, para fugir das câmeras e fotógrafos.

Para a opinião pública e a maioria dos jornalistas, responder a uma crise apenas com uma fria *Nota* ou *Comunicado de imprensa*, ou, pior ainda, com declarações evasivas de "nada a declarar", pode parecer impessoal e insignificante. Ou pode dar a impressão de que você está com medo de enfrentar cara a cara a imprensa. Numa crise, você nunca deve parecer estar com medo. Por isso, deve comandar as ações, desde o primeiro momento. Já que o famoso *no comment* está fora de cogitação, o comitê de crise deve avaliar, junto com a diretoria, a melhor estratégia para responder à crise. Não há problema em se explicar por meio de uma nota. Irá depender da gravidade da crise. Mas deve ser bastante consistente.

Admite-se que gestão de crise não é uma ciência exata. Alguns a definem até como uma arte. Mas há regras de ouro para ajudar a trilhar o caminho com mais tranquilidade. Quando a crise é um fato consumado, esconder-se sob a velha máxima do "sem comentários", em geral, piora a situação. Quando executivos, porta-vozes de governos ou uma corporação abrem mão de conversar com a imprensa, estão desistindo de controlar a história.

A DINÂMICA DAS ENTREVISTAS

Entrevistas coletivas em situações de crise representam sempre um risco. Não é necessário se precipitar e organizar entrevista para qualquer caso de crise. A coletiva, nessas situações, pode ser desaconselhável. Com nível de *stress* muito alto e a empresa em situação vulnerável e defensiva, na coletiva os jornalistas virão sem dó nem piedade para cima das fontes. É uma decisão para ser muito bem ponderada no momento da crise.

Mas não há como fugir de entrevista coletiva quando a crise se deve a fatos graves, como acidentes ou tragédias com vítimas, denúncias sérias, envolvendo executivos; problemas com o meio ambiente ou crimes envolvendo desvio de recursos. Entrevistas sempre devem ser bem organizadas. Jamais o executivo deve ir para uma coletiva sem se preparar. Recomendável fazer um *media training*, treinando exaustivamente as perguntas e respostas a serem feitas na entrevista. Se não for possível um *media training* mais completo, pelo menos se submeta a um Q&A (Questions and Answers).

Portanto, a técnica de preparação para entrevistas coletivas de crise, geralmente difíceis, é treino à exaustão. A assessoria deve simular a coletiva com todas as perguntas possíveis, incluindo as mais constrangedoras. As respostas devem ser breves, mas completas e consistentes. Nenhum tema passível de ser discutido deve ficar fora, mesmo os mais improváveis. A área de Comunicação tem condições de pautar com grande probabilidade de acerto as questões mais complicadas a serem abordadas numa coletiva.

Boa dica para saber o que será perguntado é fazer um monitoramento do *clipping* da empresa e das pautas encaminhadas pela imprensa, nos últimos meses. Pelo menos 80% das perguntas da coletiva irão girar em torno desses temas. Não pense que o jornalista vive ligado na sua organização, sabendo tudo o que acontece. Ele só irá se debruçar sobre o tema da coletiva no dia anterior ou algumas horas antes da entrevista. Então, não tenha dúvidas de que as fontes são as pessoas mais preparadas para aquela entrevista. Isso lhes dá muita segurança.

As entrevistas devem ser concedidas em locais confortáveis, em que ambos – jornalistas e entrevistados – fiquem numa distância razoável e num ambiente climatizado, sem tumulto, com boa acústica e leiaute adequado para receber um grande número de jornalistas. Locais apertados, desconfortáveis, não climatizados ou barulhentos, irritam os jornalistas e comprometem o resultado da entrevista. Recomendam-se duas entradas: uma para o entrevistado; outra para os jornalistas. O evento deve ser organizado com disciplina e ordem. Não importa o momento difícil enfrentado pelo entrevistado. Coletiva tem hora para começar e acabar, rigorosamente. Nas crises, essa norma deve ser mais rígida.

Recomenda-se que, entre o primeiro *briefing* (uma nota objetiva e sucinta) dado no primeiro momento da crise e a entrevista coletiva, obtenha-se tanto mais informação quanto possível e decorram algumas horas. A entrevista não pode ser concedida apressadamente. É importante transformar esse evento no momento importante para esclarecer a crise. Se distribuir um novo *news release*, adicione novas informações para serem usadas na entrevista.

Entrevistas exclusivas, com um bom porta-voz da empresa, também podem ser acertadas, mantendo a uniformidade do discurso. Não gaste tempo com jornalistas agressivos, mal-educados ou considerados maus profissionais pelo mercado. Tente falar com jornalistas mais conhecidos, influentes na localidade, no estado ou no país. Mas não despreze o pequeno veículo. Ele pode agravar a crise e pode ter informações que a grande imprensa não possui. Nesse momento, a comunicação deve ser efetiva. Aproveite o tempo entre os primeiros momentos e essas entrevistas para consolidar a versão da crise.

Se a crise for grave, mesmo com um bom porta-voz, é recomendável organizar uma entrevista coletiva com a presença do CEO. Ele não pode sumir nesse momento. Convém demonstrar alto nível de preocupação sobre o envolvimento da empresa na crise. Deve-se ter cuidado, porque muitas organizações fingem não entender a gravidade da crise e perdem credibilidade nessa hora (COOMBS; HOLLADAY, 2010, p. 274).

Muitas das perguntas mais constrangedoras, que poderão aparecer numa coletiva de crise, são aquelas que o repórter vez ou outra fazia para a empresa e ela tinha extrema dificuldade de responder. "Armadilhas" que podem conter um sim ou não para o porta-voz apostar. Ou do tipo "É possível que tal coisa aconteça... e aí, o que a empresa faria?" "O senhor poderia garantir que esse fato não acontecerá mais?" São perguntas duras e difíceis de responder. Porta-voz preparado não se aperta.

Um alerta: enfrentar uma entrevista coletiva, principalmente sem dois ou três pontos principais positivos, firmemente introjetados na mente, pode ser um desastre. São aqueles três pontos que você gostaria de que a audiência lembrasse e, de preferência, fossem a manchete do dia seguinte. Quem sabe a chamada no noticiário da noite. Alguns executivos, principalmente porta-vozes designados para casos de crises, pensam que o único objetivo de uma entrevista é sobreviver e evitar um desgaste maior. A entrevista, de fato, deveria ser uma oportunidade positiva para a fonte e a empresa saírem mais fortalecidas. É uma chance de passar mensagens positivas, mesmo num evento negativo.

Para alguns porta-vozes, o repórter já vem para a entrevista com uma tese, e não para buscar explicação; *a priori*, a matéria será negativa. Poderia até ser admissível essa tese, mas não pode ser aceita como regra geral para todas as entrevistas de crise. Se você chamou a imprensa para dar explicações sobre um fato grave, os jornalistas esperam receber informações consistentes. Do lado das fontes, ninguém vai a uma coletiva de crise para afundar ainda mais. Por isso, a empresa precisa se preparar com um discurso fundamentado, ainda que o fato seja negativo, para sair melhor do que entrou.

Porta-vozes, por isso, precisam ser treinados para saber passar as mensagens com as explicações do problema, tirando dúvidas e apresentando justificativas que deixem os repórteres sensibilizados. Se a informação é fluida, insossa, inconsistente e às vezes até evasiva, o repórter não irá fazer qualquer esforço para limpar a barra da organização. Esse papel não é dele. É do porta-voz.

Uma coletiva de imprensa pode envolver uma equipe. Os porta-vozes podem ser três executivos ou apenas o principal porta-voz da organização. Mas um deles controla e administra o evento. Os demais assessoram na área de sua competência. O assessor jurídico só deve ir a uma coletiva em último caso, para pautas muito complicadas, quando for necessário o apoio de tal segmento.

Se a crise envolve a área operacional da organização, o diretor de operações deve ser o principal porta-voz. Assim também com finanças, tecnologia e outras áreas. Se o CEO da empresa estiver presente, esse diretor também comparecerá para complementar informações e, até mesmo, centralizá-las. Ele terá mais conhecimento do impacto da crise na organização. Se a crise envolveu empregados, é hora do diretor de recursos humanos ou de pessoal. Cada um deles terá mensagens-chave. Não pode o discurso de um se chocar com o do outro. Esse momento não é adequado para saber onde recai a culpa da crise. Em diretorias de empresas públicas, com lideranças de diferentes facções políticas, esse risco existe.

Entrevistas ruins têm o poder de pôr mais fogo na crise. Explicações erradas ou inconsistentes, fuga das perguntas mais venenosas, respostas lacônicas e mal-educadas, além da pressa na entrevista, são fatores que não ajudam a melhorar a imagem da organização.

Nunca perder de vista que a convocação da entrevista coletiva é para esclarecer a crise, responder às perguntas, e não para mascará-la, fugir das respostas constrangedoras ou apenas para tentar salvar a pele da organização, se ela foi culpada. Como diz Chuck Norman, consultor de Marketing e Comunicação de Crise, nos EUA:

> *A resposta à crise é uma fórmula simples: o que você faz mais o que você diz. Se feito de forma ponderada, uma organização conseguirá resultados melhores. O objetivo em qualquer crise é manter ou restaurar a confiança, e é sempre mais fácil manter do que restaurar. Também é muito mais caro. Os profissionais de RP sempre dizem que a prevenção de incêndios supera o combate a incêndios e, na maioria dos casos, uma crise potencial latente pode ser impedida de se transformar em uma crise com o conselho e o plano de ação adequados.*[5]

---

[5] Disponível em: https://www.prdaily.com/how-to-safeguard-your-reputation-in-a-crisis. Acesso em: 22 jul. 2019.

É PROIBIDO LEVAR DOCUMENTOS CONFIDENCIAIS

Uma pergunta muito comum dos executivos nos *media trainings* é sobre o material que pode ser levado para a entrevista. De preferência, nenhum material. Se for confidencial, é proibido. Não se leva nada com a chancela "reservado" para nenhum tipo de entrevista, mesmo dentro da empresa. Se for na TV, melhor não levar nenhum papel. O porta-voz ficaria tentado a dar uma espiada, ou fazer barulho, que poderia ser amplificado na TV. Dá sensação de nervosismo, comprometendo a imagem de competente ou confiante. Além disso, como você irá prestar atenção à pergunta, se espia as notas que trouxe? Você deve olhar no olho do repórter. Isso demonstra confiança e segurança.

Embora nas entrevistas de mídia impressa e internet seja recomendado levar um roteiro, com o resumo das mensagens-chave, a fonte não pode transformar esse roteiro em muleta. Numa entrevista mais descontraída, exclusiva ou com repórteres de confiança, nada impede utilizar o próprio material. Não esqueça também como você sairá nas fotos: além da roupa adequada, retire adereços, como crachás, canetas, *buttons*, brincos muito grandes. Limpe a mesa de trabalho ou da entrevista, para não poluir as imagens. O máximo admitido é o *banner* da empresa como cenário. Fotos, escudos de times, troféus, tudo isso fica fora.

Existem várias dicas importantes para a fonte se comportar na entrevista, que fogem ao propósito específico deste livro. Entretanto, é importante não deixar de registrar algumas: não deixe o repórter pôr palavras na sua boca. Tenha cuidado para não concordar com ele, quando a pergunta é propositadamente dirigida para criar uma chamada negativa. Responda "não", se quiser negar, no início da resposta. Ao corrigir o repórter, o porta-voz nunca pode ser rude ou mal-educado. Polidamente, deve dizer: *"Aparentemente eu não me expressei direito e gostaria de esclarecer a resposta anterior..."*. *"O que eu quis dizer é..."*.

Finalmente, não chame uma coletiva de imprensa se houver controvérsias sobre o tema, se há repercussão política envolvida, com potencial para agravar a crise, ou você não está confiante na sua habilidade para manter o controle das perguntas e respostas. Dê preferência às exclusivas, se for o caso. As entrevistas individuais permitem mais comando da fonte e estabelecem uma troca, uma cumplicidade, mais confiança com o entrevistador. Porque ele também se sente valorizado pelo acesso exclusivo, sem falar na possibilidade do furo jornalístico, sempre uma meta a ser perseguida pelo jornalista.

OS SEGREDOS DO *OFF*

Se você tem dúvidas sobre como e quando deve falar em *off*, ou seja, dizer algo ao repórter e não aparecer como fonte, o melhor é seguir o conselho de nunca dizer a um repórter nada de que você não gostaria ou não possa ver na imprensa no dia seguinte.

O *off* existe entre repórteres experientes e autoridades, executivos, fontes, mas costuma ser utilizado numa relação baseada na confiança mútua, no respeito e na convivência entre repórter e porta-voz. Há inúmeros exemplos dessa relação. A fonte se transformou numa referência para aqueles repórteres. Não existe *off* em coletivas ou entrevistas, obviamente. Nem deve existir *off* por telefone. Nas crises, o *off* é um perigo, porque a informação pode ser tão importante que o repórter, se pressionado pelo editor, talvez não respeite esse acordo.

INFORMAÇÃO RUIM NÃO TEM DONO

Na estratégia de resposta a uma crise, leve em conta que um simples *e-mail* de um líder ou executivo sênior da empresa, principalmente no início do problema, pode municiar com informações adicionais os empregados, e, em muitos casos, tornar-se uma fonte da mídia. Por isso, convém cuidado redobrado com notas, comunicados e *e-mails* internos. Enviar *e-mails* internos numa crise, principalmente de cunho institucional, é uma tática que apresenta duas vertentes: uma oportunidade mas também um risco, sobretudo em crises graves, como fraudes ou desvios.

Um bom caminho para uma organização se preparar para eventuais crises, mas principalmente para aquelas provocadas por executivos ou empregados, com alto grau de vulnerabilidade, seria desenvolver redes de relacionamentos duradouros com líderes de opinião. É muito difícil uma empresa se sair bem numa crise grave quando já existe no mercado predisposição contra a organização, por práticas negativas ou violações da lei. Como ela irá buscar aliados?

Em alguns casos, mais embaraçosos, como acusações de assédio sexual ou até mesmo violência sexual, envolvendo a organização, empregado ou dirigente, por se tratar de um tema difícil de ser debatido com a mídia e bastante constrangedor para os acusados, a organização, muitas vezes, opta por não fazer declarações públicas. Prefere esperar a investigação concluir e divulgar uma lacônica nota sobre a abertura do processo.

Esse é um risco muito grande. Uma empresa que não fala imediatamente, diante de uma acusação grave, começa a ser suspeita de ter algo a esconder ou de realmente as alegações das vítimas terem procedência. Cohn (2000, p. 143) recomenda, nesses casos: *"verdadeiro ou falso, não importa o número de pessoas atingidas, assédio ou escândalo sexual devem ser tratados rapidamente com sensibilidade e preocupação, ou a reputação da empresa acusada irá sofrer as consequências"*.

Em pesquisas com *cases* específicos de crise, ficou comprovado que quanto mais informação uma organização comunica sobre a própria crise, mais as pessoas acreditam que a organização pode prevenir e debelar a crise. A quantidade de informação, portanto, pode ser a chave para reconstruir relacionamentos em períodos difíceis. Quanto menos informação, mais o público pode sentir que sua segurança está em risco.

Num mundo cada vez mais competitivo, em que a informação flui numa velocidade espantosa, é importante estar preparado para reagir rapidamente. O ser humano é constituído, nesse caso, do modo a que agimos primeiro e então tentamos racionalizar a decisão. É difícil assegurar, mas há autores que dizem: em situações de crise, ações imediatas são usualmente preferíveis à circunspecção e relacionamento em planos pre-determinados.

Na dúvida, convém lembrar os princípios de sucesso da comunicação de crise (ANTHONISSEN, 2008, p. 14): sempre assuma o pior cenário para a crise; assegure-se de que você tem um plano; não perca qualquer tempo; pessoas sempre em primeiro lugar; e rapidez, espantando a burocracia.

Existe um aspecto muito delicado na reação à crise que envolve os riscos jurídicos da organização. Se a resposta for vulnerável, frágil, a organização pode estar dando munição para ações na Justiça que implicarão pesadas perdas financeiras. Numa apresentação em conferência na Risk and Insurance Management Society, o advogado David Zoffer fez recomendações quanto à preparação de uma empresa para responder a crises oriundas de desastres. Esses procedimentos podem reduzir em até 30% os custos para solucionar reclamações de vítimas e reduzir o tempo da solução da ação em até 50%.

Entre as principais recomendações, consideradas regras clássicas, estão: providenciar efetiva, rápida e racionalmente os cuidados para com pessoas prejudicadas, suas famílias e parentes próximos de qualquer pessoa falecida; coordenar esforços de salvamento com a Polícia, Bombeiros, serviços médicos de emergência, e outras agências municipais, estaduais ou federal; providenciar informação precisa e tempestiva; assistir agências de investigação para coleta de informações e análise das circunstâncias que cercam o acidente cuidadosa e completamente, sem prejudicar a posição legal da empresa; responder rápida e efetivamente às questões com a mídia e às reclamações dos *stakeholders* (COHN, 2000, p. 140).

O PODER DE CONVENCIMENTO

Para Coombs e Holladay (2010, p. 222), persuasão pode ser contextualizada como qualquer tentativa de moldar, mudar ou reforçar uma atitude ou comportamento desejados.

> *Nós vemos a resposta de crise como mensagens designadas pela organização com um objetivo estratégico na mente. Este objetivo é mudar, alterar ou moldar percepções dos atributos de crise que influenciam como os stakeholders veem a organização num evento de crise. Por isso, a resposta à crise pode ser vista como uma forma de comunicação persuasiva.*

Desse modo, a resposta a uma crise deve sempre levar em conta onde o locutor deve centrar a comunicação ou como essa estratégia de resposta impacta as percepções relevantes dos *stakeholders*.

Em princípio, os autores concordam que há três opções para usar como estratégia de resposta à crise: (a) negar a existência da crise (uma postura, como já dissemos, conservadora e extremamente perigosa); (b) alterar as atribuições do evento para parecer menos negativo aos *stakeholders*; e (c) alterar a maneira como a organização é vista pelos *stakeholders* nesse momento.

Alguns autores, como B. K. Lee (2005), citado por Coombs e Holladay (2010, p. 225), recomendam níveis ou variáveis independentes para uma estratégia de resposta à crise, como divisão da culpa; minimização; o famigerado *no comment* (sem comentários); compensação; ações corretivas; e desculpas. Dividir a culpa, como já enfatizamos, é estratégia extremamente perigosa. Pode significar, em princípio, uma atitude de negar a crise.

Tópicos-chave

✓ Quando um executivo, um servidor público ou uma corporação abrem mão de conversar com a imprensa, estão desistindo de controlar a história.

✓ Alguns executivos, com pouca experiência no mercado e na vida pública, acreditam que o jornalista já sai da redação com a ideia fixa de destruir a reputação da pessoa ou da organização.

✓ Experientes profissionais de gestão e comunicação percebem logo quando uma empresa ou uma autoridade vão se dar mal ou bem numa crise, pela reação inicial. Erros, nesse momento, quase sempre são fatais.

✓ Entrevistas coletivas em situações de crise representam sempre um risco. Não é necessário se precipitar e organizar entrevista para qualquer caso de crise.

✓ Enfrentar uma entrevista coletiva de crise, principalmente sem dois ou três pontos positivos, firmemente introjetados na mente, pode ser um desastre.

✓ Nunca perder de vista que a convocação da entrevista coletiva é para esclarecer a crise e responder às perguntas; não para mascará-la, fugir das respostas ou apenas para tentar salvar a pele da organização.

25. Three Mile Island – como não se comunicar

Um dos exemplos clássicos de como não agir numa crise ocorreu nos Estados Unidos, em março de 1979, quando houve falhas no reator da usina nuclear de Three Mile Island, gerando pânico na população. Não havia treinamento para uma possível crise. Em alguns momentos, havia três fontes diferentes dando informações. O pessoal de Comunicação não estava presente no local do acidente. Ficou famosa uma declaração de um porta-voz à imprensa: "Não sei por que precisamos lhes dar satisfações de tudo o que fazemos."

Apareceram vários porta-vozes, até que, pressionada pela imprensa e pelos erros cometidos, a diretoria da usina recusou-se a dar informações, delegando-as à Comissão Reguladora Nuclear.

O exemplo positivo surgiu na explosão da nave espacial Challenger (governo Reagan), quando a Casa Branca assumiu o controle das informações, unificando a comunicação (ROSA, 2001, p. 139-140). A Nasa não escondeu nada, informando aquilo que sabia e prometendo dar amplas informações assim que tivesse qualquer pista sobre as possíveis causas da explosão. E assim foi feito. O apoio à Nasa foi dado pelo então porta-voz da Casa Branca, Larry Speaks. Ele resume as regras básicas nesse momento decisivo para a comunicação de qualquer corporação: (a) diga tudo o que puder, o mais rápido que puder; (b) fale com apenas uma voz; (c) nada substitui a honestidade.

18
MEDIA TRAINING

Há um equívoco no mercado de que o principal constituinte na hora da crise seria a mídia. Pacificada a relação com a imprensa, a crise estaria em grande parte resolvida. Essa é apenas parte do problema. Realmente, a imprensa é um público estratégico para a formação da opinião pública a respeito do drama enfrentado pela organização. Mas não o único. Existem outros.

Empregados, acionistas e clientes têm tanta importância quanto a mídia. As principais dificuldades, entretanto, ainda se encontram na relação com a mídia. Essa interação pode determinar o rumo da comunicação no presente e no futuro sobre a crise. Por isso, a Comunicação passou a ser um segmento da gestão de crise estudado separadamente. Conhecemos hoje a história das grandes crises ocorridas com multinacionais, governos ou pessoas, pela versão trazida, principalmente, pela mídia. Quando queremos recuperar a história de uma crise, recorremos às publicações, aos relatos. E o mercado reage segundo a versão dessa história.

Outro fator que induz ao erro no gerenciamento da crise: algumas empresas concentram muita energia para tentar resolver logo a parte operacional, para tentar minimizar a repercussão. São rápidas em solucionar as questões do negócio ou sanar eventuais prejuízos materiais. Em alguns casos, são até ágeis demais em sumir com as pessoas envolvidas, principalmente nos grandes escândalos. Atacam a crise, mas esquecem as explicações sobre ela. Alguns governos acreditam, que sumindo com as pessoas envolvidas, a crise estaria controlada.

As crises políticas, principalmente, têm roteiro diferente. Há sempre uma tendência de esconder ou minimizar o problema, com notas frágeis e mal redigidas ou declarações evasivas e inconsistentes. As notas não resistem a uma análise mais cuidadosa. Carecem de argumentos sólidos de resposta. Não se detêm na essência da crise. Em suma, não respondem à denúncia, nem explicam o problema ocorrido.

Isso ficou muito evidente desde 2014, com a Operação Lava Jato. Quase todos os dias apareciam denúncias, corroboradas pelo Ministério Público e Polícia Federal (PF), sobre políticos, doleiros e executivos que tinham recebido propina e estariam na mira da Justiça. Naturalmente, todos eles contratavam advogados regiamente pagos, que se pronunciavam em nome dos acusados, sempre alegando inocência. Até o dia em que a PF amanhecia no apartamento do acusado, com mandado de busca e apreensão ou com a ordem de prisão. Para defender esses acusados, alguns porta-vozes e empresas de assessoria arriscam a própria reputação, negando o óbvio. Os comunicados divulgados à imprensa são burocráticos e inconsistentes. Obviamente, não conseguem convencer a opinião pública da inocência do acusado. Todos os presos pela Lava Jato, incluindo o ex-presidente Lula, juravam ajoelhados que eram inocentes.

Se não há fatos consistentes para desmentir, há duas opções: esclarecer o que for possível e aceitar a pressão da imprensa. Se o acusado estiver em algum cargo público, o melhor é pedir demissão. Mas os governos de modo geral, principalmente nos cargos políticos, tendem para a acomodação. Nas crises, a intervenção tem que ser cirúrgica. Foi o que Barack Obama fez com o comandante das tropas no Afeganistão, general Stanley McChrystal, em 2010, quando, conversando com jornalista da revista *Rolling Stone*, sem saber que poderia estar sendo gravado, criticou o presidente, a política dos EUA no Afeganistão e debochou quando foi mencionado o nome do vice-presidente Joe Biden. Recebeu o bilhete azul em menos de 24 horas.

Nas crises, quem primeiro deve ser informado? Mídia, empregados, acionistas, clientes, opinião pública em geral? Todos devem ser informados, ao mesmo tempo. Hoje, a informação circula rapidamente. Basta uma pessoa conhecer a crise, pôr uma pequena nota nas redes sociais e a história se torna pública. Todos os *stakeholders* da organização têm o direito de saber o que está acontecendo, e não há caminho melhor do que informar a todos ao mesmo tempo. É preciso, naturalmente, montar um ágil sistema de informação para que chegue na mesma hora para todos os públicos. Isso não é difícil com as técnicas atuais.

Fica claro, portanto: a versão da crise, a percepção do mercado sobre o que acontece com a organização, é um componente decisivo na forma de gerenciar crises. No futuro, talvez, a história de sua crise seja conhecida apenas pelo relato do acontecimento. Certamente, você não irá gostar de ver o seu *case* citado em palestras, aulas ou livros como um exemplo de crise mal administrada.

É bom saber que não importa a forma como você a administrou. Se gerenciou bem, fez tudo ao seu alcance para minimizar o problema mas foi incompetente para passar essa história ao público, restará a versão contada pelos outros, principalmente a mídia, com todos os riscos de nem sempre refletir toda a verdade. Essa versão, agravada hoje pela internet, *blogs*, redes sociais, redes para publicação de fotografias, provoca uma grande dor de cabeça nos empresários e governos. Muitas vezes, a história mal contada, se não foi monitorada, pode fazer mais estrago do que a própria crise.

POR QUE *MEDIA TRAINING CRISIS*

Numa época em que a reputação pode ir para o brejo em questão de minutos, celebridades, políticos e executivos estão cada vez mais preocupados em se apresentar bem na mídia. Alguns, mais corajosos, mas sem treinamento, enfrentam câmeras, jornalistas e coletivas no peito e na raça. Pagam para ver e se dão mal. É muito fácil perceber nas entrevistas, tanto para a mídia impressa quanto eletrônica, quem passou por treinamento e possui alguma intimidade com as câmeras, microfones ou tem facilidade de agir numa entrevista coletiva. Alguns têm esse dom natural. Mas é bom não confiar na natureza.

Para isso, existem os cursos de *media training*. Esse treinamento começou nos Estados Unidos, principalmente, a partir das décadas de 1970 e 1980, quando grandes corporações multinacionais enfrentaram crises graves, algumas com vítimas, ou acidentes ecológicos de grandes proporções. Em algumas empresas, o treinamento de mídia tornou-se pré-requisito para o executivo desempenhar a função. Consiste em uma parte teórica, com os fundamentos sobre o funcionamento da imprensa, as rotinas da redação, o perfil dos jornalistas, dicas de postura, fonoaudiologia, e a parte prática, com entrevistas simuladas de mídia impressa, televisão, rádio e internet. Compartimentado, o treinamento pode ser feito em oito horas, embora algumas empresas de treinamento tenham a opção de realizá-lo em um dia e meio a dois dias, agregando mais palestrantes ou exercícios práticos ou um módulo sobre redes sociais.

Mas como saber se a empresa ou o jornalista que você pretende contratar irá realmente entregar um bom produto? Como saber se tem experiência? O *media training* também começa a aparecer como panaceia para os problemas de relacionamento com a imprensa, como também para depoimentos, debates políticos, participações em fóruns internacionais ou palestras. Os executivos correm atrás do treinamento, principalmente quando a crise bate à porta ou em emergências. Pelo menos o *timing* do treinamento está errado. O *media training* ajuda, mas não terá efeito se o executivo tem preconceito contra a imprensa, carece de cultura da comunicação e é refratário a uma relação transparente e aberta com os meios de comunicação. O treinamento não fará milagre. Comunicação, para alguns executivos e governantes, é acessório no contexto do seu trabalho. É como *check-up*: só se procuram quando aparece algum sintoma ameaçador.

Quanto à empresa de treinamento, o primeiro requisito é a experiência. Você não deve querer transformar os executivos em cobaias de empresas que nunca fizeram treinamento. Checar quantos treinamentos realizaram e para quem. O segundo requisito é a competência dos profissionais da equipe. Qual a base deles para preparar os executivos? Os profissionais de mídia impressa, TV e rádio têm experiência nessas mídias? Dê preferência para quem esteja no mercado e conheça a realidade atual do país ou da cidade. Afinal, você não contrataria um motorista amador e inexperiente para ensinar você a dirigir. Por que faria isso com a mídia?

Não basta ter experiência profissional. Há uma qualidade imprescindível para quem quiser ensinar executivos como devem agir nas relações com a mídia e, principalmente, nas situações de crise: a habilidade para ensinar, debater, ouvir e discutir pontos de vista divergentes. A experiência sozinha não resolve. Ensinar não é apenas reproduzir experiências profissionais ou contar histórias. É muito mais do que isso. Se quiser saber como se ensina, procure lembrar os bons professores que teve. Outro fator importante: escolher quem cobra mais barato. Esse é o tipo de escolha em que a técnica se sobrepõe ao preço. Como é um mercado em franca ascensão, acaba se transformando num território muito propício a aventureiros.

É importante saber o nível do treinamento oferecido. Se é para entrevistas normais do dia a dia ou com foco em gestão de crises – este, um treinamento específico, que deveria ser feito após o chamado *media training* básico. O grupo não deve ter mais do que nove ou 12 pessoas. Por que um grupo pequeno? Para facilitar as dinâmicas de coletivas, tevê e rádio, seguidas das avaliações que podem ser individuais ou coletivas.

Algumas instituições montam programas internos de *media training*. Profissionais da área de comunicação dão dicas de como se portar com a imprensa. Embora seja uma iniciativa louvável, só justificada por dificuldade em contratar, a prática e a vivência mostram que, nesse campo, a terceirização com empresas experientes no mercado pode ser mais efetiva para os executivos. Prefira a empresa e o profissional conhecidos do mercado; procure ter *feedback* dos eventos realizados e não decida por grife ou celebridades apresentadas no portfólio da empresa. Pode ser apenas propaganda. Celebridades nem sempre são bons instrutores ou palestrantes. Veja o conjunto da obra e só então jogue a diretoria no treinamento. Cuidado para não "queimar" o treinamento por economia ou pressa. O sucesso de um programa de treinamento de mídia é a qualidade a ser perseguida em cada curso.

Outra dúvida. Quem deve primeiro fazer treinamento de *media*, na empresa? A diretoria ou os escalões inferiores? Em 20 anos trabalhando com treinamentos de mídia, minha prática mostrou que o ideal é começar pela alta administração (presidente, ministro, secretários, vices, diretores). Daí, o exemplo irradia para os escalões inferiores. O programa não funciona quando gerentes fazem o treinamento e a diretoria fica protelando, "por falta de tempo". Acaba não fazendo. Quando ela, muitas vezes, é quem mais necessita ser treinada.

Vale a pena fazer treinamento de *media*? Pergunte a quem fez. O *media training* é mais um curso no decorrer da carreira do executivo, de preferência quando já tem experiência como gestor e demanda como porta-voz. A diferença é tratar-se de um curso para a vida toda. Não importa o cargo atual do treinando. Em empresa privada ou pública. Ministro, secretário ou gerente. Ele usará os conhecimentos técnicos do *media training* em qualquer cargo. E não se faz nada bem-feito sem treinar. O jornalista Heródoto Barbeiro, em depoimento a um vídeo de treinamento para executivos, disse não conseguir entender como um executivo vai para uma entrevista na TV, no rádio ou mesmo na mídia impressa sem ter treinado.

O *media training* se tornou uma prática tão usual nas organizações, que o governo chileno incluiu esse treinamento para os mineiros que estiveram soterrados na mina de San José, no norte do Chile, em 2010. Além de todos os cuidados com a saúde, a parte psicológica, religiosa e disciplinar, as autoridades resolveram dar noções de *media* para que eles, quando saíssem da mina, e virassem celebridades, como de fato aconteceu para alguns, tivessem um mínimo preparo para enfrentar a imprensa nacional e internacional. Sábia decisão.

Entre as dicas passadas aos mineiros sobre a relação fonte-imprensa, está a de que a mídia não é o inimigo. *"Pense sobre a história que eles querem contar, sobre o que aconteceu com vocês; se eles fizerem muitas perguntas de uma só vez, responda à que vocês entenderam mais claramente, ou seja, mais fácil; e falem com seus corações, não com suas cabeças".* Foram algumas das recomendações.

Tópicos-chave

- ✓ Nas crises, quem primeiro deve ser informado? Mídia, empregados, acionistas, clientes, opinião pública em geral?
- ✓ Por melhor que seja sua história sobre a crise, se foi incapaz de passá-la para o público, restará a versão da crise contada pela mídia, com todos os riscos de nem sempre refletir toda a verdade.
- ✓ Os executivos correm atrás do treinamento, principalmente quando a crise bate à porta ou em emergências. Pelo menos o *timing* do treinamento está errado.
- ✓ O *media training* ajuda, mas não terá efeito se o executivo tem preconceito contra a imprensa, carece de cultura da comunicação e é refratário a uma relação transparente e aberta com a mídia.

19
O PAPEL DO PORTA-VOZ

"Escolha um porta-voz experiente, informado, que fale com clareza e diante do qual o público não se sinta diminuído" (SUSSKIND; FIELD, 1997, p. 103). *"Não temos traquejo para falar em público e, reconheço, não estávamos suficientemente preparados para lidar com tamanha repercussão"* (Robert Dudley, CEO da British Petroleum, em entrevista publicada na revista *Veja* nº 2.203, em 9 de fevereiro de 2011).

Entre os seis elementos-chave da gestão de crises, um dos principais é a escolha do porta-voz (veja o Capítulo 9, página 98).[1] Por porta-voz, no Brasil, entendemos as fontes indicadas para dar entrevistas, em nome da empresa. Não necessariamente o principal executivo. Não confundir com o porta-voz da presidência da República, que, vez ou outra, concede *briefings* aos jornalistas. Porta-voz pode ser qualquer pessoa na empresa, de preferência um executivo, com habilidade para atender a mídia, boa presença no vídeo e, principalmente, com conteúdo para passar ao público.

Ele é a "voz" e o "rosto" da organização. Por isso, não pode sair dando entrevista por conta própria. Ele deve ser um profissional treinado no relacionamento com a imprensa, principalmente sob forte pressão, como costumam ser as entrevistas de crise. Mesmo preparado, nem sempre o principal executivo, o presidente ou ministro são as pessoas mais indicadas para falar pela corporação ou pelo governo numa crise. Se ele não costuma ser o porta-voz habitual da empresa, não pode ser jogado na fogueira numa crise. Muitas vezes, um diretor ou outro administrador mais familiarizado e preparado para falar sobre o assunto seria o porta-voz ideal. Mas uma coisa é definitiva: o relacionamento anterior com a mídia, um ativo importante nesse momento.

Após o incêndio na boate Kiss, em Santa Maria (RS), em janeiro de 2013, inúmeros porta-vozes apareceram na mídia falando sobre o trágico acontecimento (*Case* 10). Faltaram ali, em certos momentos, um líder e uma articulação para os porta-vozes oficiais, sejam da Polícia Civil, do Corpo de Bombeiros, da prefeitura, do governo estadual ou do Ministério da Saúde, falarem de maneira coordenada. Enquanto o comandante dos

---

[1] Os demais são: plano simples e flexível; liderança; relação com os *stakeholders*; *timing* da resposta; e ações de comunicação, todos analisados na Parte IV deste livro. É possível acrescentar um sétimo elemento, a mensagem-chave, que facilita o entendimento da comunicação de crise.

Bombeiros chegou a declarar não ter havido irregularidades na boate, outros porta-vozes constataram inúmeros problemas como causa do incêndio e das mortes naquela casa noturna. Para o público, a desarticulação no discurso demonstra também uma gestão da crise desarticulada e temerária.

A CRISE PRECISA DE UM ROSTO

Uma das primeiras funções de uma equipe de comunicação de crises é selecionar um porta-voz oficial. O porta-voz será o contato inicial para todos os questionamentos da mídia. A fonte escolhida pela empresa participará de todas as entrevistas coletivas e nela estará concentrada a maioria das entrevistas. Alguns especialistas recomendam que toda organização deveria ter dois porta-vozes preparados para situações de emergência. Por que dois? Porque poderá haver impedimento de um, doença, férias, ausência, tendo a organização sempre um porta-voz disponível. Além disso, há casos em que a demanda por informação poderá ocorrer durante 24 horas, nas crises graves. Apenas um porta-voz ficaria sobrecarregado. Mas é fundamental treiná-los e prepará-los para essas emergências. O porta-voz deve obedecer às três regras da comunicação de crise: não falar em *off*; não especular; não discutir responsabilidades (jurídicas) (COOMBS; HOLLADAY, 2010, p. 264).

Nas crises, as organizações precisam ter uma cara. Elas devem se mostrar. Na crise do parque de diversões Hopi Hari em Vinhedo (SP), quando uma menina de 14 anos morreu, em 2012, ao ser arremessada de um brinquedo a 30 metros de altura, por não ter sido interditada uma cadeira que estava com defeito há anos, não apareceu porta-voz da empresa na primeira semana. O parque falava por meio dos advogados. A gestão da crise do Hopi Hari mostrou uma falha muito comum, principalmente em organizações com área de comunicação capenga. Em crises graves, a empresa precisa, além do líder, de um "rosto". Esse representante deve ter uma visão geral da gestão da resposta, contribuir para decisões de nível estratégico e ser publicamente visível em momentos-chave, durante o incidente e durante a resposta da crise. Se o principal executivo não quer aparecer ou não está preparado, a empresa precisa indicar alguém.

Se alguém acha que nos últimos anos essa prática de sumiço do porta-voz foi superada, errou. O Flamengo enfrentou uma grave crise em fevereiro de 2019 (*Case* 20), quando o CT dos atletas das categorias de base do clube pegou fogo. Morreram dez adolescentes e três ficaram feridos. No dia da tragédia, o clube levou cinco horas para o primeiro pronunciamento, por meio de um porta-voz. O presidente do Flamengo foi ao encontro dos jornalistas e pediu desculpas, porque estava cuidando "de coisas mais importantes". Não leu qualquer comunicado e não deu informações consistentes. Uma entrevista coletiva só foi dada – acredite – 17 dias depois da tragédia, num evento todo ensaiado, mas que tinha perdido o *timing*. Em crises graves como essa, uma entrevista coletiva precisa ser dada no máximo cinco ou seis horas depois do acidente. Enquanto o clube não se pronunciou, ele deixou o terreno livre para que outros porta-vozes, incluindo os parentes dos mortos, dessem suas versões à imprensa. Ficou numa situação vulnerável.

Grandes corporações também se omitem em casos graves de crise. Um dos maiores erros cometidos pela empresa americana TWA no acidente fatal em 1996 com o voo 800, no Oceano Atlântico, logo após decolar do aeroporto John Kennedy, em Nova York, foi a longa ausência do CEO. Ele não apareceu após o acidente, apesar de 230 mortes. Estava em Londres. E por que não apareceu? Ele poderia falar com a imprensa em Londres ou se deslocar rapidamente, como fazem todos os CEOs preparados para momentos como esse.

O resultado de sua ausência e de uma manifestação imediata do *board* da organização foi a TWA parecer uma empresa sem comando, sem cuidado com as vítimas e pouco preocupada com o sofrimento dos parentes delas. Esse acidente foi o começo do fim da companhia. O mau exemplo da TWA, citado por Cohn (2010, p. 103), resume-se no princípio de que as ações de uma empresa e do CEO podem ser percebidas como positivas, mesmo sob circunstâncias trágicas.

Na crise dos mineiros chilenos, em 2010, quando 33 trabalhadores ficaram soterrados a 700 metros, foi organizado o resgate e o governo chileno indicou o ministro da Mineração, Laurence Golborne, para ser o líder da crise, o porta-voz, o "rosto". Ele concentrou não apenas as ações de gestão da crise, como também as entrevistas. O presidente da República acompanhou tudo, mas só apareceu no dia do resgate. Os chilenos e a mídia internacional tinham uma referência naquela crise.

Quem é esse porta-voz? Alguém com muita credibilidade interna e externa; profundo conhecedor do negócio e da cultura corporativa. Além dessas qualidades, ele deve conhecer bem a causa e os detalhes da crise ou pelo menos deve estudá-la para se preparar para a missão. E, finalmente, deve ter muita experiência em trabalhos com a mídia impressa e televisiva. A pessoa certa no lugar certo. É uma função que não comporta improviso.

Nas crises mais graves, principalmente as que envolvem fatos negativos relacionados à reputação de pessoas ou da organização, ninguém quer se expor, dar a cara à mídia. Risco: aparecer um corajoso ou a diretoria escolher alguém para ser o porta-voz apenas porque está mais disponível ou tem boa aparência. Ele aceita, para cumprir uma missão, embora não seja a melhor indicação. Essa decisão vem de encontro à boa administração da crise. Sem falar na possibilidade de queimar para sempre a imagem do executivo.

O porta-voz deve sentir-se à vontade em frente a uma câmera de televisão e ter a habilidade de inspirar calma e confiança. Ele também deve saber como concentrar argumentos complicados em pontos principais, para enfatizar esses pontos em uma entrevista, sem parecer que esteja evitando perguntas difíceis. De preferência, alguém que já enfrentou crises e teve um bom desempenho na mídia. Ele precisa ser membro da diretoria? Não necessariamente. Existem técnicos no nível de superintendentes ou gerentes que são excelentes porta-vozes. Uma vez treinados para aquela crise, podem ser a melhor opção do que expor o CEO ou algum diretor apenas pelo cargo.

CONSULTOR E ASSESSOR NÃO SÃO PORTA-VOZES

Se você contratou uma empresa de consultoria para ajudá-lo a administrar a crise, não transforme seu consultor em porta-voz. Pode não ser uma boa ideia. Contratar consultoria externa de comunicação é prática normal no mercado. Em crises graves, nem sempre a estrutura interna tem condições de dar conta das pressões e demandas, principalmente da mídia, porque a equipe não foi estruturada para isso. Mas não há necessidade de terceirizar tudo, principalmente quem fala em nome da organização. É essa pessoa que você quer para ser o "rosto" da empresa numa entrevista?

Nas crises, a imprensa, os *stakeholders*, principalmente os empregados, querem ouvir fontes da própria organização. Nenhum deles gostaria de ver um estranho aparecer na televisão, concedendo entrevista, em nome da empresa ou em nome de órgãos públicos, representando o governo, a não ser alguém identificado com a instituição. Como ficou claro, quando abordamos o papel da área jurídica, dentro do possível, advogados não devem atuar como porta-vozes.

Tópicos-chave

- ✓ O porta-voz deve ser um profissional treinado no relacionamento com a imprensa, principalmente sob forte pressão, como costumam ser as entrevistas de crise.
- ✓ Nas crises, as organizações precisam ter uma cara. Elas devem se mostrar.
- ✓ O porta-voz deve obedecer às três regras da comunicação de crise: não falar em *off*; não especular; não discutir responsabilidades (jurídicas).
- ✓ O porta-voz é alguém com muita credibilidade interna e externa; profundo conhecedor do negócio e da cultura corporativa.

26. A fraude no concurso e a resposta rápida

Da vivência de anos como coordenador de comunicação, aconteceram centenas de crises em que a área precisou atuar. Muitas não significaram derrotas. Em alguns casos, como no episódio a seguir, liderança, rapidez e transparência foram fundamentais para apagar o incêndio e neutralizar a crise.

Durante muitos anos, o Banco do Brasil (BB) produzia e corrigia as provas de concursos à carreira de ingresso na empresa. A divisão de recrutamento e seleção era uma das áreas mais reservadas do banco. O BB tem uma tradição de concurso público desde 1916. É uma das bandeiras corporativas mais fortes da empresa. Somente nos últimos anos o banco terceirizou essa atividade.

Em 1992, o banco divulgou o resultado de um concurso envolvendo milhares de candidatos pelo Brasil. Em Brasília, o resultado mostrou, entre os dez primeiros aprovados, pessoas com relações próximas de parentesco ou relacionamento, o que levantou a suspeita de fraude. O Sindicato dos Bancários pautou a imprensa e o assunto beirou o escândalo. No mesmo dia da denúncia, o presidente do BB, à época, chamou a Auditoria da empresa e determinou apuração rigorosa da suspeita, dando um prazo máximo de uma semana para conclusão. Ele queria resposta rápida sobre o que aconteceu.

No prazo determinado, a Auditoria descobriu que tinha havido "quebra do sigilo das provas", porque dois executivos do banco, ligados à área de pessoal e treinamento, haviam dado aulas a pessoas próximas, candidatas ao concurso. O fato, por si só, colocava o certame sob suspeita. No mesmo dia, a imprensa foi convocada, e apresentaram-se os resultados da apuração: demissão imediata dos dois executivos e perda do cargo em comissão do chefe de um deles; anulação do concurso; e anúncio da data da nova seleção. O assunto ainda durou alguns dias na imprensa, mas rapidamente sumiu da pauta. Pela ação rápida e cirúrgica, ninguém colocou mais suspeita sobre os concursos do BB.

Parte VI

A SOCIEDADE VIGIADA

20
OS DESAFIOS DA INTERNET

A internet afetou as práticas de gestão de crises. Assim como agravou os efeitos das crises, com ameaças mais sérias à reputação, também mudou a forma e o tempo de resposta dos gestores. Antes, a mídia tradicional sempre ditou o escopo e a severidade das crises. As empresas tinham um dia, até uma semana, para responder ao que o público iria ler em jornais ou revistas. E não faz muito tempo. A história, muitas vezes, ficava restrita à mídia impressa. A TV acelerou esse caminho. De certo modo, agravou as crises pela forma como os acontecimentos entram em nossas casas. O Jornalismo espetáculo, das imagens impactantes e emoções, deu nova dimensão às crises.

Mas a internet mudou ainda mais o jogo. As crises acontecem quase em tempo real. As más notícias, geradas por crises ou por grupos de interesse, desafetos políticos ou ativistas, são facilmente espalhadas pela *web*. A internet não é apenas um canal rápido de informação. Ela democratizou a opinião, dando poder ao consumidor e ao contribuinte. Essa mídia social e cidadã é um componente agravante da crise. Até porque as crises, dependendo da dimensão e da natureza, já nascem com alta visibilidade.

A internet como meio de informação instantânea corta os caminhos. Rumores, denúncias, queda de governos, protestos, mudança do preço nas ações ou pesquisas, tudo bate na *web* instantaneamente, incendiando uma crise imediata com pouco tempo de resposta. É como uma fagulha no material inflamável. As informações vêm de diversas fontes, chegam por meio de fotos, vídeos, *podcasts*, *posts*, replicações. Os "replicantes" nem sabem onde começou, o que também representa uma séria ameaça à credibilidade de notícias que circulam na *web*. Em muitos casos, precisam ser desmentidas ou explicadas rapidamente. Acabou o filtro dos revisores, dos diretores. Porque não há mais tempo.

A internet e a informação expandida enviam várias notícias, em direções aleatórias. Essas versões espalham-se em todas as direções para múltiplos canais. Imaginemos, portanto, o potencial efeito negativo de uma notícia ou até mesmo de um boato na reputação pessoal ou corporativa, se não forem neutralizados a tempo. A notícia não tem fronteiras. Se essa empresa tiver interesses internacionais, no mesmo instante receberá demandas de correspondentes internacionais, para explicar o que está acontecendo.

A INTERNET MUDOU TUDO

Para o relações-públicas e empresário de comunicação Roger Bridgeman, dos Estados Unidos, a internet acelerou o caminho e o escopo das crises mais rápido do que nunca. Uma história, um rumor, uma informação reservada postada por um empregado descontente torna-se um fato tão rápido quanto alguém apertar um botão.

Para Bridgeman, *"a Internet é uma espécie de meio diferente que realinha o papel e a influência da mídia tradicional, instituições e corporações, enquanto está empoderando novos ativistas e até mesmo o cidadão médio, sentado na frente do seu computador pessoal"* (BRIDGEMAN, 2008, p. 169-172). A *web* dá poderes até mesmo para aquele pequenino grupo de interesse interferir em corporações globais.

Os blogueiros e os usuários das redes sociais são os novos repórteres investigativos. As empresas têm mais medo dos blogueiros e dos *influencers* postando informação confidencial, denúncias de informantes, acusações anônimas ou rumores infundados. Blogueiros não operam sob os mesmos padrões dos jornalistas da mídia impressa (eles demandam informação mais rapidamente) e sua credibilidade e alcance crescem com cada furo ou comentários que fazem.

Ainda segundo o mesmo autor, *"a internet é a plataforma perfeita para criar, alimentar e sustentar uma crise. Grupos de interesse, acionistas, empregados descontentes, mesmo competidores, podem usar o meio para avançar ideias e apresentar informação"* (BRIDGEMAN, 2008, ibidem). Com isso, toda a estratégia de resposta à crise precisou ser revista pelas empresas. Quando falamos em internet aqui, estamos falando também das redes sociais, não importa a plataforma utilizada, tema a ser tratado no Capítulo 22.

Mas a internet, em contraposição, pode ser poderoso instrumento auxiliar nas crises. A utilização da rede na comunicação de crise não deve se limitar à pesquisa, quando necessária; ou à postagem de notas ou inserção de vídeos no *site* da organização. Existem hoje muitos instrumentos das novas tecnologias para ajudar a resolver situações de crise. Nesse cardápio, incluem-se *e-mails*, *hotsite*,[1] documentos postados na internet (cartas de executivos, memorandos, documentos legais), vídeos, *podcasts* (pronunciamentos, entrevistas, mensagens corporativas), gravações em áudio (entrevistas ou conferências, discursos e pronunciamentos da empresa). As plataformas *on-line* da organização também podem abrigar a manifestação de terceiros sobre a crise, com artigos ou entrevistas.

O problema surge quando a empresa se descuida dessas mídias alternativas. Algumas organizações, em pleno século XXI, mantêm *sites* desatualizados, não cultivam uma audiência, sequer possuem estrutura para dar suporte ao *site* e nem pessoal especializado para operá-lo durante uma crise. Os *blogs* e as redes sociais podem ser utilizados para informar e criar relações interativas com públicos específicos (consumidores, investidores, ambientalistas etc.). Eles podem receber mensagens e também postar mensagens. A popularidade de redes como Facebook, Twitter, Instagram e YouTube chega ao ponto

---

[1] *Hotsite* é um instrumento do Marketing Digital, como se fosse um pequeno *site* dentro da página principal, que pode ser utilizado para diversas funções, como lançar um produto, promover um concurso e centralizar informações sobre uma crise. A característica é que tem vida curta.

de concorrer com a página principal da empresa. A vantagem das redes sociais é a interação rápida com um público que já frequenta a rede, seguindo a empresa.

Como as organizações hoje cresceram de uma forma global, as vulnerabilidades às crises e a necessidade de administrá-las também têm crescido. A internet tem o potencial de agravar as crises. Não longe, a internet tem sido o foco principal de muitas das crises corporativas no mundo. Calcula-se que hoje 90% das crises em países mais desenvolvidos têm um componente significativo da internet (BERNSTEIN, 2011, p. 80-92).

Uma das primeiras fontes dos jornalistas e usuários – clientes, acionistas, fornecedores e até empregados –, numa situação de crise, é o *site* da corporação. A crise pode até já ter aparecido nas redes sociais, mas a imprensa e os *stakeholders* que querem informação oficial irão procurá-la no *site* da organização. Muitas empresas se atrapalham na forma de gerir o *site* nesse momento. Problemas crônicos nas crises, principalmente com organizações burocráticas, é a demora em se pronunciar ou a falta de informação. Notas lacônicas, incompletas e evasivas. Não há explicação convincente para a crise. O que alimenta o boato e favorece a proliferação das versões de terceiros. Como a primeira opção dos interlocutores é buscar informação no *site* da empresa, se o conteúdo não é rapidamente atualizado, dá a péssima sensação de que todos estão perdidos.

As fontes internas e externas têm um importante papel nos casos de crises, principalmente as que envolvem fraudes ou mau comportamento dos executivos. Repórteres gostam de ter acesso a fontes internas. Mas fontes externas, principalmente órgãos reguladores ou porta-vozes da indústria também são, frequentemente, chamadas para contextualizar as crises. Um repórter nunca ficará satisfeito e esgotará a pesquisa nas fontes internas ou primárias. Ele gosta de cotejar as versões sobre a crise, principalmente com especialistas externos.

O que significa isso? Que as organizações devem aprimorar o relacionamento interpessoal com os reguladores e eventuais especialistas para obterem ajuda no caso de contextualização das crises. Será muito difícil achar alguém para defender a empresa numa crise, se ela, antes, não cultivou relações estratégicas com autoridades, parlamentares, jornalistas, especialistas e demais formadores de opinião.

A fonte dominante de notícias sobre as crises são os *press releases* ou *news releases*, como se prefere chamar agora, em tempos de internet e uma infinidade de mídias. Seria ingênuo pensar que jornalistas se atêm somente à nota oficial da empresa para explicar uma crise. Eles correm atrás de outras fontes. Mas usarão a versão da organização, se a julgarem informativa e verossímil. Por isso, a resposta tempestiva, logo após um evento negativo, pode minimizar ou até neutralizar os efeitos da crise. Se vier acompanhada de uma fonte, melhor ainda. A empresa mostra que deseja esclarecer.

Para executivos que gostam de se esconder nas primeiras horas de uma crise, um lembrete: a mídia prefere comentários sobre a crise de alguém de dentro da hierarquia da organização. Não importa a hora. Se a fonte está segura da posição da organização sobre a crise, não há por que temer declarações à imprensa. Salvo em casos raríssimos, o "nada a declarar" dá margem a entendimentos de que a fonte está insegura e não consegue explicar a crise.

A INTERNET A FAVOR DA EMPRESA

A internet pode ter grande utilidade nas crises. O *site* da empresa é um canal sem filtros para atingir o público. A mídia, por mais bem informada, irá filtrar as informações e publicá-las sob a ótica da linha editorial. Ela impõe seus argumentos e interpreta a crise. A versão oficial da crise, colocada na página oficial da empresa, abre uma linha direta de entendimento com o público. Essa notícia tem um poder de propagação incrível por meio das redes sociais. Nesse caso, é imprescindível que a empresa tenha um serviço de monitoramento e resposta nas redes sociais, caso contrário os comentários negativos, durante a crise, poderão ficar sem resposta. Mas lembre-se: a versão oficial tem que espelhar exatamente o que está acontecendo.

Em casos mais graves, recomenda-se que a organização crie diferentes páginas na internet para diferentes públicos: empregados, mídia, acionistas e até para comunidades locais. Pode também criar *links* específicos para determinadas crises, como, um grande *recall* de uma montadora de automóveis; um caso específico de crise numa empresa aérea; uma epidemia que gere expectativa muito grande de informação; denúncia com foco exclusivo na empresa. Todas as informações sobre o problema estariam concentradas naquele endereço específico, com ampla divulgação. Com isso, as notícias rotineiras seriam segregadas do noticiário da crise. Mas cuidado para não criar uma página em que a crise não aparece. Dissimular a crise não funciona.

No acidente com um avião Boeing 737 MAX 8 da Ethiopian Airlines, em março de 2019, em Adis Abeba, o pronunciamento oficial da empresa no site demorou mais de três horas, após o acidente. Fique claro: não é preciso ter todas as informações e sequer as principais para se pronunciar oficialmente no *site*. Nas crises graves, como é o caso, nos primeiros minutos deve ser publicada uma nota com as informações disponíveis até aquele momento.

Em caso de crise grave, algumas lições foram aprendidas com a experiência de outros eventos nos quais a internet teve um papel fundamental, como nos atentados a escolas nos Estados Unidos.

1) Devido ao aumento repentino de tráfego no *site* de uma organização durante uma crise, é importante remover imediatamente todos os componentes em *flash*, imagens ou outros arquivos pesados. Esses arquivos irão consumir a banda e sobrecarregar os servidores do *site*.

2) Limite-se aos anúncios de textos. Ao tentar postar um arquivo de áudio, com pronunciamento, este pode sobrecarregar os servidores.

3) Estabeleça um relacionamento com outros *sites* de parceiros ou empresas similares em que seja possível postar informações sobre a crise da empresa, no caso de queda do servidor. Em casos graves de comoção nacional, utilizar *sites* alternativos para divulgar informações, abrigados em servidores que não corram o risco de saírem do ar.

4) Uma prática que pode ser usada por governos ou grandes empresas, em caso de crises com número elevado de vítimas, é negociar com a mídia local para ajudar na divulgação das informações, fazendo o que, por exemplo, o jornal

The New York Times já fez em grandes atentados nos Estados Unidos: liberou o acesso a qualquer leitor, independentemente de ser assinante ou não. Se o *site* da empresa estiver congestionado, a mídia pode ser um bom aliado.

Não esquecer que, em geral, as crises têm o potencial de interromper o relacionamento com o público. Há um grau de desconfiança do consumidor ou do contribuinte com a organização em crise. A incerteza da crise pode ameaçar as relações do público com a organização, principalmente se esse laço for tênue. É importante, portanto, escolher bem os canais por onde a organização irá se comunicar a respeito da crise. As organizações precisam dizer com rapidez aos *stakeholders* o que elas podem fazer para protegê-los ou minimizar os impactos ou a ameaça.

No mundo da *web*, a informação tem que ser aberta, disponível e instantânea. Isso impõe grande demanda às corporações – especialmente durante as crises – e a necessidade de que elas sejam responsáveis e transparentes com todo o público de relacionamento.

NOTÍCIA EM TEMPO REAL

Tempo tem sido sempre um elemento crítico na gestão de crises. A versão da organização sobre uma crise deve ser publicada tão rápido quanto possível. A internet (veículos *on-line*) e as redes sociais são boas opções para distribuição de mensagens rápidas. Ao tomar conhecimento de crise grave em uma empresa brasileira, o jornalista de uma agência internacional recorrerá, em primeiro lugar, ao portal da empresa na internet, se já não for impactado por uma das grandes redes sociais, como Facebook ou Instagram. Provavelmente, se nada encontrar no portal ele deduzirá que a crise não é tão grave. Como faria um jornalista brasileiro, buscando informação sobre uma empresa no exterior. No Brasil, possivelmente o telefone também seria utilizado. Ambos os canais, portanto, devem estar completamente desobstruídos na hora da crise.

Como uma organização pode se manifestar sobre uma crise utilizando a internet? Entre os principais canais, destacam-se: nota à imprensa (*news release*); comunicado oficial (anúncio pago); entrevistas à imprensa (exclusivas ou coletivas); internet (*site*, *blogs*, redes sociais); *call center* ou linha direta específica sobre a crise; atendimento telefônico normal. Finalmente, como tem se tornado comum hoje, uma manifestação pelas redes sociais. Mesmo que não seja um *press release* ou nota oficial, qualquer posicionamento nas redes sociais, na prática, significa a posição oficial da empresa (ver o Capítulo 22).

O *site* continua sendo a primeira fonte segura a que os interlocutores recorrem, numa crise, para ver o posicionamento da empresa – usuários, clientes, fornecedores, empregados, mídia, mercado. Portanto, deve haver um cuidado maior com o portal da empresa nessas situações críticas, como treinamento específico para a equipe de tecnologia da informação e de comunicação. Quem gerencia essa comunicação é o comitê de crise, com o respaldo da diretoria da empresa.

Temos hoje também instrumentos bem mais ágeis do que o *site*: as redes sociais. Pesquisas dizem que as pessoas usuárias da internet, como fonte de informação, numa crise, preferem fontes interativas do que simplesmente páginas estáticas para questionar a empresa, sem saber se e quando serão atendidas. Um teste simples: o que um cliente de um banco faz se descobre, no fim de semana, uma invasão na conta bancária?

Na impossibilidade de ir à agência, falar com o gerente ou se comunicar por telefone, quais alternativas ele tem? Recorre à página da empresa na internet. Se, ao chegar ao *site*, ele encontra dificuldade de se comunicar rapidamente, ou não encontra sequer o número do telefone para ligar, só lhe restará o *call center* 24 horas. Talvez essa seja a única solução para muitos usuários, quando encontram dificuldades de interagir com a empresa via internet. Os *sites*, portanto, deveriam ser a rota mais segura dos interlocutores quando atingidos por qualquer tipo de crise, evitando sobrecarga nas linhas telefônicas. Mas em geral não são.

Não esquecer que os *stakeholders* também têm suas redes e grupos de compartilhamento de informações. Uma crise é evento que rapidamente se espalha nas redes sociais. Se não monitorada, pode trazer mais dor de cabeça para a organização. Eles, portanto, compartilham queixas, angústias e podem expor a empresa de maneira muito negativa (o tema "redes sociais" será tratado no Capítulo 22). Veja o estrago de imagem que as redes sociais fizeram com a United Airlines, quando tirou um passageiro à força do avião (*Case* 24).

Não é raro *stakeholders* buscarem na *web* o consolo ou o alento para a crise que não puderam resolver diretamente com a empresa. As vítimas acabam se unindo para organizar-se e também para se tranquilizar. São clientes feridos. E representam um perigo para a reputação da empresa. É preciso cuidar deles. Se a empresa não deu as respostas no próprio *site*, nas redes sociais ou por meio da imprensa tradicional, as vítimas irão buscar outras fontes. E certamente encontrarão.

A INSEGURANÇA DA FALTA DE INFORMAÇÃO

Muitas vezes, os *stakeholders* querem apenas reduzir a incerteza em relação a aspectos da crise. A crise cria insegurança, principalmente nos empregados. Sem respostas rápidas, claras e consistentes, eles vão atrás dos meios disponíveis. Por isso a importância dos meios eletrônicos. Ninguém irá esperar para explicar uma crise com detalhes, quando o jornalzinho interno for publicado. Se a organização não supre esse vazio de informação, as redes sociais ou as páginas de reclamação do *site* irão preenchê-lo. Pior ainda, deixar por conta da "rádio peão" comentar no expediente o que a empresa foi incapaz de explicar.

As organizações não podem deixar a internet se transformar no canal de vazão dos problemas não resolvidos com o cliente. As vítimas, muitas vezes, se unem durante uma crise e se organizam menos para enfraquecer o poder da organização e mais para suprir a falta de informação consistente sobre a crise. E a internet exerce papel fundamental de mobilização. Quando os *blogs* (ou redes sociais) se transformam na voz ativa da corporação, então mais danos podem ser gerados pelos *blogs* do que benefícios (COOMBS; HOLLADAY, 2010, p. 737). Imagine-se agora com a força de penetração das redes sociais. Se a empresa não se comunica, alguém irá se comunicar por ela com muito mais sucesso.

Pesquisas citadas por diversos autores dizem que as empresas têm o poder de moldar as palavras-chave de uma operação de *recall*, por exemplo, selecionar correções e escolher como e quanto de pequenas informações os clientes precisam saber para acrescentar no *news release*. Elas falham em organizar um *site* mais amigável, que não esconda as crises e que ajude o visitante a entender a verdadeira natureza e o risco dos produtos. Isso faz uma organização transparente adquirir credibilidade.

A transparência do *recall* pode ser espelhada em outras áreas das organizações. Quando alguém é vítima de ferimentos ou morte – seja na escola, no hospital ou órgão público –, a organização deve aceitar a responsabilidade e fazer muito mais do que apenas esperar a investigação, divulgar uma nota no *site* e se esconder. Ao contrário, se houve eventuais erros, deve reconhecer e admiti-los, com porta-voz treinado e mensagem-chave acertada. O *site* não pode ser um biombo para as organizações se esconderem e tratarem a crise de forma velada.

Assim como ocorre com as mídias sociais, os executivos não têm muita familiaridade com as novas tecnologias. Há uma cultura equivocada de que esse é um problema do pessoal da tecnologia ou da comunicação e não caberia aos executivos preocupações, por exemplo, com o *site* da empresa ou com postagens nas redes sociais. É como se fosse um mundo à parte. Um erro, certamente, que pode custar caro numa crise.

O Brasil fechou 2017 com 126,4 milhões de pessoas conectadas à internet, o equivalente a 69,8% da população com idade acima de 10 anos. As informações são da Pesquisa Nacional por Amostra de Domicílios Contínua (PNADC) do Instituto Brasileiro de Geografia e Estatística (IBGE). Desse total, 95,5% enviaram ou receberam mensagens de texto, voz ou imagens por aplicativos, o que inclui redes sociais, como Facebook, e programas de mensagem, como WhatsApp. A mesma pesquisa constatou: 98,7 estão conectados pelo celular e 52,3% por computadores. Em tempos de internet, isso pode parecer contrassenso, mas a maioria dos executivos do mundo considera a mídia tradicional mais eficiente do que a mídia *on-line* para a divulgação da imagem de suas empresas. Se eles estão pensando em credibilidade, estão certos. No Brasil, a mídia tradicional supera os canais *on-line* e as redes sociais em termos de confiabilidade. Eles acreditam que apenas metade da informação divulgada em *blogs* e redes sociais é confiável, e o jeito menos eficiente de se proteger contra a imagem negativa é se aliar a blogueiros.

Tópicos-chave

✓ A internet não é apenas um canal rápido de informação. Ela democratizou a opinião, dando poder ao consumidor e ao contribuinte.

✓ Como as organizações hoje cresceram de forma global, as vulnerabilidades às crises e a necessidade de administrá-las também têm crescido. A internet tem o potencial de agravar as crises.

✓ A internet pode ter grande utilidade nas crises. A versão oficial da crise, colocada na página oficial, abre uma linha direta de entendimento com o público.

✓ No mundo da *web*, a informação tem que ser aberta, disponível e instantânea. Isso impõe grande demanda às corporações – especialmente durante as crises – e a responsabilidade de serem responsáveis e transparentes com os *stakeholders*.

✓ Não é raro *stakeholders* buscarem na *web* o consolo ou alento para a crise que não puderam resolver diretamente com a empresa. As vítimas acabam se unindo para se organizar e também para se tranquilizar.

21
A INDÚSTRIA DO VAZAMENTO E OS LIMITES DA PRIVACIDADE

Na era da visibilidade total, se você estiver lendo este livro em algum outro lugar que não a própria casa, muito provavelmente, onde você se encontra, há alguma câmera por perto monitorando seus passos e conseguindo gravar até a capa do livro. Com o *e-mail* aberto ou usando o telefone celular, a localização já foi detectada pelas grandes multinacionais da tecnologia e até pelos serviços e agências de segurança; e não confie que as mensagens também estejam seguras. O que esse admirável mundo novo tem a ver com gestão de crises?

SEMPRE HÁ UMA CÂMERA

Talvez já tenha ouvido falar no "efeito Ricupero". Se não, refere-se ao vazamento de informação ocorrido com o então ministro da Fazenda, Rubens Ricupero, no governo Itamar Franco, quando, em 1994, em entrevista ao repórter Carlos Monforte, da Rede Globo, o ministro falou demais, sem saber que havia um microfone aberto e no ar. As parabólicas captaram a conversa, que vazou, e o ministro caiu. Não falou nada ameaçador à segurança nacional, nem críticas ao governo ou segredos da área econômica. Mas foi sincero demais. Chega a ser irônico, porque é considerado como um dos homens públicos mais íntegros e competentes do nosso país.

Hoje, quando alguém fala demais, algo que não deveria ir para o ar, um verdadeiro "fora", batizou-se de "efeito Ricupero". Isso acontece com fontes distraídas ou as que deixam escapar desabafos, às vezes sem pensar, com repercussões negativas na mídia. Mas o perigo de vazamentos pelos novos apetrechos tecnológicos está por toda a parte. Se em 1994 poderia ser a antena parabólica, hoje a ameaça vem do wi-fi: *laptops*, *smartphones* e *tablets*, sempre prontos para captar imagens que viram notícia.

Vale aqui a recomendação de um experiente repórter cinematográfico de televisão. Nunca fale o que não possa ser publicado, onde existir uma câmera, no chão, na mesa, em qualquer lugar. Se você é fonte, autoridade pública, nunca diga nada em público, ainda que seja um comentário apenas, que não possa ser manchete. As fontes, quando forem para alguma entrevista, principalmente nos meios eletrônicos, mesmo naquelas conversas antes e depois da entrevista, devem lembrar que tudo ali pode estar *on the record*, ou seja, sendo gravado. Se a declaração tiver uma informação importante e exclusiva, não há dúvida, poderá ser usada pela imprensa e ser o estopim de uma crise.

REPÚBLICA DOS DOSSIÊS

A prática pode ser universal. Mas nos últimos anos, principalmente a partir do *impeachment* do ex-presidente Fernando Collor, germinou no Brasil uma indústria de dossiês, principalmente no famoso triângulo das Bermudas: Brasília, Rio e São Paulo. Essa prática execrável atormenta políticos, executivos de empresas públicas e empresários. Jornalistas e fontes ficaram de certo modo reféns dessa indústria de pautas, ao incentivar uma concorrência predatória entre jornais, revistas, canais de televisão, portais e blogueiros para saber quem dá o melhor furo e protagoniza o escândalo da semana.

Alguns teóricos do Jornalismo admitem esse tipo de prática representar a morte do Jornalismo Investigativo. Ficou muito fácil fazer Jornalismo sem sair da redação, porque os dossiês caem no colo. E aí? Como as corporações devem agir nesse caso? Fazer de conta que não existem? Eles são usados pela concorrência, pelos adversários políticos ou por grupos de interesse dentro da própria empresa, quando querem desestabilizar pessoas ou projetos. Robert Fisk, premiado jornalista britânico, correspondente no Oriente Médio do jornal *The Independent*, chama essa prática de "Jornalismo de hotel" (TALEB, 2008, p. 45).

No Brasil, o mau costume recrudesce em época de eleições. Qualquer assessor travestido de araponga, com câmera ou celular na mão, representa um perigo, se não tiver escrúpulos para usar esses artifícios. Os dossiês podem ser escritos ou eletrônicos. Nesse caso, valem até gravações clandestinas, guardadas como arquivos preciosos, para detonar adversários políticos ou fazer chantagens financeiras ou morais.

No rastro dos jornalistas que trabalham com dossiês, apareceram os lobistas, assessores inescrupulosos, políticos de costumes pouco ilibados para construir dossiês contra adversários políticos ou até mesmo contra autoridades do governo. Em agosto de 2010, no início da campanha para presidente da república, a imprensa denunciou um esquema, em Brasília, com empresa contratada para produzir dossiês contra o candidato do PSDB, José Serra, outros membros desse partido e, até mesmo, contra políticos do Partido dos Trabalhadores (PT). O grupo que teria contratado a empresa pertencia a uma facção do partido do governo, disputando espaço com outra. O mau exemplo mostra como atuam os fabricantes de dossiês.

Não há limites para essa nefasta prática utilizada pelo Jornalismo brasileiro. E como se defender ou agir quando há vazamentos de informações, muitas delas sigilosas, muitas vezes caluniosas, alimentando a voracidade da mídia? Recomenda-se: atender ao jornalista, mesmo com pautas complicadas, pode evitar ou amenizar notícias com base em denúncias escandalosas. Não importa se for verdade ou calúnia. Atender e esclarecer. Não compete à área de comunicação apurar a origem dos vazamentos. A propósito, no caso de uma informação reservada e caluniosa vazar, não importa mais, do ponto de vista da reputação, quem ou como vazou. A solução paliativa para fazer um bom gerenciamento dessa crise passa a ser explicar o que vazou.

Consumado o vazamento, não adiantam teorias conspiratórias. Procure explicar a informação vazada, se ainda não foi publicada, principalmente nos casos mais graves. Deve-se sempre analisar prós e contras de responder a pauta. Se for algo insignificante, responder, às vezes, pode reaquecer o assunto e dar muita importância ao vazador. Convém apurar com bastante cuidado. Nada que uma boa assessoria de imprensa não possa fazer. Hoje, com a proliferação de *blogs* independentes, há jornalistas e outras pessoas fora do ramo fazendo política, *lobbies* e até mau Jornalismo, com informação plantada por interesses econômicos ou políticos. Deve-se avaliar o peso desse *blog* na opinião pública.

Se apenas um veículo de comunicação publicou a notícia, fruto do vazamento, seja proativo na explicação, para evitar a propagação. Cabe atender ao jornalista ou fazer uma nota exclusiva àquele veículo. Não basta escrever e confiar na publicação. Na dúvida, fazer gestões com o repórter autor da matéria ou com a redação. Em geral, jornalistas, colunistas e os próprios veículos de comunicação são refratários a desmentidos. É preciso pressão e argumentos fortes para mostrar os erros de uma reportagem ou de uma nota na coluna ou no *blog*. Se preciso, deve-se ir até o diretor de redação. O fato será mais grave ainda, se o veículo não procurou a pessoa ou empresa citada, antes de publicar a reportagem.

Notícia negativa grave, não minimizar, mas explicar. Há uma tendência das fontes, principalmente quando a denúncia procede e não há explicações convincentes, de minimizá-la internamente. Como se abafar pudesse resolver. Uma denúncia sem resposta afeta não apenas a reputação da pessoa envolvida, mas toda a organização, até mesmo os empregados. Eles não querem ser cúmplices de fatos negativos. Se alguém publicou que você pagou 300 mil reais em espécie por um imóvel, é bom esclarecer por quê. Grandes quantias circulando podem insinuar lavagem de dinheiro, crime, propina, crise. Para executivos e pessoas em cargos públicos, não é recomendável deixar nenhuma dúvida no ar.

O FIM DOS SEGREDOS

O surgimento do *WikiLeaks*[1] quebrou o tabu da reserva de segredos e documentos confidenciais. Se a biografia do fundador começou a ser desconstruída, sob o patrocínio das potências ocidentais, desconfortáveis com os vazamentos, pelo menos Julian Assange colocou em xeque a teoria de que os Estados podem manter segredos por 50 anos ou mais, sem serem incomodados. É uma situação cômoda, porque a maioria dos envolvidos estaria morta ao final desse prazo. O *WikiLeaks* mudou esse conforto. A qualquer momento, os segredos corporativos podem vazar e adeus reputação ou estratégias secretas de segurança nacional.

---

[1] *WikiLeaks* é uma organização transnacional sem fins lucrativos, sediada na Suécia, que publica em sua página (*site*) postagens (*posts*) de fontes anônimas, documentos, fotos e informações confidenciais, vazadas de governos ou empresas, sobre assuntos sensíveis. O fundador é o jornalista australiano Julian Assange, que responde a um processo na Suécia, por estupro, e tem extradição solicitada pelos EUA, por vazamento de documentos. Desde 2015 esteve exilado na Embaixada do Equador em Londres. Em 2019, o Equador retirou sua imunidade.

Esse tema também desperta acirrados debates no *media training*. Até que ponto a imprensa pode vazar documentos reservados? A mídia em geral se justifica sob o argumento do interesse público. Mas o que seria interesse público? Tem um conceito bastante amplo. Naturalmente, se a imprensa tivesse uma informação reservadíssima, como, a de que o reator nuclear da usina de Angra dos Reis estaria ameaçado, ela deveria, no interesse público, divulgar a informação. É realmente interesse público no seu mais alto grau. Ainda que a informação fosse passada *off the record* e até obtida por meios discutíveis.

"É verdade que hoje é muito mais difícil manter em segredo os grandes contornos da política nacional e internacional", disse ao *The New York Times* Steven Aftergood, diretor do Projeto sobre Sigilo do Governo na Federação de Cientistas Americanos, uma organização que, em Washington, promove a transparência no governo. "*Não seria possível conduzir uma guerra secreta no Camboja, como aconteceu no governo Nixon.*"

Para Cohn (2000, p. 114), "*hoje, quando uma história vaza, nós não estamos falando sobre cobertura de mídia. Pessoas estão agora extravasando sua ira na internet, cuidadosamente ou de qualquer jeito*". O perigo dos vazamentos não depende unicamente da imprensa. Funcionários descontentes, competidores, cônjuges, namoradas ciumentas – todos com suas próprias agendas – podem ser o estopim da crise. O diretor da CIA general David H. Petraeus, afastado em 2012 após confessar um *affair* extraconjugal, provou desse veneno. Instituições e empresas em crise são as preferidas por ações de vazamentos, principalmente se houver divergência na diretoria.

Cenas como as do filme *O informante* (1999), de Michael Mann, com Al Pacino, não são incomuns nas grandes indústrias. O filme se inspira em fatos reais, envolvendo a indústria do tabaco nos Estados Unidos. Realmente, reuniões sigilosas, documentos reservados ou práticas desonestas devem sempre ser considerados passíveis de vazamento. Não há qualquer garantia de que segredos serão sempre guardados. Não raramente, há uma fonte comentando o tema debatido na reunião ou vazando para a imprensa um dado confidencial. Basta essa faísca para desencadear a crise.

Um dos documentos vazados pelo *WikiLeaks* foi um vídeo produzido por soldados americanos, a partir de um helicóptero, na Guerra do Iraque, em 2010. As cenas mostram um ataque violento de soldados americanos com metralhadoras, de dentro de um helicóptero, a civis desarmados no Iraque. O vídeo de 17 minutos choca pela crueza das cenas, frieza dos atiradores e pelo total desprezo à integridade física de pessoas desarmadas. Elas acenavam e mostravam que estavam desarmadas e em trajes civis. Quem filmou? Soldados. Quem vazou? Esse é o grande mistério. O escândalo veio à tona pela agência Reuters, porque dois jornalistas da agência foram atingidos no tiroteio. A *Reuters* atribuiu o vazamento ao *WikiLeaks*.

O *WikiLeaks* trouxe para a pauta a discussão sobre transparência. De uma perspectiva da gestão de crises para as corporações, essa é uma grande ameaça. Assange reconheceu transitar numa linha beirando o crime. E o alvo pode não ser mais os governos, mas as corporações. E quais delas não mantêm segredos? De certa maneira, perante a opinião pública elas sempre serão culpadas. Não interessa o conteúdo do vazamento. Dificilmente será algo bom. Como disse um alto executivo que antes ocupou vários cargos públicos: "*Trabalhar na área pública a priori já o coloca numa lista de culpados [...] aparecer alguma informação vazada para pôr sua administração nas páginas de denúncias, é apenas questão de tempo*".

A discussão é em que linha os *hackers* e o pessoal do *WikiLeaks* trabalham. Numa linha de "boa intenção", de expor mazelas das instituições, ou a do crime, expondo segredos públicos e corporativos que merecem ser mantidos em sigilo? Vazamentos costumam ser maléficos. No passado, revelar segredos dava trabalho, como dizem Dezenhall e Weber (2011), mas hoje tudo o que um denunciante tem que fazer é pôr os documentos a serem vazados num *pen drive* e apertar o botão de "enviar" do computador. Com a tecnologia moderna, *hackers* espertos asseguram o anonimato. Mas o estrago já está feito (DEZENHALL; WEBER, 2011, p. 221).

No passado, também havia certo constrangimento da mídia tradicional em aceitar material obtido por meios obscuros. Hoje, entretanto, não apenas as redes sociais, mas até a mídia tradicional perderam o escrúpulo de publicar informações confidenciais fruto de vazamentos, sob alegação de um fenômeno tecnológico. Há como uma absolvição tácita dos "vazadores", incentivados até por concorrentes e opositores políticos. De vilões, que transitam numa faixa tênue entre o patriotismo e o crime, eles acabam se transformando em heróis. A princípio, os órgãos fiscalizadores do Brasil não deveriam apurar crimes frutos de vazamentos para a imprensa. Porque no ato pode ter havido um crime. Mas na prática não é isso que acontece. Essa polêmica veio à tona no primeiro semestre de 2019, quando o *site The Intercept Brasil* começou uma série de divulgações, fruto de vazamentos de mensagens privadas trocadas na rede Telegram pelo ministro e ex-juiz Sérgio Moro e procuradores da força-tarefa da Lava Jato, em Curitiba.

Os governos estão preocupados com essa onda de não existirem mais segredos. O governo Obama aumentou a escalada de repressão aos acusados de vazamento. Abriu quatro processos contra funcionários públicos acusados de revelar informações secretas, um número maior do que sob qualquer presidente anterior. Os governos reagem com a prisão das fontes vazadoras. O ex-agente da CIA John Kiriakou, que revelou a prática de tortura de suspeitos de terrorismo no governo George Bush, foi condenado a 30 anos de prisão, no início de 2013. Será suficiente para segurar a onda? Difícil, porque até políticos sentem prazer em passar informações reservadas e documentos para a imprensa. Como se a imprensa fosse compensá-los no futuro, na hora de um aperto qualquer. Não é diferente no governo Trump. O presidente americano classifica tudo como *fake news*, para desestimular a publicação de notícias ou notas contra o governo ou a pessoa do presidente. É uma forma tosca e dissimulada de desviar o foco da apuração sobre atos de Trump antes e durante o mandato.

Documentos vazados geram crises. De um lado, porque a informação preservada pode encerrar segredos políticos ou econômicos que governos e corporações não gostariam de trazer à tona. De outro, porque desestabiliza pessoas e instituições. Como evitar isso? Talvez fosse bom seguir o conselho do professor Edward Wasserman, do Departamento de Jornalismo e Comunicação de Massa da Universidade Washington and Lee, em reunião de *ombudsmen* em São Paulo: "*Os tribunais e as autoridades que cuidem melhor de seu sigilo. A função e os interesses da imprensa são outros. A imprensa tem a obrigação de conseguir e publicar as informações que são relevantes para o público*".

Podemos até discordar dessa posição, mas, na era invasiva das câmeras, celulares, satélites e das poderosas lentes do Google, é melhor realmente cuidar dos segredos para evitar crises.

27. Chapecoense: viagem fatal num avião pirata

Uma pane geral provocada pela falta de combustível foi determinante para a queda do avião que levava a delegação da equipe de futebol Chapecoense, em novembro de 2016. O voo 2933 da empresa LaMia, com sede na Bolívia, tinha 77 pessoas a bordo, entre atletas, equipe técnica e diretoria do clube, além de jornalistas e convidados, com destino a Medellín, na Colômbia. Seis pessoas sobreviveram ao acidente.

A tragédia que fez 71 vítimas fatais ocorreu por conta de uma sequência de erros. Meses antes do acidente, a companhia boliviana LaMia ignorou os protocolos de segurança fazendo voos sob o risco de ficar desabastecida em pleno ar. Investigação da Aeronáutica Civil da Colômbia revelou a imprudência da empresa e o despreparo da tripulação para agir em situações críticas. Constatou-se que a companhia aérea tinha como prática comum pular escalas e alterar destinos previstos no roteiro, para poupar tempo e combustível. Horas antes da tragédia, a tripulação abriu mão de reabastecer com segurança em Bogotá e decidiu manter o voo, quando já sabia dos riscos. O piloto só comunicou situação de emergência à torre de controle de Medellín minutos antes da queda, quando aguardava autorização para aterrissagem em uma fila de aviões, mesmo tendo recebido alerta de falta de combustível cerca de 40 minutos antes do acidente.

Ao voar no limite do combustível, o piloto descumpriu normas internacionais que determinam que os aviões devem não apenas ter autonomia suficiente para chegar ao destino, mas ainda ter combustível que permita voar com folga para o aeroporto chamado alternativo. As autoridades apontaram também que foram realizados testes com o piloto e o copiloto, quando foram alertados sobre a necessidade de haver melhor coordenação na cabine. Entre as várias irregularidades desse voo, além de a tripulação ter "configurado prematuramente a aeronave" antes de os motores apagarem, outro aspecto apontado foi a falta de alerta aos passageiros. Segundo os sobreviventes, os pilotos não informaram aos passageiros sobre o que estava acontecendo e quais seriam os procedimentos de segurança que deveriam ser seguidos numa emergência, respeitando as normas da aviação.

Esses dados demonstram que o acidente não pode ser classificado como fatalidade. Ou um risco inerente ao transporte aéreo. Ele decorre de práticas banais de falta de prevenção, como voar com combustível insuficiente para casos de emergência e até mesmo para cumprir a rota. As pessoas naquele avião foram vítimas dessa total irresponsabilidade, sob a complacência da diretoria da empresa, que certamente sabia das estripulias do piloto – vários depoimentos agora comprovam isso –, que evitava descer em aeroportos alternativos e abastecer o avião, para não pagar as taxas de pouso e decolagem. Naturalmente, uma decisão errada de gestão, se é que havia gestão nessa empresa, que só se explica pela ganância, falta de ética e de responsabilidade.

Chama a atenção também nesse case de crise, como lição para os gestores, o fato de a diretoria da Chapecoense não ter feito uma cuidadosa investigação sobre essa empresa, confiando em colocar atletas e convidados, talvez porque outras equipes de futebol já a haviam contratado, o que caracteriza uma grande falha de gestão de risco. Equivale, como muitas vezes costuma acontecer, a contratar um ônibus pirata para transporte rodoviário. A LaMia, além de não ter qualquer lastro financeiro, sequer tinha seguro contratado, como se comprovou após o acidente.

No caso de documento obtido pela imprensa, se a informação for relevante, será publicada. O conteúdo de um documento confidencial, com detalhes de uma operação da Al Qaeda em Londres, fotografado em 2009 na mão do chefe do gabinete da Scotland Yard, quando ele descia do carro, poderia ser publicado pela mídia na mesma hora. A obtenção das informações não foi criminosa ou ilegal. Mas um ato falho da autoridade. Como nesse caso, por trás de muitos furos jornalísticos quase sempre há o cochilo de funcionários, autoridades, executivos, motoristas e até secretárias. Ou estratégia, para não dizer armadilhas, de fontes que se beneficiam com o vazamento. Muitas vezes a empresa ou o governo estão preparando a divulgação estratégica de uma crise grave com certa antecedência. Mas, como os segredos estão cada vez menos seguros, um jornalista descobre e avisa que irá publicar no dia seguinte. Tudo o que foi construído vai por água abaixo. E, neste caso, é preciso construir uma nova estratégia, sem desmentir o que é verdade.

Mas já não é preciso jornalistas ficarem à espreita na casa de autoridades para informações sigilosas vazarem. Ou vasculhar o lixo da casa dos ministros, como aconteceu em Brasília, na década de 1980, quando jornalistas publicaram uma série de reportagens sobre mordomias, que redundaram até em um prêmio Esso de Jornalismo. Lixo mesmo. A fonte foram as lixeiras das autoridades que habitavam a famosa península dos ministros, no Lago Sul. Hoje, os dossiês caem nas mãos.

Alguns países, principalmente na Europa, colocam restrições ao *street view* do Google, um veículo equipado com câmeras superpotentes, que circula pelas maiores cidades do mundo captando imagens para serem colocadas no Google Maps. A Alemanha aprovou restrições, porque o *street view* também teria invadido *e-mails* do Gmail, além de vulnerabilizar áreas de segurança, como sedes de serviços secretos, quartéis, residências oficiais e fortalezas. Não é raro pessoas comuns serem flagradas em situações constrangedoras e até ocorrerem acidentes pelas indiscretas câmeras do *street view*, o que as leva a recorrerem à Justiça para essas imagens serem descartadas como prova, porque teriam sido colhidas sem autorização. O direito à privacidade nunca esteve tão ameaçado como agora, com a quantidade de equipamentos instalados para vigiar cada passo do cidadão. O que pode em certos casos se transformar numa crise. Instalações militares ou áreas estratégicas de governos, como embaixadas ou residências de governantes, também entram nessas restrições. Num mundo cada vez mais invasivo, em que terroristas procuram alvos para causar o maior impacto, expor imagens reservadas publicamente representa um risco para grandes empresas ou prédios públicos, sobretudo instalações de segurança, unidades militares, escolas e sedes de governo.

A SÍNDROME DO *BIG BROTHER*

Até as reuniões de empresários, políticos e autoridades devem ser avaliadas quanto à segurança. Qual a possibilidade de as imagens do presidente de uma empresa estatal brasileira, reunido com a Telecom Itália em Lisboa, Portugal, em 2003, em sala reservada de um hotel naquela capital, aparecer no *Jornal Nacional* da Rede Globo em horário nobre? Há dez anos, a resposta poderia ser: mínima possibilidade. Mas apareceram. Ele entrando em um hotel, acompanhado de uma senhora. Alguém gravou e muito tempo depois as imagens foram usadas em uma reportagem sobre o imbróglio que envolveu o controle da Brasil Telecom e empresários brasileiros.

Vivemos hoje quase um estado policial. Um cidadão britânico, por exemplo, locomovendo-se em Londres durante dez horas do dia, passa por cerca de 30 câmeras do sistema de monitoramento CATV. Possivelmente, essa pessoa não esteve um minuto sequer, a não ser na hora em que foi ao banheiro, sem ter sido filmada. Se você se encontra no interior do Brasil ou no exterior, com o aparelho celular ligado, a empresa telefônica já o localizou. Se utiliza cartão de transporte (metrô, ônibus, trens), cartão de débito, crédito ou da loja, pode ter certeza de que os governos ou as empresas sabem onde você anda; onde e, possivelmente, o que comprou. Acabou a privacidade. Por isso, as ameaças de crise também aumentaram.

Durante o auge da Operação Lava Jato, da Polícia Federal no Brasil, não foram raras as cenas captadas por câmeras que flagraram encontros de autoridades com lobistas, doleiros e empresários, comprovando aquilo que as denúncias tinham levantado. Não apenas gravações em áudio. Mas também imagens. Muito difícil provar que um encontro não aconteceu ou nada se discutiu sobre a denúncia, quando a Polícia tem em mãos imagens que provam exatamente o contrário. Anotações ou *e-mails* esquecidos em alguma gaveta ou arquivo eletrônico poderão ser a prova de que a Polícia necessita para confirmar o envolvimento de acusados em falcatruas. Torna-se praticamente impossível negar uma reunião acontecida em local com acesso público nos dias atuais.

Onde a autoridade anda, seu rastro permanece em câmeras que filmam o carro, as entradas ou o interior dos elevadores. Então, com reputações em jogo, cada executivo deve medir os passos antes de dar munição para as crises. Basta lembrar a teoria, que pode ser fantasiosa, sobre como os americanos descobriram exatamente onde Osama Bin Laden se escondia e até o quarto onde estava, quando planejavam encontrá-lo e matá-lo, se fosse o caso. Monitorando, durante programa de vacinação, o DNA de crianças paquistanesas, para identificar e localizar os filhos de Bin Laden. Verdade? Mito?

A CRISE CHEGA POR *E-MAIL*

Quem está lendo seus *e-mails*? Há grande probabilidade, se você trabalha para uma grande companhia, de o chefe ter a possibilidade de espionar as mensagens enviadas pelo provedor corporativo. Pesquisas feitas por empresas de consultoria indicam que cerca de 50% das empresas leem *e-mails* enviados por empregados, usando a tecnologia de interceptação ou mesmo outros funcionários. Se as empresas controlam os empregados, por que não poderiam monitorar executivos?

Mais do que bisbilhotar os empregados por causa do trabalho, o interesse maior pelo monitoramento dos *e-mails* se relaciona ao ambiente comercial, pela disseminação de informações inapropriadas ou espionagem industrial. Mas, com a profusão de distrações facilitadas hoje pela internet, do Facebook ao Twitter, até compras *on-line*, muitas empresas podem decidir exatamente monitorar também como seus empregados gastam o tempo no trabalho. Calcula-se que os empregados despendem de 20 a 30% do tempo, no trabalho, com *e-mails* não corporativos, e agora também com consultas ao *smartphone*, o que significa enorme prejuízo para as companhias.

Um terço das grandes corporações dos EUA e Inglaterra contratam funcionários ou instalam programas para monitorar *e-mails* do público interno. Já existe respaldo jurídico para isso. A preocupação maior é proteger a privacidade financeira e a identidade de clientes, seguida por tentativa de impedir vazamentos de informações confidenciais. Uma fonte, portanto, valiosa para crises corporativas. Em alguns países da Europa, ao assinar o contrato de trabalho, o empregado já concorda que seu *e-mail* corporativo pode ser acessado pela empresa.

Mais do que se tornar um especialista em novas tecnologias, ou entrar numa paranoia de perseguição, quem lida com a gestão, principalmente em cargos estratégicos, deve estar consciente de que hoje a reputação é construída e destruída *on-line*. Um desavisado telefonema no restaurante, o *laptop* aberto na viagem de avião ou o documento enviado descuidadamente pelo *e-mail*, para múltiplos destinatários, pode ser o início de uma crise com dimensões muito difíceis de prever. Vazamentos renderam muitas pautas da mídia e outras tantas crises políticas.

Se a cultura da bisbilhotagem já existia em tempos passados, favorecida por regimes fechados que buscavam vigiar as tendências políticas da população, hoje a tecnologia possibilita a qualquer cidadão usar equipamentos, a começar pelo celular, que se tornam bastante invasivos para monitorar alguém, principalmente os desafetos políticos. Isso entra num círculo paranoico em regimes ditatoriais ou naqueles onde cobra-se fidelidade partidária e política, não se admitindo a opinião contrária. No primeiro semestre de 2019, a imprensa divulgou que a China usa um aplicativo móvel para realizar a vigilância ilegal em massa e até detenção de muçulmanos na região de Xinjiang, no oeste do país, de acordo com um novo relatório ligando alguns dos gigantes da tecnologia chinesa como o Alibaba ao que os Estados Unidos consideram uma violação dos direitos humanos. Relatório da Human Rights Watch (HRW) denuncia o sistema de vigilância usado por autoridades para monitorar o comportamento, movimentos e padrões de gastos de 13 milhões de muçulmanos uigures, na região. Dessa triagem, não escapariam nem os turistas que para lá se dirigem.[2]

Carreiras promissoras como a dos generais David Petraeus, diretor da CIA, ou de Stanley McChrystal, comandante das tropas dos Estados Unidos no Afeganistão, foram detonadas por vazamentos ocorridos ao acaso. O primeiro teve vazado um *affair* com uma jornalista e biógrafa, por causa de *e-mails* trocados entre ela e uma *socialite* da Flórida interessada em *lobbies* e também no general, tudo descoberto por um investigador do FBI. O segundo, com umas doses de uísque e outras tantas de ingenuidade, falou demais para um jornalista da revista *Rolling Stone*, em Paris, quando esteve retido pela crise do apagão aéreo provocado pela erupção de um vulcão na Islândia, em 2010. Sem entender que qualquer conversa com jornalistas pode se transformar numa entrevista, como também numa crise, ele criticou a guerra e detonou autoridades, incluindo o vice-presidente dos EUA, à época. Ambos os generais detonaram também suas carreiras militares.

---

2 Disponível em: https://www.afr.com/news/world/asia/china-using-big-brother-mobile-app-to-monitor--muslims-report-20190502-p51jgh. Acesso em: 20 jul. 2019.

Tópicos-chave

- ✓ No caso de uma informação reservada e caluniosa vazar, não importa mais, do ponto de vista da reputação, quem ou como vazou. A solução paliativa passa a ser explicar o que vazou.
- ✓ Há uma tendência das fontes, principalmente quando a denúncia procede e não existem explicações convincentes, de minimizá-las internamente. Como se abafar pudesse resolver.
- ✓ Uma denúncia sem resposta afeta não apenas a reputação da pessoa envolvida, mas toda a organização, até mesmo os empregados. Eles não querem ser cúmplices de fatos negativos.
- ✓ Os alvos dos vazamentos futuros podem não ser mais os governos, mas as corporações. E quais não mantêm segredos? De certa maneira, perante a opinião pública, elas sempre serão culpadas.
- ✓ Documentos vazados geram crises. De um lado, porque a informação preservada pode encerrar segredos políticos ou econômicos que governos e corporações não gostariam de trazer à tona. De outro, porque desestabiliza pessoas e instituições.

22
O PAPEL DAS REDES SOCIAIS NA CRISE

Não há como lidar com gestão de crises sem atentar para uma nova realidade presente hoje no universo das organizações. Pode-se até discordar ou ter dificuldade de lidar com elas, mas as mídias sociais fazem parte do plano de resposta de comunicação da crise. Há no mercado uma espécie de paranoia pelas redes sociais, como se empresas, governos ou qualquer outra instituição fora dessa teia estivessem fora do mundo.

Nem tanto ao céu, nem tanto à terra. É importante estar conectado, principalmente porque hoje, ao contrário do que acontecia há poucos anos, as redes sociais se transformaram num aliado para as vendas e o Marketing, e as empresas precisam entendê-las e usá-las como uma grande oportunidade para impulsionar os negócios. O papel das mídias sociais durante uma crise é defender a reputação organizacional. Estar nas redes implica uma série de ações comprometidas com interatividade. Participar das redes sociais significa dizer: estou aqui e quero conversar. E sobre o que falam os clientes com uma corporação? Em geral, sobre crises, mau atendimento, produtos com defeito, devoluções, atrasos na entrega. Implica, pois, ouvir, escutar e responder. Quem não tem estrutura profissional para manter essa troca interativa deveria protelar a entrada nas redes. Mas como? Todas as empresas possuem página no Facebook, por que não posso também ter? E quem disse que o Facebook é a melhor rede para esse tipo de negócio?

Mudou tudo. No século XXI, para um evento acontecer, tem que passar também pelas redes sociais. Os observadores compartilham a experiência e as organizações precisam estar atentas para intervir rapidamente nesse processo. Com isso, o poder de amplificação dos fatos aumentou. E a necessidade de acompanhá-los também. O tempo da postagem de uma opinião sobre uma crise, nas redes, equivale hoje apenas ao tempo da convocação de uma reunião, nos moldes antigos, para discutir a crise.

O atentado ocorrido, em 2007 na Universidade Virginia Tech, nos Estados Unidos, inaugurou a era da cobertura das redes sociais nas tragédias pelo chamado jornalista-cidadão. Apesar de dois assassinatos no início da manhã e dos "torpedos" enviados pelo celular do assassino, a universidade não estava preparada para monitorar esses avisos nem reagir a uma ameaça rapidamente. O saldo terrível desse cochilo foi 33 mortos, num dos maiores massacres em escolas americanas.

Cinco anos depois, no atentado de dezembro de 2012 na Sandy Hook Elementary School, em Newtown, Connecticut, quando foram mortas 26 pessoas, sendo 20 crianças, os pais ficaram sabendo do ataque por mensagens de celulares. Definitivamente, a mídia tradicional perdeu essa batalha. Não há como a imprensa de modo geral, com toda a tecnologia disponível, acompanhar essa velocidade. Se a mídia corre atrás, o mesmo podemos dizer dos gerenciadores de crise.

E agora? Anos depois de Virginia Tech, o que aconteceu? Na Nova Zelândia, um fanático atacou duas mesquitas e matou 50 pessoas, em março de 2019, na cidade de Christchurch, ferindo outras 42. O mais incrível desse ato insano é que o atirador começou o tiroteio transmitindo o atentado ao vivo pelo Facebook. Tudo friamente planejado. A transmissão, até que o Facebook tirasse do ar, teria durado 17 minutos. Apesar de a rede ter retirado e cancelado a conta, as cenas circularam por outras contas e também pelo YouTube, Twitter, Instagram e Reddit, um dos principais fóruns da Internet. O atirador usou a tática do famigerado Estado Islâmico. Não satisfeito em cometer crimes bárbaros, fez questão de gravar e transmitir. Na Nova Zelândia, a primeira-ministra Jacinda Ardern iniciou uma cruzada contra esses fanáticos; virou crime transmitir qualquer tipo de tiroteio e até o nome do atirador foi banido das publicações, por determinação do governo. Ao agir rapidamente, visitar os parentes dos mortos, participar dos eventos, a governante deu uma lição aos executivos e políticos de como um líder deve se comportar numa crise grave.

O resultado dos problemas de Virginia Tech, e da continuação desses atentados, cada vez mais ousados e frequentes nos Estados Unidos, com o uso das redes sociais, foi uma mudança completa nas rotinas de prevenção de crises das escolas. O plano de resposta à crise inclui agora meios de notificação instantâneos e uma linha quase direta com os pais. Tanto mensagens pela internet quanto pelo celular ou outros instrumentos são importantes. As redes sociais, pelo poder de mobilidade, rapidez e popularidade, poderão ser utilizadas com mais eficácia na prevenção, alertas e mitigação de atentados semelhantes. Como também em sistemas de alerta à população em casos de desastres naturais ou ameaças de qualquer tipo (*Case* 29).

A mídia social é uma alavanca crítica do gerenciamento de comunicação de crise na era digital. A população *on-line* do mundo é mais instruída e mais vocal do que sua contraparte *off-line*. Como tal, é altamente provável que as notícias de uma crise corporativa recebam alta repercussão primeiro *on-line*. Mesmo assim, apesar da potência das mídias sociais, apenas 30% das organizações em todo o mundo têm plano eficaz de gerenciamento de crises, segundo a agência Burson Marsteller. A informação é de Sanjita Cariappa, da empresa de treinamento Digital Vidya.[3]

No Brasil, após o atentado na escola de Suzano (SP) (*Case* 29), em março de 2019 – o segundo mais letal no país, com dez mortos, sendo seis alunos, duas professoras e os dois atiradores –, as autoridades começam a se preocupar em aprimorar o monitoramento de potenciais psicopatas, mesmo dentro das escolas. Convém lembrar que tanto em Suzano quanto na Escola Tasso da Silveira, no Rio de Janeiro, que deixou 12 mortos em abril de 2011, os autores foram ex-alunos que teriam sofrido algum tipo de

---

[3] The role of social media in crisis communication. Disponível em: https://www.digitalvidya.com/blog/the-role-of-social-media-in-crisis-communication. Acesso em: 28 abr. 2019.

bullying ou violência. E as redes sociais certamente são canais que agravam esse tipo de abuso. Uma coisa ficou bem clara após esse atentado. As escolas não podem ignorar que o risco existe e os mecanismos de prevenção precisam ser aprimorados. Não é possível mais, inclusive no Brasil, ignorar quem pode ser uma ameaça aos alunos da escola.

Do ponto de vista da comunicação de crise, as organizações precisam estar atentas para o fato de que, hoje, qualquer cidadão comum pode fazer o papel de jornalista com uma cobertura mais completa e mais verossímil. E, o que é pior, múltiplos canais com múltiplos usuários, significa que as organizações não têm mais controle sobre suas mensagens – elas são carregadas, amplificadas e frequentemente distorcidas, à medida que as notícias viajam na velocidade da luz pelas redes de consumidores. A tecnologia na mão das pessoas comuns muda tudo em relação à cobertura das crises. O poder e a habilidade de controlar a mensagem, prerrogativa das empresas bem preparadas, seja na internet, nos *sites* dos grandes jornais ou na mídia tradicional, se não acabaram, foram muito reduzidos.

ADMIRÁVEL MUNDO NOVO

Como se trata de uma área nova, que evolui em velocidade espantosa, muitas organizações se sentem despreparadas para adotar uma política de utilização das redes sociais, como forma de evitar crises ou de utilizá-las como instrumento de resposta às crises, se necessário. O especialista americano em gestão de crises Jonathan Bernstein lembra que as mídias sociais foram saudadas por nos permitir a comunicação com os *stakeholders* numa escala sem precedentes. É bom lembrar que, enquanto muitos negócios podem fechar no fim de semana, a média da atividade *on-line* dos *stakeholders* normalmente cresce durante esse período. Ou seja, a comunicação de crise não descansa no fim de semana.

Diante dessa realidade, os *stakeholders* esperam resposta rápida na mesma velocidade da comunicação das mídias sociais. Como se preparar, então, para responder às crises com agilidade?

Há cerca de cinco anos, quando as principais redes sociais começaram a se popularizar, admitia-se ainda que empresas em crise batessem cabeça na hora de se comunicar pelas redes. Houve casos de acidentes na Europa, pela manhã, e a primeira mensagem aparecia no Twitter no meio da tarde. Mas não é admissível, em quase 20 anos do século XXI, haver empresa que mergulha na crise e não usa as redes sociais com a rapidez e a efetividade que se espera. A empresa aérea Ethiopian Airlines, que teve um grave acidente em março de 2019, quando um Boeing 737 MAX caiu logo após a decolagem e morreram 157 pessoas, demorou mais de quatro horas para se pronunciar por meio do *site*. Parecia que nas primeiras horas nada havia acontecido. Pela falta de reação da empresa, podia-se perceber a inexistência de estratégia de resposta a crises por meio das redes e até mesmo da própria página da empresa na internet.

As empresas sem estrutura orgânica para manter comunicação efetiva pelas redes sociais e sem esquema de monitoramento têm optado por contratar consultorias especializadas, o que é mais recomendável, embora ainda seja bastante caro. É uma forma mais profissional de acompanhar o material publicado nas redes e estabelecer políticas de resposta na velocidade exigida pelas redes. As empresas que optarem por conduzir a comunicação das redes sociais sozinhas deverão saber que, numa situação de crise, os *stakeholders* não estarão preocupados em quem administra essa área da organização. Eles simplesmente querem respostas rápidas, claras e consistentes. E a empresa precisa dar essas respostas. A empresa não pode querer ser moderninha somente quando divulga produtos ou quer captar clientes. Ela deve mostrar que também é avançada e proativa na hora do fato negativo.

Como esse mercado aumentou muito, para evitar crises nessa área, a organização deve procurar especialistas experientes e com referências em empresas de porte, tradicionais. Um consultor de mídias sociais deve entender também de Relações Públicas. Não pode ser alguém apenas perito em tecnologia das redes. Os especialistas em gestão de crises alertam que os consultores em mídia social raramente discutem os riscos, somente os benefícios. É uma área conduzida pela comunicação da empresa e não pode ser deixada relegada a um apêndice nas atividades da empresa, nem tarefa que poderia ser conduzida por aquele empregado inexperiente, porque ainda não tem relevância. Não é bem assim. Associar a gestão das redes sociais a uma tarefa burocrática acaba levando a empresa a ter outra fonte de crises.

Outra estratégia recomendada para as redes sociais é a empresa ou o governo criar conteúdos, agindo proativamente, em vez de deixar que as redes a conduzam. Eliza Anderson, Gerente de RP da Intrepid Travel, em artigo publicado no *site PRNews*,[4] assegura que monitorar os conteúdos de crise *on-line* evita a proliferação de versões exageradas ou equivocadas nas redes e a migração para a mídia tradicional.

> *De uma perspectiva de crise, nós acreditamos que criar conteúdos é essencial para assegurar o controle da mensagem durante períodos de dificuldade ou risco. Uma crise para nós é geralmente um desastre natural ou político que impacta a operação de nossas viagens. Alguns exemplos são as inundações em Bangkok ou protestos no Egito. Se nós não criarmos conteúdos, a mídia obterá comentários de outras fontes. Todos os nossos passageiros têm a habilidade de agir como porta-vozes pela capacidade deles de tuitar ou atualizar o Facebook de onde eles estiverem no mundo.*

A articulista diz que a preocupação das famílias em casa e, algumas vezes, a dramaticidade da situação podem distorcer as informações fornecidas pelos passageiros, pouco familiarizados com o trabalho e a rotina da mídia. Daí a importância de controlar os comentários e produzir conteúdos sobre a crise. Assim, distribuem-se mensagens tranquilizadoras, consistentes e verdadeiras. Evitando o boato e as distorções.

UM MEIO, NÃO UM FIM

A internet e as redes sociais mudaram o padrão de resposta das empresas, principalmente nas crises, quando o senso de urgência é a razão de ser da comunicação. No passado, as organizações tinham dias ou horas para preparar uma nota explicando

---

[4] Disponível em: http://www.prnewsonline.com/free/Contents-the-Cure-in-Times-of-Crisis-for-Adventure-Travel-Company_17630.html. Acesso em: 28 abr. 2019.

a crise para a imprensa, para os clientes e empregados. Essa folga de tempo acabou. Quanto mais demorar uma organização para pôr uma versão da crise nas redes sociais, deixará mais tempo para a opinião pública colher informações em outras fontes. E isso pode atrapalhar a gestão da Comunicação de crise. Na era das redes sociais, a audiência espera da organização um posicionamento equivalente ao imediatismo e à velocidade desse tipo de comunicação.

Um apagão repentino de energia, em determinada região, serve como exemplo. Ainda que a empresa concessionária de energia elétrica não saiba exatamente o que aconteceu, não precisa esperar duas horas para se posicionar nas redes. Os consumidores esperam explicações. Eles gostam de sentir a presença da instituição num momento de dificuldade. A concessionária deveria imediatamente se fazer presente nas redes, contar tudo o que aconteceu, pedir desculpas pelo transtorno, orientar a população sobre as expectativas de retorno da energia e, se tiver, apresentar os motivos da falha. Não esquecer: a resposta por meio das redes será usada pela mídia, como se fosse oficial. Por isso, a estratégia de como responder, nessas situações, precisa estar pronta antes da crise. Isso significa respeito pelo consumidor. E pontos na imagem da empresa.

A poderosa diretora do Facebook, Sheryl Sandberg, que esteve em evidência na recente crise da maior rede social do mundo, no início de 2019, disse uma vez que "ser social significa que, se você quer falar comigo, você tem, do mesmo modo, que me escutar". E essa não é uma prática que todas as empresas gostam de utilizar. Segundo Arianna Huffington, escritora e fundadora do site de notícias Huffington Post,

> um monte de marcas quer ser "social", mas elas não querem ouvir, porque muito do que estão ouvindo não é pura e simplesmente do seu gosto e, assim como nas relações no mundo off-line, interagir com os clientes ou os leitores de forma transparente e autêntica não é de todo agradável e luminoso. Então, simplesmente emitir um comunicado dizendo que você está empenhado em ouvir não é a mesma coisa que ouvir. E como em qualquer relacionamento humano, há um lado obscuro para a intimidade.[5]

Nesse artigo, Arianna Huffington cita como é perigoso provocar a audiência pelas redes, sem uma estratégia muito bem definida, até para a possibilidade de dar errado. Mesmo quando a empresa se posiciona sobre algum fato negativo, ante a pressão da diretoria, da mídia e dos empregados, querendo ser rápida na resposta, deve redobrar os cuidados. Em fevereiro de 2016, um bar muito popular e tradicional de São Paulo teve uma crise de imagem porque não levou a sério a reclamação de uma cliente. Nas redes sociais, essa cliente acusou a empresa de nada ter feito após ela e uma amiga terem sido assediadas e ofendidas por alguns rapazes, quando estavam numa mesa do bar. O post colocado no Facebook durante a noite teve mais de 140 mil curtidas e 40 mil compartilhamentos ao longo dos dias seguintes, o que significa quase um "linchamento" nas redes. Ao amanhecer, na tentativa de se defender, o bar fez uma defesa apressada no Facebook, tentando desacreditar a versão da cliente e negar o constrangimento sofrido por ela. Nitidamente, o bar não teve a ajuda de uma assessoria experiente para

---

[5] Disponível em: http://www.huffingtonpost.com/arianna-huffington/social-media_b_13334 99.html. Acesso em: 28 abr. 2019.

casos como esse. O resultado foi devastador. E aquilo que poderia ter sido resolvido com um pedido de desculpas e a promessa de apuração se transformou num *tsunami* de *posts* atacando a versão e a reação do bar. O proprietário teve que se retratar alguns dias depois, não sem antes ainda divulgar um vídeo para tentar desconstruir a versão da cliente.

Lembrar sempre que as mídias sociais são um meio e não um fim. Manter os *stakeholders* informados por todos os meios, incluindo mídias sociais, praticamente *real time*, não é uma alternativa de comunicação ou uma meta para ser alcançada a longo prazo. Transformou-se num padrão das empresas que desejam e precisam estar atualizadas. As redes sociais não podem ser encaradas como um modismo ou apenas mais uma forma de comunicação moderninha, para ser usada apenas como alternativa de resposta à crise ou para promover um produto. Não se trata de mais uma opção. Mas exigência do mercado.

28. Bullying – *o grito de socorro vem das redes*

Em outubro de 2012, os canadenses ficaram chocados com a história de Amanda Todd. A estudante de 15 anos colocou um vídeo no YouTube pedindo ajuda, durante um mês, antes de suicidar-se em sua casa, no Canadá. "Não tenho nada. Necessito de alguém. Me chamo Amanda Todd".

O pedido de socorro foi feito por meio de pequenos cartazes, mostrados no YouTube, sem dizer uma só palavra. Foi como a menina contou sua história. Tudo começou quando ela tinha 12 anos, ao se corresponder com um estranho na internet, que a convenceu a fazer um topless *em frente à câmera. Não satisfeito, o assediador começou a segui-la virtualmente, passando a ameaçá-la por meio do Facebook.*

Na mensagem, ele pedia para ela se desnudar na frente da câmera, caso contrário suas primeiras fotos iriam parar na web*. O chantageador cumpriu a ameaça, e as fotos com os seios nus acabaram no Facebook. Em um ano, as fotografias começaram também a ser vazadas para amigos e familiares. A vida da* cheerleader *do Vancouver All Stars virou um inferno, a partir daí. Nesse meio-tempo, ela também sofreu* bullying *de colegas e parentes e chegou a ser espancada, na saída do colégio, por um grupo de 50 estudantes. Começou a entrar em depressão.*

Amanda mudou de escola diversas vezes. Vivia com a mãe em Port Coquitlam. O pai morava a 15 quilômetros, em outra cidade. Desesperada, encontrou um jeito de desabafar, por meio do YouTube, postando mensagens nas quais não falava, somente mostrava os cartazetes. "Todo dia penso por que ainda estou aqui. Não tenho ninguém. Preciso de alguém. Meu nome é Amanda Todd", dizia um cartaz.

Em 10 de outubro, ela foi encontrada enforcada em sua casa. O vídeo foi visto por 7 milhões de pessoas logo após a tragédia. Apesar de ser uma tragédia anunciada, o país e as escolas ficaram chocados com o suicídio da adolescente. Mesmo mudando de cidade e de colégio, ela continuou sendo perseguida pelo escândalo, pela vergonha e pelo chantageador. Nada adiantou. Amanda conta nas mensagens que teve ataque de pânico e depressão e já havia tentado suicídio. Foi literalmente banida da escola e da vida social por aqueles que decidiram julgá-la pelas fotos, sem saber sua história.

> *O bullying e o desespero da adolescente, ao tempo que traz um sério alerta a escolas, professores e pais, mostram como as redes sociais também criaram um novo tipo de julgamento e se transformaram em fonte de crises graves para famílias, escolas, governos. Fruto da sociedade egoísta, autorreferencial, do consumo rápido da informação, por impulso. Da condenação prematura, inconsequente e irresponsável, sem motivos aparentes. Um efeito manada, semelhante ao das turbas que invadem, quebram e incendeiam, porque alguém começou. O bullying, por meio das redes, segue a mesma dinâmica. As pessoas aderem porque os outros aderiram. Não importa a história da vítima, nem o que irá acontecer. "São crianças que se sentem sozinhas, mesmo numa multidão. Os vídeos são um pedido de socorro", diz Allan Beane, diretor do Free Bully Program, citado em reportagem do jornal O Estado de S. Paulo. O diretor acrescenta: "O bullying começa a se tornar não apenas um problema nas escolas, assume contornos de problema social."*

TREINAMENTO E VIGILÂNCIA

Enfrentar uma crise nas mídias sociais não é fácil. Há consenso de que é preciso ter um *staff* treinado e um plano de gerenciamento de crise específico para as redes sociais. Não importa se a crise é local ou com repercussões internacionais. Convém uma equipe experiente nesse tipo de mídia. E não será durante a crise que essas pessoas serão treinadas (*Case* 28).

A velocidade e a interatividade das mídias sociais mudaram a forma de fazer comunicação de crise. É preciso construir redes de apoiadores ou seguidores antes da ocorrência da crise. Num cenário de crise, será muito difícil conectar influenciadores, blogueiros, jornalistas e a própria comunidade para a marca da organização. A fidelidade é forjada ao longo do tempo. Por isso, precisa ser construída num ambiente de normalidade da organização e não durante um período de conturbação.

Mídia social e internet, como um todo, têm um potencial viral muito forte. Mesmo que a ameaça de crise não seja tão séria, o poder de fogo da internet poderá causar arranhões irreparáveis na reputação. Se nas crises normais a rapidez é uma premissa básica, nas crises em redes sociais torna-se dramática; é a essência da estratégia de resposta e de reação à crise. Esse poder de irradiação da internet pode transformar uma crise localizada numa crise global, em poucos minutos. Por isso, como identificar uma ameaça de crise global nas redes sociais?

Qualquer ameaça à marca, principalmente quando implica erros de gestão ou fatos extremamente negativos, tem o potencial de se transformar em crise global. Uma empresa fabricante de carrinhos de bebê, nos Estados Unidos, se tiver um problema no mecanismo do carrinho com possibilidade de causar danos a crianças, como aconteceu há alguns anos, terá de agir rapidamente para dar uma resposta. Até porque ela exporta o carrinho para vários países e está na iminência de ter seu negócio afetado.

No momento em que as lojas brasileiras, importadoras dos carrinhos, detectam unidades no estoque, devem ter um posicionamento padrão e coordenado da fábrica sobre o que responder aos empregados, compradores, à mídia e à opinião pública. Notícia ruim não precisa de estratégia para circular. Em poucos minutos, as agências de notícias estarão informando os problemas do carrinho e a necessidade de *recall* aos *players* internacionais. Nesse caso, é preciso responder quando e onde será feito o *recall*. Na falta de uma resposta adequada, consistente, além de as vendas dos carrinhos serem prejudicadas, os compradores irão recorrer aos órgãos de defesa do consumidor. A marca corre sério risco. E a crise, nesse caso, se agrava.

A crise nas redes sociais, portanto, já nasce com o potencial de ser global, e toda a estratégia de resposta deve levar em conta essa possibilidade. Portanto, a decisão de estar nas redes sociais pode ser um bom Marketing para as empresas. Mas implica ter um plano de crise pronto e integrado, com equipes de crise e de comunicação aptas a lidar com essa nova mídia.

Qual o *timing* de resposta de crise, nas redes sociais? Imediato. Especialistas internacionais têm defendido que a primeira resposta de crise, pelos meios tradicionais, não deve passar de 20 minutos. Não importa se as informações ainda não são completas. Deve-se informar o que estiver disponível. Nesse contexto, a resposta nas mídias sociais deve ser imediata. Quanto mais ágil o tempo de resposta, mais rapidamente você começa a ter controle da situação. Além disso, se a crise migrou para as redes, é preciso atualizar constantemente as informações. Isso evita rumores e especulações e mantém a audiência conectada com o discurso da organização. Quanto mais rápida e claramente a crise for explicada, mais as pessoas olharão para a empresa com alívio e respeito.

Finalmente, fixe-se na solução do problema e não apenas em dar explicações evasivas, que não apontam para uma solução. Seja humano. As pessoas criam a expectativa de que o contato pelas redes sociais é face a face e não impessoal, frio e distante, como nos meios tradicionais. Utilize o mesmo meio por onde a crise se alimenta para responder. Se um vídeo no *YouTube* foi utilizado para hostilizá-lo, use esse canal. Como fez o presidente da Itambé (*case* apresentado no Capítulo 16), no caso do achocolatado que apareceu com veneno e causou a morte de uma criança. Ou a multinacional de entregas de encomenda americana Fedex, diante de um vídeo que bombou nas redes sociais, ao flagrar um empregado jogando um aparelho de TV, retirado do caminhão, no pátio de uma casa. Imediatamente o vice-presidente corporativo da empresa foi ao YouTube e gravou uma mensagem definitiva, dizendo uma frase lapidar: *"este cidadão não representa 99,9% dos empregados da Fedex, por isso foi demitido"*. Rápido, cirúrgico, como Jack Welch disse: dificilmente as crises acabam sem sangue no chão. É assim que as empresas devem agir nesse admirável mundo novo.

Tópicos-chave

- ✓ No século XXI, para um evento acontecer, passa primeiro pelas redes sociais.
- ✓ Não importa se a crise é local ou com repercussões internacionais. É preciso uma equipe experiente nesse tipo de mídia. E não será durante a crise que essas pessoas serão treinadas.
- ✓ Manter os *stakeholders* informados por todos os meios, incluindo mídias sociais, praticamente *real time*, não é uma opção a longo prazo. Transformou-se num padrão das empresas mais avançadas.

✓ Se nas crises normais a rapidez é uma premissa básica, nas crises em redes sociais torna-se dramática; é a essência da estratégia de resposta e de reação à crise.

✓ A resposta nas mídias sociais deve ser imediata. Quanto mais ágil o tempo de resposta, mais rapidamente você começa a ter controle da situação.

29. As escolas como alvos de psicopatas

A escola deveria ser o prolongamento do lar de crianças e adolescentes. Mas nos últimos 20 anos, principalmente nos Estados Unidos, elas se transformaram em alvo de psicopatas. Eles resolvem descarregar com arma de fogo todas as frustrações e ódios, matando e ferindo crianças e jovens, além de professores. O pior nesses atentados é não saber quando e de onde vêm.

O Brasil não ficou livre dessa barbárie. Desde abril de 2011, quando um ex-aluno entrou na Escola Municipal Tasso da Silveira, em Realengo, Rio de Janeiro, e matou 12 crianças, ferindo outras 20, esse tipo de crime intensificou-se, culminando em 2019 com o covarde atentado à escola estadual Raul Brasil, em Suzano, perto da capital de São Paulo. Novamente, os autores dos disparos foram dois ex-alunos, que se suicidaram após matarem duas funcionárias e seis alunas. Um deles havia sido expulso da escola no ano anterior.

Outros atentados com vítimas ocorreram em Goiânia (2017), Medianeira (PR) (2018), São Caetano do Sul (SP) (2011), João Pessoa (2012), Taiúva (SP) (2013) e Salvador (2003). Nos EUA, calcula-se que 187 mil estudantes estiveram expostos à violência com armas, desde o atentado de Columbine, que matou 13 estudantes, em 1999. A média é de dez atentados com tiros a escolas por ano. Entre os mais letais estão o atentado na Universidade Virginia Tech, na Virginia, em 2007, quando um ex-aluno matou 32 pessoas e se suicidou; e outro, ocorrido em dezembro de 2012 na Sandy Hook Elementary School, em Newtown, Connecticut, que vitimou seis adultos e 20 crianças, entre alunos e professores. O atirador também era aluno da escola.

Esse tipo de crise, que se tornou comum na América do Norte, onde a média é de um atentado a tiros por dia, não importa o alvo, teve outros casos isolados no Brasil. Mas aqui ainda não representa uma "epidemia" como entre os americanos. É uma crise até certo ponto nova, para a qual as escolas, sobretudo de crianças e adolescentes, devem ficar atentas e começar a criar planos de contingência. Procedimentos de segurança terão que ser revistos a partir do atentado de Suzano. Os alunos passaram pela portaria da escola, armados, sem nenhum problema.

Segundo o acadêmico Gabriel Zacarias, da Unicamp, estudioso do tema, os ataques a escolas seguem um padrão, tanto no exterior quando no Brasil. O atirador geralmente acumula sentimentos mal resolvidos de frustração e alienação social. Ele busca armas como suposta forma de se mostrar viril e faz retratos de si mesmo com o armamento, criando uma autoimagem de "guerreiro". Na maior parte dos casos, trata-se de estudantes que alimentam um desejo de vingança por terem sofrido bullying ou algum tipo de discriminação no período escolar. Na opinião de pesquisadores do tema, entender esse padrão pode ajudar na prevenção de futuros ataques. O FBI conseguiu mapear esses psicopatas e, com isso, recomenda o monitoramento de alunos que seriam ameaças potenciais de se converterem em atiradores.

23
HACKERS E INVASÕES

Hackers roubaram 172 bilhões de dólares em 2017. Foram 978 milhões de pessoas no mundo que tiveram prejuízos por violação de dados, de acordo com relatório da empresa de segurança Norton. Só nos Estados Unidos, foram 142 milhões as vítimas dos *hackers*. A empresa admite que as pessoas se acham seguras e relaxam no modo de preservar seus dados. Esse é o tipo de crise tanto para a pessoa física quanto para as empresas, que se tornou uma verdadeira epidemia mundial. A rigor, ninguém está imune a um ataque semelhante algum dia.

A lista de empresas, principalmente multinacionais e marcas fortes no mercado, que tiveram invasões nos sistemas de tecnologia da informação nos últimos anos não para de aumentar. A rede de hotéis Marriot International teve a terceira maior invasão em número de contas atingidas, em ataques nos últimos dez anos, só superada pela gigante Yahoo, que teve as contas de mais de 500 milhões de clientes invadidas pelo ataque de *hackers* russos, em agosto de 2014, revelado pela empresa de tecnologia de seguros Hold Security. Nesse mega-ataque foram violados 1,2 bilhão de *logins* e senhas em 420 mil *sites* em todo o mundo. E isso poderia ter permitido que o grupo de *hackers* "CyberVor" acessasse também 500 milhões de contas de *e-mail*. Na rede Marriot, foram hackeadas informações de 500 milhoes de clientes, de 2014 a 2018, quando a invasão foi descoberta. Como é possível que grandes marcas internacionais, de varejistas a planos de saúde, como Home Depot, Anthem, Target Stores, eBay, Sony, Adobe, Yahoo, British Airways ou companhias de crédito e bancos, como a americana Equifax e o JP Morgan Chase, tenham tido os sistemas violados? O que uma pequena ou média empresa no Brasil pode fazer para reduzir os riscos, se até empresas de tecnologia foram atacadas? Muito pouco.

Violação significa prejuízo financeiro, arranhão na reputação, perda de confiança. Em 2014, a loja de departamentos americana Home Depot teve 50 milhões de números de cartões de crédito e cerca de 53 milhões de endereços de *e-mail* roubados por *hackers*. O custo desse vazamento foi de 179 milhões de dólares. Em julho de 2019, a agência de crédito Equifax acertou com a Justiça americana o maior acordo de violação de dados de todos os tempos, no valor de US$ 650 milhões. O acordo quer acabar com uma série de reclamações estaduais, federais e de consumidores sobre uma violação de dados, ocorrida em 2017, que expôs as informações confidenciais de mais de 147 milhões de pessoas. A violação foi uma das potencialmente mais prejudiciais em uma lista cada vez maior de roubos digitais. O prejuízo deve ser levado em conta, como um alerta, quando a empresa faz as contas se vale a pena investir em segurança. Esses números da Equifax e da Home Depot servem para mostrar o custo excepcionalmente elevado que muitas vezes resulta das violações na segurança de dados.

Em 2015, a falha de segurança aconteceu nos Sistemas de Saúde da Universidade da Califórnia em Los Angeles (UCLA). Pelo menos 4,5 milhões de pacientes foram afetados. Assim como já havia acontecido antes com a Anthem[1] (uma das gigantes do sistema de seguro-saúde dos EUA), a UCLA não se dispôs a criptografar os dados dos pacientes, pelo menos na forma mais básica de criptografia, para protegê-los. Ou seja, os cibercriminosos tiveram poucas dificuldades para entrar na rede da Universidade.

Essa invasão de dados pessoais ocorrida na UCLA, como a da empresa de seguro--saúde Anthem, levantou uma questão delicada sobre a capacidade dos hospitais, seguros de saúde e outros serviços médicos, que processam e armazenam informações delicadas e muito pessoais, para dar segurança a uma vasta gama de gravações médicas eletrônicas e outros dados confidenciais estocados nesses arquivos. Até que ponto as empresas estão investindo em segurança da informação para que os dados não sejam violados com tanta facilidade?

Quando um vazamento gigante é descoberto, geralmente envolve grandes marcas internacionais. Mas as pequenas e médias empresas também são vulneráveis. Segundo empresas de auditoria, 43% dos ataques cibernéticos são voltados para pequenas empresas. Os dados do cliente – incluindo nomes, registros de identidade, seguro social, registros médicos, informações de cartões de crédito e débito e muito mais – são muito apreciados pelos *hackers*, e eles têm uma série de meios à disposição para descobri-los. Quando se trata de gestão de crises, a forma como a empresa administra esses ataques ou violações, respeitando o cliente e sendo muito transparente, irá determinar se essa crise atingirá de forma irreversível a marca da organização.

Embora poucas grandes empresas possam calcular os custos reais dessas violações, os danos causados à reputação e às finanças de uma empresa pequena podem ser irreparáveis – assim, prevenir um ataque é primordial para qualquer organização que manipule os dados financeiros ou informações pessoais dos clientes. O mercado de segurança da informação deve crescer 8,7% em 2019 para US$ 124 bilhões, em parte devido aos gastos com serviços de consultoria e implementação relacionados ao Regulamento Geral de Proteção de Dados da União Europeia (UE).

Nem a mídia escapa desses ataques. Em janeiro de 2013, o jornal americano *The New York Times* (NYT) denunciou que, durante quatro meses, *hackers* chineses haviam atacado

---

[1] Em janeiro de 2015, *hackers* chineses, ao que se presume, roubaram dados de aproximadamente 78,8 milhões de pessoas da rede de computadores da empresa de seguro de saúde americana Anthem, incluindo nomes, números de identificação de saúde, datas de nascimento, números da Previdência Social, endereços, números de telefone, endereços de *e-mail*, informações sobre emprego e renda. Eles acessaram a rede de computadores da Anthem, transferindo arquivos contendo informações pessoais dos sistemas da empresa nos EUA para destinos na China, conforme foi apurado nos EUA. Como se sabe, os dados de saúde das pessoas são informações confidenciais. Disponível em https://www.indystar.com/story/money/2019/05/09/anthem-data-breach-2-based-china-indicted-hacking-charges--fujie-wang/1156697001. Acesso em: 22 jul. 2019.

o jornal, infiltrando-se nos sistemas de computadores e roubando senhas de jornalistas e outros empregados. Após seguir os rastros, especialistas em tecnologia, contratados pelo jornal, conseguiram neutralizar os ataques e aumentar a segurança do sistema. Segundo o jornal, o ataque começou depois de reportagem investigativa do *NYT*, em outubro de 2012, com denúncias de que o primeiro-ministro chinês, Wen Jiabao, e sua família acumularam fortuna de bilhões de dólares na intermediação de negócios. Em 2019, a agência Bloomberg fez uma tabela com os maiores ataques de *hackers* de todos os tempos.[2]

Beth Kotz, do *site* Credit.com, assegura:

> *As perdas financeiras podem ser quantificadas com relativa facilidade, mas alguns danos são menos evidentes. Em particular, uma violação do cartão de crédito pode levar a um golpe significativo na reputação do negócio. Além do pesadelo no campo das relações públicas em geral, um ataque cibernético pode ter outro efeito. Clientes muitas vezes perdem confiança em empresas cujos dados se tornaram vulneráveis. Esses efeitos podem durar anos após a violação. Embora as empresas grandes e bem estabelecidas possam suportar a tempestade, tal golpe pode ser devastador – em alguns casos, até mesmo fatais – para pequenas empresas.*[3]

Por que a violação de dados ou o cibercrime pode se transformar numa grave crise? Porque os clientes perdem a confiança na empresa. Embora o negócio possa assumir o peso de qualquer violação de dados, é improvável que os clientes deixem de ficar muito preocupados com isso. Os clientes cujos dados foram roubados enfrentam o risco muito real de roubo da identidade, que pode ser extremamente perturbador e financeiramente devastador. Contas bancárias podem ser bloqueadas, os empréstimos podem ser prejudicados ou negados e as pontuações de crédito podem ser arruinadas em questão de minutos. Para os clientes, a reconstrução de suas pontuações de crédito, a substituição de cartões roubados e a resolução de contas comprometidas algumas vezes levam muito tempo, esforço e dinheiro. A vida deles pode virar um pesadelo.

Finalmente, haveria uma preferência dos *hackers*, por algum tipo de empresa? Não, a ameaça é geral. Inclusive contra determinado país. Contra a infraestrutura de um país. Em outubro de 2012, o secretário de Defesa dos Estados Unidos, Leon Panetta, alertou que existia ameaça real de o país sofrer um ataque cibernético pelo aumento da vulnerabilidade de suas infraestruturas. Panetta identificou, na época, como possíveis alvos a rede elétrica, o abastecimento de água potável nas grandes cidades ou a rede ferroviária. Disse que esses ataques não são mais "uma teoria". *"Nós sabemos que agentes estrangeiros cibernéticos estão testando redes de infraestruturas críticas nos EUA. Sabemos de casos específicos nos quais os invasores ganharam acesso aos sistemas de controle."* Esse alerta certamente continua valendo hoje. A única maneira de as empresas se protegerem é investindo em segurança.

Para reduzir os riscos cibernéticos, é aconselhável desenvolver um Plano de Gerenciamento de Riscos de TI na organização. As soluções de gerenciamento de risco utilizam os padrões e as práticas recomendadas do setor para avaliar os riscos de acesso

---

[2] Disponível em: https://www.bloomberg.com/graphics/corporate-hacks-cyber-attacks. Acesso em: 23 jul. 2019.
[3] Disponível em: https://www.bernsteincrisismanagement.com/guest-post-true-cost-credit-card-breach-disaster. Acesso em: 22 jul. 2019.

não autorizado, uso, divulgação, interrupção, modificação ou destruição dos sistemas de informações da empresa ou órgão público.

COMO SE PROTEGER

Como agir, então, diante de tanta insegurança no mundo *on-line*? Quem deve proteger os próprios dados é o usuário. Por mais mecanismos de alerta utilizados, o cuidado com o sistema de tecnologia da informação deve ser escolhido como prioritário nas auditorias de vulnerabilidade. Não são raras as crises vindas dessas áreas. Organizações detentoras e guardiãs de informações sigilosas como Receita Federal, bancos, Judiciário, órgãos fiscalizadores, laboratórios clínicos e hospitais, entre outras, devem ter um controle rígido dos acessos e de todas as ameaças de invasão ou perda de dados confidenciais.

A era moderna, em que todos querem viver conectados e as empresas não prescindem das redes, acaba criando uma geração de dependentes virtuais. Junto com essa necessidade, há uma nova geração de risco que as pessoas encarregadas de afazeres públicos não imaginavam até muito recentemente.

Muitos usuários dos bancos até hoje relutam em usar o *internet banking* por medo de violações. Os consumidores têm receio ou preocupação com o sigilo das informações por meios tecnológicos. Quando perguntados sobre qual o maior medo ou preocupação sobre tecnologia, respondem "privacidade" ou "identidade roubada", segundo Roger Bridgeman, relações-públicas e consultor de comunicação (ANTHONISSEN, 2008, p. 171). E não deixam de ter razão.

Bridgeman diz que, pela *web*, não há negócios "privados". Até a festa de Natal pode despertar a ira dos acionistas. As empresas cada vez mais estão vulneráveis. E não é para menos. A replicação do *site*, velho golpe sempre aplicado, que reproduz com perfeição a página do banco ou da loja na internet, forjada por *hackers* ou outros grupos, além de prejuízos ao usuário, desmoraliza os sistemas de segurança da empresa e interrompe os negócios.

No mundo novo e complexo das tecnologias, não há espaço para ingênuos. Mas nessa área as empresas são muito autoconfiantes, como se nada fosse acontecer. Há um relaxamento da segurança. As organizações confiam que o pessoal dos setores de tecnologia da informação tem absoluto controle sobre armazenamento e proteção dos dados da organização. Se fosse assim, Polícia Federal, no Brasil, e FBI, nos EUA, não descobririam tantas fraudes eletrônicas. Algumas são verdadeiras engenharias financeiras e tecnológicas. Há grandes investimentos na tentativa de burlar os sistemas.

As empresas, assim como os usuários, devem investir cada vez mais em detectores de vírus e possíveis ameaças *on-line*. Uma rede segura custa certo esforço e muito dinheiro. Mas essa ação poderá economizar milhões de dólares para a organização. Para evitar ser presa fácil de *hackers*, especialistas em segurança da informação dão algumas recomendações.[4]

---

[4] Algumas orientações foram baseadas no artigo *Crisis management tips after a network or computer hack*, do consultor americano de segurança da informação John Dayton. Disponível em: http://www.bernsteincrisismanagement.com/blog/crisis-management-tips-after-network-computer-hack. Acesso em: 25 jul. 2019.

SEGURANÇA FÍSICA

O primeiro passo para proteger a rede de tecnologia contra ataques é investir na segurança física. Máquinas e dados facilmente acessíveis, sem controle e identificação de segurança das pessoas com acesso ao local, podem ser perigosas fontes de vazamento e invasão.

Ambientes do escritório fechados e seguros, com sistemas de alarme ativados, principalmente à noite, com códigos de acesso fornecidos somente a empregados confiáveis. Computadores e servidores com informações estratégicas não podem ser supervisionados por empregados inexperientes ou desconhecidos. Documentos impressos, sobretudo se detiverem dados de terceiros, devem ser guardados em lugar seguro ou imediatamente destruídos, após a utilização.

Ataques *on-line* constituem uma situação de crise em qualquer empresa, que precisa ser resolvida o mais rapidamente possível. Se a crise for grave, com mais de um ataque ao *site* por semana, recomenda-se contratar uma equipe terceirizada. Não adianta prometer aos clientes resolver a crise, se a empresa não tem tecnologia adequada para isso.

ESTRATÉGIA DE *BACKUP* DE DADOS

Perda de dados para uma empresa pode se transformar em crise grave. Em alguns casos, pode acarretar até o fechamento ou suspensão temporária das atividades. É preciso, portanto, uma estratégia muito bem coordenada de *backup* de todos os dados da organização. Os bancos, por exemplo, são obrigados, por legislação internacional, a armazenarem todas as informações em dois *data centers*, duplicando todos os arquivos, como modo de se prevenir contra eventuais perdas por acidentes ou ataques cibernéticos. Existem normas rigorosas sobre a segurança desses *data centers*.

As empresas de médio e grande portes, se não o fazem, precisam começar a pensar na possibilidade de duplicação dos *data centers*, criando alternativas seguras de preservação dos dados, preferencialmente fora da sede da empresa. Empregados precisam ser treinados para isso, com especialistas em arquitetura e segurança da informação.

ETERNA VIGILÂNCIA

O *site* da organização precisa ser monitorado 24 horas por dia. Isso evitaria surpresas por uma invasão com conteúdos que o empresário não gostaria de ver expostos na página principal da empresa na internet. É um risco muito comum para quem mantém um *site*, principalmente se for uma organização com disputas judiciais, conflitos de qualquer espécie ou com adversários ou desafetos no mercado ou no ambiente político. Para isso, é preciso proteger a rede com robustos antivírus cobrindo todo o sistema. Nesse meio não dá para economizar. É preciso investir em protetores consagrados, licenciados. E manter os antivírus atualizados. Todo esse cuidado de prevenção de crise passa por uma boa equipe de tecnologia da informação.

Algumas empresas optam por contratar especialistas em segurança da informação *full time*. Eles instalam sistemas que monitoram as redes 24 horas por dia e evitam a surpresa desagradável da perda de dados ou invasões constrangedoras. Em algumas organizações, onde a segurança é mais rigorosa, é proibido ligar *laptops* e *tablets* na rede local; só podem ser usadas máquinas da empresa. Em alguns locais como embaixadas, sedes de governos e departamentos de Polícia, até mesmo aparelhos celulares são proibidos, por motivo de segurança e vazamentos.

POLÍTICA DE SENHAS

Cuidado especial merecem as senhas para máquinas que detêm informações reservadas ou estratégicas. Em 2012, a operação Porto Seguro da Polícia Federal pegou gravações em que detentores de cargos públicos solicitavam a senha para empregado do Ministério da Educação, como forma de acessar o sistema, para alterar dados reservados. Empregados podem ser cooptados a compartilhar a senha e se tornam pivôs de crises corporativas. A empresa deve estar preparada para identificar imediatamente um empregado que violou o sistema de dados. Quando a crise surge, essa identificação pode ser a alternativa da empresa para explicar e minimizar a repercussão negativa.

Os casos de violação de sigilo nas corporações em geral têm, quase sempre, componente político. Os crimes financeiros decorrentes de quebras de sigilo ou roubo de senhas ocorrem em outras instâncias e raramente os autores são descobertos e presos. Vez ou outra, as Polícias desbaratam quadrilhas especializadas nesse tipo de crime, realizado com alto índice de sofisticação. As áreas de segurança e informação das empresas devem estar atentas a esse tipo de crime, cada vez mais disseminado. Essas violações constituem uma fonte muito grave de crises.

Os empregados com acesso a dados reservados devem ser instruídos a não passar a senha para ninguém, nem anotá-las ou permitir que terceiros a acessem. *Laptops*, *tablets* ou celulares corporativos também devem ser preservados com senha e jamais deixados nos carros ou outros locais, sob risco de serem roubados.

A CONFIANÇA DO CLIENTE

A segurança dos sistemas da empresa é a garantia dos clientes. Se a organização tem sistemas robustos de proteção de redes e medidas de segurança das informações reservadas, isso dá bastante confiança aos clientes de que os dados não serão roubados por *hackers*. Hoje, há um risco muito comum de vazamento de números de cartão de crédito ou outros dados pessoais de *sites* de empresas de vendas *on-line*, algumas delas relapsas em manter sistemas de segurança atualizados e modernos.

Naturalmente, a empresa não irá fazer publicidade dos sistemas de segurança. Mas o cliente deve ter a certeza e a confiança de que os dados do *site* onde ele compra são preservados com mecanismos modernos de segurança. Quando o vazamento se der por falha da organização, ela assumirá todo o ônus da violação. Em novembro de 2018, por ocasião da "*black Friday*", o Procon de São Paulo divulgou a "lista suja" de 419 *sites* ou empresas não recomendadas para operação. Os *sites* foram condenados porque receberam reclamações de clientes, foram notificados, não responderam ou não foram encontrados. São *sites* que não entregam os produtos ou sequer respondem aos clientes. A maioria não tem registro na Receita Federal nem na Junta Comercial. Comprar nesses *sites*, registrar o número de cartão de crédito e dados pessoais, portanto, é prenúncio de crise.

Fraudes bancárias e com cartões de crédito, por exemplo, acarretam vultosos prejuízos aos bancos e lojas virtuais em todo o mundo. Só no primeiro trimestre de 2012, o Centro de Estudos, Resposta e Tratamento de Incidentes de Segurança no Brasil (CERT.br) detectou um aumento de 89% nas notificações de páginas falsas de instituições financeiras e *sites* de comércio eletrônico, comumente usadas em golpes para capturar dados de *login* e senhas das vítimas. As perdas com fraudes bancárias na internet foram de 685 milhões de reais no primeiro semestre de 2011, no Brasil. Calcula-se em 1 bilhão de reais o prejuízo anual dos bancos brasileiros com desvios ocasionados por *hackers* e quadrilhas especializadas nesse tipo de delito.

Os *cibercrimes* envolvendo desvios, que propiciam crises graves aos estabelecimentos bancários, substituem o antigo assalto à mão armada. "*Agora qualquer um pode baixar um* cyber *Kalashnikov, um carro de fuga cibernética e uma granada cibernética de uma miríade de* sites",[5] diz Tom Kellermann, vice-presidente da empresa de cibersegurança Trend Micro.

O alto nível de sofisticação e ousadia das quadrilhas virtuais foi descoberto numa operação chamada *High Roller*, em 2011, um *ciberataque* que atingiu tanto empresas quanto pessoas individualmente e desviou aproximadamente 78 milhões de dólares na Europa, na América Latina e nos Estados Unidos. A quantia em tentativas de fraude pelo mundo pode ser bem superior a bilhões de dólares, segundo Dave Marcus, diretor de pesquisas avançadas e inteligência da empresa de segurança virtual McAfee. Nos próximos anos, provavelmente será dessas crises que estaremos falando e nos precavendo.

COMO AGIR EM CRISES DE CHANTAGEM

Extorsão ou chantagem contra pessoas famosas, políticos e até contra as empresas constituem outra fonte perigosa de crises. Organizações como PepsiCo, Rede Globo, Johnson & Johnson, Nestlé, jogadores de futebol, jornalistas, celebridades, religiosos, executivos e políticos já foram vítimas de chantagem. A extorsão geralmente envolve ameaças de contaminação de produtos ou de revelar segredos privados, além de sequestros ou ameaças contra a família (*Case* 30).

Até a rede social *Twitter* foi alvo de ataque de *hackers*, com nuances de chantagem. Eles forçaram a página a sair do ar. A chantagem *on-line* é o último bastião das quadrilhas que querem dinheiro. Em geral, os criminosos lançam um ataque que consiste em fazer com que o *site* seja visitado por inúmeros computadores previamente infectados com *softwares* maliciosos. Em seguida, exigem dinheiro para encerrar o ataque.

As empresas relutam em falar sobre essas ameaças, por isso é muito difícil obter informações. Em geral, elas negociam, quando existe a chantagem, até para colocar fim a esses ataques. Embora mantidas em sigilo, consultores de segurança tecnológica recomendam denunciar as quadrilhas e avisar os internautas ou clientes sobre as ameaças.

---

[5] Disponível em: http://business.time.com/2012/07/03/how-exactly-do-cyber-criminals-steal-78-million. Acesso em: 25 jul. 2019.

O que se faz no caso de uma extorsão? Recomenda-se, como melhor saída dessa crise, denunciar imediatamente. A imprensa, a Polícia e a sociedade devem saber quando uma empresa ou autoridade pública sofrem chantagem. A prática tem mostrado, tanto com multinacionais quanto com celebridades, que a divulgação desestimula e inibe a ação dos chantagistas. Eles não querem publicidade.

A Nestlé e a Johnson & Johnson são exemplos de empresas que não se deixaram intimidar por chantagistas, sempre com ameaças de envenenamento de remédios ou produtos alimentícios. *Disclosure* total. A denúncia imediata e as ações posteriores de alerta aos consumidores são decisivas para evitar uma crise, nesses casos. O ataque fica restrito a um desgaste momentâneo do produto ou da empresa, mas com o resultado de desestimular a repetição do delito.

Os exemplos de empresas ou pessoas que cederam à extorsão nos primeiros momentos não mostram resultados positivos. A não ser em caso extremo de ameaça de morte ao refém, por quadrilhas especializadas, como aconteceu com a Rede Globo em 2009, ao ser chantageada por uma organização criminosa. A transparência, nesses casos, é o melhor remédio. Os clientes e consumidores entendem o dilema de uma organização vítima de chantagem. Tornam-se solidários e, quando bem explicado, até mesmo auxiliam a Polícia a descobrir os criminosos.

Tópicos-chave

- ✓ O primeiro passo para proteger a rede de tecnologia contra ataques é investir na segurança física.
- ✓ Perda de dados para uma empresa pode se transformar em crise grave. Em alguns casos, pode acarretar até o fechamento ou suspensão temporária das atividades.
- ✓ Se a organização tem sistemas robustos de proteção de redes e medidas de segurança das informações reservadas, isso dá bastante confiança aos clientes de que os dados não serão roubados por *hackers*.
- ✓ Extorsão ou chantagem contra pessoas famosas, políticos e até contra as empresas constituem outra fonte perigosa de crises.
- ✓ Em casos de extorsão ou chantagem, a denúncia imediata e as ações posteriores de alerta aos consumidores são decisivas para evitar uma crise.

30. Chantagem na tevê – o case *David Letterman*

O apresentador David Letterman, âncora do programa Late Show, *da CBS, confessou ao vivo no programa, em 2009, a chantagem feita por um colega, com ameaças de revelação de suas aventuras sexuais com funcionárias do* talk show. *Letterman acabou revelando no programa que admitiu os relacionamentos em um tribunal de Nova York e denunciou a extorsão de 2 milhões de dólares. Ele reconheceu que errou, fez coisas ruins e simulou aceitar a chantagem para facilitar a prisão, entregando um cheque falso ao chantagista. Ao tentar descontar o cheque, o criminoso foi preso. O acusado vive com uma das mulheres que teriam se relacionado com Letterman.*

O apresentador recebeu um pacote em casa com uma carta que dizia "eu sei que você faz coisas terríveis, terríveis, e eu posso provar". Ele, então, marcou encontro com o chantagista, junto com o advogado, e simulou ter aceito a proposta, entregando o cheque de 2 milhões de dólares.

O acusado da extorsão, Robert Joel Halderman, produtor da CBS, a mesma rede que exibe o Late Show, foi preso no mesmo dia. Segundo o The New York Times, ele enfrentava problemas na vida pessoal e por isso apelou para o golpe. Apesar da crise pessoal, a forma sincera de o apresentador expor o problema, ao vivo e a denúncia da extorsão reforçaram sua credibilidade e a do programa.

No Brasil, um caso de chantagem envolveu o padre Júlio Lancelotti, que trabalhava com jovens infratores e moradores de rua em São Paulo. Em 2007, ele denunciou ameaça de um dos jovens com quem trabalhou, que cobrou até R$ 50 mil para não denunciá-lo por assédio sexual. No início, o jovem pedia dinheiro. Posteriormente, o pedido teria se transformado em extorsão. A versão foi bastante controvertida na época e o advogado do acusado afirmou à imprensa que o padre adiantou dinheiro para o jovem por muitos anos e que não houve chantagem. De qualquer modo, o episódio desgastou a imagem do religioso e atingiu, por tabela, a própria Igreja Católica. Mas a vítima da chantagem fez a coisa certa: denunciar.

24
A ERA DAS *FAKE NEWS* E DA PÓS-VERDADE

Hoje, mesmo as crianças já sabem o que significa *fake news*. Mas o que exatamente quer dizer e por que essa locução inglesa de repente entra no nosso jargão diário como aquilo que convencionamos chamar de boatos ou informações não confirmadas? O termo *fake news* surgiu nesse contexto da informação fácil, instantânea e pouco apurada. Pela pressão das redes sociais e a ausência de filtros, acabou contaminando aquilo que o Jornalismo consagrou com o nome de "notícia".

As *fake news* (notícias falsas) são, portanto, exatamente o que o termo sugere – notícias falsificadas, infladas. Artigos, notas, *posts* nas redes sociais com informação não confirmada ou deliberadamente falsa, publicados como se fossem notícias verdadeiras. A maioria das histórias ou versões é criada para atrair cliques (e, assim, inflar a receita de anúncios), muito na linha de notícias sensacionalistas de capas de tabloides, onde o compromisso com a verdade muitas vezes fica comprometido.

Essa é, em princípio, a natureza das informações que classificamos como *fake news*. Observa-se uma utilização mais intencional de notícias falsas desde 2017, principalmente as que emergiram durante a eleição de Donald Trump, nos EUA. Isso levou escolas de Jornalismo e especialistas da academia a alertar que essas publicações podem ser tudo, menos notícia.

O termo *fake news* foi empregado fortemente para influenciar opiniões durante a eleição presidencial americana, utilizando as tradicionais plataformas de informação, pedras angulares da internet moderna, como Google e Facebook, inundando-os com histórias falsas. Trump acabou eleito e consagrou o termo *fake news*, como um bordão sobre tudo, incluindo denúncias e informações de bastidores e estratégicas, que ele não quer ou não sabe responder. De certo modo, ele desmoralizou a expressão, distorcendo o sentido correto do termo que o mundo da comunicação consagrou com o apelido de *fake news*.

Ninguém é inocente nessa batalha. Notícias falsas atraem e aumentam a audiência. Naturalmente, quem planta notícias falsas tem alguma intenção. Em geral, desconstruir uma tese ou alguém. Disseminar uma informação falsa é bem diferente da publicação de "notícia", porque no sentido lato do termo "notícia" está implícito um pré-requisito essencial, o relato de um fato, o mais próximo possível da verdade. O relato de um acontecimento, para ser notícia, portanto, precisa ser veraz. E as *fake news* já nascem com o estigma de algo exagerado ou até mesmo falso.

A divulgação de notícias falsas também não é uma invenção ou um subproduto da internet. Elas existem há séculos e sempre foram utilizadas para atacar inimigos políticos ou desafetos, comprometendo reputações. De fato, a história registrada das "guerras de desinformação" remonta à Roma Antiga. Júlio César criou em 69 a.C. as *Actas Diurnas (Actae Diurnae)*, um diário oficial dos atos governamentais, decisões do senado e feitos do imperador. Mas, certamente, as *Actas* romanas nem sempre se atinham a ordens ou decretos imperiais. Serviam também para publicamente atacar e desmoralizar os inimigos. O boato – "a mídia mais antiga do mundo", segundo o francês Jean-Noel Kapferer (KAPFERER, 1993) – existe, continua existindo e sempre foi usado como estratégia para propósitos não tão nobres assim, desde a origem dos folhetins e jornais. Visava a destruir reputações e carreiras de desafetos políticos e até entrava nos segredos das alcovas, criando conflitos amorosos.

O SÉCULO DAS *FAKE NEWS*

No entanto, o século XXI viu a ameaça letal de informações em uma escala sem precedentes. Novas e poderosas tecnologias simplificam a manipulação e a fabricação de conteúdo, e as redes sociais ampliam dramaticamente falsidades propagadas por governos antidemocráticos, políticos populistas e entidades corporativas desonestas. *"Meu palpite é que o comportamento não é mais íntimo hoje do que era no passado, mas a cobertura e a noticiabilidade disso é o que mudou"*, diz Thomas Mann, especialista em Congresso, analista do centro de pesquisa Brookings Institution e observador de longa data do Congresso americano.

Segundo o jornalista Hélio Gurovitz, em artigo publicado na revista *Época* de 02/08/18, com dicas para quem quiser se proteger sozinho das *"fake news"*, "Por mais que empresas ou governos tentem resguardar o cidadão, o ambiente se tornou inexoravelmente mais hostil. Sites e ferramentas de checagem, concebidos como antídotos à peçonha, parecem apenas alimentar o coro de reprovação, que brada *"fake news"* diante de qualquer notícia, análise ou opinião que desagrade. As regras mais triviais para regular o meio digital e disciplinar a disseminação de mentiras são vistas como expressão de censura ou viés ideológico. Não é que governos ou empresas estejam errados. É que simplesmente podem ser inúteis – algo como tentar curar um viciado em álcool apenas dando conselhos para que largue a bebida. A demanda por conteúdo que confirme as crenças da audiência é inesgotável, bem maior que a demanda pela verdade."

A FORÇA DAS *FAKE NEWS*

As *fake news*, no Twitter, têm uma probabilidade 70% maior de serem compartilhadas do que a informação verdadeira, concluíram pesquisadores do MIT – Instituto de Tecnologia de Massachusetts (EUA). A pesquisa foi publicada na revista *Science*. Eles também concluíram que as notícias falsas chegam aos usuários até 20 vezes mais rápido do que o conteúdo factual – e os usuários reais são mais propensos a espalhá-las do que os robôs. E uma conclusão de certo modo surpreendente: as pessoas mais velhas têm quatro vezes mais probabilidade de compartilhar *fake news* no Facebook do que a geração mais jovem. Os robôs de *software* podem acelerar a propagação de histórias falsas. Mas os pesquisadores do MIT, usando o *software* para identificar e descartar os *bots* (robôs), descobriram que, com ou sem *bots*, os resultados eram essencialmente os mesmos. A única mudança importante foi que os robôs aceleraram a propagação de todas as notícias, verdadeiras e falsas: "Isso sugere que as notícias falsas se espalham mais longe, mais rápido, mais profunda e amplamente que a verdade, porque os seres humanos, e não os robôs, são mais propensos a espalhá-las."[1]

O estudo também concluiu: enquanto uma postagem verdadeira atinge, em média, mil pessoas, a postagem falsa pode chegar a 100 mil. E as postagens falsas não são feitas apenas por robôs. São feitas por pessoas, com o objetivo consciente ou não de semear o caos, o ódio, a desconfiança e a intolerância. São, quaisquer que sejam suas origens, um mal para a democracia. Poderíamos caracterizá-las como um inimigo viral que ameaça a liberdade de expressão e de imprensa. Em 2017, por exemplo, um vídeo que tratava de furacões, anunciando devastações no Caribe, foi visto por 20 milhões de pessoas em apenas uma hora. Depois, descobriu-se que a notícia era falsa, mas o pânico tinha se instalado. Quase ninguém se deu ao trabalho de verificar se o vídeo era verdadeiro ou falso. Casos semelhantes acontecem com frequência.

"É meio desencorajador a princípio perceber o quanto nós humanos somos responsáveis", disse Sinan Aral, professor da Sloan School of Management, do MIT, e autor do estudo. *"Não são realmente os robôs que têm a culpa"*.[2]

É POSSÍVEL EDUCAR, PARA EVITAR *FAKE NEWS*

Qual o sentido de "manipular" notícias, sob o manto das *fake news*? Em muitos casos, o objetivo das postagens se resume a cinco letras: poder. Poder sobre a sociedade. Poder de influenciar decisões. Poder para tirar vantagens. Poder através das imagens (falsas) que se antepõem à razão. Poder de convencer grandes massas, que é mais eficaz, nas suas mensagens falsas, do que a propaganda. E semeia a desinformação e a discórdia. As *fake news* confundem, distorcem as notícias na internet, envolvendo inclusive relações internacionais. Portanto, precisam ser combatidas.

O que não podemos admitir é a inevitabilidade das *fake news*, como afirma Trump, considerado o mestre desta modalidade de notícia. As *fake news* não são monopólio dos temas políticos, podendo envolver dos mercados de valores à reputação de pessoas e instituições. Reafirmamos: as notícias falsas podem ser combatidas. E descartadas. Um caminho é as pessoas deixarem de reproduzir notícias que sejam ou possam parecer falsas. Outro é a educação midiática que existe há mais de 60 anos nos Estados Unidos e na Europa e precisa ser estimulada até mesmo nos primeiros anos da escola.

---

[1] It's true: false news spreads faster and wider. And humans are to blame. *The New York Times*, 8 mar. 2019. Disponível em: https://www.nytimes.com/2018/03/08/technology/twitter-fake-news-research.html. Acesso em: 25 jul. 2019.

[2] Idem, ibidem.

No Brasil, essa modalidade de educação ainda é uma exigente novidade, apesar de o tema ter sido revigorado pela globalização. O problema é que faltam professores e currículos que estimulem o senso crítico dos alunos, em especial crianças e jovens. A ideia não é doutrinar, mas sim levar os estudantes a serem participantes ativos no combate às *fake news*. Afinal, são eles os maiores protagonistas das redes sociais. E os que mais bem podem contribuir para inverter o processo. Em lugar de serem influenciados pelas *fake news*, podem ajudar a desmascará-las. Pois o ponto de confluência entre as mídias da Galáxia de Gutenberg e a Galáxia da Internet é um só: a credibilidade. Contra as notícias *fake*, melhor e maior comunicação.

MENTIR DELIBERADAMENTE

As *fake news* estão no coração da comunicação na atualidade, atuando como um veneno. Mas, a título de exercício cognitivo, vamos recuar a um tempo em que não existiam nem a internet, nem o Facebook, nem o Twitter, nem o WhatsApp, nem sequer o rádio e a televisão. O ano é 1898. Por essa época, William Randolph Hearst, dono dos primeiros jornais americanos de projeção, notabilizou-se pela publicação de notícias que não deveriam se chamar "notícia", porque eram deliberadamente falsas. Ele construiu um império de mídia utilizando-se muitas vezes de ações que seriam vistas, sob o ponto de vista da ética, como deploráveis. O objetivo era aumentar as vendas dos jornais do grupo. Por isso, editava notícias falsas sem nenhum pudor.

As mídias sociais vieram depois e amplificaram o alcance e a rapidez da difusão das *fake news*. Além disso, romperam com o monopólio de sua produção por maus jornalistas, permitindo a todos a produção de *fake news*, inclusive a você (se quiser ou não for cuidadoso no compartilhamento de informações) e os programadores de robôs. O truque dominante é fazer a mentira parecer verdade, graças a sua proximidade com os temas mais sedutores das notícias verdadeiras, títulos chamativos e imagens atraentes. Tiram partido de um hábito muito comum entre os navegadores da internet: a leitura apenas dos títulos.

Diante desse cenário e da avalanche de mentiras, a melhor atitude é não replicar informações duvidosas ou sensacionalistas. Cuidados especiais devem ser tomados com notícias nas áreas da saúde, economia ou política, todas capazes de provocar decisões erradas ou contrárias ao interesse público. Nesse sentido, nenhum esforço soa demasiado, uma vez que as *fake news* confundem, são impostoras e estabelecem conexões falsas entre realidades que não se confirmam. Em resumo: são manipulações. Fazem parte do espírito e da alma de uma sociedade habituada a enganar e ser enganada.

Daí as *fake news*, à primeira vista, serem de tão difícil combate. Elas perpassam a cultura de uma sociedade e são uma das razões da existência dessa mesma sociedade. São mercadorias de novo tipo, que escreveriam, a depender das circunstâncias, um novo ideal, um novo modelo de vida, algo que não existe, mas que cai como uma luva no desejo inconsciente de grupos de pessoas com mais ou menos instrução. Um dos mais perigosos exemplos disso está relacionado à ameaça de retorno da poliomielite no país, em razão de *fake news* relacionadas às vacinas. Trata-se de uma doença que já grassou no Brasil e foi capaz de mudar, tragicamente, a vida de milhares de pessoas.

E como responder, no caso de uma crise, a notícias que se caracterizam como *fake news*? Elas merecem o crédito de uma resposta? Nem sempre. Se o potencial das *fake news* é provocar uma crise grave, com base em denúncias falsas, a organização ou a pessoa então terá que intervir, ou seja, desmentir imediatamente a notícia e desqualificar a fonte. Significa dizer claramente aos jornalistas que a informação não passa de uma *fake news* e, no limite, após criteriosa avaliação, que a Justiça será acionada.

É bom lembrar que, a rigor, não compete à empresa fazer apuração em paralelo com as autoridades policiais. No caso de uma crise, há várias atribuições que a empresa precisa assumir, mas apurar vazamentos é tarefa que deve ser confiada a quem tem essa missão.

ANTIJORNALISMO

Vamos ao cerne da questão: *fake news* é *fake news*. Ou seja, o antijornalismo, a divulgação de fatos mentirosos. É muito comum, em especial nas redes sociais, pessoas até brigarem para provar que uma *fake news* é verdadeira ou menos mentirosa do que a do outro. Ou que fatos, como a defesa de privilégios aos homens em relação às mulheres, são *fake news*. É uma guerra de todos contra todos, com infantaria de robôs invisíveis atuando nas redes sociais. Uma guerra de versões que transcende as *fake news* e que provoca desinformação e intranquilidade.

Na realidade, o que as *fake news* procuram atingir, aquilo que é a função maior da comunicação, é a confiança. Sem confiança nada funciona. Nem os mercados, nem as instituições, nem as relações sociais, os negócios e, muito menos, a política. Abalar a confiança não é o que parte da grande mídia vem tentando fazer ao confundir opiniões sobre os fatos com "fatos" mentirosos? Isso, por exemplo, pode levar à falsa ideia de que todo político é mentiroso quando, no limite da argumentação, o que muitas vezes ocorre é a exposição de versões diferentes sobre o mesmo fato. No cenário atual, onde os *stakeholders* são acossados por uma avalanche de notícias, das mais variadas procedências, a empresa precisa sempre preservar a confiança nas suas informações. Diante do caos que se instalou nas regiões onde se situam as barragens de mineração, após a tragédia da Vale-Brumadinho (*Case* 14), como distinguir o que é informação pura, que é preciso levar a sério, de *fake news*, plantadas por agentes de comunicação irresponsáveis, *blogs*, políticos, aproveitadores e concorrentes? Alguém tem que assumir essa "triagem" para que a verdade prevaleça.

As *fake news* mentem sobre fatos, sobre ideias e sempre têm o objetivo de atingir reputações ou buscar lucros onde, sem esse recurso, seus autores jamais o obteriam. A princípio, a imprensa deveria ser a referência de divulgação de fatos e combate às *fake news*. Essa tarefa, contudo, é complexa e necessita de certo tempo. Os programas ao vivo e a instantaneidade com que as publicações digitais devem ser feitas parecem, no entanto, estar levando a imprensa a fazer a *trollagem*[3] do que é mentira ou não quase em tempo real.

---

[3] Trolagem – *trollar* é uma gíria da internet que significa "zoar, chatear, tirar um sarro". Consiste em implicar com os participantes de uma discussão em fóruns da internet, com argumentos sem sentido, apenas para enfurecer e perturbar a conversa.

E isso pode ser nocivo. Vejamos o seguinte: o Lehman Brothers, que tinha a prerrogativa de avaliar a saúde financeira de bancos e de países, dando-lhes notas, acabou quebrando, abrindo uma longa crise no sistema financeiro mundial, no *crash* de 2008. A instituição, contudo, pensava e agia cometendo as mesmas distorções dos bancos que analisava. Será que a imprensa pensa e age como imprensa? A prática do bom Jornalismo tem sido eficaz no combate às *fake news*. Mas isso tem sido suficiente? Não seria necessária uma ampla mudança cultural? Daí o significado do entendimento do que é uma notícia falsa. Restringindo o fenômeno das *fake news* ao questionamento da verdade factual, fica menos complexo combatê-las.

PARA ALÉM DAS *FAKE NEWS*

Agora, os males causados pelas *fake news* podem ser ampliados com ajuda da inteligência artificial, recurso tecnológico bem mais versátil e poderoso. É possível, por exemplo, manipular a informação criando vídeos falsificados, com a voz real das pessoas. Isso já tem sido usado até mesmo com personalidades políticas, colocando na boca delas o que nunca disseram. O alerta parte de Aviv Ovadya, pesquisador e tecnólogo do Tow Center para Jornalismo Digital da Universidade Columbia, autor de conceito de "infocalipse". Isso seria uma versão informatizada do apocalipse bíblico, quer dizer, uma sociedade inundada de informações falsas em que as pessoas só acreditam no que querem, virando as costas para os fatos. E, portanto, para a democracia.

Segundo o pesquisador, ao lado da liberdade de expressão e de imprensa, a confiança na verdade da informação é o elo forte da democracia em uma sociedade contemporânea. Porque é o que constrói a confiança e, se não há confiança, grassa a apatia e não há interesse em saber o que é real e o que é inventado. Ele recomenda verificar a procedência (origem, autor) de um vídeo, de uma foto, mas acima de tudo sugere que é preciso ser cauteloso na regulamentação das redes sociais, porque é preciso encontrar um ponto de equilíbrio entre a rigidez da legislação e a desinformação. Se for excessiva a democracia morre e, se for pouca, escassa, a democracia morre também. É muito complicado acertar. Mesmo que a população se volte para meios tradicionais como rádio e TV, nada impede que estes também estejam sob o controle dos atores da desinformação, analisa o pesquisador.

Além disso, assinala ele, se o conteúdo das plataformas *on-line* for mais envolvente, mais surpreendente e mais emocional, as pessoas se voltarão para elas. Há ainda o risco de muitas mídias *on-line* dizerem que as mídias tradicionais não inspiram confiança. Em síntese, para que a democracia se mantenha viva, não se pode acreditar apenas no que se quer que seja realidade. O cidadão, portanto, precisa participar, sendo cuidadoso ao repassar informações.

A ERA DA PÓS-VERDADE OU A MORTE DA VERDADE

A expressão "pós-verdade" (*post-truth*) se tornou oficialmente reconhecida em novembro de 2016, quando foi considerada a palavra do ano pelo *Oxford Dictionary*, da Universidade de Oxford. Segundo o dicionário, trata-se de um substantivo que "se relaciona ou denota circunstâncias nas quais fatos objetivos têm menos influência em moldar a opinião pública do que apelos à emoção e às crenças pessoais". Destacava que o termo fora usado pela primeira vez em 1992 pelo dramaturgo sérvio-americano Steve Tesich. Em 2016, o uso da palavra cresceu 2 mil por cento, o que justificou a escolha.

Como consequência, a expressão, antes periférica ou secundária, passou a ser sinônimo da perda de importância da verdade factual no debate público. Por exemplo: o boato bastante divulgado de que o Papa Francisco apoiava a candidatura de Donald Trump à presidência dos Estados Unidos. Pelo constante apelo às emoções e às crenças, à pós-verdade são atribuídas – contrariando as pesquisas de opinião – a eleição de Trump, bem como o voto favorável no referendo que decidiu pela saída da Grã-Bretanha da União Europeia, o famoso *Brexit*.

No caso brasileiro, a pós-verdade esteve na base da estratégia original de comunicação da construtora Odebrecht, quando surgiram as primeiras denúncias de corrupção contra Marcelo Odebrecht, então o principal dirigente do grupo. Hoje, a expressão é citada sem mais exigir definições, tão corriqueira se tornou. Passou a significar inclusive a religião e o que não tenha comprovação científica.

Ao comentar o surgimento e o uso do termo "pós-verdade", principalmente após a eleição de Donald Trump, a escritora Michiko Kakutani, autora do livro *The death of truth: notes on falsehood in the age of Trump*, em artigo no jornal britânico *The Guardian*, reconheceu: "*Durante décadas, a objetividade – ou mesmo o objetivo de determinar a melhor verdade disponível – tem caído em desuso*".

> *[Cabe] examinar como um desrespeito pelos fatos, que o deslocamento da razão pela emoção e a corrosão da linguagem estão diminuindo o valor da verdade e o que isso significa para o mundo. Como isso aconteceu?*

"*Como isso aconteceu?*", pergunta a autora. "*Como a verdade e a razão se tornaram espécies tão ameaçadas, e o que a ameaça lhes traz para nosso discurso público e o futuro de nossa política e governança?*"[4]

A PÓS-VERDADE NÃO METE MEDO

A comunicação é a arte de unir saberes diversos para produzir a confiança. Também pode ser definida como a arte da antecipação ou, como sugere Maquiavel, em *O príncipe*, a precisa leitura do tempo. Há muitos outros caminhos para definir a comunicação, mas todos convergem para o mesmo ponto: a construção da confiança.

Segundo o jornalista e doutor em Filosofia Francisco Viana,

> *O ponto de partida e de chegada é a certeza ou a dúvida de não ser enganado. Aí é que entra a manipulação de crenças, convicções e ideologias ou a pós-verdade. Isto é, a ilusão amplificada na transição da Galáxia de Gutenberg, de McLuhan,*

---

[4] The death of truth: how we gave up on facts and ended up with Trump. *The Guardian*, 14 jul. 2018. Disponível em: https://www.theguardian.com/books/2018/jul/14/the-death-of-truth-how-we-gave-up-on-facts-and-ended-up-with-trump. Acesso em: 18 fev. 2019.

para a Galáxia da Internet, de Castells. Entre os extremos, a realidade está a exigir uma série de cuidados comunicacionais, sobretudo educação mediática para ter um pensamento crítico e dar respostas rápidas às questões, tal como exige a galáxia da internet *e não confundir imagem com reputação*.[5]

A imagem se constrói, a reputação é conquistada. Não é porque a mentira ganhou nova embalagem que a chamada pós-verdade deixou de ser mentira no confronto com os fatos. As mídias sociais, as mídias por excelência do século XXI, não merecem a necessária credibilidade. Por quê? Certamente porque ainda não chegam a ser uma instituição, embora toda a imprensa tradicional tenha também a sua versão virtual. Da mesma maneira, ainda não houve tempo para que surgissem seus líderes institucionais. Irão surgir? Certamente, mas levará tempo. Não irá ocorrer da noite para o dia.

A imprensa liberal, herdeira do Iluminismo francês, parte do princípio de que as notícias verdadeiras expulsam naturalmente as falsas. É uma regra de ouro que vale para o mundo real – e a triste memória da chamada imprensa marrom atesta – e vale também para o mundo virtual. E em ambos os mundos, a despeito de estarmos ou não na era da pós-verdade, o resultado dessa seleção natural é o descrédito para quem faz circular notícias falsas. Vamos analisar a realidade. A verdade na comunicação não é um ponto de vista sobre a mentira, como advogava Nietzsche. É a verdade factual. Vale para a comunicação organizacional e para as mídias sociais. Vale para a mídia tradicional. Vale para todos. É caminho seguro para a afirmação da democracia e uma forma de dizer *não* ao vale-tudo na Comunicação. Quem aposta na pós-verdade, cedo ou tarde, cairá no descrédito. A pós-verdade é a ilusão: mais cedo ou mais tarde, as máscaras cairão.

PÓS-VERDADE É VERDADE

Cabe a pergunta, formulada pelo historiador Yuval Noah Harari (2018, p. 288): "*Se essa é a era da pós-verdade, quando foi a era de ouro da verdade?*". A internet? As redes sociais? A eleição de Trump? Pela tese de Harari, ainda está por acontecer. Escudado nas lições da história, argumenta que o gosto pela mentira é antigo. E que uma análise, mesmo que superficial, da história demonstra que "os humanos sempre viveram na era da pós-verdade" (HARARI, 2018, p. 289). Desde a Idade da Pedra, procuraram criar ficções, talvez seja melhor dizer narrativas, e acreditar nelas. Não seria esse o caso das religiões? Das mitologias antigas e modernas? Das máquinas de propaganda nazista e soviética? Da propaganda moderna? Não seriam as narrativas ficcionais convenções convenientes a quem exerce o poder? Afirma Harari: "*como espécie, os humanos preferem o poder à verdade. Dedicamos muito mais tempo e esforço tentando controlar o mundo do que tentando compreendê-lo*" [...] (HARARI, 2018, p. 300). Isto não significa que a pós-verdade não deva ser combatida ou que não preocupe. Que modernamente o fenômeno da pós-verdade não seja a grande inimiga da democracia.

---

[5] Depoimento ao autor, em 20 mar. 2019.

Tópicos-chave

- ✓ As *fake news* (notícias falsas) são exatamente o que o termo sugere – notícias falsificadas, infladas. Artigos, notas, *posts* nas redes sociais com informação não confirmada ou deliberadamente falsa, publicados como se fossem notícias verdadeiras.

- ✓ Quem está interessado em fatos reais e informações fidedignas tem de aprender rudimentos de Jornalismo para se proteger sozinho da infestação de mentiras e da manipulação no meio digital. Felizmente, o próprio avanço tecnológico torna isso mais fácil.

- ✓ Qual o sentido de "manipular" notícias, sob o manto das *fake news*? Em muitos casos, o objetivo das postagens se resume a cinco letras: poder. Poder sobre a sociedade. Poder de influenciar decisões. Poder para tirar vantagens. Poder através das imagens (falsas) que se antepõem à razão.

- ✓ Não é porque a mentira ganhou nova embalagem que a chamada pós-verdade deixou de ser mentira no confronto com os fatos.

AS CRISES NOSSAS DE CADA DIA

"*Always do right. This will gratify some and astonish the rest.*"[1]
Mark Twain

Reunir essas informações, para ajudar os gestores e profissionais de Comunicação a lidar com crises corporativas, representou um desafio e uma realização. A dificuldade foi sistematizar procedimentos para eventos negativos sempre tão diferentes uns dos outros. A experiência no mercado de comunicação corporativa e a análise de centenas de *cases* de crise, ocorridos no Brasil e no mundo, nos últimos anos, além dos exemplos clássicos do passado, apontam para algumas linhas comuns, tanto para os *cases* de sucesso quanto para os eventuais fracassos.

Viver, ouvir, pesquisar sobre crises pode ter me levado a concluir o óbvio: não há uma crise igual a outra; e não existe receita pronta para administrar crises. Como, então, sair desse dilema? Ao reunir e esquematizar todas essas ideias e vendo como certas organizações agiram, vislumbramos um fio condutor muito parecido nos casos de sucesso. Pelo menos naqueles em que, por mais grave o acontecimento, as instituições e as pessoas sobreviveram com menos desgaste. Teria sido um golpe de sorte?

Não acredito. Então, qual o segredo daquelas que conseguiram superar e se recuperar mais rápido? Certamente, elas não fizeram milagres. Trilharam caminhos simples. Espero, tenha sido a lição deste livro.

- Nunca desdenharam da possibilidade de uma crise. Por isso, sempre vigilantes.
- Se não estavam totalmente preparadas, pelo menos não foram pegas desprevenidas.
- Não tentaram enganar; admitiram a culpa; não terceirizaram a crise, nem brigaram com a notícia.
- Mostraram preocupação e assumiram cuidados com as pessoas atingidas e com o meio ambiente.

---

[1] "Sempre faça certo. Isso agradará alguns e surpreenderá o resto."

- Foram transparentes nas informações; não regatearam obrigações legais e financeiras.
- Foram cooperativas na comunicação e na relação com os *stakeholders*.
- Humildes; e não arrogantes; rápidas; e não burocráticas.
- Procuraram se comunicar imediatamente; não se esconderam. Não tentaram abafar, mesmo fatos bastante constrangedores.
- Apesar de elevado *stress*, não se deixaram abater. Não entraram em pânico, mantendo o controle das ações e da comunicação.
- Apesar de terem sofrido no curto prazo, passada a turbulência, saíram fortalecidas, no longo prazo.
- Não foram autorreferenciais, fazendo delas o centro da crise; trouxeram para a linha de frente os atingidos pela crise, suprindo as necessidades.
- Colocaram o interesse de resolver a crise acima dos interesses corporativos, partidários, religiosos ou privados.
- Mesmo diante de elevada exposição negativa, não culparam a mídia pela própria crise.
- Foram rápidas em apontar os culpados e aplicar as sanções previstas nas normas.
- Tinham um comando firme do principal executivo ou de alguém indicado por ele.

Lidar com crises corporativas também pode nos trazer muitos ensinamentos para a vida pessoal. Embora saibamos que nós, pobres mortais, não temos controle sobre a maioria dos fatos negativos, podemos viver melhor, no trabalho ou na vida particular, quando tomamos cuidado com a segurança; planejamos; ficamos atentos aos sinais e não contamos com a sorte nem o acaso para resolver os problemas. Nós os atacamos.

Tenho a convicção de que, apesar da inevitabilidade das crises, pelo fato de fazerem parte da vida das corporações e das pessoas, a saída é tentar transformá-las em aprendizagem e crescimento. Por mais deletérias, se administradas dentro dos princípios aqui preconizados, não têm o poder inexorável de acabar com as empresas ou a carreira dos bons executivos.

Chegar ao fim deste trabalho também mostrou como sabemos tão pouco sobre crises. E por que nos assustam. A contribuição deste livro ainda é pequena, dada a amplitude desse campo. Existe um vasto horizonte de pesquisa e trabalho, nessa área, aberto para quem gosta de desafios. Espero que o conteúdo seja útil a quem não tem tempo de procurar receitas de crise, quando se vê no meio delas. Viver intensamente é assumir riscos. Por mais que as crises nos desestabilizem, como em outros percalços na vida, as corporações e as pessoas conseguem se superar.

APÊNDICES

INSTRUMENTOS DE GERENCIAMENTO DE CRISES

APÊNDICE 1

MANUAL DE GERENCIAMENTO DE CRISES

O que é um manual de crises? Muitas empresas planejam elaborar um manual de crises. Mas o produto não sai. Por quê? Porque o manual não depende só dos profissionais de comunicação nem apenas dos gestores de crise. Envolve todas as áreas da organização. Muitas empresas querem construir um manual muito completo, englobando todas as atividades e acabam engolidas pela própria burocracia.

Quem quiser construir um manual de crises simples não precisa complicar. Em essência, a organização deve recapitular o conteúdo do plano de gestão de crises, colocar isso no papel ou no portfólio interno, disponível *on-line*, e sistematizar as normas básicas para prevenir, remediar e gerenciar as crises corporativas.

A construção do manual, portanto, não é tarefa para uma pessoa, mas para a equipe de gerenciamento de crises, junto com o *staff* da comunicação. Ele deve ser uma referência para todas as discussões estratégicas e de planejamento da organização, bem como para os encontros e simulações de crise.

O manual de crises nasce após a realização da auditoria de riscos e vulnerabilidades, o diagnóstico de crises da organização. O manual completo é um documento confidencial, por isso você não terá modelos à disposição para se basear. Existem informações estratégicas constantes no plano de contingência que não podem ser divulgadas. O grupo com acesso ao conteúdo completo do manual de crises é restrito, preferencialmente a diretoria da empresa e toda a equipe de gerenciamento de crises.

Cada empresa cria o próprio manual. Existem organizações públicas e privadas que organizaram um manual de crises baseado apenas em ações de comunicação. Algumas até divulgam esse manual, disponível na internet, mas não se trata de um documento completo. O manual de crises precisa contemplar todas as ações de gestão das crises, incluindo a parte operacional e as ações de Comunicação. Existe um roteiro básico a ser seguido, com informações indispensáveis. Não é, portanto, tarefa tão difícil construir um manual de crises.

Cada empresa tem suas peculiaridades e não existe um modelo padrão de manual. Algumas premissas não podem faltar, resguardadas as peculiaridades de cada organização: natureza do negócio, potencial dos riscos, localização, porte, número de empregados, de clientes, faturamento anual etc.

Estrutura do manual de gerenciamento de crises

- *Introdução ou sumário, com a apresentação e os objetivos do manual; como usá-lo; expectativas dos membros do comitê e da equipe de Comunicação.*
- *Definição de crise, com foco no negócio da organização. Eleger os tipos de crise e a diferença entre crise, emergência, problemas, com base no conteúdo do Capítulo 1 deste livro.*
- *Descrição resumida dos procedimentos a serem seguidos no caso de crises graves na organização. Por amostragem, dar alguns exemplos de crise grave; especificar os procedimentos, origem, ameaças e grau de risco para a organização. É possível contemplar pelo menos a maior parte das ameaças.*
- *Comitê de Crise e equipe de comunicação: hierarquia, nomes e cargos; contatos telefônicos, inclusive celulares, e-mails, redes sociais de todos os membros da equipe e suplentes; descrição dos papéis e das responsabilidades dos membros do comitê, localização; contatos internos e externos de apoio, no caso de crises, como apoio jurídico, assistência social, psicólogos, consultores de Relações Públicas e Comunicação.*
- *Demais públicos: listar os grupos intervenientes, no caso de crises na organização, desde a área parlamentar até a área operacional, com endereços e telefones (como autoridades do governo, policiais, bombeiros, serviços de emergência, hospitais conveniados, Defesa Civil, órgãos ambientais etc.). Alternativas de comunicação com os empregados, sites alternativos, além do oficial; endereços e telefones alternativos de localização do comitê, em caso de crise grave que interdite a sede ou instalações estratégicas.*
- *Comunicação: resumo das mensagens a serem divulgadas nas crises previstas, previamente aprovadas, para o público interno e externo, incluindo todos os stakeholders: empregados, terceirizados, aposentados, acionistas, clientes, fornecedores, parlamentares etc.*
- *Recursos materiais: descrição do centro de crise ou sala de emergência, também chamada de sala de situação; modelos de formulários, material de apoio às rotinas do comitê de crise, material interno de divulgação do comitê; minutas de comunicados a autoridades e clientes, conforme os tipos de crise mais prováveis; normas internas; suporte de call center, telefones etc.*
- *Relações com a mídia: checklist dos procedimentos de relacionamento com a imprensa, no caso de crise: porta-vozes, limites de atuação, divulgação de notas; normas e locais para entrevistas exclusivas ou coletivas; relação dos jornalistas, editores e diretores que interagem com a organização; mailing dos endereços eletrônicos dos principais jornalistas e órgãos de imprensa. Esse capítulo deve estar em consonância com as diretrizes constantes na Parte V deste livro – Comunicação de Crise e Relações com a Mídia, Capítulo 15 – Plano de Comunicação de Crise.*

- *Banco de dados: informações básicas sobre onde encontrar balanços e informações-chave da empresa, inclusive com os nomes, telefones, e-mails e endereços nas redes sociais dos empregados que sejam fontes dessas informações.*
- *Relações externas: elencar todos os interlocutores externos alvos prioritários de informações sobre a crise, que não sejam autoridades ou órgãos de emergência, como fornecedores nacionais e internacionais; investidores; benfeitores ou mantenedores da organização, além de públicos especiais.*
- *Normas internas sobre crises, inclusive confidenciais, contemplando medidas do plano de contingência, elencando para cada ameaça de crise grave o tipo de providência.*

Em algumas empresas, o manual comunicação de crises constitui um documento à parte, separado do manual de gestão de crises. Naquele, não constam dados confidenciais, mas a política de comunicação da instituição para o caso de ocorrência de um evento com grande visibilidade. Apenas como exemplo, todos os locais com grande afluência de público, principalmente crianças, jovens, idosos, deveriam contemplar no manual de comunicação de crises a possibilidade de tumultos, pânico ou acidente com vítimas, um risco sempre presente em eventos com grandes aglomerações. E, em função disso, toda a estratégia de comunicação para o caso da ocorrência dessa crise. Se a crise ocorrer, todo o staff, da diretoria à segurança da portaria, deveria conhecer as ações a serem imediatamente disparadas.

APÊNDICE 2

NOTAS E COMUNICADOS DE CRISES

Um comunicado de crise deve ser uma declaração de 20 a 80 segundos ou não mais do que uma página de computador (espaço duplo, fonte padrão tamanho 12). O texto ou *statement* deve conter: o que aconteceu, quando, onde, quem e quantas pessoas estão envolvidas, o que está sendo feito, qual a espécie de resultados de recuperação esperada e quando devem vir os primeiros resultados.

O comunicado deve refletir claramente que a organização *trabalha* para resolver o problema. As pessoas devem perceber que a empresa está empenhada numa solução e não apenas dando explicação do que aconteceu.

Não adianta dizer que a empresa ou o governo "está trabalhando", "está providenciando". O excesso de gerundismo já caiu no anedotário popular e no entendimento da mídia como um modo muito cômodo de dizer "não sabemos ainda o que estamos fazendo" ou "não fizemos nada." O que foi feito deve ser dito afirmativamente: "fizemos isso". "E amanhã faremos aquilo". "Em uma semana todas as pessoas estarão em abrigos montados pela Defesa Civil." Isso é afirmativo. Nunca dê informações orais ou escritas que não se confirmam ou ficam pendentes de confirmação. A pior coisa que uma empresa em qualquer tipo de crise pode dizer é "estamos estudando...".

Nunca forneça nomes de vítimas até os parentes serem notificados, ainda que a imprensa pressione por informação. Seu compromisso é com a família, no momento, e não com a imprensa. Se até 24 horas da tragédia não foi possível encontrar os parentes, então está na hora de informar. Organizações militares em períodos de guerra não fornecem a informação sem notificar a família. É preciso ter uma norma estabelecida pela empresa para essas ocasiões extremamente dolorosas.

O que não fazer? Prometer o que não poderá cumprir; forçar informações ainda não confirmadas; divulgar notas que não esclarecem. Na hora de divulgar um comunicado ou fazer uma declaração, não esquecer de obedecer às três regras da comunicação de crise: não fale *off the record*; não especule; não discuta questões jurídicas.

Modelo de nota de um acidente

"A organização X informa que coopera desde o primeiro momento do incidente/acidente (descreva, se for o caso) com as agências governamentais e de emergência (pode nomear as agências) e está fazendo o possível para que todos os envolvidos ou afetados estejam seguros e bem informados sobre a situação.

A empresa (nome) liberou todas as informações que estamos em condições de confirmar até esse momento. Nós não podemos, ainda, especular sobre as causas do incidente (acidente), missão a cargo das autoridades responsáveis. Haverá uma investigação externa oficial deste evento com a qual, certamente, nós iremos cooperar. Assim que os resultados dessa investigação estejam disponíveis, iremos informar à opinião pública (telefone para contato: (DDD) 0000-0000)".

Modelo de nota à imprensa

A Diretoria da Maternidade de Dom Pedrito informa que, ao tomar conhecimento do atendimento deficiente prestado à paciente Maria dos Anjos, nesta manhã, na entrada do hospital, quando ela deixou de ser atendida na sala de partos, abriu uma sindicância interna para apurar responsabilidades.

Ao mesmo tempo, lamenta o ocorrido, uma vez que esse procedimento fugiu ao padrão que tentamos imprimir a este hospital público. Exigências burocráticas não podem se sobrepor ao cuidado pela vida. Nossa prioridade é a melhor assistência aos pacientes que nos procuram.

Assim que tivermos mais informações sobre o ocorrido, voltaremos a informar a opinião pública.

Dom Pedrito, 20 de abril de 2010.

Dr. José Silva – Diretor.

Comunicado da Air France, no acidente com o voo AF 447 – nº 1

Paris, 01/06/2009, 13:21 horário local

Air France lamenta informar que se encontra sem notícias do voo AF 447 que efetuava a ligação entre Rio de Janeiro e Paris Charles de Gaulle, com chegada prevista às 11h15 da manhã (hora local).

O voo decolou do Rio no dia 31 de maio às 19 horas locais. 216 passageiros estão a bordo. A tripulação é composta de 12 pessoas: 3 tripulantes técnicos e 9 comissários.

Um toll free está disponível: 0800 800 812 para a França, e + 33 1 57 02 10 55 para outros países.

A Air France divide a emoção e a inquietação das famílias envolvidas. Os familiares serão recebidos num local especialmente reservado no aeroporto de Paris Charles de Gaulle 2 assim como no do Galeão.

Nota da Petrobras – 27/10/2014
Conheça nossas providências relacionadas à Operação Lava Jato

"Rio de Janeiro, 27 de outubro de 2014 – Petróleo Brasileiro S. A. – Petrobras, diante das notícias relacionadas às investigações decorrentes da Operação Lava Jato, vem atualizar o mercado com as seguintes informações:

A Operação Lava Jato é uma investigação que vem sendo realizada pela Polícia Federal brasileira. No âmbito da citada operação, um ex-diretor da Petrobras, conjuntamente com outras pessoas, já foi denunciado pelos crimes de lavagem de dinheiro e organização criminosa. Neste momento, estão em curso investigações sobre a prática de supostos crimes em desfavor da Petrobras.

Considerando esse cenário, a Petrobras tomou diversas medidas com a finalidade de apurar fatos, cabendo ressaltar as seguintes:

- *Constituiu Comissões Internas de Apuração para averiguar indícios ou fatos contra a empresa, bem como subsidiar medidas administrativas e procedimentos decorrentes;*
- *Requereu acesso aos autos da investigação relacionada à Operação Lava Jato, incluindo os autos da ação por lavagem de dinheiro e organização criminosa, como forma de acompanhar de perto as investigações, o que foi deferido pelo Poder Judiciário;*
- *Solicitou acesso ao conteúdo da "delação premiada" realizada pelo ex-diretor Paulo Roberto Costa, o que ainda não foi deferido pelo Poder Judiciário;*
- *Vem prestando esclarecimentos às Autoridades (Polícia Federal, Ministério Público Federal e Poder Judiciário), inclusive informando as diligências já realizadas no âmbito da Companhia;*
- *Solicitou esclarecimentos, para subsidiar suas avaliações internas, às empresas mencionadas na imprensa como tendo atividades sob investigação na "Operação Lava Jato", especialmente após a repercussão na mídia de informações a respeito da mencionada "delação premiada".*

Especificadamente diante das denúncias de corrupção na Companhia efetuadas pelo ex-diretor de Abastecimento, Paulo Roberto Costa, e pelo Sr. Alberto Youssef, em audiência na 13ª Vara Federal do Paraná em 08/10/2014, a Companhia, conforme autorizado pelo Juiz da causa, teve acesso oficial ao inteiro teor dos depoimentos – que não se confundem com a íntegra dos depoimentos prestados no âmbito da chamada "delação premiada", que ainda estão sob segredo de Justiça – e tem utilizado tal material para subsidiar suas Comissões Internas de Apuração.

Em 24 e 25/10/2014 a Petrobras assinou contratos com duas Empresas Independentes Especializadas em Investigação, uma brasileira e outra americana, com o objetivo de apurar a natureza, extensão e impacto das ações que porventura tenham sido cometidas no contexto das alegações feitas pelo ex-diretor Paulo Roberto Costa, bem como apurar fatos e circunstâncias correlatos que tenham impacto material sobre os negócios da Companhia.

Ao autorizar a contratação dessas empresas, a Diretoria Executiva cumpre seu dever de diligência e, além das normas regulatórias e de auditoria aplicáveis pela CVM, considera o contexto do Foreign Corrupt Practices Act ("FCPA") e da Seção 10A do Securities Act of 1934 (Seção 10A), uma vez que a Petrobras é registrada na Securities and Exchange Commission (SEC) dos EUA.

Paralelamente ao avanço das investigações, a Companhia já está trabalhando nas medidas jurídicas adequadas para ressarcimento dos supostos recursos desviados e dos eventuais valores decorrentes de sobrepreços derivados das empresas supostamente participantes do cartel, conforme mencionado no depoimento do ex-diretor Paulo Roberto Costa, além dos danos causados à imagem da Companhia.

A Companhia reitera que vem acompanhando as investigações e colaborando efetivamente com os trabalhos das Autoridades Públicas, conforme reconhece o Poder Judiciário. Reitera, ainda, enfaticamente, que manterá seu empenho em continuar colaborando com as autoridades para a elucidação dos fatos.

A Petrobras reforça, por fim, que está sendo oficialmente reconhecida pelas Autoridades Públicas como vítima nesse processo de apuração."

1º Comunicado sobre o acidente com o MH17, da Malaysia Airlines – 18/07/2014

Friday, July 18, 12:30 AM GMT +0800 Media Statement 1: MH17 Incident

Media Statement 1: MH17 Incident

Malaysia Airlines confirms it received notification from Ukrainian ATC that it had lost contact with flight MH17 at 14.15 (GMT) at 30km from Tamak waypoint, approximately 50km from the Russia-Ukraine border.

Flight MH17 operated on a Boeing 777 departed Amsterdam at 12.15 pm (Amsterdam local time) and was estimated to arrive at Kuala Lumpur International Airport at 6.10 am (Malaysia local time) the next day.

The flight was carrying 280 passengers and 15 crew onboard.

More details to follow.

7º Comunicado da Vale no dia 25 de janeiro de 2019
Esclarecimentos sobre a Barragem I da Mina de Córrego do Feijão

"A Barragem I da Mina Córrego do Feijão tinha como finalidade a disposição de rejeitos provenientes da produção e ficava situada em Brumadinho (MG). A mesma estava inativa (não recebia rejeitos), não tinha a presença de lago e não existia nenhum outro tipo de atividade operacional em andamento. No momento, encontrava-se em desenvolvimento o projeto de descomissionamento da mesma.

A barragem foi construída em 1976, pela Ferteco Mineração (adquirida pela Vale em 27 de abril de 2001), pelo método de alteamento a montante. A altura da barragem era de 86 metros; o comprimento da crista, de 720 metros. Os rejeitos dispostos ocupavam uma área de 249,5 mil m² e o volume disposto era de 11,7 milhões de m³.

A Barragem I possuía Declarações de Condição de Estabilidade emitidas pela empresa TUV SUD do Brasil, empresa internacional especializada em Geotecnia. As Declarações de Condição de Estabilidade foram emitidas em 13/06/18 e em 26/09/18, referentes aos processos de Revisão Periódica de Segurança de Barragens e Inspeção Regular de Segurança de Barragens, respectivamente, conforme determina a portaria DNPM 70.389/2017. A barragem possuía Fator de Segurança de acordo com as boas práticas mundiais e acima da referência da Norma Brasileira. Ambas as declarações de estabilidade mencionadas atestam a segurança física e hidráulica da barragem.

A Barragem passava por inspeções de campo quinzenais, todas reportadas à ANM (Agência Nacional de Mineração) através do SIGBM (Sistema Integrado de Gestão de Segurança de Barragens de Mineração). Sendo que a última inspeção cadastrada no sistema da ANM foi executada em 21/12/18. Adicionalmente, a mesma passou por inspeções em 08/01/19 e 22/01/19, com registro no sistema de monitoramento da Vale. O cadastramento da inspeção na ANM, conforme legislação, deve ser executado até o final da quinzena seguinte. Todas estas inspeções não detectaram nenhuma alteração no estado de conservação da estrutura.

A Barragem possuía 94 piezômetros e 41 INAs (Indicador de Nível D'água) para seu monitoramento. As informações dos instrumentos eram coletadas periodicamente e todos os seus dados analisados pelos geotécnicos responsáveis pela barragem. Dos 94 piezômetros, 46 eram automatizados.

A Barragem possuía PAEBM (Plano de Ações Emergenciais de Barragem de Mineração), conforme determina portaria DNPM 70.389/2017. O mesmo foi protocolado nas Defesas Civis Federal, Estadual e Municipal, entre os meses de junho e setembro de 2018. O PAEBM foi construído com base em um estudo de ruptura hipotética, que definiu a mancha de inundação. Além disso, a barragem possuía sistema de vídeo monitoramento, sistema de alerta através de sirenes (todas testadas) e cadastramento da população à jusante. Também foi realizado o simulado externo de emergência em 16/06/2018, sob coordenação das Defesas Civis, com o total apoio da Vale, e o treinamento interno com os funcionários em 23/10/18.

Diante de todos os pontos descritos acima, estamos ainda buscando respostas para o ocorrido".

1º Comunicado da empresa Costa Cruzeiros, no naufrágio do navio Costa Concordia – 14/02/2012

"1.0 (CET)

Costa Cruceros confirma la evacuación de 3,200 pasajeros y 1,000 miembros de la tripulación abordo del Costa Concordia. El incidente ocurrió cerca de la isla "Isola del Giglio" en la costa italiana. La evacuación se inició rápidamente, pero la posición del barco ha empeorado dificultando la última parte de la misma. En este momento la causa del incidente no puede ser confirmada. La compañía está trabajando con el mayor compromiso para prestar la máxima asistencia necesaria. El Costa Concordia se encontraba realizando un crucero por el Mar Mediterraneo, empezando en Civitavecchia, con escalas en Savona, Marsella, Barcelona, Palma de Mallorca, Cagliari y Palermo. Aproximadamente 1000 pasajeros de nacionalidad italiana estaban abordo, así como 500 alemanes, 160 franceses y cerca de 1000 miembros de la tripulación.

Los pasajeros que debian embarcar hoy en Savona y en los siguientes puertos serán contactados directamente por Costa.

Obs.: Após essa nota à imprensa, a empresa Costa Cruzeiros divulgou outros 20 comunicados, até o dia 17/02/2012.

Comunicado divulgado pelo Flamengo, dois dias depois do incêndio no Centro de Treinamento (CT) Ninho do Urubu – 10/02/2019

"O Flamengo gostaria de reiterar que, independentemente de qualquer investigação, vem prestando todo o amparo às famílias dos atletas vitimados pela tragédia ocorrida no Centro de Treinamento, assim como aos feridos e sobreviventes.

Neste momento, o Clube, de pleno, assume o compromisso de manter a remuneração paga aos atletas vítimas do incêndio, sem qualquer prejuízo de outras ações adicionais de apoio que estão sendo implementadas.

Estamos empenhados, prioritariamente, em amparar as famílias de forma material, moral e psicológica. Para além das questões legais está, obviamente, o bem-estar de todos. O Clube de Regatas do Flamengo não chegou a patamar de destaque no esporte mundial voltando as costas para seus atletas ou eximindo-se de responsabilidades. E a Nação Rubro-negra reconhece isso.

SOBRE OS MÓDULOS HABITACIONAIS

Cabe informar que o Flamengo detém contrato vigente de locação dos alojamentos modulares (módulos habitacionais) com a empresa NHJ do Brasil, que é reconhecida como pioneira e uma das líderes do mercado. A referida empresa detém todas as certificações exigidas pela legislação brasileira, em especial a ISO 9001. Os módulos habitacionais utilizados pelo Clube atendem a todas as exigências das normas NR-18 e NR-24.

Vale ressaltar que representantes da empresa NHJ – em reunião realizada na manhã deste domingo, na sede da Gávea – esclareceram que o poliuretano utilizado entre as chapas metálicas não é propagador de incêndios, por ter característica autoextinguível.

SOBRE A MANUTENÇÃO DOS APARELHOS DE AR-CONDICIONADO

A empresa COLMAN REFRIGERAÇÃO LTDA. – ME, inscrita no CNPJ sob o nº 00.634.203/0001-30, realizou no último dia 5 de fevereiro a manutenção preventiva de rotina nos 6 aparelhos de ar-condicionado instalados no alojamento modular utilizado pelos atletas das categorias de base do Clube de Regatas do Flamengo, no Centro de Treinamento George Helal – nos termos do contrato de prestação de serviços firmado em 1º de agosto de 2013 e atualmente com prazo de vigência até 31 de agosto de 2019. Todas as demais questões serão tratadas, no momento oportuno, com as autoridades competentes com as quais o Flamengo já está colaborando".

APÊNDICE 3

CRONOGRAMA DE RESPOSTAS; *CHECKLIST* DE CRISES E GUIA DE MENSAGENS-CHAVE

Cronograma das ações de mídia recomendado para respostas à crise	
Comunicado inicial à imprensa (*news release*)	15 minutos a 1 hora
Declaração à imprensa (*news statement*)	1 hora
Briefing à imprensa (*news briefing*)	2 horas
Atendimento individual à imprensa (*media interview*)	2/3 horas
Entrevista coletiva (*news conference*)	5/6 horas

CHECKLIST DAS AMEAÇAS OU CRISES

Algumas organizações nunca param para pensar sobre as crises graves que poderiam afetar a reputação ou os negócios. O exercício de eleger eventuais crises, com uma reflexão sobre as providências a serem tomadas, caso ocorram repentinamente, pode disparar um alerta sobre a capacidade de preparo da organização.

Tipo de crise ou ameaça	O que seria feito	A organização está preparada para enfrentá-la?	Já enfrentou essa crise antes? E como reagiu?
1.			
2.			
3.			
4.			
5.			

Inspiração: Harvard Business School (2009), com adaptações do autor.

Guia para construção de mensagens-chave de crise
Mensagem de abertura (poucas palavras)
Últimas notícias 1. 2. 3. 4. 5.
Pontos positivos 1. 2. 3. 4. 5.
Conclusão (fechamento) da declaração
Mais informações assim que estiverem disponíveis. Telefone: 55 (61) 0000.0000 ou comunicacaoecrise@comunicacaoecrise.com Fonte: *Communications & Training – Positive Impact*.

APÊNDICE 4

FILMOGRAFIA SOBRE COMUNICAÇÃO E SITUAÇÕES DE GESTÃO DE CRISES

A montanha dos sete abutres (1951);	O dia depois de amanhã (2004);
A embriaguez do sucesso (1957);	O informante (1999);
A primeira página (1974);	O jornal (1994);
Ausência de malícia (1981);	O jornal (série croata de 2016);
Boa noite, boa sorte (2005);	O poder da notícia (1998);
Cidadão Kane (1941);	O preço de uma verdade (2003);
Designated Survivor (2016);	O quarto poder (1997);
Especialista em crise (2014);	Os 33 (2015);
Fogueira das vaidades (1990);	Passageiro, profissão repórter (1975);
Free fall (2009);	Rede de intrigas (Network) (1976);
Frost/Nixon (2008);	Scandal (série americana de TV – 2012);
Intrigas de Estado (2009);	Spotlight – segredos revelados (2015);
Inside job (Trabalho interno) (2011);	Sully – o herói do rio Hudson (2016);
Margin call – o dia antes do fim (2010);	The hunting party (A caçada) (2007);
Mera coincidência (1997);	The Post – a guerra secreta (2017);
Nos bastidores da notícia (1987);	To big to fail (2011);
O carro desgovernado (1997);	West wing (Nos bastidores do poder, série americana de TV – 1999/2006).

Uma lista mais completa e atualizada de filmes, documentários e séries você encontra na *home page* do site www.comunicacaoecrise.com em *A crise nas telas*.

REFERÊNCIAS

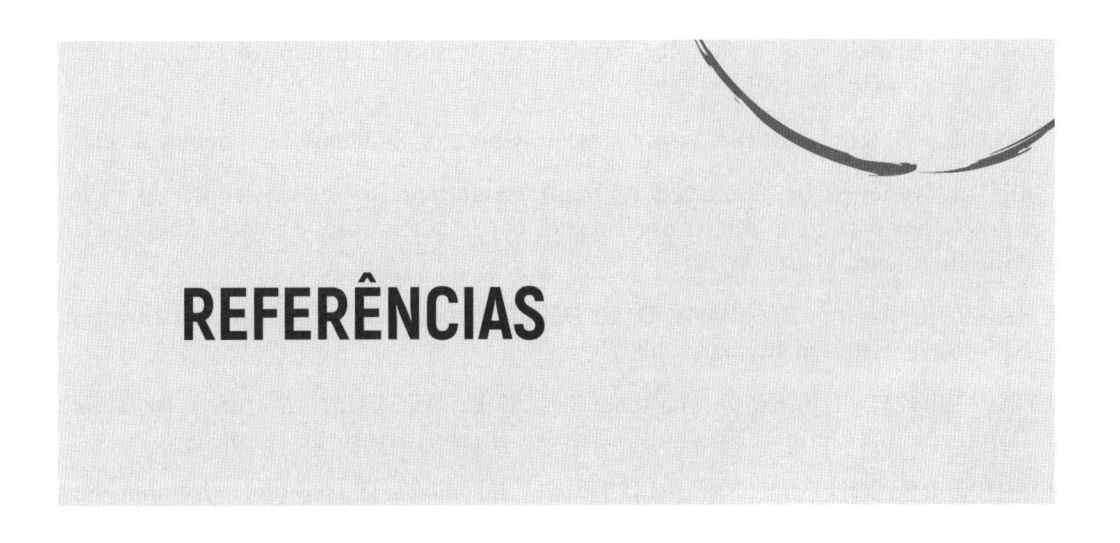

Livros

AGNES, Melissa. *Crisis ready*. Herndon: Mascot Books, 2018.

ANTHONISSEN, Peter (org.). *Crisis communication*: practical PR strategies for reputation management and company survival. London; Philadelphia: Kogan Page, 2008.

ASH, Timothy Garton. *Os fatos são subversivos*: escritos políticos de uma década sem nome. São Paulo: Companhia das Letras, 2011.

AUGUSTINE, Norman R. *Como lidar com as crises*: os segredos para prevenir e solucionar situações críticas. Rio de Janeiro: Elsevier, 2009.

BARBEIRO, Heródoto. *Crise e comunicação corporativa*. São Paulo: Globo, 2010.

BARON, Gerald R. *Now is too late*: survival in an era of instant news. New York: Financial Times; Prentice Hall, 2002.

BERNSTEIN, Jonathan. *Manager's guide to crisis management*. New York: McGraw-Hill, 2011.

BODDY, Jonathan. *Crisis communications*: effective management of the media at the time of a major incident. London: Positive Impact Communications & Training; CIPR, 2009.

BOURDIEU, Pierre. *O poder simbólico*. Lisboa: Difel, 1989.

BRIDGEMAN, Roger. Crisis communication and the net. In: ANTHONISSEN, Peter (org.). *Crisis communication*: practical PR strategies for reputation management and company survival. London; Philadelphia: Kogan Page, 2008.

BUSINESS, *Communication*: 9 steps to help you engage your audience. Boston: Harvard Business School Press, 2003.

BUSTIN, Greg. *Accountability*: the key to driving a high-performance culture. New York: McGraw-Hill, 2014.

CAIRNS, Warwick. *How to live dangerously*: why we should all stop worrying and start living. London: MacMillan, 2008.

CAPONIGRO, Jeffrey R. *The crisis counselor*. Chicago: Contemporary Books, 2000.

CARDIA, Wesley. *Crise de imagem e gerenciamento de crises*: os conceitos e os meios necessários para compreender os elementos que levam às crises e como administrá-las. Rio de Janeiro: Mauad X, 2015.

CHAMP JR., Afonso; BARBOSA, D. G. *Diário de uma crise*: lições do caso Parmalat. Rio de Janeiro: Qualitymark, 2004.

CHAPARRO, M. C. Jornalismo na fonte. In: DINES, A.; MALIN, M. (org.). *Jornalismo brasileiro*: no caminho das transformações. Brasília: Banco do Brasil, 1996.

COHEN, Jeff; SOLOMON, Norman. *Through the media looking glass*: decoding bias and blather in the news. Monroe, ME: Common Courage Press, 1995.

COHN, Robin. *The PR crises bible*: how to take charge of the media when all hell breaks loose. New York: Truman Talley, 2000.

COOMBS, W. T.; HOLLADAY, S. J. *The handbook of crisis communication*. New York: Wiley-Blackwell, 2010.

COSTA, Caio Tulio. *Novas tecnologias, velhos dilemas*. In: DINES, A.; MALIN, M. (org.). *Jornalismo brasileiro*: no caminho das transformações. Brasília: Banco do Brasil, 1996.

CRISIS Management: *master the skills to prevent disasters*. Boston: Harvard Business Press, 2004. (Harvard Business Essentials.)

DEZENHALL, E.; WEBER, J. *Damage control*: the essential lessons of crisis management. Westport: Prospecta Press, 2011.

DRENNAN, Lynn T.; MCCONNELL, Allan. *Risk and crisis management in the public sector*. New York: Routledge, 2007.

DUARTE, Jorge (Org.). *Assessoria de imprensa e relacionamento com a mídia*: teoria e técnica. 3. ed. São Paulo: Atlas, 2010.

EL PAÍS. Madrid, 12 out. 2012.

EXAME. São Paulo, 9 jun. 2003.

FEIRSTEIN, M. *Planet Ponzi*: how politicians and bankers stole your future. What happens next. How you survive. London: Bantan Press, 2012.

FERRY, L. *Diante da crise*: materiais para uma política de civilização. Rio de Janeiro: Difel, 2010.

FINK, Steven. *Crisis management*: planning for the inevitable. Lincoln: iUniverse, (1986) 2002.

FOLHA DE S. PAULO, São Paulo, 13 jul. 2009; 18 jul. 2011; 19 nov. 2012; 12 dez. 2012.

FOMBRUN, Charles. *Reputation*. Boston: Harvard Business Scholl Press, 1996.

FORNI, João José. *Comunicação em tempos de crise*. Entrevista. *Organicom – Revista Brasileira de Comunicação Organizacional e Relações Públicas*, São Paulo: ECA/USP, n. 6, p. 196-211, jan./jun. 2007.

_____. *Comunicação em tempo de crise*. In: DUARTE, J. (org.). *Assessoria de imprensa e relacionamento com a mídia*: teoria e técnica. 3. ed. São Paulo: Atlas, 2010.

GEORGE, Bill. *7 Lessons for leading in crisis*. San Francisco: Warren Bennis, 2009.

GRIESE, Noel L. *How to manage organizational communication during crisis*. Atlanta: Anvil, 2002.

HARARI, Yuval Noah. *21 lições para o século 21*. São Paulo: Companhia das Letras, 2018.

HARVARD BUSINESS SCHOOL. *Leading through a crisis*. Boston: Harvard Business Press, 2009.

HAUSEN, R. Isadora. *Gestão de crise*: o caso Air France voo 447. Brasília: Sala de Convergência, 2011.

HELDMAN, Kim. *Project manager's spotlight on risk management*. San Francisco: Jossey-Bass, 2005.

HENRY, R. A. *Communicating in a crisis*: a guide for management. Seattle: Gollywobbler, 2008.

HEZROM, E.; Moreira, I. *Pós-verdade e fake news*: os desafios do Jornalismo na era do engano. *E-book*. Goiânia, 2018.

HOFFMAN, Judith C. *Keeping cool on the hot seat*: dealing with effectively with the media in times of crisis. 5. ed. Clayton: Four C's, 2011.

IASBECK, Luiz Carlos. Imagem e reputação na gestão da identidade organizacional. *Organicom – Revista Brasileira de Comunicação Organizacional e Relações Públicas*, São Paulo: ECA/USP, p. 87-97, jul./dez. 2007.

KAPFERER, Jean-Noel. *Boato*: o mais antigo mídia do mundo. Rio de Janeiro: Forense Universitária, 1993.

KOKOL, Doc. *Crisis communication*: don't let your hair catch on fire! Tallahassee: Kokol and Associates, 2017.

LANIER, Jaron. *Ten arguments for deleting your social media accounts right now*. New York: Henry Holt, 2018.

LEIGHTON, N.; SHELTON, T. "Proactive crisis communication planning". In: ANTHONISSEN, Peter (org.). *Crisis communication*: practical PR strategies for reputation management and company survival. London; Philadelphia: Kogan Page, 2008.

LIKER, Jeffrey K.; OGDEN, Timothy N. *A crise da Toyota*: como a Toyota enfrentou o desafio dos *recalls* e da recessão para ressurgir mais forte. Porto Alegre: Bookman, 2012.

LOPES, Marilene. *Quem tem medo de ser notícia?* São Paulo: Makron Books, 2000.

LUCAS, Luciane (org.). *Media training*: como agregar valor ao negócio melhorando a relação com a imprensa. São Paulo: Summus, 2007.

MAFEI, Maristela. *Assessoria de imprensa*: como se relacionar com a mídia. 3. ed. São Paulo: Contexto, 2007.

MAMOU, Yves. *A culpa é da imprensa*. São Paulo: Marco Zero, 1992.

MANAGING Crises. *Expert solutions to everyday challenges*. Boston: Harvard Business Press, 2008.

MCHALE, Robert. *Navigating social media legal risks*: safeguarding your business. Indianapolis: Que Publishing, 2012.

MELO, W. Comunicação de risco: ação obrigatória das organizações que trabalham com produtos perigosos. *Organicom – Revista Brasileira de Comunicação Organizacional e Relações Públicas,* São Paulo: ECA/USP, p. 114-135, jan./jun. 2007.

MITROFF, Ian. *We are so big that nothing can happen to us*. New York: Birch Lane, 1990.

_____. *Managing crises before they happen*: what every executive and manager needs to know about crisis management. New York: American Management Association, 2001.

_____. SHRIVASTAVA, Paul; UDWADIA, Firdaus. Effective crisis management. *The Academy of Management Executive,* v. 1, n. 4, p. 283-292, nov. 1987.

MORRIS, Dick. *El nuevo príncipe*. Buenos Aires: El Ateneo, 2008.

NEVES, Roberto de Castro. *Crises empresariais com a opinião pública*. Rio de Janeiro: Mauad, 2002.

NOGUEIRA, Nemércio. *Media training*. São Paulo: Cultura, 1999.

OGRIZEK, Michel; GUILLERY, Jean-Michel. *Communicating in crisis*: a theoretical and practical guide to crisis management. New York: Aldine de Gruyter, 1999.

OLAFSSON, Gisli. *The crisis leader*: the art of leadership in times of crisis. Assago: Lorien Consulting, 2013.

ORGANICOM: Revista Brasileira de Comunicação Organizacional e Relações Públicas, São Paulo: ECA/USP, ano 4, n. 6, jan./jun. 2007.

_____, São Paulo: ECA/USP, ano 4, n. 7, jul./dez. 2007.

REGESTER, M.; LARKIN, J. *Risk issues and crisis management in public relations*: a casebook of best practice. 4. ed. London: Kogan Page, 2008.

RIES, A.; RIES, L. *The fall of advertising & the rise of PR*. New York: Harper Business, 2002.

RIPLEY, Amanda. *The unthinkable*: who survives when disaster strikes and why. New York: Three River Press, 2009.

ROSA, Mário. *A síndrome de Aquiles*: como lidar com as crises de imagem. São Paulo: Gente, 2001.

_____. *A era do escândalo*. São Paulo: Geração Editorial, 2003.

_____. *A reputação na velocidade do pensamento*. São Paulo: Geração Editorial, 2006.

SINGER, A. et al. *No planalto, com a imprensa*: entrevistas de secretários de imprensa de JK a Lula. Recife: Fundação Joaquim Nabuco: Massangana; Brasília: Secretaria de Imprensa da Presidência da República, 2010.

SOUZA, Jorge Pedro. *As notícias e seus efeitos*. Coimbra: Minerva, 2000.

SUSSKIND, Lawrence; FIELD, Patrick. *Em crise com a opinião pública*. São Paulo: Futura, 1997.

SYME, Chris. *Listen, engage, respond*: crisis communications in real-time. Training e-book. Bozeman, Montana: CKSYme.org., 2012.

TALEB, N. N. *A lógica do cisne negro*: o impacto do altamente improvável. Rio de Janeiro: Best Seller, 2008.

TAYRIS, Carol; Aronson, Elliot. *Mistakes were made (but not by me)*: why we justify foolish beliefs, bad decisions, and hurtful acts. New York: Harcourt, 2007.

THOMPSON, J. B. *O escândalo político*: poder e visibilidade na era da mídia. Petrópolis: Vozes, 2002.

TORQUATO, Gaudêncio. *Cultura, poder, comunicação, crise e imagem*: fundamentos das organizações do século XXI. São Paulo: Cengage Learning, 2012.

TOURAINE, A. *Após a crise*: a decomposição da vida social e o surgimento de atores não sociais. Petrópolis: Vozes, 2011.

VEJA. São Paulo: Abril, n. 2.299, 12 dez. 2012; n. 2.203, 9 fev. 2011.

VERNIER, Odile. "Risk managers: new leaders in crisis communication?". In: ANTHONISSEN, Peter (Org.). *Crisis communication*: practical PR strategies for reputation management and company survival. London; Philadelphia: Kogan Page, 2008.

VIANA, Francisco. *De cara com a mídia*. São Paulo: Negócio, 2001.

_____; BACELLAR, José; MANCINI, Leonardo; FURLANETTO, Mateus. *A surdez das empresas*: como ouvir a sociedade e evitar crises. São Paulo: Lazuli, 2008.

VILLELA, Regina. *Quem tem medo da imprensa?* Rio de Janeiro: Campus, 1998.

WADDINGTON, Stephen (ed.). *Share this*: the social media handbook for PR professionals. London: Wiley: Chartered Institute for Public Relations, 2012.

WEICK, K. E.; SUTCLIFFE, K. M. *Managing the unexpected*: assuring high performance in an age of complexity. San Francisco: Jossey-Bass, 2001.

WELCH, J.; WELCH, S. *Paixão por vencer*: Winning – a bíblia do sucesso. 6. ed. Rio de Janeiro: Elsevier, 2005.

Sites

COMUNICAÇÃO & CRISE. Disponível em: www.comunicacaoecrise.com.

BERNSTEIN CRISIS MANAGEMENT. Disponível em: www.bernsteincrisismanagement.com.

GESTION DE CRISE.COM. Disponível em: www.gestiondecrise.com.

INSTITUTE FOR CRISIS MANAGEMENT. Disponível em: https://crisisconsultant.com.

KAREN FRIEDMAN ENTERPRISES. Disponível em: www.karenfriedman.com.

MARTHA GABRIEL. Disponível em: www.marthagabriel.com.br.

MELISSA AGNES. Crisis Management Strategist. Disponível em: www.melissaagnes.com.

PR NEWS. Disponível em: https://www.prnewsonline.com.

ÍNDICE REMISSIVO

A

Accountability, 83, 89
Actas Diurnas (*Actae Diurnae*), 242
Acordo de Basileia ii, 83
Adesão dos empregados, 92
Aeroporto de Congonhas, 149
Aeroportos, 84, 117, 124, 216
Aftergood, Steven, 214
Alertas de prevenção, 65
Ambiente político, 31
Análise de crises, 63
Anderson, Eliza, 224
Antijornalismo, 245
Anúncio, 152
    pago, 207
    publicitário, 151
Aral, Sinan, 243
Assange, Julian, 213
Atentado(s)
    11 de setembro de 2001, 3, 84, 114, 124, 126
    escolas e universidades, 22, 221, 222, 229
Ativistas, 149
Auditoria de vulnerabilidades, 89, 67, 90, 91, 107
Augustine, Norman, 60
Autoengano, 101

B

Backup de dados, 235
Barbeiro, Heródoto, 152, 194
Barreto, Omar, xv
Bernstein, Jonathan, 6, 20, 104, 132, 167, 174, 183
Blogs, 204
Boate Kiss, 70, 90, 197
Bocardi, Rodrigo, 76
Boddy, Jonathan, 6, 115, 150, 158
Bolsa de Nova York, 5
Bolsonaro, Jair, 138, 140
Bonafede, Bruce, 169
Bophal, Índia, 14, 149, 173, 177
Bots (robôs), 243
Bourdieu, Pierre, 39
Budismo, 178
Bridgeman, Roger, 204, 234
Briefing, 184
Brumadinho (MG), 14, 76, 109, 143
Bug do milênio, 60
Bullying, 18, 22, 226
Bush, George, 215

C

Call centers, 75, 108, 143, 207
Caminhoneiros, 8, 49, 113
Capital reputacional, 40
Capital simbólico, 39
Caponigro, Jeffrey R., 48
Cariappa, Sanjita, 222
Castells, Manoel, 248
Catástrofes, 17
    naturais, 30
Celebridades, 40
Cenários de crise, 107
Central de crise e emergência, 126
Centro
    de Estudos, Resposta e Tratamento de Incidentes de Segurança no Brasil (CERT), 237
    de operações de emergência, 107
    de Treinamento do Flamengo, incêndio, 24, 68, 70, 86, 90, 154, 164, 198, 262
Chanda, Nayana, 21
Chantagem, 237, 238
Chávez, Hugo, 140
Checklist das ameaças ou crises, 265
Chernobyl, 5
Chevron, 175
Churchill, Winston, 120
Cibercrimes, 17, 233, 237
Ciclo da crise, 75
Clinton, Bill, 50, 51
Cobrança do público interno, 47
Cohn, Robin, 60, 148, 177, 187, 199, 214
Collor, Fernando, 212
Comitê de crise, 121, 122
    composição, 122
Comunicação das ações, 109
    funções, 125
Compassion, 178
Compliance com legislação, 81
Comprometimento com a resiliência, 84

Comunicação de crise, 139, 155
    à imprensa, 157
    com o público interno, 160
    de riscos, 87, 88
Comunicado
    de crise, 177, 179, 259
    oficial, 207
Confiabilidade, 37, 38, 89
Congonhas, Aeroporto, 149
Conselheiros, 118, 119
Constantino Júnior, 178
Consultor, 199
Consumerismo/ativismo, 17
Contencioso jurídico, 31
Controle financeiro, 31
Coombs, W. T., 188
Coreia do Sul, 57
Costa Concordia, 26, 57, 58, 113, 160, 259
Crimes de colarinho branco, 17
Crise(s)
    afetam empregados, 47
    cenários, 32
    checklist, 265
    classificação, 29
    comando, 115
    comitê, 121, 122
    composição, 122
    comunicados, 259
    conceito, 4, 6, 7
    consequências, 47
    consumidor, 19
    corporativas, 19
    custos, 48
    de gestão, 31
    definição, 3, 6
    elementos-chave, 98
    fases, 14, 15
    funções, 125
    gatilhos, 65
    gestão, 97, 98
    imprensa, 18

início, 25
leves, 32
mídia e, 137
    nas redes sociais, 228
negação, 101
notas, 259
notícias aparentemente positivas, 32
o maior erro, 25
origem, 13, 16, 20
perguntas inevitáveis na, 160
pessoas em primeiro lugar, 150
planejamento, 99
plano, 70
plano
    de comunicação, 155, 156
    de gestão, 104
porta-voz, 198
previsíveis, 20
prevenção, 57, 58, 60, 63
processo de gestão, 59
redes sociais, 221
simulações, 74, 77, 108
sinais de alerta, 23
sintomas, 65
surpresa, 20
tipos, 29, 30, 31
treinamento, 57, 74
três níveis, 58
Cuidar do negócio, 48
Cultura
    da gestão de risco, 80
    da organização, 115
Custo da omissão, 69

D

Dados pessoais, 232
Danos patrimoniais, 31
Descolamento moral, 50
Dezenhall, Eric, 43, 181, 215
Discriminação, 17
Direitos do consumidor, 29

Diretor de Risco, missão, 80
Documentos confidenciais, 186
Dong-Jin, Koh, 164
Donnelly, James, 43
Dossiês, 212
Duarte, Jorge, xv
Dun, Patricia, 132

E

Emergência, 8
    para pequenas empresas, 92
Entrevistas
    à imprensa, 207
    coletivas, 183
    exclusivas, 184
Equipe de comunicação, 143
Erro(s)
    de gestão, 14
    humano, 24
Escândalos, 39, 40
Estágio de identificação dos riscos, 85
Estratégia administrativa, 69
Ética empresarial, 30
Extorsão, 237, 238

F

Fake news, 215, 241, 242, 243, 244, 245, 246, 249
    como evitar, 243
    força das, 242
    século das, 242
Félix, Jorge, 86
Ferguson, Niall, 21
Forni, João Paulo, xv
Forni, José Ricardo, xv
Filmografia, 263
Fink, Steven, 10
Fombrun, Charles, 40
Fontes internas e externas, 205
Fraudes, 237
Fukushima, acidente, 17, 18, 68, 69, 182, 273

Furacão
    Katrina, 76, 116
    Sandy, 116

G

Gabinete de crise, 107, 120, 121, 122
Gaines-Ross, Leslie, 42
Garton, Timothy, 138
George, Bill, 65, 111, 114
Gerstner Jr., Luiz V., 112
Gestão
    comando (da crise), 115
    da comunicação de crise, 58
    de crises, 58, 97, 98, 142
    de risco, 58, 79
    diagnóstico, 63
    elementos-chave no processo, 98
Giuliani, Rudy, 114
Golfo do México, 14
Goodman, Peter S., 42
Google Maps, 217
Gordon, Michael, 142
Governança corporativa, 82
Graham, David, 86
Greenpeace, 149
Grove, Andy, 148
Guerra Mundial, Primeira, 16
Gushiken, Luiz, 119

H

Hackers, 231, 233
Harari, Yuval Noah, 248
Hearst, William Randolph, 244
Henry, Rene A., 61
Hoffman, Judith, 43, 91, 170, 182
Hotsite, 204
Huffington, Arianna, 225

I

Iasbeck, Luiz Carlos, 35
Ilha de Jeju, Coreia do Sul, 57

Imagem e percepção, 36
Imagem, 31, 32, 33
    das organizações, 36
    percepções, 36
Incerteza sobre a crise, 208
Informação, 64
Institute for Crisis Management (ICM), 7, 13
Instituto Butantan, 21
Inteligência artificial, 246
Internet, 108, 203, 204, 207

J

Jet Blue, 3, 4, 9
Jiabao, Wen, 233
Jobim, Nelson, 117
John Kennedy, Airport
Jorge, Miguel, xi, xvi
Junior, Ivandel Godinho, 65

K

Kaiser, Kevin, 21
Kakutani, Michiko, 247
Kapferer, Jean-Noel, 242
Kellermann, Tom, 237
Key messages, 168
Kiriakou, John, 215
Klein, Ezra, 19
Kotscho, Ricardo, 119
Kotz, Beth, 233

L

Lei Sarbanes-Oxley, 80
Leighton, N., 158, 161
Letterman, 238, 239
Liderança, 111
    e risco, 113
    eficaz, 115
    falta de, 116
Lucena, Gustavo, 40

M

Má gestão, 10, 17, 21
Mamou, Yves, 18

Mann, Michael, 214
Mann, Thomas, 242
Manual de gerenciamento de crises, 107, 255
Maquiavel, Nicolau, 115, 246
Mariana (MG), 76, 172
Marcus, Dave, 237
Maude, Francis, 87
McChrystal, Stanley, 192, 219
Mecanismos de defesa, 66
Media training, 183, 191, 192, 193, 194, 214
Meio ambiente, 30
Mensagem, 171
Mensagens-chave, 97, 167, 168, 169, 173
Mídia, 156
    e crise, 137
    quando falar, 157
    reputação, 38
    social, 222, 223
Mitroff, Ian, 6, 13, 16, 74, 101, 139
Monforte, Carlos, 211
Moro, Sérgio, 215
Morro do Bumba, 4
Morte da verdade, 246
Mulcahy, Anne, 65

N

Negação da crise, 101
News releases, 205, 207
Nice, França, 16
Nietzsche, Friedrich, 248
Niklaev, Alexander G., 174
Norman, Chuck, 185
Nota(s)
    à imprensa, 207, 260
    comunicados, e, 259
    de crises, 259
    de um acidente, 260
    paga, 151
Notícia(s)
    em tempo real, 207
    falsas, 241, 243
Nova Friburgo, 4

O

Obama, Barack, 49, 116, 192
Odebrecht, Marcelo, 247
Ogrizek, Michael, 160
Olivetto, Washington, 11, 65
Operação Lava Jato, xxiv, 73, 161, 174, 191, 218, 261
Opinião pública, 145
Ovadya, Aviv, 246
Overbooking, 26

P

Palocci, Antonio, 119
Panetta, Leon, 233
Pânico, 105
Papa Francisco, 53, 247
Passarelli, Eliana, 21
Pendências regulatórias, 31
Percepções, imagens e, 36
Pereira, Eduardo Jorge C., 153
Perguntas inevitáveis na crise, 160
Persuasão, 188
Petraeus, David H., 137, 214, 219
Pires, Waldir, 116, 117
Planejamento de riscos, 100
Plano(s)
    de comunicação de crise, 155, 156
    de contingência, 57, 100
    de continuidade de negócios, 100
    de emergência, 67
    de gestão
        construção, 106
        de crises, 70, 99, 100, 103, 104
        de riscos de TI, 233
    de prevenção de crises, 71
    de recuperação de desastres, 100
Poder público, 30
Política de senhas, 236
Porta-voz, 108, 132, 185, 197, 198
Pós-crise, 15

Pós-verdade, 246, 247, 248
Press releases, 205
Prevenção de crises, 9, 57, 58, 60, 63, 76, 77
Processo de gestão de crise, 59
Proteção
    de dados, 234
    do negócio, 48
Protocolos de comunicação, 108
Público, 173
Puig, Javier, 130

Q

Q&A (Questions and Answers), 178, 183
Questão jurídica, 129

R

Recall, 72, 209
Recursos da equipe de crise, 108
Redes sociais, 204, 207, 221, 223
Reed, Americus, 50
Relações trabalhistas ou de pessoal, 30
Reputação, 33, 35, 36, 37, 38
    e gestão, 41
    e mídia, 38
    e resultados financeiros, 39
    em risco na área pública, 41
Toyota, 44
Reputation Institute, 37
Reputing, 37
Responsabilização (*accountability*), 83, 89
Resultados financeiros e reputação, 39
Revolução Russa, 5
Ribeiro, Silvana, xv
Ricupero, Rubens, 211
Rio de Janeiro, 63
Riscos, 64
    comunicação, 87, 88
    da crise sem resposta, 178
    de cultura, 80
    gestão de, 79
Roberts, Karlene, 101
Rohter, Larry, 119
Rousseff, Dilma, 49
Rowe, Pat, 112
Rubenstein, Howard, 42

S

Samsung, 164
Sandberg, Sheryl, 225
Santa Maria, 70, 71, 90
Schettino, Francesco, 113
Segredos, 186, 213
Segurança, 234
    física, 235
    pública, 30
Sensibilidade para operações, 84
Serviços públicos, 31
Schvartsman, Fábio, 118
Shirvastava, Paul, 16
Silva, Luiz Inácio Lula da, 50, 51, 117, 119
Simulações de crise, 74, 77, 108
Síndrome do *Big Brother*, 217
Singer, André, 119
Sistemas de segurança, 236
Site da corporação, 205
Situações de emergência, 8
Sliney, Ben, 124, 126
Smoldering crisis, 20
Steve, Hayworth, 52
Stewart, Martha, 50
Strauss-Kahn, Dominique, 132
Stress, 105
Sudden crisis, 20
Sullenberger, Chesley, 101
Suzano, 22

T

Taleb, Nassim, 16
Tecnologia, 31
Temer, governo, 49
Tesich, Steve, 247
Timing das informações, 161, 162

Titanic, 5
Toddynho, 66
Toker, John, 142
Transparência, 83
Treinamento
    nas mídias sociais, 227
    para crises, 57, 74, 191, 192
Trump, Donald, 140, 241, 243, 247
Tucker, Kristy Croom, 145
Turning point, 15
Tylenol, 14, 72, 121, 174
Twain, Mark, 139, 250

U
Udwadia, Firdaus, 16

V
Vargas, Getúlio, 140
Vaticano, 52
Vazamento, 231, 232
    de dados e informações, 23
    de informações, 212
Venezuela, 140, 171

Viana, Francisco, xv, 13, 18, 247
Vietnã, 16
Vigilância, 79, 235
    nas mídias sociais, 227
Violação de dados, 231, 233
Viracopos, aeroporto, 49

Visibilidade, 138
    total, 211
Vítimas, 148, 149
Volkswagen, 133
Vulnerabilidades, 64, 67

W
Warner, Bernhard, 75
Wasseman, Edward, 215
Weber, John, 43, 181, 215
Weiner, Anthony, 22
Welch, Jack, 158, 228
WikiLeaks, 213, 214, 215
Woods, Tiger, 50

Z
Zoffer, David, 188

ÍNDICE REMISSIVO DAS ORGANIZAÇÕES CITADAS

A

Adidas 22, 23, 81

Adobe 231

Aeronáutica 116

Agência de Proteção Ambiental (EPA) 133

Agência de Segurança Nuclear (Japão) 69

Agência Nacional de Aviação Civi (Anac) 37, 117

Agência Nacional de Vigilância Sanitária (Anvisa) 90

AIG 65

Air France 85, 86, 87, 146, 260

Al Qaeda 217

American Airlines 124

Amtrak 60

Anthem 231, 232

Apple 14

Arthur Andersen 80, 82, 101, 103

Associação de Gerenciamento de Risco da França 80

Autolatina x, xi

Avianca 83

B

Banco do Brasil (BB) vii, 60, 153, 200, 266

Banco Econômico 101

Banco Santos 82

Barings Bank 82

Barragem do Feijão/MG 76

BHP Billiton 76, 110

Boeing 37

Bonafede Communications 169

Brasil Telecom 218

British Airways 231

British Petroleum (BP) xxiv, 14, 40, 42, 43, 140, 142, 150, 168, 169, 170, 171, 197, 231

Brooking Institution 242

Burger King 177

Burson Marsteller 222

Butantan, Instituto 21, 45, 46

C

Câmara dos Representantes dos EUA 50

Casas da Banha 82

CBS 238

Centro de Estudos, Resposta e Tratamento de Incidentes de Segurança (CERT.br) 237

Centurion 49

Chapecoense 68, 216

Chartered Institute for Public Relations (CIPR) 6, 115, 150, 158, 269
Chernobyl 5, 15, 140
Chevron 175
Churchill War Room 120
CIA – Agência de Inteligência Americana 39, 137, 211, 219
CNN 52
Coca-Cola 81
Colman Refrigeração 264
Columbine, atentado 229
Comissão Reguladora Nuclear (EUA) 182
Comitê de Basileia 83
Complexo Petroquímico do Rio de Janeiro (Comperj) 73
Corpo de Bombeiros 70, 71, 82, 84, 174, 197
Correio Braziliense 151, 153
Correios 152
Costa Cruzeiros 38, 58, 263
Cruz Vermelha dos Estados Unidos 92

D

Deloitte 39, 40
Digital Vidya 222
Dow Chemical 15, 39

E

eBay 231
Economy Intelligence Unit 41
Edelman 117
Encol, Construtora 39,101
Enron 82, 101, 103
Equifax 223, 231, 232
Escola Tasso da Silveira 22, 222, 229
Estado de S. Paulo, O xi, 140, 227
Ethiopian Airlines 206, 223
Extra, supermercado 38
Exxon xxiii, 121, 139, 140, 141

F

Facebook 22, 39, 74, 180, 204, 207, 209, 218, 221, 222, 225, 241, 244, 223, 226, 244

FBI 219, 234
Federal Reserve (FED) 122
Fedex 92, 228
Firestone 104
Flamengo, Clube de Futebol xxiv, 68, 70, 86, 90, 154, 164, 198, 264
Folha de S. Paulo 21, 66
Food and Drug Administration (FDA) 86
Ford x, 104
Fortune 25
Foxconn 14, 21
French Risk Management Association (AMRAE) 80
Fukushima 17, 18, 68, 69, 182. 275
Fundo Monetário Internacional (FMI) 132

G

Germanwings 26
Globo News 76
Globo, Rede 211, 217, 237, 238
Gol 116, 178
Goldman Sachs 42, 43, 101
Google 215, 217, 241
Gordon Strategic Communications 142, 171

H

Halliburton 171
Harvard Business School 60, 65, 262, 265, 266
Harvard, Universidade 21, 111
Hold Security 231
Home Depot 231, 232
Hopi Hari 26, 198
HP 132
Huffington Post 225
Human Rights Watch (HRW) 219

I

IBM 112
Igreja Católica xxiii, 51, 52, 53, 239
IKEA 37, 38
In Press 65

Infraero vii, 50, 116, 117
Insead 21
Instagram 74, 180, 204, 207, 222
Instituto de Tecnologia de Massachussetts (MIT) 242, 243
Instituto Brasileiro de Geografia e Estatística (IBGE) 209
Instituto Butantã 21
Instituto Nacional de Seguridade Social (INSS) 137
Institute for Crisis Management (ICM) 7, 13, 14, 17, 20, 92, 111
Intel 14, 148
Intrepid Travel 224
IR Magazine 77, 100
Itambé 177, 228

J

Jet Blue xxiii, 3, 4, 9, 42
Johnson & Johnson 14, 72, 121, 164. 237, 238
JP Morgan Chase 231

K

Ketchum 43
KFC 147
Kiss 70, 90, 197

L

Laboratório Merck 86
LaMia 216
Late Show 238
Lehman Brothers 100, 246
Lufthansa 26

M

Malaysia Airlines 262
Marriot 231
Mappin 101
McAFee 237
McDonald's 81, 177
Merryl Lynch 39
Mesbla 101

Ministério da Educação 236
Ministério da Fazenda x
Ministério da Saúde 197
Ministério Público 21, 51, 70, 73, 90, 103, 110, 154, 172, 174, 191, 261
Museu Nacional do Rio de Janeiro xxiii, 22, 27, 67, 70

N

Nasa 159, 189
National Geographic 57
Nestlé 75, 237, 238
Netflix 51
New York City Office of Emergency Management 76
New York Yankees 42
News Corporation 42
News of the World 39
Nike 81

O

Opinion Research Corporation International 139
Organização das Nações Unidas (ONU) 71
Organização Mundial do Comércio (OMC) 149

P

Palácio do Planalto 73, 74
Pan Am 82, 101, 146, 147, 149
Parlamento britânico 87
Parmalat 174, 266
Partido da Social Democracia Brasileira (PSDB) 212
Partido Democrata 22
Partido dos Tabalhadores (PT) 212
Pasadena, Refinaria 73
PepsiCo 66, 237
Petrobras xxiii, xxiv, 32, 73, 74, 112, 261, 262
Polícia Federal 25, 27, 73, 104, 110, 161, 191, 218, 234, 236, 261

Polícia Metropolitana de Londres (MPS) 162
Porter Novelli 177
Prefeitura de Santa Maria 71
Prefeitura do Rio de Janeiro 70, 82, 154
PricewaterhouseCoopers (PwC) 117
Procon 19, 75, 143, 236

R

Rasmussen College 145
Reddit 222
Refinaria Abreu e Lima 73
Reputation Institute 37
Reuters 75, 171, 214
Risk and Insurance Management Society 188
Rolling Stone 192, 219
Rubenstein Communications 42

S

Samarco 109, 110, 172
Samsung xxiv, 164, 165
Sandy Hook Elementary School 22, 122, 219
Santander x
São Paulo, governo de 22
Schering, Laboratório 156
Scotland Yard 217
Secretaria da Receita Federal 160, 234, 237
Shell 81
Sloan School of Management 243
Sofitel, Hotel 132
Sony 231
Supremo Tribunal Federal (STF) x, 51, 73, 117

T

Taco Bell 169, 170
TAM 117, 149
Target Stores 231
Telecom Itália 217

Telegram 215
Tepco Tokyo Eletric Power 18, 68, 69
Tesco, Supermercado 151, 177
Texaco 175
The Economist 39
The Guardian 87, 247
The Independent 212
The Intercept Brasil 215
The New York Times 42, 105, 119, 138, 140, 207, 214, 232, 233, 243, 239
Three Mile Island, Usina xxiv, 182, 189
Tokyo Eletric Power 18
Toyota xxiii, 42, 43, 44, 45, 72, 115, 133
Transbrasil 39
Trip Linhas Aéreas 37
TWA 101, 198, 199
Twitter 39, 74, 180, 204, 218, 222, 223, 237, 242, 244

U

União Europeia 232, 247
Unicamp 229
Union Carbide 14, 15, 149, 173, 177
United Arilines xxiv, 26, 179, 180, 208
Universidade Columbia 246
Universidade da Califórnia (UCLA) 52, 101, 232
Universidade de Cambridge 38
Universidade de Louisville 7
Universidade de Oxford 246
Universidade de Yale 21
Universidade Federal do Rio de Janeiro (UFRJ) 27
Universidade Virginia Tech 221, 222, 229
Universidade Washington and Lee 215
US Airways 72, 101
US National Research Council 88

V

Vale S.A. 14, 36, 76, 88, 103, 109, 110, 118, 143, 148, 245, 262

Valor Econômico 48, 86
Varig 82, 101, 117
Vasp 82
Veja, Revista 21, 170, 197
Volkswagen x, xi, xxiii, 133, 134, 147

X
Xerox 65

W
W/Brasil 11
Wall Street 42, 149
Washington Post 19

Weber Shandwyck 41, 42
Wegelin & Co. 24
Wharton University 50
WhatsApp 2019, 244
WikiLeaks 213, 214, 215
World Trade Center (WTC) xxiii, 3, 5, 16, 84, 114, 124, 137
WorldCom 82
Worldwide Communications 180

Y
Yahoo 231
YouTube 26, 39, 42, 177, 180, 204, 222, 228

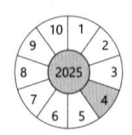